Jacques DEROGY Hesi CARMEL

Bonaparte en Terre sainte

FAYARD

AVERTISSEMENT

Ce récit critique des cent jours de Bonaparte en Terre sainte procède à la fois de la recherche historique et de l'investigation journalistique. Il mêle donc volontairement la citation et la relation, le document et le commentaire, l'analyse et la synthèse, l'anecdotique et le factuel, le psychologique et le politique, les coups d'État et les secrets d'alcôve, les scènes de la vie privée et les comptes rendus de batailles, les témoignages surprenants et les mémoires à quatre mains, le suspense et la démythification. Ce qui peut donner à la reconstitution des allures de fiction en collant le plus fidèlement possible à l'authenticité, tant le réel peut surpasser l'imaginaire.

Deux siècles après, les auteurs ont mis au jour des détails inédits qui auraient pu faire des *scoops* à la une des journaux contemporains de cette histoire pleine d'inattendus. Leur enquête les a conduits dans six pays, de la colline des Potiers de Saint-Jean-d'Acre au sous-sol des Invalides, en passant par le Public Record Office de Londres, la vieille synagogue de Prague, le château d'Offenbach sur le Main en Allemagne, les Archives impériales de Constantinople et celles de la chambre de commerce de Marseille. Ils ont eu également à dépouiller quelque quatre cents publications en français, en anglais, en allemand, en arabe, en hébreu, en yiddish et en araméen.

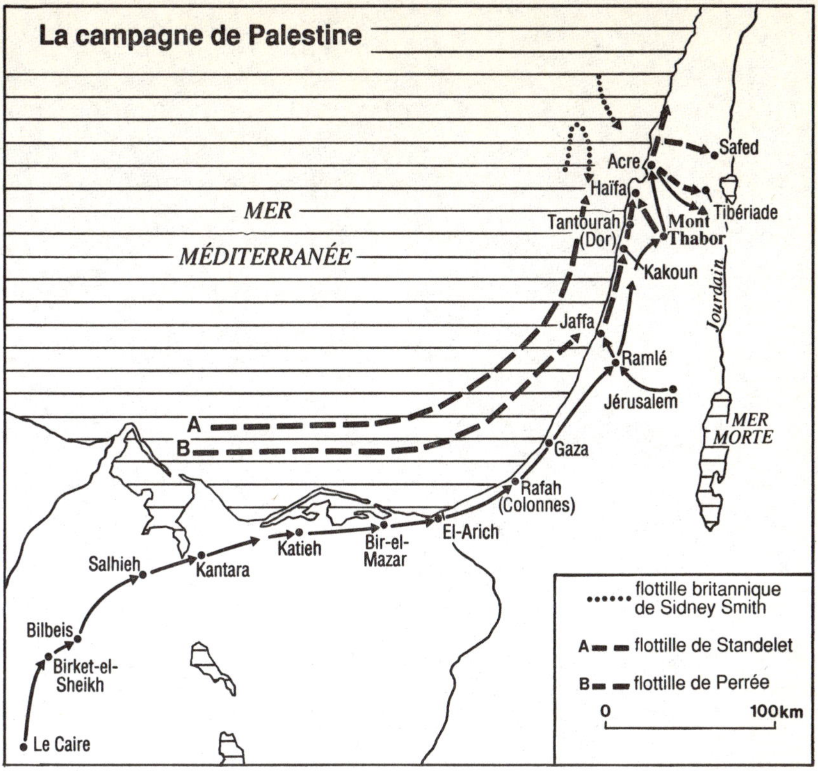
La campagne de Palestine
MER
MÉDITERRANÉE
A
B
Safed
Acre
Haïfa
Tantourah
(Dor)
Mont
Thabor
Tibériade
Kakoun
Jourdain
Jaffa
Ramlé
Jérusalem
MER
MORTE
Gaza
Rafah
(Colonnes)
El-Arich
Bir-el-
Mazar
Katieh
Kantara
Salhieh
Bilbeis
Birket-el-
Sheikh
Le Caire
flottille britannique
de Sidney Smith
flottille de Standelet
flottille de Perrée
0
100km

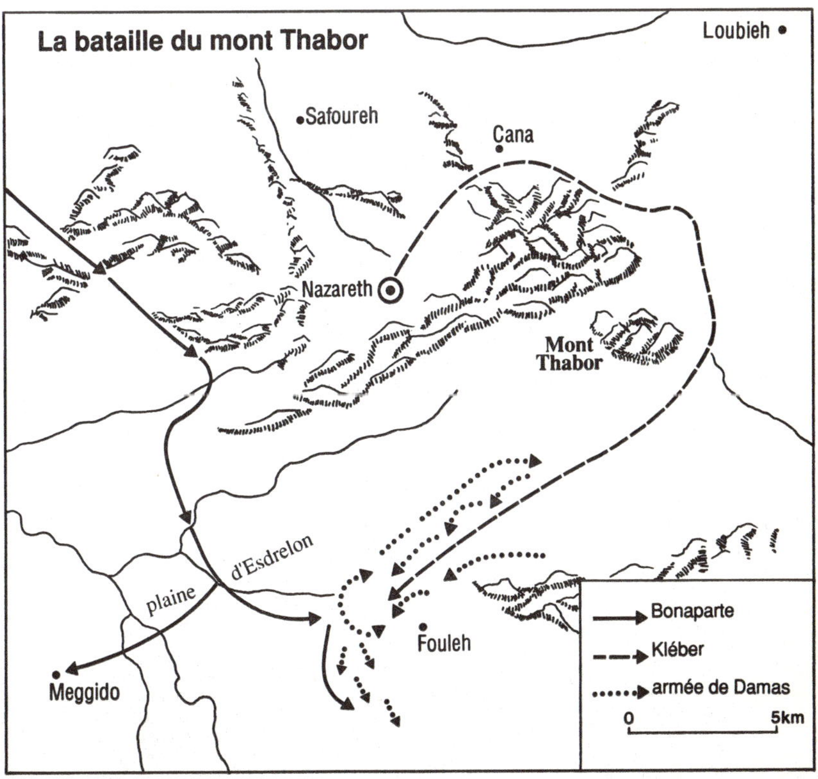
La bataille du mont Thabor
Loubieh
Safoureh
Cana
Nazareth
Mont
Thabor
d'Esdrelon
plaine
Fouleh
Meggido
Bonaparte
Kléber
armée de Damas
0
5km

CHRONOLOGIE

10 février 1799. Départ de Bonaparte pour El Arich.
17 février. Arrivée de Bonaparte à El Arich (ramadan).
22 février. Entrée en Terre sainte : passage des colonnes de Rafah qui délimitent les deux continents.
24 février. Prise de Gaza.
28 février. Départ de Gaza.
29 février. Campement à Esdoud (Ashdod).
1er mars. Campement à Ramlé.
3 mars. Arrivée à Jaffa.
8 mars. Assassinat de 3 000 prisonniers.
11 mars. Visite de Bonaparte aux pestiférés.
14 mars. Départ de Jaffa pour Acre.
15 mars. Kakoun, tour de Zeita.
16-17-18 mars. Haïfa, Tel Shikmona (Bat Galim de nos jours), village de pêcheurs.
19 mars. Bonaparte arrive devant Saint-Jean-d'Acre, s'installe à Tel Harassim (aujourd'hui appelée la colline de Bonaparte).
28 mars. Échec du premier assaut contre la muraille.
1er avril. Échec du second assaut.
16 avril. La bataille du mont Thabor.
17 avril. Te Deum à Nazareth. Bonaparte fait l'ascension du mont Thabor.
18 avril. Bonaparte de retour à Saint-Jean-d'Acre.
20 avril. Date présumée de la Déclaration aux Juifs. Première journée de la pâque juive.
27 avril. Mort de Caffarelli.

1er mai. Mort de Phélippeaux.

8 mai. La journée la plus longue : une brèche dans la muraille. Mais l'assaut échoue.

10 mai. La 13e et dernière tentative. Bonaparte à Bourrienne : « Si je réussis, je marche. »

17 mai. Proclamation à l'armée : l'annonce de la décision d'abandonner le siège.

20 mai. Départ pour Haïfa.

21 mai. Arrivée à Tantourah.

22 mai. Campement à Césarée.

23 mai. Tentative d'assassinat contre Bonaparte.

24 mai. De retour à Jaffa. L'affaire de l'opium aux pestiférés.

28 mai. Départ pour Gaza.

2 juin. Second passage des colonnes de Rafah (frontière entre l'Asie et l'Afrique). Cent jours entre les deux passages.

14 juin. Retour au Caire.

J'ai servi, commandé, vaincu quarante armées;
Du monde entre mes mains j'ai vu les destinées;
Et j'ai toujours connu qu'en chaque événement
Le destin des États dépendait d'un moment.

Voltaire (*La Mort de César*)

PROLOGUE

Un rêve d'Orient

Bonaparte leva la main. Comme figé par ce signal, le peloton qui entourait le général en chef cessa de galoper. A travers la haie des étendards déployés par le premier rang des cavaliers, Bonaparte pouvait distinguer nettement les mosquées dont la multitude de minarets pointus se dressait haut dans le bleu du ciel. Les dômes découpaient l'horizon de leur silhouette arrondie, à la manière d'un décor de scène. Ce n'était pas un mirage surgi de tant de déserts traversés. Le but était bien au bout des pistes.

« Constantinople, enfin ! » murmura le général Joachim Murat qui caracolait au côté de Napoléon Bonaparte. Celui-ci se retourna pour lancer à son secrétaire : « Vous voyez, Bourrienne, je m'étais promis d'arriver le 1er juin devant la Porte. Parole tenue, comme toujours. »

Au tout début de cette matinée décisive du 1er juin 1799, une escouade de cavaliers turcs arborant un fanion blanc s'était approchée de la grande tente érigée la veille à l'entrée du village d'Izmit, à trois lieues de la capitale ottomane. Sur les hauteurs alentour campait depuis vingt-quatre heures une troupe hétéroclite de cinquante mille hommes qu'encadraient les douze mille soldats français de l'armée d'Orient. De mémoire de combattants, on n'avait jamais vu un tel rassemblement de couleurs et d'uniformes de diverses nations coalisées dans un tel cliquetis d'armes de toutes formes et de toutes provenances : Druzes en pantalons larges et aux épées courtes, Mutualis vêtus de blanc, Maghrébins enveloppés de burnous, Kurdes aux manteaux écarlates, mamelouks aux bottes énormes et aux vestes étriquées sur leurs gilets bariolés... et, surprise, Juifs coiffés de bonnets de poil de chèvre noire, dont le détachement fermait la marche en hissant fièrement leurs drapeaux bleus frappés de l'étoile de David!

Depuis sa victoire du 25 avril à Saint-Jean-d'Acre sur l'armée de Djezzar Pacha écrasée sous les décombres de sa forteresse ou enfuie par mer à bord de bateaux anglais, le corps expéditionnaire de Bonaparte n'a cessé de grossir, renforcé par tous ces volontaires des tribus venues des régions voisines répondre massivement à l'appel de son chef. Cette marche triomphale sur Constantinople sonnait le glas du règne impérial du Sultan et annonçait le début d'une ère nouvelle : celle de l'indépendance nationale des peuples soumis depuis plus de trois siècles à son joug.

Quelques jours plus tôt, le représentant le plus qualifié du Directoire exécutif de la République française, Charles-Maurice de Talleyrand, a rencontré le tsar Paul Ier à Saint-Pétersbourg, pour signer le partage de l'Empire ottoman. Le lendemain de l'accord, une flotte franco-espagnole de soixante-dix vaisseaux, commandée par l'amiral Eustache Bruix, franchissait les détroits et pénétrait en mer de Marmara, les canons pointés sur Constantinople.

Maintenant que le détachement turc, portant le drapeau blanc des parlementaires, est arrivé à la hauteur de la tente du général en chef, le colonel des janissaires vient incliner son buste alourdi de médailles devant le vainqueur : « Mon général, dit-il en français, son excellence le sultan Selim III accepte de vous recevoir aux portes de la ville. » Bonaparte esquisse un sourire de contentement en direction de son fidèle compagnon : « Vous voyez bien, Bourrienne, l'empire d'Orient nous attend. »

***

Napoléon rouvrit les yeux. Il avait la gorge sèche et le front brûlant. Sur la chaise à côté de son lit, dans la petite chambre rectangulaire de Longwood, sur l'île de Sainte-Hélène, il reconnut la silhouette voûtée du Dr Barry O'Meara qui l'examinait d'un regard inquiet. « Ça va mieux? », s'enquit le médecin. L'empereur en exil resta coi un long moment. « Oui, répondit-il, ça va. Ce n'est rien. Rien qu'un mauvais rêve. Un rêve d'Orient... » Puis il se reprit : « Et pourtant, cela aurait pu ne pas être qu'un rêve, sans cette foutue bicoque de Saint-Jean-d'Acre! »

Il s'en était fallu très exactement de cent jours – déjà! –, du 22 février au 2 juin 1799, pour que devînt réalité ce rêve qui paraissait alors à portée de main...

« Je suis arrivé ici avec les premières ombres. Deux colonnes informes m'ont rappelé que ce lieu était la limite de l'Afrique et de l'Asie. Ce qui n'a pas dû faire hésiter Alexandre. » Cette notation exprime, avec un art consommé de la litote – et un brin de superstition – l'espoir de Napoléon Bonaparte, lorsque, général en chef, à vingt-neuf ans, du corps expéditionnaire français en Orient, il entre, ce 22 février-là, en Terre sainte, d'y acquérir autant de gloire et peut-être de trésors et de puissance qu'Alexandre le Grand, son illustre modèle [1]. Au cours de sa longue expédition militaire, le conquérant macédonien dont se réclame le « Petit Caporal » n'était-il pas déjà flanqué d'une impressionnante cohorte de philosophes et de savants?

Bonaparte avait tenu à avertir ses soldats avant d'aborder le rivage de l'Égypte et d'investir la ville d'Alexandrie qui porte précisément le nom de son antique fondateur : « Nous trouverons à chaque pas de grands souvenirs, dignes d'exciter l'émulation des Français. »

Ces vestiges informes, situés entre deux points d'eau, le puits de Cheik Zaouy, où l'on a bivouaqué, la veille, jusqu'à épuisement de ses fonds saumâtres, et le puits de Rafah, dont la richesse annonce la fertilité palestinienne, marquent aussi, pour l'armée sortie d'Égypte, la fin de la traversée du désert qui sépare celle-ci de la Syrie ottomane. « Quelques colonnes de granit et quelques morceaux de marbre épars qu'on pourrait d'abord prendre pour les débris d'un ancien monument, précise dans ses souvenirs le général Berthier, chef de l'état-major. A quelques toises de là, on trouve le puits de Rafah, d'une belle construction, qui donne de l'eau en abondance... L'armée venait de traverser soixante lieues * du désert le plus aride... Elle éprouva une véritable jouissance à son entrée dans les plaines de Gaza. »

* Environ 240 km.

La lettre, datée du 30 mars 1799, que le chef de l'atelier d'habillement de l'armée d'Orient, François Bernoyer, adresse à sa femme en France, confirme cette heureuse impression de césure : « Ma chère amie, quand on fait soixante lieues dans des déserts arides et quand on supporte toutes sortes de privations au cours d'un long et pénible trajet, on éprouve une immense joie à la vue d'une terre fertile. Tout flatte alors les sens, tout ce qui nous entoure est admirable, rien n'échappe à notre contemplation. Mes regards se portaient avec délice vers les sources aux eaux vives et limpides qui descendaient avec rapidité des riants coteaux couverts d'oliviers et de figuiers; ils me rappelaient les sites heureux de la Provence. En pénétrant en Syrie, j'éprouvais sans doute le même bonheur que les Israélites arrivant dans la Terre promise, qu'ils attendaient depuis si longtemps. »

C'est aussi la Provence qu'évoque le chasseur Pierre Millet, un vétéran de toutes les guerres de la seconde moitié du XVIIIe siècle, pour décrire, dans ses mémoires, son arrivée à Khan-Younès, premier village de la Palestine après le passage des deux colonnes de Rafah : « L'aspect de cet endroit avait ranimé notre courage presque abattu par les fatigues que nous venions d'essuyer. Cet endroit est environné de jardins à la mode de l'Europe, rempli de toutes sortes de fruits et de légumes. L'on y trouve deux puits très profonds que Saint Louis, roi de France, fit creuser du temps des croisades de la Terre sainte... On dirait être une contrée de la Provence, rapport aux oliviers qu'il y a en grand nombre. »

« L'aspect de ce premier village de la Palestine nous fut extrêmement agréable, relate de son côté le médecin en chef de l'armée d'Orient, René-Nicolas Dufriche des Genettes, dit le Dr Desgenettes. On remarque un beau château et les jardins offrent une culture précieuse au sortir des sables stériles. C'est le signe de démarcation de l'Afrique. Le climat, la végétation, le gibier, tout annonce l'Asie et se rapproche de notre Europe. »

Même son de cloche dans le journal tenu par le capitaine Jean-Pierre Doguereau : « Des colonnes placées sur les limites indiquent la séparation de ces deux parties du monde. On trouve là les restes d'un édifice. Nous nous arrêtâmes au puits qui a été creusé près de là; on fit rafraîchir une partie de la cavalerie... Nous arrivâmes sur les hauteurs de Khan

Younès; quelques Arabes et cavaliers ennemis voltigeaient sur le sommet des hauteurs de l'autre côté du village, dont les jardins nous offraient un coup d'œil fort agréable, surtout en sortant du désert[...] Nos équipages et deux divisions arrivèrent. Nous campâmes dans les jardins derrière des haies. Au moment où l'on dressait nos tentes, nous essuyâmes une très forte pluie qui dura une partie de la nuit; nous commençâmes là à sentir la différence du climat de ce pays et de celui que nous venions de quitter. Ce fut le premier jour que nous couchâmes en Asie. »

Ce brusque changement au passage de l'Afrique à l'Asie est souligné dans un grand nombre de correspondances des combattants de la campagne de Syrie. Est-ce un signe du destin?

« Les vent d'ouest qui soufflaient alors régulièrement produisaient des ouragans affreux qui ajoutaient singulièrement aux fatigues des marches et des opérations militaires », admet le Dr Desgenettes. Ces intempéries présagent-elles la tempête de sable qui finira par emporter le grand dessein de Bonaparte? Un dessein dont les mobiles et les buts feront toujours question aux historiens pour qui cette équipée d'Orient relève de la stratégie autant que du mirage, des calculs autant que des rêves.

« On allait traverser la Terre sainte, rappellera l'empereur Napoléon dans ses mémoires d'exil. Les soldats se livraient à toutes sortes de conjectures. Tous se faisaient une fête d'aller à Jérusalem; cette fameuse Sion parlait à toutes les imaginations, et réveillait toute espèce de sentiment. » Pourtant, il renoncera à délivrer la « cité de la paix ».

Bonaparte ne prendra pas davantage le chemin de Damas, pourtant ouvert par le général Kléber. Et tout cela pour aller buter, avec un entêtement incompréhensible, sur cette « bicoque » de Saint-Jean-d'Acre qui va le tenir à la merci de la flotte anglaise, le long du littoral. Ce n'est pourtant pas faute d'avoir volontiers succombé à la magie du décor, à cette vibration particulière des pays de l'Orient commençant, et plus encore au prestige des images qui feraient de lui le successeur de Sésostris, d'Alexandre, de Ptolémée, de Pompée ou de Mahomet, au choix des croyances ou des légendes. Aurait-il ainsi hésité à sacrifier aux symboles, lui qui se targuera d'avoir traversé le désert du Sinaï « avec plus de rapidité qu'une armée d'Arabes »?...

Plus de rapidité? Voire : c'est un retard, dû à la rencontre fatale de l'imprévu et de l'imprévoyance, qui aura transformé le rêve en cauchemar.

Spontanément attiré par elle comme par un tropisme dès sa prime jeunesse et nourri de la totalité du savoir à la mode depuis le début du siècle des Lumières, Bonaparte ne peut ignorer la densité historique de cette ingrate bande de terre où l'Occident côtoie l'Orient. Le pays de Canaan – dont seule l'imagination de tribus nomades faméliques put faire le pays du lait et du miel, et que les Romains nommèrent Palestine, du nom des Philistins qui l'habitèrent – n'a pas cessé, depuis plus de trois millénaires, de résonner du fracas des armes et du murmure des prières. Mais il a cessé d'avoir une existence nationale le jour où ses conquérants hébreux furent réduits à ne plus pouvoir y exercer leur souveraineté. De tous les peuples qui s'y succèdent, aucun ne s'installe pour mener la vie d'une nation indépendante. Après les Romains, les Perses, puis les Byzantins, puis les Arabes, puis les croisés et leurs éphémères royaumes, le règne des Mamelouks, lui-même troublé par les invasions mongoles et tatares, avant l'absorption du vilayet de Syrie par le Grand Turc... Ce corridor a vu s'affronter pas moins de quarante-cinq armées! Moïse, le roi Salomon, la reine de Saba, Nabuchodonosor, Alexandre, Jésus, Titus, Saladin, Richard Cœur de Lion, Saint Louis, Soliman le Magnifique y ont, parmi d'autres, mêlé leurs traces dans un tohu-bohu de dieux et de mythes, de chimères et de batailles, d'empires écroulés et d'accomplissements toujours à venir.

Reste ce royaume écrasé de soleil et parsemé de vestiges, dont seuls les Bédouins, insensibles aux mirages du désert et à l'envoûtement qui y conduit les hommes en quête d'éternité, devinent la logique et prévoient les folies, comme les oiseaux dans le vent. Un vent décapant à déménager les dunes et dont la voix sourde, inconnue, venue du fin fond des tempêtes de sable, étire sa chanson pour rien parmi les chardons secs, dans la stridence nue du silence minéral.

Des pierres qui parlent, qui racontent, on en trouve à tout bout de champ. Elles disent, à qui veut bien tendre l'oreille et ouvrir l'œil, l'histoire tantôt mystique et tantôt politique d'une humanité que la foi et la folie des grandeurs poussent toujours vers Jérusalem. Combien de fois la ville sainte des trois religions monothéistes issues d'Abraham fut-elle conquise, perdue, rasée, reconstruite? Des ruines du Temple, on faisait des citadelles; des ruines des citadelles, des églises; des ruines des églises, à nouveau, des citadelles. Que de sang versé au nom de Dieu! On est toujours l'infidèle de quelqu'un.

« Si je t'oublie, ô Jérusalem, que ma dextre m'oublie, que ma langue se dessèche dans mon palais! » Les pierres, elles, n'ont pas oublié. Pierres de Jéricho, de Meggido, de Capharnaüm, de Saint-Jean-d'Acre. Pierres des remparts, des tombeaux, des ogives; pierres blanches des oueds taris où trébuchèrent les prophètes, les apôtres et les chevaliers accablés de fièvres et de mouches – dont le soleil fait éclore les œufs, réduisant la vie aux démangeaisons de l'instant –; pierres tragiques de Massada, pierres tendres d'Avdat où les Nabatéens surent apprivoiser l'eau, pierres en signal des chameliers aux carrefours des horizons, chaos de granit du Sinaï où Moïse reçut les Tables de la Loi – toutes ces pierres témoignent de l'ardente histoire du « royaume de Jérusalem »...

C'est moins le mythe de la Ville céleste qui inspire alors Bonaparte que l'ambition d'un règne géopolitique à inscrire dans le fil d'une histoire légendaire. A peine auréolé de gloire par sa conquête de l'Italie, n'a-t-il pas confié à son secrétaire Bourrienne : « L'Europe est une taupinière. Il n'y a jamais eu de grands empires et de grandes révolutions qu'en Orient, où vivent six cent millions d'hommes »? L'Égypte elle-même n'aura été qu'une étape. Ses vues embrassent un horizon beaucoup plus lointain, s'étendent jusqu'à l'Inde. Il ne veut pas seulement retrouver dans la boue du Nil et de l'Euphrate les traces des pas d'Alexandre le Grand, il entend restaurer son empire. Objectif premier : la Mésopotamie. « Je suis venu pour fixer l'attention et reporter l'intérêt du monde sur le centre de l'Ancien Monde. »

En fait, la conquête de l'Égypte est considérée dès le début comme une base arrière pour aller chasser les comptoirs britanniques de l'océan Indien. Prisonnier de cette conquête depuis le désastre naval d'Aboukir qui, le 1er août 1798, l'a privé de sa flotte, Bonaparte n'a d'autre choix que la fuite en avant : « Il faut mourir ici ou en sortir grands comme les Anciens. » Peu après, il écrit d'ailleurs à Kléber :

« Si les Anglais continuent à inonder la Méditerranée, ils nous obligeront peut-être à faire de plus grandes choses que nous ne voulions faire. » Car, en lui, « la chimère romanesque rivalise sans cesse avec le réalisme le plus froid, le calcul le plus exact... Le sublime peut toujours côtoyer l'odieux et l'absurde [2] ». Pour peu que son étoile l'accompagne, son équipée ferait même pâlir celle de son héros macédonien. D'après ses calculs, après la prise d'Acre qu'il fixe pour le 25 avril, il compte se rendre maître de Damas et d'Alep en juin. Avec ses avant-postes sur le mont Taurus, il serait en état d'obliger la Porte (Constantinople) à la paix et de lui faire agréer sa marche sur l'Inde. Il pourrait arriver sur les rives de l'Indus en mars 1800.

Ce plan de conquête des Indes, il en avait déjà entretenu son fidèle Bourrienne dès sa nomination comme général en chef en avril 1798, avant d'embarquer pour l'Égypte : « Nous n'avons que vingt-neuf ans, se plaisait-il à lui dire, l'âge d'Alexandre. »

S'il s'apprête à renouveler l'exploit de son héros de marcher des rivages méditerranéens aux Indes et d'unir les deux mondes en une même culture, c'est bien pour ressusciter un empire terrestre seul à pouvoir faire contrepoids à l'empire des mers dominé sans conteste par l'ennemi héréditaire. Autant que le culte du *De viris illustribus,* la tentation de l'ailleurs a déterminé Bonaparte à entreprendre la plus extravagante campagne de l'histoire militaire. Son imagination, nourrie d'histoire et d'épopée autant que de calculs et de rêves, a balancé en lui le don du réalisme en l'entraînant irrésistiblement vers le mirage oriental. Un mirage qui n'a cessé et ne cessera de le fasciner quand l'exil aura transformé sa vie en destin.

Dans sa jeunesse, il a lu et annoté avec avidité l'*Histoire des Arabes* de Marigny et les *Mémoires sur les Turcs et les Tartares* du baron de Tott. En 1788, à la veille de la Révolution, il a lui-même commis un petit conte oriental, *Le Masque prophète,* dont le héros, personnage authentique de l'histoire islamique, soulève les foules en multipliant les impostures : poussé par un désir de gloire et de puissance, il s'est fait passer pour un envoyé de Dieu. L'historien Henry Laurens en fait une analyse subtile pour expliquer le tropisme du jeune Bonaparte, qui se demandait alors « jusqu'où peut porter la fureur de l'illustration [3] » : « Freud verra en cette passion pour l'Orient, et singulièrement pour l'Égypte, l'effet de son complexe de Joseph, volonté de revanche envers le frère aîné, rival détesté puis, après transfert de la haine sur d'autres objets, plus qu'aimé. Aller en Égypte, terre d'élection du Joseph de la Bible, ou épouser une Joséphine ne seraient que les manifestations de ce complexe originel, d'où Napoléon tire toute sa force. “ *C'est dans la fameuse campagne d'Égypte,* écrit Freud à Thomas Mann le 29 novembre 1936, *que cette [identification] se manifeste le plus nettement. Où aller, sinon en Égypte, quand on est Joseph qui veut paraître grand aux yeux de ses frères? Si l'on examine de plus près les motifs politiques de cette entreprise du jeune général, on trouvera sans doute qu'ils n'étaient rien d'autre que des rationalisations violentes d'une idée fantasmatique.* ” »

Pour un groupe de juifs messianiques, les frankistes, qui va jouer un rôle insoupçonné dans les suites de cette équipée en Terre sainte, Bonaparte sera le Messie issu de Joseph. C'est celui qui, selon la tradition kabbalistique, aura gagné le combat de Gog et Magog, au pied du mont Thabor, pour se faire tuer devant les portes de Jérusalem avant d'ouvrir la voie à l'ultime Messie, le fils de David.

Il se trouve que les frères de Bonaparte partagent ses tentations orientales. En 1793, Lucien veut être envoyé à l'ambassade de Constantinople. Joseph, l'année suivante, pouvait penser « à exploiter les vastes domaines de l'Empire ottoman », grâce à son mariage avec une Clary dont la famille était liée au commerce marseillais du Levant.

Au cours de l'été 1795, le jeune Napoléon envisage lui-même de passer au service du sultan Selim III. C'est que sa fulgurante carrière militaire, depuis sa victoire de Toulon, a connu, l'année précédente, un accroc de taille. D'abord suspect de robespierrisme au moment de Thermidor, il a été mis en disponibilité le 15 septembre 1794 par le Comité de salut public pour avoir refusé de servir sous les ordres de Hoche, en Vendée, comme général de brigade d'infanterie, par fidélité à son arme d'origine : l'artillerie. Frappé par ce coup du sort qui le contraint à l'inaction, il confie un soir à Junot en l'entraînant au Jardin des Plantes : « Nous aurons peut-être de meilleurs jours, mon ami. Oui, nous en aurons, quand je devrais aller les chercher dans une autre partie du monde! »

Persuadé de l'hostilité des bureaux, las de n'aboutir à rien en raison des préventions du pouvoir alors en place, il songe en effet à quitter cette France ingrate et, comme le Grand Turc demande des officiers instructeurs pour remettre sur pied son armée, il n'hésite pas à poser sa candidature. Tout de suite, son imagination l'emporte. Ce projet le rapprochera de Désirée Clary, la belle-sœur de Joseph (« Qu'il est heureux, ce coquin de Joseph! », répète-t-il à la cantonade), puisque un autre beau-frère, Anthoine, est déjà à Constantinople et que la famille du riche négociant, effrayée des troubles incessants de Marseille, pense aussi à aller s'y établir. Il écrit donc à Joseph, le 20 août 1795 :

« Si je le demande, j'obtiendrai d'aller en Turquie comme général d'artillerie, envoyé par le gouvernement pour organiser l'armée du Grand Seigneur, avec un bon traitement et un titre d'envoyé très flatteur. Je te ferai nommer consul et ferai nommer Villeneuve (autre beau-frère de Joseph) ingénieur pour y aller avant moi. » Il emmènerait aussi Junot, Marmont, Muiron. Ainsi seraient-ils tous réunis dans une situation intéressante, profitable et à l'abri des orages d'Occident.

Mais l'insurrection royaliste parisienne du 5 octobre, connue sous le nom des événements du 13 Vendémiaire, va l'empêcher de devenir le chef de la mission militaire française à Constantinople. C'est Barras, principal arbitre d'un régime en voie de décomposition depuis la réaction thermidorienne, qui s'emploie, à cette occasion, à remettre Bonaparte en selle en lui confiant la répression de cette émeute devant laquelle le général Menou a eu tôt fait de baisser les bras. Il lui offre le commandement en second de l'armée et lui donne carte blanche pour défendre la Convention qui l'a nommé, lui, Barras, général en chef à la place de Menou. Bonaparte n'hésite pas à mitrailler les insurgés sur les marches de l'église Saint-Roch. Il en est récompensé par le Directoire qui se met en place, sous la houlette de Barras, et fait de lui une sorte de gouverneur militaire de Paris. Pour le garder à sa botte, Barras le jette dans les bras de son ancienne maîtresse, Joséphine de Beauharnais, et lui promet, comme cadeau de noces, en mars 1796, le commandement en chef de l'armée d'Italie.

De victoire en victoire, Bonaparte associe compagnons et famille à cette première marche à l'est des Alpes qui va le conduire à Venise, puis à la conquête des îles Ioniennes durant l'été 1797, base indispensable à toute opération en Méditerranée orientale. Car, tout en imposant à l'Autriche, de sa propre initiative, l'humiliant traité de Campoformio, il renonce d'autant moins à ses ambitions outre-méditerranéennes qu'il n'a pas encore l'âge requis pour accéder au Directoire à son retour de Rastadt, où il négocie également la paix avec l'Allemagne... Au reste, il y a longtemps que son imagination galope vers le Nil : les rêves d'Orient ne l'ont jamais vraiment quitté, comme en témoignent ses conversations avec Bourrienne et avec le mathématicien Gaspard Monge au château de Passeriano, en Vénétie. C'est là qu'il a établi son quartier général de l'armée d'Italie, véritable proconsulat qui lui sert de banc d'essai pour une gigantesque entreprise régénératrice des peuples asservis et des nations aliénées.

« Cet Orient, déjà romantique, est l'aboutissement d'un siècle d'orientalisme... Cette science, constituée d'abord dans un simple souci de connaissance humaniste, s'est trouvée confrontée aux nécessités créées par l'irrésistible glissement de l'expansion européenne vers l'Ancien Monde [4]... »

Pour les idéologues du siècle des Lumières, les révoltes grecques, pourtant religieuses dans leur essence, contre le féodalisme turc, apparaissent en effet comme les prémices de la résurrection prochaine de la Grèce antique. « Tout est transposable à l'ensemble de ce tiers état oriental : Arabes, Égyptiens, Arméniens, Juifs peut-être, ont vocation à devenir ou plutôt à redevenir des nations. La civilisation passera donc, non pas par la création de nouvelles nations, mais par la résurgence d'anciennes. Cette vision, l'idéologue et orientaliste Volney l'a établie dès 1787 et réaffirmée en 1791 [5]. » Bonaparte a lu *Les Ruines* et il a fait de son auteur son mentor. La référence aux âges d'or constitue le trait permanent de sa rhétorique révolutionnaire : l'Égypte des pharaons et des Ptolémées, les Grecs d'Alexandre, les Romains de César, les Arabes des dynasties califales.

Courir en Égypte en se fiant à son étoile lui paraît plus propre à entretenir sa renommée et à rehausser encore l'éclat de son nom. Dès le 29 janvier 1798, il s'en était ouvert sans détours à son confident : « On ne conserve à Paris le souvenir de rien. Si je reste longtemps sans rien faire, je suis perdu.

Une renommée dans cette grande Babylone en remplace une autre. On ne m'aura pas vu trois fois au spectacle que l'on ne me regardera plus... Bourrienne, je ne veux pas rester ici, je n'ai déjà plus de gloire; cette petite Europe n'en fournit pas assez. Il faut aller en Orient : toutes les grandes gloires viennent de là... Si la réussite d'une descente en Angleterre me paraît douteuse, comme je le crains, l'armée d'Angleterre deviendra l'armée d'Orient et je vais en Égypte. »

Et Bourrienne de commenter ainsi cette conversation dans ses *Mémoires :* « Si Alexandre partit de la Macédoine pour aller au temple d'Ammon, il veut partir de Paris pour aller aux cataractes du Nil. Pendant qu'il tiendrait ainsi la renommée en haleine, les événements devaient, selon lui, se succéder en France de manière à rendre son retour nécessaire et opportun; sa place serait prête et il ne viendrait pas la réclamer comme un homme oublié ou inconnu. »

Autrement dit, le rêve oriental, conforme à ses tendances et à ses penchants, d'un empire taillé à la mesure de son imagination, en Perse ou sur l'Indus, n'aura jamais tout à fait supplanté le rêve occidental d'une domination européenne, contrairement à ses dires futurs et aux versions de ses laudateurs [6].

Le 22 juin 1798, à huit jours d'entrer par surprise à Alexandrie, il dévoile enfin, à bord du vaisseau amiral *l'Orient,* le but de l'entreprise dans une proclamation à ses troupes : « La première ville que nous allons rencontrer a été bâtie par Alexandre... Les peuples avec lesquels nous allons vivre sont mahométans; leur premier article de foi est : il n'y a pas d'autre Dieu que Dieu et Mahomet est son prophète. Ne les contredisez pas; agissez avec eux comme nous avons agi avec les Juifs, avec les Italiens; ayez des égards pour leurs muftis et leurs imams, comme vous en avez eu avec les rabbins et les évêques. Ayez pour les cérémonies que prescrit l'Alcoran, pour les mosquées, la même tolérance que vous avez eue pour les couvents, pour les synagogues, pour la religion de Moïse et de Jésus-Christ... »

Dès le lendemain de la prise d'Alexandrie, il enfonce habilement le clou en lançant une proclamation aux habitants, qui tend à islamiser et à égyptianiser le slogan révolutionnaire : « Paix aux chaumières, guerre aux châteaux! » Dieu est juste et miséricordieux pour le peuple. C'est pourquoi il a choisi Bonaparte, champion de l'égalité des hommes, pour venir libérer les Égyptiens. « Je respecte, plus que les Mamelouks, Dieu, son prophète et l'Alcoran... N'est-ce pas nous qui avons détruit le pape qui disait qu'il fallait faire la guerre aux musulmans? N'est-ce pas nous qui avons détruit les chevaliers de Malte, parce que ces insensés croyaient que Dieu voulait qu'ils fissent la guerre aux Musulmans? N'est-ce pas nous qui avons été les amis du Grand Seigneur (que Dieu accomplisse ses désirs!) et l'ennemi de ses ennemis? Les Mamelouks au contraire ne se sont-ils pas toujours révoltés contre l'autorité du Grand Seigneur, qu'ils méconnaissent encore?... Malédiction aux Mamelouks et bonheur au peuple d'Égypte! »

Le 22 février 1799, Bonaparte franchit les colonnes de Rafah qui séparent symboliquement l'Afrique de l'Asie. Il les repassera en sens inverse le 2 juin, après l'échec du siège de Saint-Jean-d'Acre, vieille forteresse médiévale du XIIe siècle, adossée à la mer et défendue par les alliés inattendus de Djezzar Pacha : l'émigré vendéen Le Picard de Phélippeaux, le vizir juif Haïm Farhi et le commodore britannique Sidney Smith. « Il faut lever ce siège absurde qui nous use. Il faut enterrer les morts et les rêves », a noté, le 8 mai, le Pseudo-Jomini dans le *Journal secret* attribué à Bonaparte. D'autant que le danger d'un débarquement turc se précise en Égypte.

Ces cent jours en Terre sainte auront été entachés d'horreurs sans nombre – crimes de guerre, crimes contre l'humanité, holocauste des pestiférés, etc. – que Bonaparte, génie de la propagande, saura transformer en épopée exotique dont va s'emparer l'imagerie populaire, avec l'aide de ses frères Joseph et Lucien, prompts à amplifier le retentissement de ses coups d'éclat à l'ombre des Pyramides ou à proximité des Lieux saints.

Mais ces cent jours auront surtout bouleversé et marqué pour cent ans la vie du peuple juif. Au premier congrès sioniste de Bâle, en 1897, Theodor Herzl, le nouveau messie politique des juifs, se référera au précédent d'une déclaration de Bonaparte. Peu importe qu'il se soit agi d'un faux, comme nous l'établirons, pour la première fois, preuves à l'appui; son empreinte aura modifié le cours de l'histoire d'une nation en quête permanente d'un messie.

Il ne reste plus alors à Bonaparte qu'à prendre une géniale revanche sur le destin. D'abord en lançant vers la Haute-Égypte deux expéditions scientifiques chargées de jeter les bases d'une égyptologie à venir [7]. Ensuite à profiter de l'écrasement des forces turques débarquées à Aboukir, suivi d'une interruption des croisières anglaises, pour s'enfuir en catimini, le 22 août, avec l'essentiel de sa clientèle, laissant Kléber, sans même l'en avertir, se débrouiller avec les mamelouks, à la tête d'une armée délabrée et réduite de près de moitié. Échappant pour la seconde fois à son grand ennemi, Nelson, Bonaparte débarque le 9 octobre en Provence, après s'être ressourcé, le temps d'une escale, en Corse. Dans un mois, jour pour jour, ce sera le 18 Brumaire!

Premier consul, sacré empereur, Bonaparte, devenu Napoléon, n'en continuera pas moins, jusqu'à la fin de sa vie, à conserver la nostalgie du rêve oriental. « Il ne cessera de penser à l'Égypte comme à une alternative lumineuse dont il a été frustré. Pour lui, comme pour la plupart des hommes d'action, les actes non réalisés assument un prestige infiniment plus grand que tous ceux qu'ils ont effectivement accomplis... Le grand espace doré de l'Orient ne lui aurait apporté qu'une suite ininterrompue de délices... Le souvenir qu'il en garde se pare, rétrospectivement, d'une sorte de phosphorescence. Sans cesse il aura envie de revenir à ce grand acte manqué. Sans cesse, il en reparlera avec une sorte de nostalgie [8]. »

Ainsi, en 1803, au camp de Boulogne, il aurait fait cette confidence à Claire de Rémusat qui la rapporte dans ses Mémoires : « Je ne sais ce qui me fût arrivé sans l'heureuse idée que j'eus d'aller en Égypte. Quand je m'embarquai, je ne savais si je ne disais pas un éternel adieu à la France; mais je ne doutais pas qu'elle me rappelât. Les séductions d'une conquête orientale me détournèrent de la pensée de l'Europe plus que je ne l'avais cru. Mon imagination se mêla, pour cette fois encore, à ma pratique. Mais je crois qu'elle est morte à Saint-Jean-d'Acre...

« En Égypte, je me trouvais débarrassé du frein d'une civilisation gênante : je rêvais toutes choses et je voyais les moyens d'exécuter tout ce que j'avais rêvé. Je créais une religion, je me voyais sur le chemin de l'Asie, parti sur un éléphant, le turban sur ma tête, et dans ma main un nouvel

Alcoran que j'aurais composé à mon gré. J'aurais réuni dans mes entreprises les expériences des deux mondes, fouillant à mon profit le domaine de toutes les histoires, attaquant la puissance anglaise dans les Indes, et renouant par cette conquête mes relations avec la vieille Europe. Ce temps que j'ai passé en Égypte a été le plus beau de ma vie, car il en a été le plus idéal. Mais le sort en décida autrement. Je reçus des lettres de France; je vis qu'il n'y avait pas un instant à perdre. Je rentrai dans le positif du social et je revins à Paris [9]. »

En 1804, Bonaparte s'exclame encore devant une assemblée de princes allemands : « Il n'y a plus rien à faire en Europe! Ce n'est que dans l'Orient que l'on peut travailler grand; ce n'est que là que se font les grandes réputations, les grandes fortunes. »

Cette obsession le poursuivra jusque sur la route de l'exil à Sainte-Hélène, en 1815, quand, au moment de monter à bord du *Bellérophon,* il dira tout net au capitaine Maitland : « Sans vous, les Anglais, j'aurais été empereur d'Orient. Votre Sidney Smith m'a fait rater ma fortune. » Et quand, après une longue traversée, il verra émerger à l'horizon, le 15 octobre, les récifs de l'île qui sera sa prison, il ne peut se retenir de répéter à Gourgaud : « J'aurais mieux fait de rester en Égypte. Je serais à présent empereur de tout l'Orient. »

A ses interlocuteurs de Sainte-Hélène, il tentera de donner la version la plus noble de cette extravagante entreprise dont il passe de longues journées à faire la relation. Au grand maréchal Bertrand, qui fit partie du corps expéditionnaire et resta son plus proche compagnon, il confessera toutefois, le 20 février 1819 : « Je croyais trouver là 300 millions et tout le monde le croyait comme moi. Les savants même n'y sont venus que dans cette pensée. » Le *Mémorial* lui attribue encore ces propos désabusés : « Les plus petites circonstances entraînent les plus grands événements; si Saint-Jean-d'Acre fût tombé, je changeais la face du monde. » Et de rappeler dans ses *Mémoires* le but de l'expédition : « C'est du Nil que devait partir l'armée qui allait donner des nouvelles destinées aux Indes. »

« Ces mêmes paroles, il les avait souvent prononcées à Saint-Jean-d'Acre, écrit Bourrienne dans son ouvrage. Des projets gigantesques l'ont tourmenté sur le rivage de Ptolémaïs, comme le tourmentait probablement à Sainte-Hélène le regret de ne les avoir point exécutés. »

C'est le seul regret que le grand Napoléon ait jamais exprimé, rejetant toujours sur les autres, la responsabilité de cet échec. L'autocritique n'était pas son fort et pourtant, en l'occurrence, ce sont surtout ses propres fautes qui l'ont empêché d'assouvir son ambition.

Plus d'Alexandre, donc, au répertoire : une fortune contraire l'a privé de ce rôle. A cause de son dédain de sir Sidney Smith, Phélippeaux et autres, il n'aura été que César. Mais déjà Waterloo perçait sous Saint-Jean-d'Acre.

I

Le quatuor du Temple

Depuis qu'elle a servi d'antichambre à la mort ignominieuse de Louis et Marie-Antoinette Capet, ci-devant roi et reine de France, la tour du Temple, qui dressait sa masse abrupte et sombre d'une cinquantaine de mètres dans le ciel de Paris, avait retrouvé sa sinistre vocation de prison d'État, hantée par le souvenir de la condamnation de ses bâtisseurs. Restée debout au milieu des ruines et des transformations, lugubre débris d'un autre temps d'épreuves, elle constituait le puissant donjon d'une des plus solides forteresses du royaume, édifiée au XIIIe siècle par le frère Hubert, trésorier de l'ordre monastique des Templiers, à l'époque où ces théocraties sacerdotales et militaires se construisaient des châteaux forts pour monastères. L'enclos du Temple occupait un vaste emplacement ceint de murailles crénelées, là où s'étendra plus tard le quartier du Marais, à un jet de pierre de la Bastille. A l'origine résidence du grand maître de l'ordre, la tour était destinée à renfermer ses archives et ses trésors. La chute des Templiers, au siècle suivant, en changea la destination.

Fuyant l'émeute, Philippe le Bel y avait fixé sa résidence en 1306. Jaloux des immenses richesses qu'il voyait s'y entasser, il fit brutalement arrêter le grand maître Jacques de Molay ainsi que cent quarante chevaliers, un an plus tard, le 13 octobre 1307. Puis leur ordre fut supprimé, leurs personnes brûlées vives sur le bûcher, le 13 avril 1313, et leurs biens transmis à l'ordre des Hospitaliers de Jérusalem qui prit ainsi possession de l'enclos transformé en centre de détention. Son premier hôte fut le conseiller de ce roi de la fausse monnaie, Enguerrand de Marigny, qui y fut « enserré en de bons liens et anneaux de fer » en 1315, jusqu'à sa pendaison au gibet de Montfaucon pour dilapidation des deniers publics et sorcellerie. Respectivement trente et cinquante ans plus tard, Jean de Malestroit, maître des requêtes au parlement de Bretagne, et Jean de Grailly, chef militaire gascon, y furent également incarcérés jusqu'à leur mort. A partir de 1378, date à laquelle fut détenu à son tour, avant d'être exécuté aux Halles, le secrétaire de Charles le Mauvais, il n'est plus question de cette forteresse comme prison d'État.

Dans un des angles de l'enceinte se trouvait l'hôtel appelé le palais du Grand Prieur. C'est là que, sous le règne de Charles V le Sage, le connétable du Guesclin offrit un splendide festin aux capitaines des grandes compagnies rebelles au pouvoir central pour mettre fin à leurs exactions en France et les inciter à passer en Espagne. Là encore qu'à son retour de Suisse en 1770, Jean-Jacques Rousseau devait trouver asile et protection auprès du prince de Conti, grand prieur de France. Entre-temps, que de réceptions brillantes et, un peu plus tard dans le siècle, que de fêtes galantes auront été données à l'ombre de ce monument d'austérité, impressionnant massif d'architecture flanqué à ses quatre angles de tourelles à peine moins hautes. Le donjon, dont les murs n'avaient guère moins de trois mètres d'épaisseur dans leurs parties les plus étroites, se composait en fait de deux tours carrées, construites en larges pierres taillées à Paris, l'une plus grande, l'autre plus petite, accolées et communiquant entre elles par un escalier intérieur. La plate-forme terminale de la grande tour était surmontée au centre d'un comble pyramidal couvert d'ardoises, dont la girouette se profilait à cent cinquante pieds. Entre les créneaux et le grand comble, un chemin de ronde permettait d'embrasser du regard toute la capitale et ses environs.

Un énorme pilier en maçonnerie occupait le centre de la grande tour et montait jusqu'à la flèche de l'édifice. Il s'élargissait et se ramifiait à chacun des quatre étages pour former les arceaux de quatre voûtes successives : celles des quatre salles d'armes, donnant chacune sur des réduits nichés dans trois des tourelles. Dans la quatrième tourelle, un escalier en colimaçon desservait les étages jusqu'à la plate-forme. Adossée à la grande, la petite tour était également flanquée de deux tourelles. Ces tours vides, froides, muettes pendant tant de siècles, ressemblaient moins à une demeure qu'aux chambres d'une pyramide, dans le sépulcre d'un pharaon occidental.

La dramatique journée du 13 août 1792 va rendre leur ancienne destination à ces murs désaffectés – seul, un logement de fonction a été aménagé dans la petite tour pour l'abbé Jean-Jacques Barthélemy, fin numismate, conservateur du cabinet des médailles. Ce jour-là, à six heures du soir, la lourde berline royale, attelée de deux chevaux seulement, quitte le couvent des Feuillants pour pénétrer, une heure plus tard, dans l'enceinte du Temple. Décrété par la Commune otage de la Nation après l'échec de sa fuite à Varennes et la prise, un an plus tard, des Tuileries, Louis XVI va y être écroué avec sa famille par le procureur Manuel, qu'accompagnent le maire de Paris, Pétion, et l'officier municipal Santerre, brasseur de son état, promu général de la Garde nationale et qui s'improvise geôlier du roi. Dehors, l'accablante chaleur estivale tourne à l'orage.

Après le dîner servi au palais-hôtel du Grand Prieur, les prisonniers sont conduits au rez-de-chaussée du sinistre donjon dont la silhouette médiévale se découpe dans le ciel noir de cette nuit grondante.

En attendant l'aménagement de la grande tour ordonné par les municipaux, ils seront logés dans les appartements de Barthélemy à la petite tour attenante : Marie-Antoinette, sa fille et sa suite au premier étage, Louis partageant le deuxième étage avec son fils et deux serviteurs. Six nuits plus tard, l'ex-reine se trouve privée de ses dames de compagnie, dont l'une, la princesse de Lamballe, transférée à la prison de la Force, y sera égorgée le 3 septembre, sa tête et sa toison promenées au bout d'une pique sous les fenêtres de la petite tour du Temple.

Par mesure de sécurité, Louis Capet, le dauphin et leur valet de chambre sont conduits au deuxième étage de la grande tour dès la fin de septembre. La haute salle a été réduite de moitié par un faux plafond en toile et divisée en quatre chambres par des cloisons en planches couvertes de toiles peintes représentant l'intérieur d'une prison moyenâgeuse encombrée d'instruments de torture. Chacune des chambres, dont l'une servira de salle à manger commune, est éclairée par de hautes fenêtres grillagées dont le jour est en partie occulté par des hottes. Le 26 octobre, Marie-Antoinette et sa fille gravissent à leur tour l'escalier en colimaçon et franchissent les douze guichets successifs qui, du rez-de-chaussée au troisième étage de la grande tour, constituent autant d'obstacles propres à dissiper tout espoir d'évasion : à chaque palier, deux lourdes portes bardées de fer et de serrures compliquées, apportées des prisons du Châtelet, achèvent de donner à la tour du Temple son aspect carcéral voulu par l'architecte de la Commune, Bernard Poyet.

Le 20 janvier 1793 à sept heures du soir, l'ex-roi, condamné à mort par la Convention au terme d'un procès de quarante jours, fait ses adieux à sa famille réunie dans la salle à manger qu'une cloison vitrée sépare de l'antichambre où veillent les municipaux de service, à la lueur de deux flambeaux d'argent, au deuxième étage de la tour du Temple. Le 3 juillet suivant, des commissaires de la garde montante viendront arracher le dauphin des bras de sa mère pour le confier comme « pupille » au savetier Simon. Un mois plus tard, la veuve Capet sera transférée à la Conciergerie pour y attendre, dans un cachot, sa traduction devant le tribunal révolutionnaire et sa condamnation à la guillotine...

A la place de feu le couple royal, la tour du Temple s'apprête à recevoir d'autres hôtes illustres, également prisonniers de la République. « Pas de liberté pour les ennemis de la liberté ! » Le registre d'écrou porte, à la date du 15 messidor an IV (3 juillet 1796), la mention suivante sous l'en-tête du Bureau central du canton de Paris : « Conformément à la lettre du ministre de l'Intérieur en date du 13 de ce mois, le concierge de la maison d'arrêt du Temple recevra le ci-après nommé venant de celle de l'Abbaye : sir William Sidney Smith, commandeur, grand-croix de l'ordre militaire de l'Épée en Suède, capitaine de haut bord en Angleterre, chef de la division croisant dans la Manche, natif de Londres, âgé de trente-neuf ans, prisonnier de guerre. Le commissaire du bureau central, signé Bréon. »

Sur le même registre est consignée, le même jour, l'incarcération de deux autres prisonniers également transférés de la maison d'arrêt de l'Abbaye : « John Wesley Wright, secrétaire du commodore Sidney et John Bromley, domestique du commodore Sidney. » Que reproche-t-on à ce trio de marins anglais ? Le gouvernement du Directoire a attaché une telle importance à sa capture, le 17 mars précédent, qu'il en a publié le compte rendu dans le numéro 214 du *Journal officiel* de l'époque, intitulé *La Gazette nationale ou le Moniteur universel*, en date du « quartidi 4 floréal, l'an IV de la République française une et indivisible » (23 avril 1796). Il s'agit d'extraits de messages adressés du Havre le 18 mars (29 germinal) au ministre de la Marine :

« Enfin nous tenons Sidney Smith, cet incendiaire anglais qui brûla vos vaisseaux à Toulon ; le même qui a tenté, il y a quelque temps, de mettre le feu aux bâtiments et aux magasins du Havre ; celui, en un mot, qui avait juré et promis à Pitt de ne faire de tous nos ports et de notre marine qu'un monceau de cendres. Mouillé dans la nuit sur cette rade avec le *Diamant* qu'il commandait, il venait d'amariner le corsaire le *Vengeur* après une canonnade assez vive, et était passé dessus lorsque plusieurs bâtiments légers, expédiés à sa rencontre, l'ont attaqué et obligé à se rendre avec plusieurs officiers de la marine anglaise. Son intention de porter ici la flamme n'est pas douteuse : car on a trouvé avec lui un fagot soufré semblable à celui qui fut découvert, il y a quelques mois, sous une de nos frégates en construction. Nous vous prévenons que, n'ayant pas au Havre un endroit assez sûr pour le garder, nous le faisons partir pour Rouen sous bonne et sûre escorte, en attendant que la justice nationale se prononce sur tous les attentats de ce monstre. On assure que le Directoire vient de donner des ordres pour le faire amener et traduire à Paris dans les prisons comme incendiaire. »

Preuve que ce captif est bien un gibier de choix : le prix que le gouvernement de Sa Majesté est prêt à mettre pour le récupérer. A plusieurs reprises, il va proposer d'échanger des prisonniers français contre la libération de Sidney Smith. Il commence même par renvoyer sur parole le capitaine de vaisseau Jacques Bergeret, capturé le 20 avril 1796 à bord du *Virginie* sur les côtes atlantiques. Mais le Directoire ne veut rien entendre et se montre résolu à conserver un tel gage. Il réaffirme son intention de faire passer en jugement ce jeune et turbulent capitaine de frégate, qui agit d'ailleurs en franc-tireur, pour « tous les actes criminels dont il s'est rendu coupable en France » depuis le début du conflit. Ainsi, le 1er décembre 1796, le Directoire exécutif arrête que « Sidney Smith, anglais, et les autres individus qui ont été pris avec lui au Havre, à l'instant où ils se préparaient à incendier le port, seront interrogés par le juge de paix de la section de la place Vendôme tant sur ce fait que sur les autres attentats au droit des gens dont Sidney Smith est prévenu de s'être rendu coupable envers de la République française depuis le commencement de la guerre actuelle ». L'arrêté, dont l'exécution incombe au ministre de la Justice Philippe-Antoine Merlin, est signé pour expédition conforme par le directeur Paul-François Barras et par le secrétaire général du Directoire, Joseph-Jean Lagarde.

Ce premier criminel de guerre de l'histoire déféré en justice est donc soumis à une détention rigoureuse à la tour du Temple, si l'on en juge par le refus opposé à son secrétaire, le lieutenant Wright, qui avait sollicité l'autorisation de se réunir avec lui. Le 16 septembre 1797, le ministre de la Police, Sotin, intérim du ministre de l'Intérieur, adresse en effet au concierge de la maison d'arrêt, le citoyen Lasne, copie d'un arrêté pris le 24 août par le Directoire sur la demande du secrétaire du commodore William Sidney Smith tendant à obtenir la faculté de « jouir librement de sa société ». La réponse est des plus sèches : « Il n'y a pas lieu à délibérer sur cette demande. »

Comble d'ironie de l'histoire : le général Bonaparte, sollicité lui-même d'intervenir en faveur du prisonnier du Temple quelques semaines avant son expédition outre-Méditerranée, semble assez favorable au pardon de celui qui finira par faire échec à son entreprise – son grand dessein de conquête orientale. Mais il doit alors s'incliner devant l'opposition farouche du ministre de la Marine.

Toutefois, une mesure de clémence a déjà été prise au bénéfice du troisième homme du trio détenu au Temple, John Bromley, libéré sans méfiance en sa qualité de simple domestique canadien, le 8 juillet 1797. Les gendarmes l'ont escorté jusqu'à Dunkerque où il a embarqué pour l'Angleterre, ainsi que l'atteste le rapport du brigadier Dumalletre : « Ce jourd'hui 20 messidor an V, nous, Joseph Louis Dumalletre, brigadier, et Jean Barthet, gendarme de la 5e division à la résidence de Paris, conformément à l'ordre du citoyen Courbeville, notre capitaine, et à un arrêté du Directoire en date du 3 messidor présent mois, avons extrait de la maison d'arrêt du Temple le nommé John Bromley, domestique du commodore Sidney Smith, pour être conduit de brigade en brigade au port de Dunkerque et, de là, passer en Angleterre. »

Le « nommé John Bromley »... Les gendarmes, comme les autorités de police et de justice, comme le Directoire lui-même, ignorent encore que cette fausse identité canadienne avait servi à camoufler un émigré français qui s'était fait passer pour le domestique du commodore lors de leur capture au Havre. Il s'agissait en réalité d'un nobliau breton, Jacques-Jean-Marie-François Boudin, comte-chevalier de Tromelin, né en 1771 dans le Finistère, et qui, sous-lieutenant au régiment du Limousin à la veille de la Révolution, avait servi sous les Princes et rallié à l'étranger l'armée du comte Louis de Frotté. Il avait tenté de regagner la France à bord de la frégate de Smith, qui effectuait d'audacieuses incursions dans l'estuaire de la Seine... En fait, le pseudo-domestique Bromley ne va pas tarder à revenir clandestinement, doté d'une autre identité et de solides instructions pour échafauder, avec l'aide de comploteurs royalistes, un extravagant projet dont ils ne peuvent se douter eux-mêmes à quel point sa réalisation va bouleverser le cours de l'histoire : l'évasion du commodore Smith et de son factotum.

La mission de Tromelin est toutefois facilitée par un double concours de circonstances. D'une part, les intelligences qu'il avait entretenues avec les rescapés des agences royalistes dispersées par l'échec du coup d'État antijacobin du 18 Fructidor (4 septembre 1797). Selon le récit qu'en fera plus tard Pierre-Marie Desmarets, chef de division au ministère de la Police générale, le comte de Rochecotte, les abbés d'Esgrigny et Ratel, qui se cachent à Paris, ont rallié d'autres royalistes réfugiés des provinces à ce projet d'évasion devenu pour eux affaire de parti.

D'autre part, les conditions de détention de sir Sidney se sont singulièrement adoucies, surtout depuis que le citoyen Lasne, préposé à la garde de la maison d'arrêt du Temple, a été remplacé par le citoyen Boniface. D'une étonnante complaisance à l'égard de ce prisonnier de marque, le nouveau concierge le laisse communiquer avec l'extérieur, et même sortir sur parole pour se promener en sa compagnie, aller prendre des bains publics, dîner en ville, voire partir à la chasse. L'Anglais ne manque jamais de rentrer se coucher et de reprendre sa parole.

Le 25 avril 1798, à sept heures du soir, un fiacre tiré par quatre chevaux s'arrête devant l'entrée de la prison du Temple. Un adjudant de marine en uniforme se présentant sous le nom de citoyen Auger, flanqué d'un adjoint répondant au nom de citoyen Legrand, exhibe sous le nez du concierge Antoine Boniface un ordre écrit du ministre de la Marine lui enjoignant de leur livrer les deux détenus anglais, afin de les conduire au dépôt des prisonniers de guerre à Fontainebleau. Cette réquisition figure, inscrite en bonne et due forme, sur le registre d'écrou : « Paris le 5 floréal an VI de la République une et indivisible. Le ministre de la Marine et des Colonies au citoyen Boniface, préposé à la garde du Temple. Le Directoire exécutif ayant ordonné, par son arrêté du 23 ventôse ci-joint, la réunion de tous les prisonniers de guerre anglais, sans distinction de grade, je vous charge, citoyen, de remettre sur le champ sous la garde du citoyen Étienne-Armand Auger, porteur du présent ordre, le commodore Sidney Smith et le sieur Wright, prisonniers de guerre anglais, pour être transférés au dépôt général du département de Seine-et-Marne à Fontainebleau. Il vous est enjoint, citoyen, d'observer le plus grand secret dans l'exécution du présent ordre dont j'avertis le ministre de la Police générale afin d'empêcher toute tentative d'enlever ces prisonniers en route. Signé Pléville-le-Pelley. »

La chute ne manquait pas de sel! Au-dessous de cet ordre du 24 avril 1798 figure « l'arrêté du Directoire du 23 ventôse » (13 mars) : « Le Directoire, sur le rapport du ministre de la Marine et des Colonies, arrête :

Article 1. Tous les prisonniers de guerre anglais, sans distinction de grade, seront incarcérés et traités de même. Ces représailles auront lieu jusqu'à ce que le gouvernement anglais, rendu à des principes d'humanité conformes au droit des gens, agisse envers les prisonniers de la République d'une façon analogue à ce qui a été toujours observé entre les nations policées...

Article 2. Le Directoire exécutif a approuvé les dispositions faites par le Ministre pour la réunion des prisonniers dans les dépôts de Seine-et-Oise, Seine-et-Marne, Aisne et Loiret...

« Signé Merlin, président, Lagarde, secrétaire général. Pour copie conforme à l'original, Bugor. »

Sous le regard attendri de son épouse, toute dévouée à ce gentleman qu'est sir Sidney, Boniface ne voit aucune objection à obtempérer et à remettre sans autres formalités les deux prisonniers à l'adjudant Auger. Mais il se heurte à son greffier et au commandant de la garde qui exigent davantage de précautions pour transférer des détenus de cette importance. Ils prétendent les faire escorter jusqu'à Fontainebleau par un détachement des gendarmes du poste. L'adjudant de marine Auger le prend de haut et réplique avec une imposante dignité : « Citoyens, la parole d'honneur suffit entre militaires. Si ces deux officiers étrangers me la donnent, je n'ai pas besoin d'autres sûretés. » A ce moment, Sidney Smith semble regimber : « Non, non, je ne veux pas partir d'ici. Le gouvernement de la République veut m'envoyer à la mort », s'écrie-t-il, les larmes aux yeux, comme s'il lui répugnait de consentir à ce transfert. Il finit toutefois par donner sa parole, ainsi que Wright, non sans manifester leur appréhension à suivre les deux officiers et leur hésitation à monter dans leur fiacre. Mais, fouette cocher! le quatuor sort enfin de l'enceinte maudite.

Or voilà que, dans sa retraite précipitée, le véhicule renverse l'étal d'un marchand de pommes et qu'un enfant tombe sous les sabots des chevaux. Il faut arrêter la voiture au milieu des clameurs des passants qui s'attroupent : « A la garde!... Chez le commissaire! » Les deux Anglais, libres de tout lien, et leurs deux accompagnateurs n'ont que le temps de sauter par la portière, en jetant, par mégarde, au cocher du fiacre un double louis au lieu d'une pièce de trente sous!... Et de s'esquiver dans la foule, chacun de son côté. « Ce fut la seconde évasion, et non moins importante que l'autre », notera Desmarets dans son recueil de souvenirs, *Quinze Ans de haute police.*

Car, bien entendu, tout était fictif dans ce transfert imaginé par les conjurés pour délivrer les deux prisonniers du Temple et leur permettre de quitter Paris le soir même afin de regagner l'Angleterre, via le port de Rouen! Comme tout était fictif dans leurs larmes et leurs protestations contre leur prétendu transfert... La police mettra neuf jours à se rendre compte de leur disparition. Et c'est le jour même du départ de Bonaparte pour Toulon, où il doit prendre le commandement du corps expéditionnaire d'Orient, qu'elle découvre l'étendue et les complicités du subterfuge qui va permettre au commodore Sidney Smith de donner toute sa mesure et de contrecarrer cette même aventure orientale.

« Six jours après que j'eus quitté le ministère, racontera l'amiral Georges-René Le Pelley de Pléville, dit Pléville-le-Pelley, dans ses Mémoires inédits [1], on apprend que Sidney Smith s'est sauvé, et, le lendemain, un juge de paix m'apporte une demi-feuille de papier timbré *Bureau des prisonniers de guerre*, sur laquelle était écrit : Réquisition pour remettre Sidney Smith à l'officier et à la troupe, porteurs du présent, qui allaient le conduire à Fontainebleau, en date du 8 floréal. Signé : Pléville-le-Pelley, mais très au bas de la lettre, et trois doigts de distance entre la dernière ligne et la signature. La mienne avait été fort bien imitée... On reconnut l'escroquerie et le coup monté. Je ne voulais pas appeler les commissaires des prisonniers qui allaient visiter Sidney Smith deux fois par décade, ni aucun des employés au bureau des prisonniers de guerre. J'aurais peut-être embarrassé des gens, je ne voulais faire mal à personne et j'étais moralement sûr qu'on me rendrait justice. »

Pourtant, selon le chef de division Desmarest, entré en fonction dix-huit mois après l'évasion, Pléville-le-Pelley avait eu vent de l'intrigue et en avait averti son collègue ministre de la Police, lui affirmant notamment, le 16 mars 1798, que, « sous dix jours, Sidney Smith serait évadé du Temple ». Il s'était trompé de bien peu. Quant à la police, elle ne prit alors d'autres soins que de transmettre l'information au fidèle concierge... « Mais, comme si chacun, dans ces temps-là, devait faillir au devoir ou à la prudence, conclut Desmaret, ce fut de la Marine même, cette autorité si bien instruite, que sortit le moyen d'évasion. Je présume que le ministre, M. Pléville-le-Pelley, en partant six mois avant pour les conférences de Lille avec lord Malmesbury, aura laissé à son cabinet quelques blancs-seings pour des cas de forme ou d'urgence. »

Solidarité sans doute inconsciente entre gens de mer? Le palmarès des exploits du marin William Sidney Smith pourrait le donner à penser. Né à Londres en 1764, à peine plus âgé que Bonaparte, il n'a que treize ans quand il s'engage dans la marine royale. Grâce à de solides appuis familiaux – son père était capitaine de la Garde –, il fait une carrière rapide et gagne ses galons de lieutenant de vaisseau à seize ans, puis de capitaine de frégate à dix-neuf ans en combattant l'insurrection américaine, notamment dans la baie de Chesapeake, sur la côte est des États-Unis, et à l'île de Saint Kitts, dans les Caraïbes. La vie qu'offre le temps de paix ne peut satisfaire cet intrépide aventurier des mers. Il préfère s'expatrier pour passer deux ans à faire du renseignement en France, puis au Maroc, se mettre au service du roi de Suède Gustave III, dont il devient le conseiller naval dans sa guerre contre la Russie, et s'engager ensuite dans la flotte ottomane. Après un séjour de trois ans à Constantinople où son frère aîné, Charles Spencer Smith, est le premier secrétaire de l'ambassade d'Angleterre, il s'aperçoit qu'il a mieux à faire ailleurs. L'Angleterre vient en effet de se joindre aux pays de la première coalition en guerre contre la France révolutionnaire. Le gouvernement de William Pitt est bien résolu à chasser les sans-culottes de Belgique, qu'ils ont envahie le 6 novembre 1792 après leur victoire à Jemmapes, et devient l'âme de la contre-révolution.

Bien qu'il ne soit plus inscrit dans les rôles de l'Amirauté britannique, mais ait été anobli pour ses faits d'armes de par le monde, sir Sidney achète un bateau pour retraverser la Méditerranée, engage un équipage de marins sans emploi et rallie l'escadre de l'amiral Hood devant Toulon. Depuis septembre 1793, l'armée républicaine du général Dugommier assiège la ville, livrée le 28 août aux Anglais par les royalistes. De l'escadre française de la Méditerranée, sept vaisseaux de ligne seulement ont pu échapper à l'ennemi, qui a pris possession du port et des forts construits par Vauban. Les navires bloqués dans la rade ont été désarmés par l'occupant.

Pour remplacer le commandant de son artillerie, Dommartin, grièvement blessé au début du siège, Dugommier voit arriver à son état-major un jeune capitaine nommé Bonaparte. Celui-ci connaît bien Toulon, car, au mois de juin précédent, il a installé à proximité de la ville sa famille réfugiée de Corse où les indépendantistes de Pascal Paoli, alliés des Anglais, font la loi. Plutôt que d'entreprendre une action d'ensemble, qui serait vouée à l'échec, le nouvel officier préconise l'attaque du fort du Petit-Gibraltar et de la batterie de l'Éguillette qui dominent les deux rades envahies par les vaisseaux britanniques. Son plan est adopté. Mais le feu est si intense que les canonniers français n'osent plus avancer. Donnant l'exemple, Bonaparte réussit à les entraîner vers des positions de plus en plus proches de la batterie de l'Éguillette, qu'il finit par enlever de haute lutte, au mépris du danger, le 17 décembre. La perte de cette position par les troupes napolitaines du capitaine Horatio Nelson, qui avait débarqué ses « Agamemnon » (surnom des équipages de son navire) au début du mois, rend intenable la situation de la flotte anglaise, exposée désormais au tir des gros calibres. Lors de ce premier affrontement terrestre avec Bonaparte, le futur amiral borgne et manchot doit s'incliner devant celui dont il a entendu parler comme d'un « petit officier affreux et mal rasé ».

C'est alors que sir Sidney Smith, affecté au commandement du *Victory*, entre en scène. Dans la nuit du 17 au 18 décembre 1793, avant d'évacuer Toulon sous la pluie d'obus de l'artilleur Bonaparte, il fait sauter l'arsenal et incendie tous les bâtiments restés bloqués dans le port, au péril de sa vie : il sauve en effet *in extremis* des flammes son coéquipier, le lieutenant Ralph Miller. Grièvement brûlé, celui-ci reprendra du service six ans plus tard, à ses côtés, devant Saint-Jean-d'Acre. Cet incendie de Toulon vaut au futur commodore d'être accusé de piraterie par les autorités de la République, son nom ne figurant plus sur les rôles de la marine britannique...

Tandis qu'il reprend la mer, son vainqueur Bonaparte est promu général de brigade et son rival Nelson s'apprête à débarquer en Corse pour s'assurer d'un autre point d'appui en Méditerranée. Mais c'est lui, sir Sidney, le franc-tireur anobli, qui rédige le compte rendu de la perte de Toulon à l'ambassadeur d'Angleterre à Naples, sir William Hamilton, protecteur trop complaisant de Nelson : « L'excès de fatigue allié à l'inconfort des tentes en cette période avancée de la saison n'a pas manqué d'entraîner des maladies, ce qui, ajouté aux blessés et aux déserteurs, a provoqué une diminution régulière de nos forces, à peine compensée par l'arrivée de quelques détachements. La discorde, conséquence naturelle de l'assemblage de nations diverses, s'affirma en de multiples occasions, depuis le commandement jusqu'aux hommes de troupe, de sorte que rien ne venait relever le moral des assiégés. Il n'y avait pas de commandant en chef reconnu par tous... Un feu nourri depuis les hauteurs qui dominaient la ville, la présence de nombreux patriotes, le désarroi des royalistes amenèrent le résultat que vous savez. »

C'est là le début de la rivalité Smith-Nelson, qui ne fera que s'exacerber par la suite et qui aboutira à sortir Bonaparte du piège oriental après sa retraite de Palestine...

En attendant, loin de se faire oublier, Sidney Smith va encore se faire remarquer en assurant les liaisons avec les foyers d'insurrection royalistes le long des côtes françaises de l'Atlantique et de la Manche. A peine revenu en Angleterre, après son exploit toulonnais, il a en effet reçu le commandement de la frégate *Diamond*, à bord de laquelle il entreprend des opérations de harcèlement contre les navires et les ports français. Il s'empare ainsi de plusieurs bâtiments, dont la frégate la *Révolutionnaire* en 1794, pénètre dans les anses, les baies, les estuaires pour multiplier d'audacieux coups de main. C'est lors d'un de ces raids sur l'embouchure de la Seine qu'il est fait prisonnier, le 17 mars 1796, avec Wright et Tromelin (travesti en John Bromley). Selon le mémorialiste de Sainte-Hélène O'Meara, Sidney Smith a été arrêté alors que, pour tenir un pari avec un des ses coéquipiers, il était descendu prendre un café sur un quai du Havre... En fait, il ne pouvait rien faire sans être remarqué : question de tempérament combinant l'impétuosité, l'impertinence et le cabotinage.

De cette sorte de Fanfan-la-Tulipe version *british*, Bonaparte dira, exaspéré par ses activités désordonnées : « C'est un fou ! Que le diable emporte ce capitaine de brûlots ! » A quoi son ex-condisciple de l'école des cadets de Brienne, dont il a fait son secrétaire, Louis-Antoine Fauvelet de Bourrienne, répondra dans ses *Mémoires* : « J'ai, dans le temps, bien observé Sidney Smith et j'ai remarqué chez lui un esprit chevaleresque qui l'entraînerait parfois à d'insignifiantes bizarreries. Mais j'affirme que sa conduite envers les Français fut celle d'un loyal ennemi. J'ai vu plusieurs lettres dans lesquelles on lui témoignait que l'on était très sensible aux bons traitements qu'éprouvaient les Français lorsqu'ils tombaient entre ses mains. »

Incarcéré au Temple avec ses deux acolytes, il y aurait sûrement langui plus de deux ans s'il n'avait eu la chance d'intéresser à son sort un autre jeune aventurier, l'aristocrate Louis-Edmond Antoine Le Picard de Phélippeaux, ancien émigré de Coblence. De leur prison, les trois détenus n'avaient pas tardé, en effet, à nouer des contacts avec les organisations royalistes clandestines qui relevaient la tête depuis le Directoire. Ils ont pu suivre attentivement l'évolution politique qui a conduit au coup d'État du 18 Fructidor. La libération anticipée du faux Bromley allait faciliter la réalisation du projet conçu par Phélippeaux et auquel étaient initiés des conjurés de province cachés à Paris, tels le Genevois Mallet et le Berrichon Sourdat, mêlés avec lui aux troubles de Sancerre, ou le dénommé Legrand, chef des insurgés de Palluau, acquitté par jugement, mais craignant de nouvelles poursuites.

Phélippeaux est un spécialiste de la cavale. Son panache, tout différent de celui de l'Anglais, est l'expression aristocratique du brio gaulois : une intrépidité désinvolte. Né en 1768 à Angles (Vienne), orphelin d'un officier poitevin du régiment de Fleury, il était entré à quinze ans à l'école militaire de Paris où il prit rapidement en grippe un nouveau condisciple, Napoléon Bonaparte, admis l'année suivante au sortir du collège militaire de Brienne. Les deux élèves se détestèrent d'emblée. Il faut dire que ce petit Corse tout noiraud, écorchant encore le français, avait fait, à son arrivée à Brienne cinq ans plus tôt, l'objet de la risée générale : c'était à qui se moquerait de son accent et de son drôle de nom prononcé Napoléoné Buonaparté, devenu par dérision « Pailleau-nez ». A treize ans, il s'en était déjà plaint dans une lettre à son père : « Encore une fois, j'aimerais mieux être premier garçon dans une manufacture que d'être exposé à la risée publique dans la première académie du monde. » Or, à l'école militaire de Paris, le hasard l'avait placé, en salle d'études, au même pupitre que cet insupportable aîné avec lequel il ne faisait qu'échanger des coups de pied sous la table : leurs tibias étaient constamment couverts de bleus.

On ne sait d'où venait cette aversion réciproque, mais leur sergent-major, Picot de Peccaduc, a pu en témoigner : ayant tenté, en s'asseyant entre eux, d'atténuer les marques d'inimitié qu'ils ne cessaient de se prodiguer, il dut y renoncer tant il avait lui-même les jambes noircies d'avoir intercepté leurs coups de pied. Leur antagonisme allait être exacerbé par leurs rivalités de classement, Phélippeaux l'emportant toujours d'un ou deux rangs sur Bonaparte. Était-ce un signe prémonitoire de l'hostilité qui les opposerait plus tard sur le champ de bataille de Saint-Jean-d'Acre, non seulement les armes à la main, mais chacun à la tête de deux armées adverses? En tout cas, dès la sortie de leur promotion, le 28 septembre 1785, leurs carrières ne devaient pas tarder à diverger. Sur les cent trent-sept candidats présentés par les écoles royales, cinquante-huit étaient admis comme lieutenants en second dans l'artillerie, dont quatre cadets de l'école militaire de Paris : Picot de Peccaduc, à la 39ᵉ place, Le Picard de Phélippeaux à la 41ᵉ, Napoleone Buonaparte à la 42ᵉ, Alexandre des Mazis à la 56ᵉ.

Ayant reçu son nouvel uniforme d'officier artilleur, le Corse est affecté le 28 octobre avec des Mazis au régiment de La Frère, qui tient garnison à Valence. Phélippeaux est versé, lui, au régiment de Besançon qui, appelé à Paris par le coup de force de la Cour en juillet 1789, attendra en vain l'ordre de tirer sur la foule. Quand éclate alors la Révolution avec la chute de la Bastille, l'antagonisme des deux anciens condisciples va se radicaliser totalement jusqu'à l'affrontement final, dix ans plus tard, lorsque le hasard les mettra de nouveau face à face.

Promu capitaine, l'artilleur Phélippeaux est l'un des premiers officiers à émigrer à Coblence, où il sert dans l'armée des princes, puis dans celle de Condé, dès 1791. Sur les huit élèves nommés dans le même corps en 1785, six autres auront suivi son exemple : Roquefeuil, reçu 18ᵉ de la même promotion; Lelieur de Ville-sur-Arce, 27ᵉ; Raimond de La Nougarède, 34ᵉ; Picot de Peccaduc, 39ᵉ; Ferdinand de Broglie, 45ᵉ; Alexandre des Mazis, 56ᵉ. Seul Bonaparte est resté au service : saisissant les chances inouïes qu'offre aux jeunes militaires d'extraction modeste l'émigration massive d'officiers de toutes armes d'origine noble, il s'est rallié d'emblée au nouveau régime et, avec moins de prudence, à la cause des Jacobins les plus déterminés, jusqu'à celle des robespierristes, ce qui lui vaudra de connaître une brève disgrâce après Thermidor.

Phélippeaux, de son côté, ne rentre en France que pour organiser, en 1795, une insurrection des provinces du Centre. Il s'est fait désigner comme adjoint au commandant Le Veneur en Berry, Touraine, Blésois et Orléanais. Il dirige des attaques de bandes contre les postes de gendarmerie, réussit à s'emparer de Sancerre, mais, bientôt submergé par les forces envoyées contre lui, il doit chercher refuge à Orléans. Arrêté le 12 juin 1796, il parvient à s'évader lors de son transfert à Bourges pour y passer en jugement. Renonçant à rejoindre l'armée de Condé réfugiée en Russie après l'échec du 18 Fructidor, il se terre en France où il cherche d'abord à délivrer deux agents des Princes, l'abbé Brotier et Le Villeurnoy, en avril 1797. C'est alors qu'il va organiser de main de maître la libération de sir Sidney et de Wright.

Il commence par séduire la fille du nouveau concierge du Temple, le très ardent Jacobin Antoine Boniface, dont la femme s'est déjà laissé attendrir par le très courtois prisonnier Smith. « Ce qui, note l'historien anglais Herold, est toujours une façon agréable et efficace de se mettre en rapport avec un détenu. » Puis, par le truchement d'un Écossais nommé Keith, de la maison Harris, commanditée rue du Bac par les confectionneurs Boyd, Phélippeaux se lie avec un Dalmate de Venise, Antoine Viskowich, très introduit auprès du principal membre du Directoire, le très corruptible Barras. Ce trafiquant dalmate, intéressé aux fournitures de l'armée d'Italie commandée par Bonaparte, se trouve alors impliqué dans une affaire de pot-de-vin de 600 000 francs versés à son protecteur pour maintenir la République de Venise dans la sphère d'influence française, contrairement aux engagements pris à Campo-Formio par le général en chef, négociateur et signataire du traité de paix avec l'Autriche... Six mois après ce scandale à demi étouffé, l'intrigant Viskowich parvient à se procurer une feuille imprimée à en-tête au timbre de la Marine avec la signature du ministre. Sans doute l'un des blancs-seings laissés à son cabinet par Pléville-le-Pelley durant ses six mois d'absence. Phélippeaux remplit lui-même ce blanc-seing en y rédigeant l'ordre de remettre les deux prisonniers du Temple à l'adjudant Auger.

Pour jouer le rôle de cet officier de marine, il a trouvé le concours d'un impécunieux danseur de l'Opéra, du nom de Boisgirard, recruté par ses soins et auquel il procure l'uniforme adéquat. Et c'est Legrand, l'ex-chef de la rébellion de Palluau, qui fera lui-même, sous son propre nom, l'assistant muet de l'adjudant de théâtre! Après l'incident du fiacre, le faux citoyen Auger n'aura plus l'occasion de revoir sir Sidney qui a gagné Rouen, le soir même, en compagnie de Wright et de Phélippeaux. Le trio réussit à embarquer, le 8 mai, à bord de l'*Argo* qui touche Portsmouth le 26 mai. Accueilli en héros, Smith ne manque pas de faire participer son libérateur à la réception triomphale que lui réserve Londres le 31 mai : un feu d'artifice sur la Tamise évoque son évasion de la tour du Temple.

Legrand y rejoint peu après Phélippeaux, nommé colonel de l'armée de Sa Majesté, suivi de Tromelin et de Charles Frotté, le jeune frère du général royaliste. Ce groupe des émigrés de Londres, que sir Sidney s'apprête à emmener à Constantinople, sa future affectation officielle, va encore recevoir un renfort inattendu : celui d'Antoine Viskowich, le seul des comploteurs de l'évasion du Temple démasqué et arrêté par la police parisienne, le fournisseur des faux papiers, jusqu'alors protégé par Barras. Or, comme par hasard, le 10 mai, soit deux jours après l'embarquement des fugitifs à bord de l'*Argo* dans le port de Rouen, le Bureau central de la police est chargé de communiquer au préposé provisoire à la garde du Temple un arrêté du Directoire ordonnant l'extraction et la reconduite du détenu dalmate hors du territoire de la République. L'arrêté d'expulsion ordonne au commandant de la gendarmerie d'« extraire le Vénitien du Temple et de le faire conduire, comme suspect d'espionnage, dans une voiture et à ses frais sur la frontière la plus voisine de Hambourg, en accordant toutefois trois jours au prisonnier pour vaquer à ses affaires sous l'œil des gendarmes ». Ce délai de trois jours n'aurait-il pas servi à détruire tous les documents qui risquaient de compromettre Barras? Toujours est-il que, cette fois, l'ordre n'était pas un faux et son signataire n'était autre que... Barras en personne!

Le 15 juin 1798, Viskowich est donc embarqué à Gravelines à bord du navire *Les Trois Sœurs,* faisant voile vers le grand port allemand de la mer du Nord. De là, il lui sera facile de rejoindre à Londres le « quatuor du Temple », enrôlé sous la bannière du glorieux évadé.

Fort de son expérience multiple, libre de toute affectation et bénéficiant d'un puissant soutien familial, Sidney Smith est donc tout désigné pour aller servir dans l'Empire ottoman, face à l'expédition de Bonaparte. Le voilà investi de fonctions à la fois militaires et diplomatiques aux côtés de son frère aîné, lord Spencer, chargé d'affaires à l'ambassade britannique à Constantinople. Il doit prendre la direction du blocus de l'Égypte conquise par l'armée de la République française. Et ce, au grand dépit du vainqueur de la bataille navale d'Aboukir, le contre-amiral Nelson, devenu conseiller naval de la reine Marie-Caroline de Naples et des Deux-Siciles (et sœur de feu Marie-Antoinette). Sir Sidney doit aussi coordonner les opérations avec la Sublime Porte, dont il négocie l'alliance au grand dam de l'ambassadeur lord Elgin, qui tarde à prendre son poste. A cet effet, il se confère le grade de commodore et en prend la marque. Au début de mars 1799, il remplace l'amiral Hood au commandement de l'escadre croisant au large d'Alexandrie, acquérant ainsi ce titre de façon régulière. A peine arrivé sur place, il apprend la prise de Jaffa par Bonaparte, qui porte la guerre en Palestine. Il envoie aussitôt le colonel Phélippeaux, à bord du *Thésée,* organiser la défense de Saint-Jean-d'Acre. Et voici que les méandres de l'histoire ramènent face à face les deux anciens rivaux de l'École militaire de part et d'autre des remparts d'une vieille forteresse byzantine. Phélippeaux se jette dans la place avec la fougue et l'ardeur de qui a un compte personnel à régler, jusqu'à y laisser sa vie.

Évoquant sa mort, survenue à quelques jours de la levée d'un siège de deux mois, Napoléon, à Sainte-Hélène, dira de son ennemi d'enfance : « Son âme bouleversée était en proie aux remords les plus cuisants. Il s'indignait lui-même de diriger la défense des barbares contre les siens. » Rien de plus faux. Il semble au contraire que Phélippeaux, frappé d'insolation, soit mort, selon la formule de Jacques Benoist-Méchin, de « s'être trop exposé sur la brèche et avec le regret de ne pas voir le jour où Bonaparte serait obligé de s'avouer vaincu par lui. Son rôle historique n'avait duré que quelques semaines; mais, tel le grain de sable qui grippe la machine, il avait suffi à renverser le cours des événements [2] ».

Dans la phase finale du siège qui va précipiter la retraite du corps expéditionnaire français de Syrie, c'est le chevalier de Tromelin, devenu major de l'armée turque, et le lieutenant Wright, blessé au combat le 30 mars 1799, qui, sur le terrain, assureront la relève. C'est-à-dire deux des anciens conjurés de la tour du Temple ! Chacun des membres du quatuor et de leurs complices aura ainsi contribué à l'échec du rêve oriental de Bonaparte. Mais chacun, par la suite, connaîtra une étrange destinée que le chef de la haute police, Desmarest, résume d'un trait dans le chapitre de ses Mémoires consacré à l'évasion du Temple : « Par une singularité remarquable, c'est la Sublime Porte ottomane qui paya les frais de ce tour d'adresse, exécuté à Paris au profit de deux officiers anglais, aidés de la subtilité d'un Dalmate et d'un Écossais, outre la dignité d'un figurant d'Opéra et la niaiserie d'un concierge de prison, d'ailleurs très ardent jacobin. M. Spencer Smith, ambassadeur à Constantinople et frère de notre commodore, trouva le moyen de mettre ceux que je viens de nommer à la solde du Sultan. Il n'y eut pas jusqu'à Boisgirard (le danseur) qui ne figurât sur le contrôle pour un traitement de 8 à 900 francs par mois, quoiqu'il restât en France et dans un état peu aisé. En 1800, compromis par la correspondance d'un commissaire royal à Paris, qui lui avait escompté quelque argent, il fut interrogé, détenu, mais rendu bientôt à l'Opéra; il paraît qu'il ne se mêla plus d'affaires publiques. »

Rayé de la liste des émigrés en 1802, Tromelin, lui, rentre en France sans être autrement inquiété, sauf lors du complot de Georges Cadoudal (tentative d'attentat ou d'enlèvement contre le Premier Consul Bonaparte), qui lui vaut une incarcération provisoire à l'Abbaye : Napoléon l'amnistie à condition qu'il reprenne du service dans l'armée. Promu capitaine du 112ᵉ de ligne, Tromelin gagne ses galons de colonel à la bataille de Wagram. « Sa conduite, depuis sa rentrée, parut sans reproche, écrit Desmarest. La police trouva que M. de Tromelin valait mieux que les éloges de M. Spencer Smith (alors ministre d'Angleterre à Stuttgart)... Et, depuis, Napoléon, à la recommandation du comte Lobau, le nomma général de brigade après Lutzen tout en lui parlant, mais sans humeur, de ses prouesses passées pour les Anglais. » Fait général et baron de l'Empire en 1814, c'est lui qui commandera la dernière brigade restée sur le champ de bataille à Waterloo...

Et Desmarest de poursuivre ainsi son récit du devenir des protagonistes de l'affaire du Temple, à la manière d'un éphéméride : « M. Legrand, revenu à Valençay, son pays, après ses campagnes d'Orient (du côté ottoman), y était oublié depuis huit ans quand il s'avisa de rêver que M. de Talleyrand faisait battre de la fausse monnaie dans les caves de son château. Toutes les nuits, il entendait les coups de balancier et ses dénonciations obstinées devinrent une persécution telle que l'autorité fut obligée de le contenir, mais sans pouvoir le désabuser. Pour en finir et avoir la paix avec lui, je pressai M. de Tromelin de l'emmener en Illyrie quand il passa à cette armée.

« Voilà les seuls de tous ces messieurs dont la police consulaire ou impériale ait troublé le repos... Quant aux autres acteurs de cette scène, le comte de Rochecotte, découvert dans Paris, fut jugé sous le Directoire. M. Sourdat rentra au service dans l'armée, et il était très capable. M. Mallet retourna en Suisse et M. l'abbé Ratel à Londres. L'abbé Desgrigny resta ignoré dans le Midi. M. de Frotté, toujours tranquille dans ses terres. Le concierge Boniface fut compris dans l'arrêté de déportation exécuté en 1801 contre les Jacobins... Sa femme mourut dans la misère à Besançon... Enfin Viskowich, l'âme de toute l'intrigue, fut enlevé par un boulet, en 1814, en débarquant d'une felouque aux bouches de Cattaro pour insurger ses compatriotes contre les Français. »

Quant au sort ultérieur des deux évadés du Temple, il devait connaître des fortunes bien différentes après leur commune victoire à Saint-Jean-d'Acre. Mêlé aux affaires du complot contre le Premier Consul et de l'exécution du duc d'Enghien, le capitaine Wright sera arrêté une seconde fois en France en mai 1804 et derechef incarcéré au Temple avec Cadoudal et Pichegru, qu'il sera accusé d'avoir aidé à préparer leur tentative de rapt de Bonaparte. Le chouan Cadoudal sera guillotiné le 25 juin pour avoir animé tous ces complots – dont l'un avec une machine infernale –; le général Pichegru sera retrouvé étranglé avec sa cravate, le 6 avril, dans sa cellule de la tour; John Wright y succombera le 26 octobre 1805, la gorge tranchée par un rasoir. Sidney Smith accusera plus tard Bonaparte de l'avoir fait assassiner pour se venger de sa défaite d'Acre. Ce dont se défendra vivement Napoléon à Sainte-Hélène dans ses entretiens avec le Dr O'Meara : « Le duc de Rovigo a lancé cette accusation sans fondement contre Fouché qui n'aurait jamais osé agir sans mon ordre. Sidney Smith s'est déshonoré en reprenant cette calomnie : il aurait dû reconnaître qu'il n'avait aucune preuve pour cette insinuation, surtout quand son ennemi était entre les mains de ses compatriotes. Il devait savoir d'expérience qu'il était impossible de tuer un détenu sans que cela se sache. Et que personne ne peut pénétrer dans cette prison sans instruction du ministre de la Police. »

De fait, le commodore Smith, fait contre-amiral en 1805, vice-amiral en 1810 après avoir mis à l'abri la famille royale portugaise au Brésil, n'aura pas manqué d'enfoncer le clou quand, après la chute de l'Empereur, il viendra s'installer à Paris, rue d'Anjou-Saint-Honoré, où il animera l'ordre maçonnique du... Temple, ainsi que la « Société antipiratique des chevaliers libérateurs des esclaves blancs et noirs en Afrique ». Il fera graver sur la tombe de son ancien secrétaire, au Père-Lachaise, l'épitaphe suivante, rédigée en latin : « Le capitaine Wright, au milieu des fers et des traitements plus affreux que les fers, fut trouvé le matin égorgé dans son lit au Temple, prison fameuse pour ses meurtriers nocturnes. »

S'étant rendu en 1808 à une cérémonie militaire, Napoléon aura été tellement impressionné à la vue de la sinistre tour qu'il ordonnera la destruction de cet édifice de pierres sombres, respecté par tant de siècles, mais témoin implacable de tant de drames contemporains de l'ère révolutionnaire... En 1810, il ne restera plus guère de vestiges de l'antique prison.

Avant d'avoir également de la sorte exorcisé le spectre de son ex-condisciple et rival Phélippeaux, Bonaparte aura magnifié le souvenir d'un autre camarade d'école – de Brienne, cette fois, comme Bourrienne – avec lequel il partagea la *dolce vita* du Caire : un certain Dargeavel, le complaisant tenancier du Café Tivoli.

II

Le « Tivoli » du Caire

Peu après son entrée au Caire, le 24 juillet 1798, et son installation dans le palais flambant neuf de Mohammed Elfi Bey, sur la place Ezbékieh, au cœur du quartier lacustre et ombragé des notables et des émirs mamelouks, Bonaparte a fait appel à Dargeavel, son bon petit camarade de l'école des cadets de Brienne. Il n'ignorait rien des tares du personnage qu'il était devenu en prenant congé de l'armée pour faire des affaires en Orient, et cherchait plutôt à en tirer un parti utile à ses desseins. Il lui a donc confié une double tâche : divertir sa troupe, faciliter ses contacts avec la population, s'attacher les bonnes grâces du Tout-Le Caire et, en même temps, le renseigner sur le moral de ses officiers, très affecté par les échos du désastre naval d'Aboukir survenu le 1er août : la perte de onze vaisseaux sur treize, dont le navire-amiral *l'Orient,* la mort de l'amiral François-Paul Brueys, du capitaine Luc de Casabianca et de 1 700 marins, la capture de 3 000 autres et la mise hors de combat de 1 500 blessés non seulement privaient le corps expéditionnaire de sa flotte, mais rendaient encore plus aléatoires ses communications avec la France.

La nouvelle a mis quinze jours à atteindre Le Caire. Son effet sur l'armée de Bonaparte est ainsi décrit par Bourrienne dans ses *Mémoires* : « Le dégoût, l'inquiétude, le mécontentement, la nostalgie s'emparèrent de presque tout le monde. L'illusion de l'expédition avait disparu dès le commencement. Il ne restait plus que la réalité : elle était triste. Que de plaintes amères n'ai-je pas entendu exhaler à

Murat, à Lannes, à Berthier, à Bessières et à tant d'autres!... Toutes ces plaintes se renouvelèrent à la nouvelle de la perte de la flotte. Alors toutes les imaginations travaillèrent bien autrement. Tous ceux qui avaient acquis de la fortune (en Italie) sous le commandement de Bonaparte craignaient de ne pouvoir plus en jouir. On pensait à sa patrie, à ses amours, à ses plaisirs, que sais-je? à l'Opéra. Ces souvenirs abattaient l'âme et le cœur. On ne pouvait pas se faire à l'idée d'une séparation dont rien ne faisait prévoir le terme. »

L'écœurement était général et manifeste depuis le moment où l'armée avait mis le pied sur cette terre ingrate qu'était alors l'Égypte. En témoigne dans son Journal le chef de bataillon Detroye : « Entré au Caire, qu'y trouvez-vous? Des rues étroites, non pavées et sales, des maisons en ruine et d'un aspect sombre, des bâtiments publics comme des donjons, des boutiques comme des étables... une atmosphère chargée de poussière et de saleté, des hommes aveugles, des hommes à demi aveugles, des hommes barbus; quelques femmes du peuple hideuses et dégoûtantes, cachant une figure décharnée sous des haillons puants, et montrant une gorge pendante à travers les déchirures de leurs vêtements; une insupportable odeur résultant de la saleté des maisons, de l'agitation, de la poussière et des fritures de mauvaise huile dans des bazars non aérés. Pénétrez, après cette course, dans la maison que vous habitez. Nulle distribution commode, nul appartement agréable. Les mouches, les moucherons, mille insectes vous attendent, pour s'emparer de vous pendant la nuit. Trempé de sueur, épuisé de fatigue, vous passez dans les démangeaisons et les ébullitions le temps consacré au repos. Vous vous levez dans le plus grand malaise, l'œil gros, l'estomac affaibli, la bouche mauvaise et la peau couverte de boutons ou plutôt d'ulcères. La journée qui va se passer ressemblera à celle de la veille. »

Bonaparte fit tout pour diminuer le spleen des Français. Il donna des fêtes et favorisa les entreprises pouvant distraire l'armée : concerts de musique militaire tous les jours à midi à proximité des hôpitaux, représentations théâtrales par des troupes d'amateurs censés non seulement divertir les soldats, mais fournir un moyen efficace pour « civiliser » les Égyptiens. Le ravitaillement est assuré en priorité de façon à émousser le plus vite possible le sentiment de dépaysement, de même qu'est autorisée l'ouverture de cafés à l'européenne.

C'est dans ces conditions que Dargeavel va créer, en plein centre de la ville, un établissement de loisirs à l'imitation du *Tivoli* de Paris, avec jardins à la française, salles de jeu et de réceptions, kiosques à musique, salons de lecture, etc. Des manèges de chevaux de bois, des balançoires et des tréteaux sur lesquels se produiront jongleurs et acrobates de cirque complètent l'agrément des lieux où l'on pourra déguster des glaces et siroter une sorte de limonade au son des orchestres de l'armée. Le soir, après le coucher du soleil, quand se dissipe la chaleur encore lourde de l'arrière-saison, l'établissement présente, avec ses torches allumées et ses serveurs en turban rouge, un charme tout à fait romantique. Bref, le *Tivoli* du Caire, que Bonaparte inaugure en personne le 30 novembre 1798, tient à la fois du parc d'attractions, du point de rencontre et de la maison de rendez-vous à la mode, de la boîte de nuit et du tripot – que l'acide pamphlétaire Henri Guillemin qualifiera d'« énorme lupanar ».

La vérité, c'est que ce fameux paradis d'Orient manque singulièrement de femmes attrayantes, car très peu d'Européennes ont pu accompagner l'armada. La consigne donnée par le général en chef avant l'embarquement à Toulon était très strictement conforme, sur ce point, à la doctrine de Carnot sous la Convention : « Les cantonnements et les casernes, écrivait alors le chef de guerre de la Révolution, sont engorgés de femmes; elles énervent les troupes et détruisent, par les maladies qu'elles y apportent, dix fois plus de monde que le feu de l'ennemi. »

Aux représentations de leurs généraux, les soldats de l'an II rappelaient que la loi prescrivait de loger les femmes des soldats mariés : or tous prétendaient l'être. Le rapport de Lazare Carnot au Comité de salut public concluait pourtant en ces termes au renvoi des femmes de tous les établissements militaires : « Il est instant qu'on fasse sur ce point une loi très forte et très menaçante : débarrassez-nous des catins qui suivent l'armée et tout ira bien. » Aussi, le 30 avril 1793, la Convention publiait-elle un « décret pour congédier des armées les femmes inutiles ». A part les blanchisseuses, au nombre de quatre par bataillon, et les indispensables vivandières qui devaient recevoir une marque distinctive, délivrée par les généraux de division, toutes les femmes, quel que fût leur rang, étaient considérées comme inutiles. Mais le décret s'appliquait en fait aux armées en campagne, non aux camps et aux cantonnements.

C'est qu'il ne suffisait pas de renvoyer d'office les femmes de l'armée : il eût été nécessaire de remédier à la cause qui, presque toujours, les y attirait. La plupart n'avaient aucune ressource. La maigre solde du mari, versée de loin en loin et en assignats dépréciés, ne pouvait les aider à subvenir à leurs besoins. Quand elles se trouvaient aux armées, elles prenaient du moins leur part des distributions. A la façon des chiens de régiment, elles subissaient les rebuffades et les menaces des chefs, faisaient mine de s'éloigner et s'obstinaient à suivre. Finalement, beaucoup de femmes y parvinrent. « Cependant, constate dans son Journal le canonnier Bricard, lorsque nous entrions en campagne, elles restaient au dépôt; mais, aussitôt la paix revenue, on les voyait arriver par voitures pleines. Ces dames voyageaient en cabriolet, en calèche, en charrette et marchaient avec les équipages; leurs oreilles chastes devaient entendre chaque jour des propos bien sales, bien bizarres; leurs yeux devaient voir à chaque halte des objets plus hideux encore... »

Rien ne rebutait ces femmes de troupiers. Quant aux femmes de généraux, elles furent nombreuses à accompagner leurs maris en campagne, et il n'y eut jamais d'officier supérieur destitué en application du décret Carnot du 30 avril 1793. Ainsi, la première épouse du général Augereau, Grecque d'origine, le suivit en Catalogne. Ainsi, la générale Xaintrailles servit, en tenue de chef d'escadron, d'aide de camp à son mari de 1792 à 1797. Ainsi, la cantatrice italienne connue au théâtre sous le nom de la Bianca, que le général Jean-Antoine Verdier avait épousée lors de la campagne d'Italie, n'hésita pas à s'embarquer avec lui pour l'Égypte où, accoutrée en amazone, elle se fit vite connaître et apprécier pour sa bravoure et son humanité. « Elle n'avait guère l'apparence d'une chevalière d'Éon, dira d'elle dans ses *mémoires* la duchesse d'Abrantès, la veuve du général Junot. Elle était petite, gracieuse, jolie, de manières affables, et, pourtant, elle montait à cheval, portait l'épée, tirait le pistolet.

“ Eh oui, chère Madame, disait-elle avec cette douceur

dans l'inflexion de la voix, douceur qui est un enchantement quand elle existe chez une Italienne, “ sans doute je me suis servie d'une épée ! mais non pour tuer, Sainte Vierge ! Ne me fallait-il pas suivre le général ? ” Et elle me disait cela comme si toutes les femmes allaient obligatoirement à la guerre avec leurs maris ! »

Sur une gravure de l'époque qui représente Madeleine Verdier sur un cheval fringant, un dessinateur anonyme l'a habillée d'une redingote très décolletée, mais ornée d'épaulettes et d'un pantalon long, presque collant. Un bonnet, surmonté d'un plumet, complète cet accoutrement qui veut s'inspirer de l'uniforme.

En dépit des consignes de Bonaparte pour interdire l'accès des bateaux aux femmes lors de l'embarquement à Toulon, elles furent trois centaines – pour la plupart femmes ou maîtresses d'officiers – à déjouer la vigilance des sentinelles et à profiter du rassemblement de cette armada dans le port pour se glisser, sous des déguisements masculins, à bord de plusieurs vaisseaux. Parmi elles, une toute blonde et toute mignonne modiste de Carcassonne, Marguerite-Pauline Bellisle, qui avait épousé le neveu de sa patronne, le sous-lieutenant Fourès, affecté au 22e chasseurs à cheval. Elle était montée à bord avec lui en tenue militaire.

Bricard rapporte que, plus tard, deux frégates venues de Toulon ravitailler le corps expéditionnaire en munitions transportaient aussi « une quinzaine de femmes françaises qui venaient rejoindre les unes, leur mari, les autres, leur ami ». La position des maîtresses de soldats, ou même d'officiers subalternes, était néanmoins précaire ; elles cherchaient à se dissimuler dans l'espoir de se faire tolérer. Elles vivaient dans une ombre discrète, nourrissant l'ambition d'être promues au titre d'épouses, qui leur vaudrait une situation régulière et le droit de se montrer en plein jour. « Leur épaulette à elles, c'est le mariage », écrit Raoul Brice qui poursuit :

« Si la présence des maîtresses dans les armées provoquait des sentiments divers, qui vont de l'indifférence jusqu'à l'exécration, l'étalage des amours illégitimes ne faisait pas de scandale. La morale du temps de guerre ne peut être enfermée dans d'étroites limites. Le relâchement des mœurs était admis en campagne ; on pouvait le blâmer, on ne s'en indignait pas. Il était difficile d'interdire aux combattants les satisfactions d'une vie qu'ils exposaient si souvent. Beaucoup de ces soldats étaient des fiancés de la mort, jouissant de leurs dernières heures. Qu'ils aient ou non une maîtresse dans leurs bagages, c'était leur affaire, après tout. Voilà ce qu'en pensaient communément leurs camarades. Quant aux chefs, ils fermaient les yeux sur des abus que, souvent, ils pratiquaient eux-mêmes [1]. »

Presque tous les généraux avaient des liaisons publiques. Mais, en Égypte, la rareté des femmes qui pussent plaire aux Européens limitait leur choix et rehaussait encore les attraits de celles qui les y avaient suivis quasi clandestinement et auprès desquelles s'empressaient les jeunes officiers dans les salons et les jardins du *Tivoli*, à défaut d'autres distractions dans la sombre agglomération qu'était Le Caire.

« Tous les jours, nous avons quelques fêtes nouvelles, écrit le 13 septembre 1798 à son cousin, en France, le chef de l'atelier d'habillement de l'armée François Bernoyer. Les dames françaises jouent un grand rôle dans ces réunions. Bien qu'elles ne soient ni jeunes ni jolies, on s'empresse de leur faire la cour, ne serait-ce que pour avoir le plaisir de briller auprès d'elles, ou pour entretenir la galanterie qui nous est si naturelle en France. S'il nous arrive de sortir avec les femmes du pays, nous sombrons dans un ridicule et une gaucherie épouvantables. Il n'y a rien de plus désagréable que d'être en tête-à-tête avec une femme sans pouvoir se faire comprendre et de n'avoir comme unique langage que celui des yeux ou des mains. Une fois ces moyens utilisés, soit il faut se quitter, soit rester là comme deux morceaux de bois. Avoue, mon cher cousin, que ces sentiments-là sont bien tristes, alors qu'il y aurait tant à faire ! »

Pourtant déjà prévenu contre les femmes orientales par la lecture de Volney, Bonaparte lui-même en a fait la non moins triste expérience. Vers la mi-septembre 1798, ses officiers lui ont fourni au palais d'Elfi Bey un lot d'une demi-douzaine de Circassiennes empruntées aux harems des Mamelouks, en lui vantant leur grâce et leur beauté. Mais lui qui a horreur des femmes dodues – au point d'interdire à sa table la présence de femmes enceintes dont la grossesse lui répugne –, il a tout de suite fait renvoyer ces filles d'Asie dont « la tournure et l'obésité », selon Bourrienne, ne pouvaient que le rebuter.

Aussi quel charme n'a-t-il pas manqué de trouver, par

contraste, à cette femme de lieutenant très courtisée, quand il fait sa connaissance le soir de l'inauguration du *Tivoli* ! Un charme vite irrésistible. D'autant qu'il tient rigueur à son épouse Joséphine d'avoir préféré jouir à Paris de la liberté retrouvée plutôt que d'envisager de le rejoindre : il sait, depuis l'Italie, qu'elle se plaît beaucoup trop en la distrayante compagnie d'un loustic de régiment, le capitaine d'intendance Hippolyte Charles, et surtout qu'elle ne tient nullement à venir, cette fois, le retrouver en Égypte.

Jusque-là fidèle à sa femme, à part peut-être une courte intrigue avec l'« amazone » Madeleine Verdier, qu'il emmènera en Palestine, et de brèves amours avec la fille du cheik El-Bekri, âgée de seize ans, après avoir refusé de consommer les « abats canailles » des Circassiennes, Bonaparte songe maintenant à se distraire aussi de son côté. Et voilà qu'il s'entiche sérieusement de cette accorte couturière méridionale, si agréable à regarder et à entendre rire que le commandant a fermé les yeux sur son travestissement en cavalier, à bord du bateau de son mari, quand elle a eu revêtu ses jupons à l'arrivée au Caire... A la date du 30 novembre 1798, le *Journal secret* attribué par le Pseudo-Jomini à Napoléon fait état de ce coup de foudre dans les jardins du *Tivoli* : « Après la revue, Junot me présente la femme d'un lieutenant du 22ᵉ chasseurs, Pauline Fourès. Orgueilleuse comme une punaise, mais très belle et très fraîche. L'orgueil de certaines femmes naît dès qu'une ombre couvre leur pubis. Il leur semble tout à coup qu'elles détiennent une arme et un trésor dont l'humanité entière doit leur être reconnaissante. Mais Pauline a dix-sept ans et je suis le général en chef. Son orgueil s'est abandonné, jusqu'à me permettre de le partager. Elle a fait quelques difficultés. »

Instruit de son aventure par des courtisans et trouvant à son gré cette jolie petite blonde au tein délicat, qui a le rire si facile et que serrent de près de jeunes officiers, il lui adresse la parole à sa manière à la fois brusque et caressante : avec ses mains aux doigts effilés, d'une surprenante blancheur et d'une tourbillonnante agilité, il fait oublier le contraste entre son buste trop long et sa courte taille – à peine 1,67 mètre. Il l'invite tout à trac à dîner chez lui un soir prochain. Elle résiste quelques jours, puis, sur la promesse de beaux présents, commence à se laisser fléchir. A la date du

2 décembre, le *Journal secret* manifeste déjà l'impatience de Bonaparte : « Revue. Musique. Conversation avec Pauline. Le désir d'une femme est un excitant prodigieux. Il faudrait que les femmes le fassent durer. On dirait que Pauline connaît cette recette. Elle ignore sans doute le danger qui attend : on se fatigue *même* du désir. »

Il lui reste à lever un dernier obstacle : la présence du jeune mari. Par « un ménagement délicat pour M. Fourès », selon l'expression de Bourrienne, témoin direct de cette « belle passion », le général en chef lui fait donner par Berthier une mission non moins délicate : porter ses dépêches au Directoire, via l'Italie. Le lieutenant, promu du coup capitaine, reçoit l'ordre de prendre le 17 décembre la route d'Alexandrie, où il embarquera à bord de l'aviso le *Chasseur*. Le soir même de son départ, Bonaparte prie sans plus de façon son épouse à dîner, en compagnie de quelques proches. Il sait se montrer galant jusqu'au moment où, maladresse feinte, il renverse une carafe sur la robe de la jeune femme. Ce qui lui permet de l'entraîner dans ses appartements afin de réparer le dommage. Ils y restent tous deux assez longtemps pour ne laisser aucun doute aux convives. Au quartier général, la nouvelle d'une liaison aussi affichée ne tarde pas à gagner toutes les conversations.

« Pauline a déjà un surnom, note le scripteur du *Journal secret* à la date du 17 décembre : Cléopâtre. C'est flatterie pour moi, somme toute. Son mari s'embarque ce soir sur le *Chasseur* avec le grade de capitaine et une liasse de dépêches pour Paris. Pauline dîne avec moi. Une carafe d'eau sur sa robe fait le reste. Tout cela est plus adroit que le pauvre *Souper de Beaucaire* que j'ai commis à Avignon il y a seulement cinq ans [2]. Au fond, je me suis donné à l'action parce que j'étais très faible en grammaire. Pauline n'a pas dit un mot. Elle a l'extase silencieuse, et seul le blanc des yeux trouble sa grâce vivante et la fait ressembler à un albâtre grec. A l'aube seulement, elle m'a dit : “ Vous êtes bien rasé. Mes cuisses sont restées blanches. ” »

Dès le lendemain, il fait meubler pour sa maîtresse une maison attenante au palais d'Elfi Bey. « Il lui prenait souvent fantaisie, vers les 3 heures, de faire commander le dîner chez elle, se souviendra Bourrienne. J'y allais seul avec lui vers les 7 heures et je m'en allais à 9. » Bonaparte y vient chaque jour, de plus en plus épris de cette grisette elle-même éperdue, qui le récrée et le délasse par sa gentillesse désarmante, son abandon sans calcul, son esprit vif et ses boutades. Le vrai repos du guerrier.

Mais voilà qu'au bout de quelques semaines de félicité, on annonce le retour du mari ! En mer, l'aviso qui le transportait a été intercepté le 29 décembre par un bâtiment britannique, le *Lion*. Le messager capturé avec ses dépêches est d'abord amené à Naples. Informés, semble-t-il, des motifs réels de sa mission, les Anglais, qui se contentent de saisir son lot de messages, décident de le renvoyer sur les côtes d'Égypte où il est libéré sur parole. Ils auraient poussé la malice jusqu'à lui souhaiter « bonne chance ».

Le mari berné, que le général Marmont a tenté en vain de retenir à Alexandrie, remonte le Nil jusqu'au Caire. Il court chez lui, n'y trouve personne, mais découvre la trahison de sa femme en apprenant qu'elle s'affiche avec le général en chef, que les soldats la surnomment « la Cléopâtre de Bonaparte » et les officiers « Bellilotte » – de son nom de jeune fille, Bellisle. Fourès admire certes Bonaparte, mais il n'a rien d'un époux complaisant. Il crie et mène grand tapage. Tant et si bien que, profitant de ses pouvoirs de proconsul, Bonaparte n'a aucun mal à faire prononcer le divorce du ménage Fourès. Quelques mots tombés de la bouche d'un commissaire ordonnateur et recueillis par un scribe y suffisent. Dès lors, la liaison, de publique, devient officielle.

« Entourée d'un luxe tout oriental, écrit Octave Aubry [3], portant au cou dans un ovale d'or la miniature de son amant, Bellilotte reçoit chez elle l'état-major ; elle fait avec crânerie les honneurs du palais, paraît au côté du général, un aide de camp caracolant à la portière. Plusieurs fois, ce qui n'est pas très heureux, Eugène [de Beauharnais fils] remplit cet office, mais il regimbe et finit par s'en faire dispenser. Souvent, en habit militaire et chapeau à plumes, la favorite se montre à la promenade sur un bel arabe dont la queue touche terre. Les soldats la saluent : " Voilà notre générale ", disent-ils en riant. Ils l'appellent aussi *Cliopâtre* (sic) et " Notre souveraine de l'Orient " ».

Bonaparte lui a même promis le mariage si elle lui donnait un enfant. « Il désirait ardemment cet enfant, rapporte Bourrienne dans ses *Mémoires*. Je lui en parlais au déjeuner que nous faisions souvent en tête-à-tête. – Que voulez-vous? répondait-il, la petite sotte... n'en peut pas faire.

« Elle, de son côté, lorsqu'on lui faisait sentir le grand avantage d'avoir un enfant de Bonaparte, nous répondait : – Ma foi, ce n'est pas de ma faute!

Et de rire de bon cœur. »

Nombreux sont alors ceux qui la croient prête à succéder à Joséphine. Avec cette liaison, Bonaparte, qui a des problèmes de virilité évidents, n'est pas mécontent de faire oublier son emploi de mari malheureux, qui ne lui plaît guère.

Nombreux sont aussi les soldats qui, mariés en France, prennent – à la stupéfaction des Égyptiens, dont on connaît la préférence pour les jeunes garçons – une concubine indigène avec la bénédiction des cheiks. Ceux-ci ont décrété tout mariage valable si l'époux étranger voulait bien déclarer : « Il n'y a d'autre Dieu que Dieu et Mahomet est son prophète. » Cette profession de foi n'embarrasse guère les anciens soldats de l'an II, agnostiques mais frustrés de femmes.

Dans un long courrier à son épouse en date du 5 décembre 1798, le chef confectionneur Bernoyer fait tout un roman du coup de foudre du général en chef. Un roman chez la portière, où il prend quelques libertés avec la vérité, travestissant – probablement à l'intention des Anglais, capables d'intercepter et d'exploiter la plus anodine des correspondances –, la fine et blonde Pauline Fourès en brune et boulotte Mme de Champ, et son infortuné mari en un ci-devant ambitieux et vaniteux. Il attribue aussi un rôle d'entremetteur à Junot qui aurait dit à la fière dame : « Un seul mot de votre part suffirait à soumettre Bonaparte sans retour à vos ordres. Du reste, pour vous témoigner sa vive reconnaissance, il doit élever votre époux au grade d'adjudant général (colonel) dont il recevra demain le brevet. »

Flatté de sa promotion, M. de Champ aurait alors lui-même poussé sa femme dans les bras de Bonaparte en l'engageant à se rendre au bal donné trois jours plus tard par le général en chef, tout en faisant confiance à sa vertu pour résister aux galants assauts de son bienfaiteur. C'est au milieu de cette fête, où l'aide de camp Junot escamote Mme de Champ, que le nouvel adjudant général aurait reçu l'ordre de se rendre à Alexandrie, toutes affaires cessantes, afin de gagner la France avec des dépêches pour le Directoire. Ne pouvant se résigner à une si longue séparation sans faire au moins ses adieux à son épouse, De Champ serait revenu subrepticement quelques jours plus tard au Caire, avant d'embarquer. Il aurait demandé assistance à Bernoyer lui-même pour rencontrer sa femme qui, depuis son départ, logeait dans le palais de Bonaparte où « elle remplissait à merveille le rôle de sultane favorite ». Mais, malgré d'insistantes prières, madame aurait répondu, selon Bernoyer, que, « désormais, tous les liens avec son époux étaient rompus, qu'elle l'avait assez prévenu de tout ce qui se tramait..., que c'était uniquement de la faute de son mari qui, par ambition, l'avait entraînée à ce mal fatal ». Devant le déchirant désespoir du pauvre homme, prêt à se détruire, Bernoyer serait allé trouver lui-même Madame de Champ qui aurait persisté dans son refus : « Soyez tranquille, je connais assez mon mari pour être certaine qu'il ne causera aucun scandale et qu'il ne commettra aucun crime. Il chérit trop la vie pour la sacrifier si légèrement. Je n'ai rien d'autre à lui dire que de lui conseiller de se rendre à son poste le plus tôt possible, car vous savez que Bonaparte veut être obéi, surtout quand ses ordres concernent le service de son armée. » Bernoyer se vante d'avoir alors persuadé le malheureux De Champ de retourner à Alexandrie s'acquitter de sa mission et d'aller chercher en France « des femmes assez aimables pour lui permettre d'oublier la sienne, infidèle à jamais ».

Bonaparte finira à son tour par délaisser sa Bellilotte, non pour un autre amour, mais pour toujours plus de gloire. « Me revoilà à Belbeis comme au jour de l'An, lui fait dire Jomini dans son *Journal secret* à la date du 10 février 1799. Entretemps, je n'ai eu que les revues habituelles, les doctes palabres de l'Institut d'Égypte, la couche tiède et silencieuse de Pauline. Le désert nous reprend. Cette fois, nous allons vers la Syrie. » Il n'emmènera pas Pauline Fourès dans cette campagne de trois mois, harassante et périlleuse. Et pas davantage quand, six mois plus tard, il regagnera quasi clandestinement la France, laissant à Kléber le fardeau de ses conquêtes.

« Je puis être pris par les Anglais, aura-t-il expliqué à Bellilotte. Tu dois toi-même avoir soin de ma gloire. Que ne diraient-ils pas s'ils trouvaient une femme à mon bord? »

Mille louis suffiront à lui faire attendre l'occasion de le rejoindre par le premier navire, selon les recommandations laissées à son successeur Kléber. Mais le nouveau chef de l'armée d'Orient la retiendra captive et la forcera de « céder à ses vœux », entendant apparemment succéder en tout à Bonaparte... La pauvre « Cliopâtre » ne pourra s'embarquer avec Junot et quelques savants de l'Institut qu'au bout de plusieurs mois d'attente. Quoique neutre, son navire, l'*America*, sera intercepté par les Anglais. Quand, relâchée, elle finira par atteindre la France, tout aura changé. Bonaparte y sera Premier Consul. Tout en gardant pour elle une nostalgique tendresse, il ne voudra point la revoir. Mais il chargera Duroc et Junot de veiller sur elle et de la pourvoir de grosses sommes d'argent. Et il la fera épouser en secondes noces par le comte Henri de Ranchoup qu'il nommera consul à Santander, en Espagne. Pauline aura beaucoup d'aventures et d'amants, longtemps elle restera fraîche et désirable. Souvent, au théâtre ou dans les bals, elle essaiera, mais en vain, d'attirer à nouveau sur elle le regard de Napoléon, devenu empereur. Un soir, sous un masque de domino, il lui parlera sans la reconnaître. Plus tard, elle voyagera au Brésil, y fera commerce de pacotille, y achètera du bois, songeant peut-être à entrer dans un des complots ourdis outre-Atlantique pour tenter de délivrer l'exilé de Sainte-Hélène. Elle vivra jusqu'à quatre-vingts ans, entourée de singes et de perruches, écrivant deux romans et peignant des tableaux, toujours dans la gaieté. Avant de mourir, elle brûlera tous les billets que Bonaparte lui avait écrits en Égypte et en Syrie quand elle était la « souveraine de l'Orient »...

***

Au début de sa liaison avec Bellilotte, Bonaparte se débattait encore au milieu de contradictions autrement plus redoutables. Dès son arrivée au Caire, le 24 juillet 1798, il s'était laissé aller à une crise de découragement. Après tout, la conquête de l'Égypte s'est révélée plus difficile que prévu et son armée a frôlé plusieurs fois un mauvais sort. Il lui avait fallu prendre sur lui pour montrer un calme imperturbable dans un climat d'abattement général, multiplier les paris audacieux pour surmonter le défaitisme de son entourage, et tenter de gagner la confiance des populations. Les Mamelouks écrasés, refoulés, dispersés, il s'établit au Caire en sultan. Ses efforts pour gérer ses victoires et administrer le pays libéré de leur tyrannie lui avaient même fait mériter le titre, qu'il revendiquait, de Sultan El Kebir (le Grand Sultan). Son but ? Comme en Italie, fonder, organiser, gouverner pour rendre légitime la présence française, et légale sa politique. « En captivant l'opinion des grands cheiks du Caire, mandait-il à Kléber, on a l'opinion de toute l'Égypte et de tous les chefs que ce peuple peut avoir. Il n'y en a aucun moins dangereux pour nous que ces cheiks, qui sont peureux, ne savent pas se battre et qui, comme tous les prêtres, inspirent le fanatisme sans être fanatiques. »

Bonaparte flatta donc les cheiks pour assurer sa conquête et mit au travail ses savants pour la féconder. Instruit par les récits et les analyses de Volney et assisté de ses conseillers orientalistes, il chercha à séduire les cheiks et les ulémas par la mise en œuvre d'une politique national-islamique : constitution d'un *Divan* (conseil de gouvernement) composé de chefs religieux de la mosquée d'al-Azhar – la « Sorbonne de l'Orient », disait-il – et de hauts fonctionnaires ottomans restés sur place; participation à la célébration solennelle de la fête du Nil, le 18 août, et à celle de l'anniversaire de la naissance du Prophète, le 20 août; intronisation du cheik El-Békry comme syndic des chérifs; création, le 22 août, de l'Institut d'Égypte pour les sciences et les arts, « ayant pour objet la propagation et le progrès des lumières dans ce pays, l'étude et la publication des faits naturels, industriels et historiques de cette antique contrée » – un corps savant de trente-cinq membres éminents réunis sous la présidence du mathématicien Gaspard Monge, avec le géomètre Jean-Joseph Fourier comme secrétaire perpétuel et, plus tard, Bourrienne comme ordonnateur en chef; publication d'un journal propre à l'armée, *Le Courrier d'Égypte*, rédigé par Venture de Paradis et Bourrienne; financement du pèlerinage à La Mecque; multiplication des proclamations « au nom de Dieu le Bienfaiteur, le Miséricordieux, il n'y a de Dieu que Dieu, il n'a pas de fils ni d'associé dans son règne... »

Bonaparte émut la population en présidant la fête du Nil, raconte l'historien André Castelot [4] : « Ce jour-là, on devait rompre solennellement la digue qui se trouvait à la naissance du canal du Caire et qui livrait passage aux eaux du fleuve... Un peuple immense couronne les monticules bordant le Nil et le canal. Le canon tonne, une statue représentant la fiancée du Nil est jetée dans les eaux. C'est le signal du bain rituel. On trempe même dans le fleuve des futurs linceuls. Et les poètes arabes psalmodient :

> O Républicain génial
> A la mèche légendaire
> Tu as apporté à l'Égypte la lumière
> Brillante comme une lampe de cristal
> Ya Sallam ! »

Surnommé par le peuple *Abounaparte*, il croit devoir revêtir un turban et une robe orientale, mais, devant l'éclat de rire de l'état-major, il ne porte son déguisement qu'un seul jour... Les gens chantent les louanges du Prophète et de l'armée française. « Des airs baroques, accompagnés par une musique plus baroque encore, chantant, criant, faisant un tapage infernal », note le commandant Detroye.

Le surlendemain, l'anniversaire de l'Aït el-Khebir fit succéder une fête musulmane à la fête païenne. « Bonaparte tint à la célébrer avec le plus d'éclat possible, relate Benoist-Méchin [5]. Durant trois jours, ce fut une suite ininterrompue de visites, de repas, d'illuminations... » Le premier jour, Bonaparte revêtit de la pelisse d'hermine le cheik el-Békry – ce qui avait été jusque-là une des prérogatives du sultan... Puis il assista au banquet qu'El-Békry lui offrit dans sa maison. Une centaine de cheiks accroupis en cercle sur des tapis, les jambes croisées et le chapelet à la main, commencèrent par réciter les versets du Coran. Bonaparte les écouta avec une mine recueillie qui fit la meilleure impression sur tous les assistants... La place Ezbékieh, décorée de milliers de lampions multicolores avait attiré une foule énorme... Elle entonnait en chœur les prières du jour en les accompagnant d'une sorte de danse qui devenait de plus en plus frénétique à mesure qu'avançait la nuit... Enfin, à dix heures, un splendide feu d'artifice couronna la journée.

L'effet de cette fête sur les populations fut encore renforcé, huit jours plus tard, par le départ de la grande caravane annuelle pour La Mecque... Bonaparte adressa au chérif de La Mecque une lettre dans laquelle il disait : « En vous faisant connaître l'entrée de l'armée française en Égypte, je crois devoir vous assurer de ma ferme intention de protéger, par tous les moyens dont je dispose, le voyage des pèlerins; les mosquées et toutes les fondations pieuses que les villes saintes de Médine et de La Mecque possèdent en Égypte continueront à leur appartenir comme par le passé. Nous sommes les amis des musulmans et de la religion du Prophète. Nous désirons faire tout notre possible pour vous être agréable et favoriser la religion... »

Mais la fête que Bonaparte fit célébrer à l'occasion du 1er vendémiaire (22 septembre 1798) – c'était le premier jour de l'année du calendrier républicain –, poursuit Benoist-Méchin, dépassa toutes les autres en faste et en ampleur. Lors des célébrations précédentes, l'armée s'était associée aux commémorations arabes. Cette fois-ci, la population arabe fut conviée à célébrer, de concert avec l'armée française, le septième anniversaire de la fondation de la République.

A cette occasion, il exigea que le drapeau de l'islam flottât à côté du drapeau tricolore, que le croissant figurât à côté du bonnet phrygien, que le Coran fît pendant aux droits de l'homme. C'est qu'il concevait les rapports mutuels entre Français et Égyptiens comme une sorte d'échange de concessions extérieures qui, en atténuant les difficultés apparentes, finirait par diminuer peut-être la distance morale; comme une sorte de mariage de l'Occident et de l'Orient qui, réalisé d'abord dans le costume et dans les emblèmes, s'opérerait peu à peu dans les mœurs et dans les idées.

Il confiera plus tard au conseiller d'État Roederer : « Je passais la fin de mes journées à faire de la théologie avec les beys, à leur dire qu'il n'y avait que le Dieu de Mahomet, qu'il est absurde de croire que trois égale un. » Il leur a aussi promis d'établir un régime uniforme, fondé sur les principes de l'Alcoran, « qui sont les seuls vrais et qui peuvent seuls faire le bonheur des hommes ». « Il désirait, ajoute Bourrienne, que ses sentences religieuses fussent traduites en vers harmonieux, en belle prose arabe, et lui conciliassent de plus en plus l'esprit des habitants. » A cette fin, Bonaparte multipliait les avances aux ulémas : « Le divin Koran fait les délices de mon esprit et l'attention de mes yeux. J'aime le Prophète et je compte, avant qu'il soit peu, aller voir et honorer son tombeau dans la ville sainte de La Mecque. »

Premier obstacle à cette entreprise de séduction : le blocus qui, depuis la destruction par Nelson de la flotte française en rade d'Aboukir, a rendu le conquérant prisonnier de sa conquête, le renvoyant à ses vieux rêves d'empire oriental. Second obstacle : le 9 septembre, six semaines après ce désastre naval, la Porte a déclaré la guerre à l'envahisseur et proclamé le *djihad* contre la France. Résultat : dès le début d'octobre 1798, les muezzins, raconte Bourrienne, « substituaient aux chants religieux des appels à la révolte, et cette espèce de télégraphe verbal transmettait la provocation aux extrémités nord et sud de cette vaste contrée. Par ce moyen, et par celui des émissaires secrets qui échappaient à notre faible police et qui répandaient des *firmans* vrais ou fabriqués du Grand Seigneur [le sultan Selim III de Constantinople] démentant le prétendu accord entre la France et la Porte ottomane, et excitant à la guerre, on organisa peu à peu, dans tout le pays, le plan d'une insurrection générale ».

La sainte révolte contre les Infidèles a éclaté dans la nuit du 21 octobre. Elle a été réprimée en trois jours avec une brutalité incomparable : trois cents morts du côté français, deux mille cinq cents à trois mille rebelles tués. Après avoir pardonné aux cheiks et aux imams venus implorer sa clémence, Bonaparte adressa une instruction impitoyable au général Berthier : « Vous voudrez bien, citoyen général, donner l'ordre au commandant de la place de faire couper le cou à tous les prisonniers pris les armes à la main... » De nombreux prisonniers furent conduits à la citadelle.

Bourrienne raconte alors comment, chaque soir, il rédigeait l'ordre d'en faire mettre à mort une douzaine pendant la nuit. On les enfermait ensuite dans des sacs et on les portait au Nil. Il y avait beaucoup de femmes comprises dans les exécutions nocturnes. « Je ne sache pas, dit-il, que le nombre des victimes se soit élevé à trente par jour, comme Bonaparte s'en vantait au général Reynier à qui il écrivait six jours après le rétablissement de l'ordre : “ Toutes les nuits, nous faisons couper une trentaine de têtes et beaucoup de chefs ; cela leur servira, je crois, de bonne leçon. " Je pense qu'il exagérait un peu sa juste vengeance, et qu'il y mettait du luxe. »

Le calme revenu, Bonaparte, pour rapprocher le corps expéditionnaire de la population, décida de modifier la tenue de ses soldats. « Il faut se conformer aux usages des Orientaux, ordonnait-il à Bernoyer, supprimer le chapeau et les culottes étroites et donner à l'habillement de nos troupes quelque chose de celui des Maghrébins et des Arnautes. Ainsi vêtues, elles paraîtront aux habitants une armée nationale. » Il s'apprêtait à adopter des coutumes musulmanes. Plus tard, à Sainte-Hélène, il dira à Las Cases, son mémorialiste : « Une fraction importante de l'armée française aurait fort bien pu s'installer à demeure en Orient, quitte à se convertir en partie à l'islam. »

Il s'en ouvrit un jour aux ulémas de la « Sorbonne al-Azhar ». Après leur avoir dit qu'il projetait de construire au Caire une mosquée d'une demi-lieue de tour (2 kilomètres) susceptible de contenir la totalité de l'armée, il leur demanda ce qu'ils pensaient de sa proposition. Mais la conversion en masse de l'armée française à la religion du Prophète se heurtait à deux difficultés : la circoncision et l'impossibilité de boire du vin. On voit mal comment les vétérans de la campagne d'Italie se seraient pliés à ces exigences.

Bonaparte ne pouvait d'ailleurs ignorer la réticence de ses hommes à « s'orientaliser ». Il renonça à modifier leur tenue devant les protestations de ses généraux et la grogne des soldats qui préféraient étouffer dans leurs tuniques de laine et leurs shakos de cuir plutôt que d'adopter un accoutrement étranger. En fait, l'hostilité à sa « politique islamique » ne faisait que traduire un refus plus global, chez la majorité des Français, de leur présence en Égypte. Les demandes de congé et de retour en Europe, en dépit des risques de la traversée, se multipliaient chez les officiers. L'ordonnateur en chef fut le premier à obtenir l'autorisation convoitée. Le général Dumas – le père d'Alexandre – reçut également le permis qu'il demandait. Quant au fidèle général Berthier, il hésitait, déchiré entre son devoir de chef d'état-major et sa passion pour la marquise Visconti.

Le général en chef se sentait lui-même enlisé dans des sables mouvants. « Bonaparte trouvait quelquefois le temps long, narre Bourrienne. Il prenait un air abattu et s'entretenait avec moi des choses les plus bizarres... Un jour, après un long silence, il me dit :

– Je ne sais pas si je reverrai la France; mais si je la revois, ma seule ambition, c'est de faire une belle campagne dans les plaines de Bavière... Après cela, je me retire dans une campagne et je vis tranquille.

« Puis vint une longue dissertation sur la préférence qu'il donnait à l'Allemagne pour y faire la guerre... Il n'y avait pas assez d'occupations pour répondre à la singulière activité de son organisation... Lorsqu'il rentrait, qu'il ne trouvait point de dépêches à lire, point d'ordres à expédier, il était tout de suite absorbé dans ses pensées... Il témoignait d'un vif regret d'être sevré de nouvelles. Car c'était un grand vide dans les habitudes de sa vie que la privation de correspondances. Elles nous étaient interdites : les nombreuses croisières, anglaises et turques, les rendaient trop hasardeuses. Beaucoup de lettres, confiées à de petits bateaux aventureux, furent interceptées et scandaleusement publiées. Les secrets des familles, les plus intimes confidences ne furent pas même respectés, et le rapide appât d'un gain coupable livra à l'impression des révélations qui ont pu troubler des familles, des aveux qui n'étaient destinés qu'à l'amitié et des plaintes dont l'effet a rejailli sur ceux qui les croyaient bien confiées au secret de la correspondance. »

C'est dans ces circonstances, exploitées par les Anglais dans leur guerre psychologique, que Bonaparte est assailli de rumeurs concernant la frivolité de Joséphine. Durant toutes ces tribulations, il s'est mis à douter de sa fidélité, alors qu'il s'était toujours refusé, jusque-là, à accorder crédit aux mises en garde répétées de ses frères Lucien et surtout Joseph, lequel a toujours détesté Joséphine. Pour un peu, se portant garant de la vertu de sa femme, il aurait préféré rompre avec ceux qui eussent osé la mettre en cause. Cette fois, les rumeurs ont accompagné son expédition en Égypte. Le 7 thermidor an VI – 25 juillet 1798 – il écrit de Gizeh à son frère Joseph une lettre qui, interceptée par les Anglais (et publiée le 24 novembre par le *Morning Chronicle*), confesse son double désenchantement : « J'ai beaucoup de chagrin domestique, car le voile est entièrement déchiré... Je te recommande mes intérêts. Les grandeurs m'ennuient; le sentiment est desséché. La gloire est fade à 29 ans; j'ai tout épuisé... J'ai besoin de solitude et d'isolement. »

En dépit de tant d'amertume au milieu de tant de victoires, il a gardé le cœur assez haut pour se montrer généreux, affable avec Eugène de Beauharnais, son beau-fils, âgé de dix-sept ans, dont il a fait son aide de camp. Une lettre d'Eugène à sa mère, datée justement de la veille, 6 thermidor, de Gizeh également, et également interceptée par la marine britannique, éclaire tout : « Bonaparte, depuis cinq jours, paraît bien triste et cela est venu à la suite d'un entretien qu'il a eu avec Jullien, Junot et même Berthier : il a été plus affecté que je ne croyais de ces conversations. Tous les mots que j'ai entendus reviennent à ce que Charles est venu dans ta voiture jusqu'à trois postes de Paris, que tu l'as vu à Paris, que tu as été aux Italiens avec lui dans les quatrièmes loges, qu'il t'a donné ton petit chien, que, même en ce moment, il est près de toi; voilà, en mots entrecoupés, tout ce que j'ai pu entendre. Tu penses bien, maman, que je ne crois pas cela, mais ce qu'il y a de sûr, c'est que le général est très affecté. Cependant, il redouble d'amabilité pour moi. Il semble, par ses actions, vouloir dire que les enfants ne sont pas garants des fautes de leur mère. Mais ton fils se plaît à croire tout ce bavardage inventé par les ennemis. J'espère que, quand tu viendras, tout sera oublié... Nous avons souffert la soif, la faim et le chaud, mais nous voilà heureusement arrivés victorieux au Caire. Depuis six semaines, point de nouvelles, point de lettres de toi, de ma sœur, de personne. Il ne faut pas nous oublier, maman, il faut penser à tes enfants. Adieu, je crois que ton fils sacrifierait mille fois son bonheur au tien. »

Le signataire de cette lettre révélatrice veut douter encore, comme Bonaparte, qu'une réalité puisse correspondre à ces allusions qui les font souffrir ou s'indigner. Il faudra à Bonaparte d'autres recoupements pour y ajouter foi. Il faudra surtout l'éloignement, le temps, la distraction d'une autre femme pour que l'idée d'une séparation chemine dans son esprit et qu'il puisse même se faire à celle d'un divorce. C'est, en tout cas, un des sujets qui le troublent le plus, un des rares qui arrivent à le mettre hors de lui, sans qu'il puisse le dissimuler à son entourage.

Jusqu'à sa rencontre, le 30 novembre, avec Pauline Fourès, il n'en cherche pas moins des aventures auxquelles il n'attache aucune importance. Ainsi celle qu'il a eue brièvement avec la fille du cheik El-Bekry, la seule à sortir du lot d'« abats canailles » qu'on lui a complaisamment livré au palais d'Elfi Bey. Il se désintéressera par la suite du sort réservé à cette adolescente de seize ans qui sera arrêtée et jugée après le départ des Français. Interrogée sur ses relations éclairs avec Bonaparte, elle répondra qu'elle s'en était repentie. Mais son père, sollicité de donner son avis, désavouera publiquement sa conduite. Ce qui vaudra à la malheureuse d'avoir la tête tranchée.

Comme pour compenser ses propres appréhensions sur le comportement de sa femme, Bonaparte ironise volontiers sur les vaines inquiétudes de Joséphine à son égard : « Elle a toujours peur que je ne devienne sérieusement amoureux : elle ne sait donc pas que l'amour n'est pas fait pour moi. Car qu'est-ce que l'amour? Une passion qui laisse tout l'univers d'un côté pour ne voir, ne mettre de l'autre que l'objet aimé. Et, assurément, je ne suis pas de nature à me livrer à une telle exclusion. Qu'importent donc des distractions dans lesquelles mes affections n'entrent pour rien! »

La comtesse de Rémusat, qui rapporte cette réflexion de Bonaparte à son retour d'Égypte, ajoute dans ses *Mémoires* : « Je l'ai pourtant vu amoureux deux ou trois fois; et c'est alors qu'il donnait la mesure du despotisme de son caractère. Combien il s'irritait du moindre obstacle! Combien il repoussait rudement les jalouses inquiétudes de sa femme! “ Vous devez, lui disait-il, vous soumettre à toutes mes fantaisies et trouver tout simple que je me donne pareilles distractions. J'ai le droit de répondre à toutes vos plaintes par un éternel *moi*. Je suis à part de tout le monde, je n'accepte les conditions de personne! ”

« Mais cette autorité dont il accablait ainsi celle qu'il dédaignait momentanément, poursuit Mme de Rémusat, il s'en fallait de bien peu qu'il ne voulût encore l'exercer sur l'objet de sa préférence passagère. Étonné de l'ascendant qui semblait vouloir le dominer, il s'irritait, ne se soumettait qu'en passant, brusquait sa victoire autant qu'il lui était possible et, promptement distrait après l'avoir obtenue, il s'en affranchissait en livrant au public la confidence de son succès. »

En cet automne 1798 où les tristes réalités égyptiennes et le blocus maritime démoralisent les Français et où leurs récriminations confinent à la révolte, on n'en est pas encore là. Tandis que leur chef passe sans transition de l'extrême abattement à l'extrême exaltation, officiers et soldats désœuvrés et sans perspective cherchent, eux, des compensations dans les charmes souvent très douteux de l'Orient des Mille et Une Nuits. On s'étourdit dans des fêtes, on s'encanaille dans des tripots, on s'abandonne aux paradis artificiels.

Le capitaine François, dit le Dromadaire d'Égypte, tient un journal de campagne où, sur ce chapitre, le cynisme le dispute à la naïveté. Il accepte sans penser à mal provisions, vivres, bijoux, voire argent qu'il reçoit de toutes ses maîtresses. Les cadeaux, estime-t-il, représentent « le butin de l'amour ». Ils font partie du droit de conquête. « Les femmes aiment les mains lestes des soldats français. »

A en juger par sa très copieuse correspondance avec son « cher cousin », l'heureux François Bernoyer, qui dirige l'atelier d'habillement du corps expéditionnaire, se prend pour le don Juan du Caire. Le 13 novembre 1798, il relate son aventure, plus grotesque que romanesque, avec une Égyptienne qu'il appelle sa « sultane adorée ». Celle-ci ayant été lapidée par une autre au cours d'une scène de jalousie, il a fait conduire cette « canaille » chez le commissaire turc.

« Après avoir reçu ma plainte, le commissaire donna des ordres que je n'ai pas compris, mais je vis arriver quatre grands gaillards qui s'emparèrent d'elle, lui liant les bras et les jambes : ils la mirent ensuite dans un sac qu'ils fermèrent au moyen d'une courroie. Me tournant vers mon interprète, je lui dis d'un air interrogateur : “ Voilà une drôle de façon de mettre les gens en prison ! – Comment ! Ne voyez-vous pas qu'on va la jeter dans le Nil? ” Alors les cris de cette malheureuse qui sortaient du sac m'apitoyèrent. Ma colère étouffée, je la voyais assez punie par l'attente d'une mort aussi cruelle. J'ordonnai à mon tour au commissaire de la faire détacher et de lui rendre la liberté... »

Le 22 octobre, au marché aux femmes du bazar, Bernoyer, flanqué du capitaine Lunel, d'Avignon, finit par dénicher une douzaine de Noires « beaucoup plus jolies que celles présentes dans la cour ». « Le marchand ôta les couvertures qui les habillaient pour nous les montrer toutes nues... Le capitaine en désigna une et il en demanda le prix : elle valait 800 francs. Le capitaine en proposa 500. Son offre fut refusée sous prétexte qu'elles étaient toutes pucelles, ce qui justifiait cette somme...

– Comment pouvez-vous prouver ce que vous dites?

– Examinez attentivement leur sexe, et vous verrez qu'il est cousu avec un fil de boyau de manière à leur laisser uniquement le passage de l'urine.

« Je dis au capitaine : Voilà une découverte, mon cher, que les jaloux feraient bien de mettre en usage! »

Bernoyer a jeté son dévolu sur une femme voilée qu'il dévêt en lui « souriant tendrement ». « Je vis briller dans ses yeux une secrète joie quand elle s'aperçut que je parcourais avec avidité toutes les courbes alléchantes et merveilleuses de son corps... et, plus bas, cette touffe dense de poils torsadés qui laissaient deviner l'entrée intime d'un instant de plaisir qu'on ne voudrait jamais quitter. »

Hélas pour lui, un autre client l'a devancé durant le marchandage... Deux jours plus tard, il retrouve cette beauté noire installée dans la chambre d'un rival prestigieux, Eugène de Beauharnais, le beau-fils et aide de camp de Bonaparte! Vêtue de riches habits, parée de perles et de diamants, il la trouve plus belle encore.

– Vous ignorez sans doute, M. de Beauharnais, que votre magnifique Noire a failli m'appartenir, et je considère comme un miracle qu'elle soit entre vos mains.

– Je vous assure, M. Bernoyer, n'avoir jamais fait un si bel usage de mon argent. J'ai déjà dépensé 6 000 francs à la rendre aussi belle qu'une reine. Je l'aime à la folie, tant son caractère spirituel et enjoué m'a ouvert une source de plaisirs intarissable... »

Pour ne pas le peiner davantage, le jeune aide de camp lui conseille de s'adresser au père Félix, chez les capucins, où l'on fait commerce de chrétiennes « à bas prix sans qu'elles soient pour autant un rebut ». Un copte consulté par Bernoyer explique que les familles nécessiteuses ont en effet recours à ces prêtres qui connaissent tous les besoins et tous les défauts de leurs ouailles et placent volontiers leurs filles « élevées dans la plus grande oisiveté ».

« Ainsi, dit-il, vous pouvez aller en toute confiance chez les responsables et révérends pères capucins qui sont toujours dévoués, surtout auprès de leurs frères en Jésus-Christ. »

« Notre ministère est utile à tout le monde », lui confirme le père Félix en l'accueillant à son couvent. Pour une somme de vingt francs – plus deux écus de six francs « pour dire des messes aux âmes du Purgatoire » –, le Capucin lui envoie deux filles accompagnées de leur mère. Celle-ci lui expose avec fierté l'éducation qu'elles ont reçue : « Les principes de leur formation, résume Bernoyer à l'usage de son cousin de France, repose sur la recherche toujours plus poussée de la volupté. On leur apprend que Dieu les a créées uniquement pour le plaisir de l'homme et que leur devoir est de se plier à ses caprices; qu'elles doivent avoir une imagination sans cesse en éveil pour lui procurer toujours de nouvelles sensations; qu'enfin cette complète soumission leur permettra de jouir éternellement dans l'autre monde des mêmes délices qu'elles auront su lui octroyer dans celui-ci. Cet enseignement trouve son apogée dans la danse... [La fille] reçoit des leçons d'une extrême lubricité; on la forme à adopter toutes sortes de postures obscènes : on l'initie à tortiller son cul, ses fesses et ses reins comme s'ils étaient montés sur ressort... Pour nous, Occidentaux, mon cher cousin, ces danses sont si exécrables que même le plus dépravé ne saurait les souffrir. »

Pour dix francs par mois, Bernoyer choisit la cadette. « Après avoir passé la nuit avec ma chrétienne, je pus facilement juger, par mes expériences antérieures, que les leçons reçues de sa mère n'avaient pas porté les fruits escomptés. Je pus tout de même apprécier sa douceur et sa complaisance. »

L'habilleur en chef de l'armée, finira par trouver la perle rare chez un fournisseur de toiles : le 8 novembre, il s'éprend d'une de ses ouvrières musulmanes d'une « extrême beauté », fille d'un pauvre mais pieux menuisier. Pour circonvenir cette famille de stricte obédience mahométane, il imagine un stratagème que son domestique et interprète dévoué, Achem, va mettre en œuvre : organiser le mariage de cette ouvrière avec un employé de son propre atelier, Ali, pourvu par ses soins, et profiter du cérémonial précédant la nuit de noces pour substituer à la clé de la chambre nuptiale celle d'une dame Gontrand qui consent à remplacer la mariée au lit, substitution habilement opérée par Achem en tant que témoin du mariage et intendant de la cérémonie. C'est ainsi que Bernoyer découvre « cette Vénus étendue sur une natte de paille, à même le sol de sa chambre, ses charmes séducteurs directement à ma vue». A l'aveu de son subterfuge, Fatmaïr rayonne de joie et lui prodigue, dit-il, les plus doux noms de sa langue : « mon ami », « mon sultan », « mon souk »...

« Pour deux cent cinquante francs de dépenses, je suis devenu le possesseur d'une jeune beauté. Ailleurs, j'aurais dû payer un prix cent fois plus élevé pour en trouver une semblable : dans ce pays où les jolies femmes sont très rares, je peux me flatter d'avoir un trésor. Ainsi, mon cher cousin, tu vois qu'il faut se pencher sur tout, même sur les femmes. Je t'ai fait de longs détails sur les usages et les mœurs de ce pays. Je t'ai appris des particularités que je ne peux écrire à mon épouse. Adieu. »

Dans cette armée prise au piège de sa conquête et en proie au spleen, le relâchement des mœurs s'accompagne d'un relâchement de la discipline à tous les niveaux. Des officiers et des généraux en viennent même à se battre en duel. La publication par les Anglais de la correspondance amoureuse entre le colonel des hussards Charles Lasalle, héros de la bataille des Pyramides et chef du 22e chasseurs, et l'épouse du général Léopold Berthier, Jeanne-Marguerite, née d'Esbance d'Alguillon, provoque un duel entre le mari trompé et l'amant qui, tous deux, servent dans l'armée d'Orient. L'affrontement à l'épée se terminera non par la mort de l'un des protagonistes, mais par un divorce des époux. L'autre général Berthier, le fameux compagnon de Bonaparte, Louis-Alexandre, est prêt à sacrifier son poste de chef de l'état-major à sa passion pour la marquise Visconti. Le fidèle Andoche Junot lui-même désobéit à l'interdiction formelle des duels édictée par Bonaparte en défiant à l'arme blanche le général François Lanusse, pour avoir médit du général en chef un soir de banquet. Il manque ainsi de se faire tuer pour l'honneur au fond d'un jardin des bords du Nil, à la lueur de deux flambeaux. Le lendemain, Bonaparte le fait mettre aux arrêts de rigueur pour un mois. Réagissant vite et fort, il prend de sévères mesures pour rétablir la discipline et veiller au maintien de l'ordre. A la tête de la police, il place un personnage extravagant, un grec orthodoxe du nom de Barthélemy Serra. Toujours flanqué de sa femme galopant à ses côtés, suivi d'une bande d'estafiers-janissaires coupeurs de têtes, ce Barthélemy Serra va inspirer la terreur.

« Quand on le voyait marcher vers la citadelle, le cimeterre nu, dira Belliard, suivi de ses patients garrottés, c'était un spectacle à refouler au fond de bien des cœurs toute intention mauvaise. »

Comme en Italie, Bonaparte étoffe surtout son service de renseignement intérieur, dont il fait de Dargeavel, le tenancier du *Tivoli*, son principal informateur. Il veille plus que jamais à l'état d'esprit de son armée que minent le dégoût du pays, la lassitude et le désir de rentrer chez soi. Lors d'un dîner chez le général Dugua, Bonaparte interpelle le chef de sa cavalerie, Joachim Murat :

« Comment vous trouvez-vous en Égypte?

– A merveille, répond le sabreur, qui ne tremble que devant son chef.

– Tant mieux! Je sais que plusieurs d'entre vous prêchent la révolte : qu'ils prennent garde! La distance d'un général et d'un tambour à moi est la même. Et si le cas se présentait, je ferais fusiller l'un comme l'autre. Quant à vous, Murat, si vous bronchez, je vous ferai mettre du plomb dans la tête! »

S'il n'hésite pas à ordonner des exécutions pour l'exemple, c'est aussi que protéger les populations de tout ce qui pourrait apparaître comme des provocations de militaires français lui paraît un moyen efficace de propagande.

« Il est certain que, parmi les soldats, écrit Bernoyer à sa femme le 10 mars 1799, quelques-uns sont d'assez mauvais sujets qui abusent de la condescendance de leurs chefs et qui dépassent les bornes de leur devoir en commettant de graves fautes avec l'espoir de l'impunité. Dans la nuit du 8 au 9 janvier, un crime affreux fut commis : le corps d'une femme turque fut trouvé avec celui de sa servante dans la maison où elles habitaient. » Dans la chambre du crime sont saisis un morceau de drap bleu et deux boutons aux marques de la 32e demi-brigade. Le colonel s'aperçoit que, cette nuit-là, deux grenadiers, Antoine Dublois et Pierre Stève, étaient portés manquants à l'appel. L'examen de leurs effets montre qu'il manquait deux boutons à leur revers cousus avec un fil identique à celui qui restait aux boutons arrachés, ainsi qu'un morceau de drap de la manche de Stève. Traduits, sur ces pièces à conviction, devant une commission militaire, les deux grenadiers écopent de trois mois de prison. Furieux de cette indulgence, Bonaparte destitue les membres de cette commission et fait fusiller les deux condamnés. « Voilà, ma chère amie, conclut Bernoyer, un acte de justice et de fermeté qui honore Bonaparte, tout en procurant un immense plaisir à ceux qui aiment l'ordre, la discipline et la justice. »

En fait, c'était le Divan qui avait saisi le général en chef de l'affaire. Et, selon ses confidences au Dr Desgenettes, Bonaparte n'était pas tout à fait convaincu de la culpabilité des deux suppliciés qui n'avaient cessé de proclamer leur innocence : « Un général en chef doit être investi d'un pouvoir terrible. Comment diable disputerait-on à un homme à qui l'État confie quelquefois la vie de cent mille hommes le droit de réprimer d'après sa conviction des délits aussi graves?... Et puis, je les ai convaincus, ces grenadiers, avant de les condamner. Quand j'ai pris Antoine par le collet et que je lui ai dit : " Viens, malheureux, que je te confronte avec ton complice ", il a été interdit; quels hommes cependant, des gens à gagner seuls une bataille!... Les Turcs aussi avaient besoin que je fasse un exemple... Vous n'avez pas su comment sont morts ces grenadiers? Comme des Césars et en montrant même de l'affection pour moi! Un de leurs camarades est allé boire avec eux dans la prison : " Il y a pourtant quelque chose de vrai dans tout cela, leur a-t-il dit, car enfin Bonaparte ne vous aurait pas condamnés. – Taistoi, lui ont-ils répondu, tu ne sais pas ce que tu dis, on l'a encore trompé cette fois comme bien d'autres; c'est égal, buvons à sa santé! " »

Renseigné par son informateur Dargeavel, Bonaparte menace de procéder à d'autres exécutions pour l'exemple devant les querelles qui ne cessent aussi d'opposer les militaires aux civils français de l'expédition. « Depuis toujours, écrit Bernoyer à sa femme, règne une sorte d'antipathie entre les militaires et les employés des administrations. Ici, c'est une véritable haine à l'encontre des savants : les soldats les accusent d'être les seuls responsables de l'expédition d'Égypte, sans autre motif, disent-ils, que leur curiosité ou leur désir de s'instruire. C'est pour servir leurs caprices, prétendent-ils, qu'ils s'exposent chaque jour à de nombreux dangers et qu'ils endurent toutes les fatigues d'un pays détestable. Ainsi, les pauvres savants, dans quelque endroit qu'ils se trouvent, ont à subir des propos malveillants de la part des soldats. »

Coupé du Directoire et de la France dont il attend toujours des nouvelles, à défaut de renforts, en butte à la grogne ou aux rancœurs de son armée désorientée ou désenchantée, Bonaparte sait maintenant que sa seule chance de retourner la situation est de pousser vers l'est en assouvissant son plus vieux rêve : remettre ses pas dans ceux d'Alexandre.

III

Dans les pas d'Alexandre

Le 14 août 1798, Bonaparte déjeune au milieu de ses troupes à Belbeïs, au nord-est du Caire, sur la route de la presqu'île du Sinaï. Il vient de mettre en fuite le chef des Mamelouks, Ibrahim Bey, qu'il pourchasse depuis six jours, afin d'achever la pacification de la Basse-Égypte et du delta du Nil. Un repas fort joyeux pour fêter la capture d'un beau butin que l'ennemi avait pris à une caravane. Le général en chef, qui semble partager la bonne humeur générale, annonce aux soldats qu'ils pourront vendre les marchandises saisies à leur profit, dès leur retour au Caire. Quand? Bonaparte, qui, tel Alexandre le Grand pourchassant Bessus à travers la Bactriane, s'apprêtait à reprendre la poursuite d'Ibrahim, sait déjà qu'une tragédie l'oblige à précipiter ce retour pour le lendemain. Le matin même, un paysan a en effet tendu à Lavalette une lettre que lui avait remise un officier français, le commandant Loyer, venu d'Alexandrie et dont le cheval épuisé ne pouvait plus avancer. Cet officier avait quitté le camp de Kléber le 2 août; les routes étaient si peu sûres et les eaux du Nil si basses qu'il lui avait fallu onze jours pour parcourir les trente-cinq lieues qui séparent Alexandrie du quartier général de Bonaparte.

« L'aide de camp pâlit en jetant les yeux sur le billet, raconte André Castelot : c'est la nouvelle du désastre d'Aboukir; toute la flotte française, à l'ancre, surprise par Nelson, a été détruite ou capturée. Bonaparte lut à son tour le billet avant de passer à table...

– Vous savez ce qu'il contient, déclare-t-il à Lavalette; gardez le secret.

« Le déjeuner est fort gai... Tous les convives ont le sourire lorsque, au milieu du repas, il annonce paisiblement :

– Eh bien, vous vous trouvez bien dans ce pays, cela est heureux, car nous n'avons plus de flotte pour nous ramener en Europe... »

Consternation générale. Chacun repousse son assiette, tandis que Bonaparte cherche à dédramatiser la situation :

– Eh bien, nous voilà dans l'obligation de faire de grandes choses ! Nous les ferons. De fonder un grand empire ! Nous le fonderons. Des mers dont nous ne sommes pas maîtres nous séparent de la patrie, mais aucune mer ne nous sépare ni de l'Afrique ni de l'Asie...

Selon la version de Benoist-Méchin, qui, lui, situe cette scène quarante-huit heures après son retour au Caire, le 15 août – jour de son vingt-neuvième anniversaire –, Bonaparte, après avoir lu le rapport du contre-amiral Ganteaume, qui avait pu échapper à l'incendie du vaisseau-amiral l'*Orient*, aurait d'abord pris à part l'envoyé de Kléber pour lui demander des détails de vive voix. Il apprit ainsi la mort du chef de sa flotte, l'amiral Brueys, la mise hors de combat de tous les capitaines de vaisseaux – sauf un – et de plus de cinq mille des huit mille hommes d'équipage. En sombrant, l'*Orient* avait également englouti tous les trésors pris à Malte, qui étaient entreposés dans ses soutes : 600 000 livres en lingots d'or et en diamants, qui devaient servir à soudoyer les beys récalcitrants et à frapper une monnaie nouvelle.

« En un instant, Bonaparte mesura toute l'étendue du désastre. Pourtant, pas un muscle de son visage ne tressaillit. Quand l'aide de camp de Kléber eut terminé son récit, il se recueillit un instant. Puis il communiqua la terrible nouvelle à son état-major. Berthier, Lannes et Murat en furent atterrés...

– Nous n'avons plus de flotte? leur répondit Bonaparte. Eh bien ! il faut rester dans ces contrées ou en sortir grands comme les Anciens ! »

C'est le thème du message qu'il envoie à Kléber à Alexandrie : « Si les Anglais continuent à inonder la Méditerranée, ils nous obligeront peut-être à faire de plus grandes choses que nous ne voulions faire. »

Certes, une fois en tête à tête avec Bourrienne, Bonaparte se laisse aller à un moment de découragement. Son ami et secrétaire tente de le raisonner : le malheur eût été plus grand encore si Nelson avait intercepté son armada à Malte ou s'il l'eût attendue devant Alexandrie, avant son débarquement en Égypte.

« Nous avons au moins ici de quoi nous suffire à nous-mêmes et attendre ce que fera le Directoire.

– Pour votre Directoire, interrompt vivement Bonaparte, c'est un tas de jean-foutre. Ils m'envient et me haïssent, ils me laisseront périr ici ! Et puis, ne voyez-vous pas toutes ces figures ? C'est à qui ne restera pas ! »

Il donne alors libre cours à son émotion. Défaillance d'un instant, vite surmontée ? Selon Bourrienne encore, il répétait seulement avec un accent difficile à rendre : « Malheureux Brueys, qu'as-tu fait ? » Mais il recouvre rapidement son sang-froid et ne va pas hésiter à faire porter sur Brueys, dans son rapport au Directoire, l'intégralité de la responsabilité du désastre d'Aboukir : l'amiral lui aurait désobéi en se maintenant dans la baie d'Aboukir au lieu de se rendre dans le Port-Vieux ou de se retirer à Corfou.

« Pour plaider sa cause, révélera, après La Jonquière, l'historien Henry Laurens, éminent spécialiste de l'expédition d'Égypte [1], le commandant en chef donne de faux extraits de sa correspondance avec l'amiral. Aussi, une fois devenu Premier Consul, fera-t-il enlever des archives militaires les pièces les plus compromettantes et en modifiera-t-il d'autres.

« Les causes essentielles de la défaite française résident bien dans la mauvaise position que constituait Aboukir – la seule possible à partir du moment où l'on décidait de maintenir la flotte à proximité du littoral égyptien – et dans l'insuffisance numérique et la médiocrité de la formation des marins, que n'ont pu compenser les très nombreux actes d'héroïsme individuel... Incapable de remporter une bataille navale de grande envergure, la flotte n'avait d'autre solution que de se réfugier dans un port. Puisque celui d'Alexandrie n'était pas sûr, il ne restait que Corfou. Mais Bonaparte en avait décidé autrement. » D'où la solution de compromis que représentait le mouillage à Aboukir. Bonaparte tentait ainsi le sort. Sa campagne d'Égypte sera de même une série de paris audacieux et de contrariétés inattendues...

En effet, à Aboukir même, Brueys ne disposait ni de cartes ni de pilotes. En raison de la faiblesse de ses équipages, il a préféré se préparer à combattre une éventuelle attaque en position fixe, ses bâtiments au mouillage, plutôt qu'en mouvement. La mer, qui est mauvaise, et la priorité donnée au déchargement de la flotte l'ont empêché de faire procéder à des sondages dans la baie, parsemée de bancs de sable et dont les récifs se prolongent au nord-est jusqu'à l'îlot d'Aboukir, face au fort de la pointe. Comme les généraux Kléber à Alexandrie et Menou à Rosette, il n'a reçu aucune nouvelle du commandant en chef à un moment où il aurait eu besoin d'instructions claires.

Le 1er août, au début de l'après-midi, les marins français aperçoivent les voiles anglaises qui les cherchent en vain depuis près de soixante jours, les ayant perdus de vue depuis l'appareillage de Toulon par suite d'incroyables contretemps. Ayant l'initiative des opérations après cette série de déconvenues, Nelson s'apprête à concentrer le feu de ses navires, placés dans les positions les plus favorables, sur la tête et le centre de la ligne des vaisseaux français. C'est alors qu'il s'aperçoit qu'il a l'espace et surtout la profondeur suffisants pour faire manœuvrer ses bâtiments entre le rivage et la ligne française tournée vers le large. Il peut donc prendre l'ennemi en tenaille. Son audace l'autorise à ne procéder qu'à de rapides sondages assez concluants en un endroit où les marins français n'en ont pas faits depuis un mois qu'ils sont au mouillage ! Trop éloignée, l'artillerie française à terre ne peut même pas atteindre la ligne de combat de la flotte anglaise. Au coucher du soleil, la tête de la ligne française se trouve exposée aux tirs convergents des navires anglais. Blessé dès le premier engagement, l'amiral Brueys succombe, la cuisse emportée par un boulet. Il n'y a plus personne pour ordonner au contre-amiral Pierre-Charles de Villeneuve, qui commande la queue de l'escadre française, non engagée dans le combat, de se porter à la rescousse. Avec ses trois ponts et ses cent vingt canons, le navire amiral l'*Orient* explose dans la nuit. Le lendemain vers midi, Villeneuve se borne à lever l'ancre avec deux vaisseaux et deux frégates de l'arrière-garde et à fuir la rade en feu pour se replier sur Malte, abandonnant à leur sort les bâtiments bloqués entre les navires anglais. Bilan : onze vaisseaux et deux frégates perdus par les Français, aucun bâtiment par les Anglais qui ne comptent d'autre part que deux cent dix-huit morts et six cent soixante dix-sept blessés, contre respectivement mille sept cents et mille cinq cents pour les Français, sans compter trois mille prisonniers! Il est difficile de trouver dans l'Histoire un désastre analogue...

Touché par un éclat qui lui arrache un lambeau de chair au front, pendant sur son œil valide, Nelson peut savourer sa revanche après avoir joué de malheur en laissant échapper l'expédition d'Égypte. Le 8 août 1798, il écrit à l'ambassadeur anglais à Naples, sir William Hamilton : « J'ai intercepté toutes les dépêches de Bonaparte pour la France. Son armée est dans un guêpier et n'en sortira plus. » Lui qui avait été incapable de localiser l'escadre de Brueys lorsqu'elle traversait sous son nez la Méditerranée, il avait été pourtant le premier à prévoir l'objectif éventuel de Bonaparte : la conquête de l'Égypte ottomane, pour y « occuper quelque port au nord de la mer Rouge afin d'y rassembler une formidable armée pour les Indes », où, effectivement, le dernier nabab de Mysore, Tippoo Sahib, comptait sur lui pour secouer le joug anglais. « S'ils doublent la Sicile, écrivait-il dans une dépêche adressée à lord Spencer, je suis persuadé que les Français poursuivront leur plan qui consiste à occuper Alexandrie, afin d'amener des troupes aux Indes, un plan concerté avec Tipoo Sahib! »

Nelson ne savait pas à quel point il avait raisonné juste. La réaction de Bonaparte au piège qui venait de se refermer sur lui ne pouvait s'expliquer que par la résurgence d'un grand dessein. Car où puisait-il sa confiance inébranlable en un avenir qui n'avait jamais paru plus compromis qu'au lendemain d'Aboukir? « Son assurance, répond Benoist-Méchin, provenait de ce que le désastre d'Aboukir agissait sur lui comme un révélateur... Tout ce qu'il portait en lui de vague et d'informulé se cristallisait d'une façon fulgurante. Le désastre qu'il venait de subir lui apportait sa raison d'être. Nelson l'avait enfermé dans sa conquête? Qu'à cela ne tienne! Il s'y immergerait au point de ne faire qu'un avec elle. Il transformerait en création durable ce qu'il n'avait considéré jusque-là que comme une aventure éphémère... Pourquoi ne pas s'enraciner en Égypte? Puisqu'il fallait à présent tout tirer de ce pays [...], il assumerait son administration dans sa totalité. Il ne serait plus seulement général en chef, mais gouverneur, législateur et – pourquoi pas? – sultan! Cela ferait crier Barras? Au diable le Directoire!...

« Il ressusciterait le passé et vivifierait le présent. Il rétablirait dans la vallée du Nil une activité qu'elle n'avait plus connue depuis des millénaires.... Oui! Il " maîtriserait l'Égypte et, par l'Égypte, l'Asie ". Que pesait, auprès de cela, la perte de quelques navires? »

« L'Orient n'attend qu'un homme! » avait-il dit à Bourrienne, avant de quitter Toulon.

C'est une antienne qu'il ne cessera de répéter désormais : « Je fonderai dans l'Orient un nouvel et grand empire qui fixera ma place dans la postérité. » Il calculait qu'avec un peu de chance il pourrait arriver sur l'Indus au mois de mars 1800, à la tête d'effectifs qui, loin de fondre en cours de route, auraient fait boule de neige, grossis de tous les peuples dressés conte la tyrannie des pachas ottomans, et qui pourraient lui permettre de soutenir la révolte du sultanat de Mysore contre le joug anglais. Et même si les délais se révélaient plus longs, cela ne le souciait guère : « Nous n'avons que vingt neuf ans, ce n'est pas un âge », rappelait-il encore à Bourrienne. L'âge d'Alexandre! Comptant sur le hasard, ou la nécessité faisant loi, le parallèle avec le conquérant macédonien est permanent dans tous ses propros comme dans ses desseins les plus éloignés.

C'est à Ancône qu'il avait perçu pour la première fois une sorte d'appel lointain, montant du fond des âges. Il était entré dans ce port italien de l'Adriatique et avait aussitôt couru vers la mer avec une sorte d'ivresse. « En vingt-quatre heures, s'était-il exclamé, on va d'ici en Macédoine! » Debout à l'extrémité du môle qui s'avançait vers le large, il avait cru apercevoir, à travers la brume, la terre d'où le héros favori de son enfance était parti fonder son empire d'Asie. Le 15 février 1797, en conclusion de son séjour, il avait écrit au Directoire : « On va d'ici à Constantinople en dix jours. Il faut que nous conservions le port d'Ancône à la paix générale et qu'il reste toujours français. Cela nous donnera une grande influence sur la Porte ottomane. »

Si l'Inde est la clé de tout, il faudra bien en passer par la Sublime Porte, amie ou ennemie selon la conjoncture. Suivre les traces d'Alexandre, cette obsession fait bien partie du plan original de la campagne d'Orient. Ce n'est pas seulement un rêve né de la défaite d'Aboukir. Celle-ci ne fera qu'actualiser une vieille ambition, obligeant même Bonaparte à envisager le retour de son corps expéditionnaire en France, via Constantinople et les Balkans, en prenant à revers le Saint-Empire.

Aux historiens qui ne croient plus à la réalité de ce double projet, on peut opposer les témoignages de tous les proches du Consul et de l'Empereur, et ses propres propos d'exil à Sainte-Hélène où, aux multiples entretiens avec ses mémorialistes, il convient d'ajouter le récit de ses souvenirs des campagnes d'Égypte et de Syrie.

« Après tout, il n'y avait pas plus loin du Caire à l'Indus que de Bayonne à Moscou ! confiera-t-il ainsi au général Bertrand. Une armée de soixante mille hommes, montés sur cinquante mille chameaux et dix mille chevaux, portant avec elle des vivres pour cinquante jours et de l'eau pour six jours, arriverait en quarante jours sur l'Euphrate et en quatre mois sur l'Indus... »

Dans son récit de Sainte-Hélène où il parle de lui à la troisième personne, Napoléon donne, avec force détails, cette explication de sa tentative de conquête de la Palestine : « Il fallait être maître d'une position intermédiaire qui servît de place d'armes. L'Égypte était cette place d'armes. La France, solidement établie dans ce pays, deviendrait, un peu plus tôt, un peu plus tard, maîtresse de l'Inde. Le riche commerce de l'Orient reprendrait son ancienne route par la mer Rouge. Ainsi, d'un côté, l'Égypte remplacerait Saint-Domingue et les Antilles; de l'autre, elle serait un acheminement à la conquête de l'Inde. Alexandre pénétra dans l'Hindoustan en passant l'Indus dans la partie supérieure de son cours; il opéra son retour sur Babylone en traversant la Gédrosie ou le Mekran...

« Alexandre chercha à plaire aux Juifs pour qu'ils le servissent au passage du désert [du Sinaï]... Cyrus, méditant la conquête de l'Égypte, protégea les Juifs et fit rebâtir leur temple...

« Si l'armée d'Alexandre y souffrit, c'est qu'il n'était pas pourvu de tout ce qui était nécessaire pour cette traversée. Avec des vaisseaux, on franchit l'océan, avec des chameaux, les déserts cessent d'être un obstacle. De l'Égypte, une armée montée sur des chameaux peut arriver à Bassora en trente ou quarante-cinq jours; de Bassora, elle peut en quarante se porter sur les confins du Mekran; elle trouvera sur sa route Chiraz, grande et belle ville...

« Avant de partir de France, Napoléon avait calculé le temps et les moyens pour faire la conquête de l'Égypte, sauf à marcher sur l'Indus plus tôt ou plus tard, selon les dispositions plus ou moins favorables des peuples de l'Orient et selon que les événements seraient plus ou moins heureux. »

Et de décrire par le menu, comme un scénario, son plan de marche victorieuse sur le sous-continent indien, si... la Fortune lui avait souri à Saint-Jean-d'Acre : « Il espérait qu'à la nouvelle de la prise de Saint-Jean-d'Acre, les Mameluks, les Arabes d'Égypte, les partisans de la maison de Dâher se joindraient à lui; qu'il serait en juin [1799] maître de Damas et d'Alep; que ses avant-postes seraient sur le mont Taurus... Si la fortune se plaisait à favoriser ses projets, il pouvait encore arriver sur l'Indus au mois de mars avec plus de quarante mille hommes, en dépit de la perte de la flotte. Il avait des intelligences en Perse, il était assuré que le Shah ne s'opposerait pas au passage de l'armée par Bassora, Chiraz et le Mekran... »

Or, tout comme la référence aux âges d'or et aux grands anciens, le projet indien faisait partie du rêve oriental du jeune Bonaparte, nourri par l'idéologie des Lumières. Et sa rhétorique a trouvé un nouvel aliment dans les pensées politiques rapportées de son exil aux États-Unis par le nouveau ministre des Relations extérieures nommé le 16 juillet 1797 par le Directoire, Charles-Maurice de Talleyrand-Périgord, héritier des interventionnistes de la monarchie finissante. Disciple de Choiseul qui, dès le milieu du XVIIIe siècle, préconisait l'annexion par la France de la vallée du Nil, lecteur de Savary qui, en 1785, avait publié ses *Lettres sur l'Égypte,* et ayant fréquenté Volney qui, en 1787, avait entrepris la relation de son *Voyage en Égypte et en Syrie,* Talleyrand s'était surtout intéressé, durant son séjour américain, aux questions commerciales. A son retour, il estime que les Indes sont devenues le fondement de la puissance anglaise et que la colonisation de l'Égypte, à la faveur de l'irrémédiable déclin de l'Empire ottoman, s'impose donc comme le seul moyen d'affaiblir l'Angleterre.

« C'est dans un maelström d'égyptomanie enfiévrée et de théogonies visionnaires que naquit l'idée la plus folle qui ait jamais traversé l'imagination d'un homme d'État... C'est lui qui fit du rêve d'une expédition en Égypte un projet politique et militaire. L'idée venait de loin. Bossuet est le premier à soutenir que la redécouverte des merveilles de la Thébaïde serait bien digne du Grand Roi [2]. » Dès le 3 juillet 1797, Talleyrand exhume le projet de Choiseul au cours d'une communication à l'Institut sur « les avantages à retirer des colonies nouvelles dans les circonstances présentes ». Ministre depuis à peine une semaine, il adresse au Directoire trois mémoires préconisant une opération combinée avec les princes indiens contre la domination anglaise. Le mois suivant arrive d'Italie le message de Bonaparte annonçant au Directoire, le 16 août, sa conquête des îles Ioniennes : « Les temps ne sont pas éloignés où nous sentirons que, pour détruire véritablement l'Angleterre, il faut nous emparer de l'Égypte. » Le même jour, il écrit à Talleyrand : « C'est en vain que nous voudrions soutenir l'empire de Turquie; nous verrons sa chute de nos jours. Il faudrait s'emparer de l'Égypte qui n'appartient pas au Grand Seigneur »... Talleyrand lui répond le 23 août : « Rien n'est plus important que de nous mettre sur un bon pied avec l'Albanie, la Grèce, la Macédoine et autres provinces de l'Empire turc – même toutes celles que baigne la Méditerranée, comme notamment l'Égypte, qui peut nous devenir d'une grande utilité. »

Les deux hommes ne se sont pas encore rencontrés, mais, depuis cet été 1797, leurs pensées semblent converger, pour des motifs différents, sur le projet d'expédition d'Égypte. Ils font connaissance le 10 décembre, quand Bonaparte, nommé en son absence commandant de l'armée d'Angleterre, mise sur pied en octobre, vient présenter au Directoire la ratification du traité qu'il a conclu à Campoformio. L'élection du général victorieux à l'Institut, section mécanique, quinze jours plus tard, les rapproche encore davantage. En janvier 1798, Talleyrand, conforté par une dépêche éclairante du consul de France au Caire, le négociant marseillais Charles Magallon, précise ses intentions. Dans ses instructions à Bernadotte, désigné comme ambassadeur à Vienne, il rappelle que « la République est fermement résolue à ne pas laisser s'accomplir la ruine de la Porte sans s'assurer à elle-même une part assez considérable pour que le commerce de la Méditerranée ne puisse lui être enlevé ». Au Directoire, il fait valoir que la Turquie des Osmanlis, qui touche à sa ruine, n'a plus « l'ombre d'autorité » sur l'Égypte, dont la France doit se saisir entre autres dépouilles. Il lui remet un rapport définitif sur « la question d'Égypte » le 14 février suivant : « L'Égypte fut une province de la République romaine, il faut qu'elle le devienne de la République française. La conquête des Romains fut l'époque de la décadence, la conquête des Français sera celle de la prospérité ». Double avantage économique et stratégique de cette colonisation : en rouvrant la route de Suez, on portera un coup mortel au commerce anglais dans les Indes. Constantinople est trop occupé par les troubles balkaniques pour intervenir, et Talleyrand lui-même se fait fort d'obtenir de la Porte la reconnaissance de l'installation française en échange de celle de l'autorité nominale du sultan sur le pays. L'Angleterre est paralysée par la menace du débarquement français en préparation sur les côtes de la Manche et de la mer du Nord, et les forces mameloukes ne tiendront pas longtemps devant les Français que les Égyptiens accueilleront en libérateurs. De Suez, un corps expéditionnaire partira alors soutenir, par la mer Rouge, la révolte indienne de Tippoo Sahib, le sultan rebelle de Mysore. Bref, une promenade militaire à entreprendre sans tarder en raison du régime des vents en Méditerranée et en mer Rouge...

Il s'agit aussi d'une manœuvre de politique intérieure, dont Bonaparte n'est pas dupe : un éloignement de l'encombrant vainqueur de l'Italie, dont le prestige peut représenter une menace pour leur fragile pouvoir, paraît salutaire aux membres du Directoire, à commencer par Barras.

***

Barras connaît bien à la fois les Indes, où il a servi vingt ans plus tôt, et Bonaparte, dont il a favorisé la carrière depuis leur rencontre au siège de Toulon il y a cinq ans. Ex-aristocrate, ex-amant de Joséphine de Beauharnais, amant actuel de Thérésia Tallien – dite Notre-Dame de Thermidor –, et également épris de tout joli jeune homme sur lequel il peut mettre la main, cet ancien Jacobin devenu cryptomonarchiste, vénal et pourri jusqu'à la moelle, a toutes les raisons de se méfier des Indes et de Bonaparte. Paul-François, vicomte de Barras, n'a pas gardé un souvenir impérissable de son séjour au régiment de Pondichéry où il fut affecté en 1777, après un naufrage aux îles Maldives. L'année suivante, la France, alliée aux États-Unis, entrait en guerre contre l'Angleterre, et quand le comptoir indien, assiégé par les troupes anglaises, dut capituler en octobre 1778, le régiment de Barras fut emmené en captivité à Madras. De retour en France en 1783, après un détour par la colonie hollandaise du Cap, il était dégrisé de sa fascination pour la vieille et mystérieuse Asie, persuadé que les Anglais y tenaient des positions désormais inexpugnables. Il avait démissionné de l'armée pour mener déjà une vie de château à Versailles quand la chute de la Bastille le fit basculer dans la Révolution. Juré à la Haute Cour, député du Var à la Convention, il a siégé à la « Montagne » et voté la mort du roi. Commissaire à l'armée du Var et d'Italie, il a été chargé, en septembre 1793, du contrôle des opérations de l'armée républicaine pour reprendre Toulon aux fédéralistes et aux royalistes passés aux Anglais. C'est alors qu'il fait la connaissance du nouveau commandant de l'artillerie, le lieutenant Bonaparte, appelé le 16 à remplacer Dommartin blessé. Impressionné par ses qualités militaires, il le nomme successivement capitaine, puis chef de bataillon, enfin général de brigade à vingt-quatre ans, à mesure que cet officier regagne du terrain sur le corps expéditionnaire dirigé par Nelson.

Après la reprise de Toulon où il organise de terribles représailles contre cette population « traîtresse », Barras, se montrant partisan, comme Bonaparte, d'une marche rapide sur Gênes, fait joindre l'armée du Var à celle d'Italie. Il resserre d'ailleurs ses liens avec la famille Bonaparte en nommant le frère aîné de Napoléon, Joseph, commissaire des guerres à Toulon. Représentant en mission à Marseille, c'est lui qui propose de débaptiser cette ville insoumise pour l'appeler « Sans-Nom », mais, désavoué par le Comité de salut public, il est rappelé sèchement à Paris par Robespierre et Carnot qui le soupçonnent de concussion. Six mois plus tard, Barras s'allie avec les « modérés » Tallien et Fouché pour abattre Robespierre et devient l'âme de la réaction thermidorienne. L'année suivante, le 1er août 1795, il est réintégré dans l'armée avec le grade de général de brigade. C'est en cette qualité qu'il est chargé de commander l'armée de Paris pour réprimer l'insurrection royaliste du 13 Vendémiaire (5 octobre). Cherchant un adjoint parmi les généraux en disponibilité traînant leur disgrâce ou leur ennui dans la capitale, c'est tout naturellement qu'il pense à Bonaparte, qui est sur le point d'offrir ses services au sultan de Constantinople. Par arrêté des deux Comités de salut public et de sûreté générale, « le général Bonaparte sera employé dans l'armée de l'Intérieur sous les ordres du représentant du peuple Barras, général en chef de cette armée [3] ». On sait comment Bonaparte fit chercher par Murat, au camp des Sablons, les canons qui sauvèrent la Convention siégeant aux Tuileries. Barras se défait alors de son commandement pour le confier à Bonaparte... et se faire élire, le 31 octobre, membre du Directoire : il sera le seul des cinq directeurs à rester au pouvoir pendant toute la durée du régime, au cours duquel il ne cessera de s'enrichir de pots-de-vin donnés par les fournisseurs aux armées, certains banquiers ou négociants, sans compter les subsides occultes d'agents royalistes et peut-être anglais !

Pour mieux s'assurer de la fidélité et du dévouement durable de son successeur à la tête de l'armée de l'Intérieur, l'impatient Bonaparte, qui fait le siège des directeurs pour obtenir un commandement plus actif et plus glorieux, Barras commence par lui mettre dans les bras son ancienne maîtresse, la créole Marie-Josèphe Rose Tascher de La Pagerie. Celle-ci, veuve du général Alexandre de Beauharnais, guillotiné sous la Terreur, est déjà mère de deux enfants, Eugène et Hortense, et elle-même rescapée de l'échafaud grâce à l'amitié de sa compagne de la prison des Carmes, Thérésia Cabarrus, devenue la femme de Jean-Lambert Tallien. Jusque-là frivole partenaire de parties galantes, elle demeure en commerce singulier avec son protecteur Barras qui lui promet, si elle suit ses conseils à la lettre, de faire obtenir à son nouvel amant le commandement de l'armée d'Italie, auquel il aspire depuis Toulon, comme... cadeau de noces. Ce Corse chaste et sauvage de vingt-sept ans, qui a six ans de moins qu'elle et qui ignore presque tout des femmes, est d'autant plus facile à piéger qu'elle est sensuellement experte et avide de ménager son propre avenir. Pour lui plaire, Marie-Josèphe-Rose devient Joséphine. Les bans sont publiés le 9 février 1796. Le contrat de mariage dressé par son notaire, Me Raguideau, la rajeunit de quatre ans (la Martinique étant occupée par les Anglais, elle n'a pu se procurer d'acte de baptême). Du coup, par galanterie, Bonaparte se vieillit de dix-huit mois. Il offre à sa fiancée une petite bague en saphir. Et, sur l'anneau nuptial, il fait graver ces seuls mots : « Au Destin ». Trois semaines plus tard, le 2 mars, il reçoit le commandement rêvé : général en chef de l'armée d'Italie. Le 9, le mariage est célébré à la mairie de la rue d'Antin, en présence de trois témoins, dont Barras et Tallien. Une calèche, que Barras lui a procurée des anciennes écuries royales pour remplacer l'ancienne voiture de Beauharnais perdue à l'armée du Rhin, ramène le couple au petit hôtel particulier de style néo-grec de la rue Chantereine, loué à Joséphine par Julie Carreau, l'ex-femme du comédien Talma qui aura à apprendre tout du théâtre à Napoléon.

« Le lendemain soir, raconte Octave Aubry, Bonaparte monte en chaise de poste avec Junot, Louis [Bonaparte] et l'ordonnateur Chauvet. Il adresse à sa femme sur le perron un tendre signe d'adieu. Elle promet de le rejoindre dès qu'il aura repris l'armée en main. Le visage pâle penché à la portière, il galope vers l'Italie, avide d'une gloire qu'en esprit il répand déjà à ses pieds [4]. »

Tandis qu'il réalise le plan d'offensive éclair qui va lui assurer une victoire rapide et éclatante, Barras, de son côté, réussit son coup d'État du 18 Fructidor (4 septembre) qui fait théoriquement de lui le chef incontesté du Directoire, sinon le maître absolu de la France postrévolutionnaire. Il ne peut toutefois empêcher Bonaparte de conclure avec l'Autriche le traité de paix de Campoformio (27 octobre) qui, contrairement aux instructions de Paris, partage la vieille République de Venise entre les deux grandes puissances et la toute jeune République cisalpine de Lombardie.

Le 5 décembre 1797, le général victorieux, auréolé d'un prestige incomparable, est de retour d'Italie. Son voyage jusqu'à la capitale a été un triomphe continuel. Et ce n'est pas sans arrière-pensée que Barras l'accueille au lendemain de son arrivée en l'invitant à dîner. L'aventure italienne a en effet aidé le « Chat botté » à n'être plus seulement la créature du directeur, mais à conquérir son autonomie. En écoutant son récit, son ancien protecteur n'a pas manqué de noter ce ton nouveau, plus affirmé, ce langage plus sec. Il pose un autre regard sur l'homme qui naguère a servi ses ambitions.

Bien qu'indisposés par les libertés prises par leur héros à Campoformio, les cinq « mulets empanachés » du Directoire ne peuvent faire autrement que d'organiser une grande cérémonie en son honneur lors de la remise des drapeaux pris à l'ennemi. Le 9 décembre, Barras convoque le ministre des Relations extérieures au palais du Luxembourg : « C'est vous, et non le ministre de la Guerre, qui nous présenterez Bonaparte. Ce n'est pas le général, mais le citoyen négociateur de la paix qu'il vous faudra louer. Mes collègues du Directoire sont un peu effrayés, non sans raison, de la gloire militaire : il ne s'agit pas de l'éteindre, mais de l'éclairer, de la diriger. »

Le samedi 10 décembre, à midi, l'entrée du héros, qu'accompagne Talleyrand en habit de soie lie de vin, est salué par le crépitement des salves d'artillerie. L'assistance est considérable, mais l'atmosphère reste glaciale. Chacun s'observe et, note Bourrienne, « l'on distingue sur toutes les figures plus de curiosité que de joie et de témoignages de reconnaissance ».

Par un compliment d'une suprême habileté, le « Diable boiteux » réussit le tour de force d'évoquer les mérites de Bonaparte, dont les succès sont « la propriété de tous les Français », sans s'étendre sur sa gloire militaire. Ce qui permet à Barras de couvrir son « poulain » d'éloges sans mesure afin de se donner « le droit et le moyen de glorifier davantage la Révolution », sans laquelle le génie du vainqueur eût langui dans de « vulgaires honneurs » : « Vous avez après dix-huit siècles vengé la France et la fortune de César : il apporta dans nos champs l'asservissement et la destruction; vous avez apporté dans son antique patrie la liberté et la vie ! »

En fait, Bonaparte est apparu à Barras sous un jour nouveau : dévoré d'ambition, il brigue ostensiblement un poste au Directoire même. Une candidature hors de saison et incompatible avec la limite d'âge requise : quarante ans.

Visiblement inquiet de la démesure de son encombrant poulain, Barras note : « L'ambition de Bonaparte semble croître et ne savoir sur quoi se jeter. »

A tout hasard, on lui offre la place de Carnot à l'Institut. Bonaparte ne refuse pas cet honneur, mais n'en continue pas moins à assiéger Tallien pour lui faire obtenir une dérogation lui permettant de se faire déclarer « exeptionnellement éligible » au Directoire par les deux assemblées (le Conseil des Cinq Cents et le Conseil des Anciens). Il n'hésite même pas à tenter cette démarche auprès de Barras lui-même. Sans plus de succès. « En m'opposant à cette dérogation constitutionnelle, dira Barras dans ses Mémoires, j'agissais contre moi-même; car personne n'avait plus d'intérêt que moi à sa nomination en raison de l'attachement et du dévouement qu'il me portait, à la vie, à la mort. »

A la suite de ce refus, les relations entre les deux hommes ne vont cesser de se dégrader, en dépit des apparences qui les feront passer pour alliés jusqu'à la fin du Directoire. Pour quelque temps encore, l'appui de Barras reste une carte maîtresse dans le jeu du général en chef. Et, contre son collègue l'Alsacien Jean-François Reubell, Barras se donne le luxe de refuser la démission de Bonaparte du commandement en chef de l'armée d'Angleterre.

Sceptique sur les chances de succès de cette mission et cherchant à se rapprocher de Talleyrand et de son projet de réouverture de la route de Suez, c'est à ce moment-là que Bonaparte confie à Bourrienne, en janvier 1798 : « Je veux auparavant faire une tournée des côtes pour m'assurer moi-même de ce que l'on peut entreprendre... Si la réussite de la descente en Angleterre me paraît douteuse, comme je le crains, l'armée d'Angleterre deviendra l'armée d'Orient et je vais en Égypte... »

Le mois suivant, il part effectivement inspecter les ports de la Manche et de la mer du Nord. L'opération lui semble d'avance vouée à l'échec.

« C'est un coup de dés trop chanceux, je ne le hasarderai pas », lui confie-t-il à son retour. Le 23 février, dans son rapport au Directoire, il invite le gouvernement à renoncer à toute tentative de débarquement : « Opérer une descente en Angleterre sans être maître de la mer est l'opération la plus hardie et la plus difficile. Il faut de longues nuits et dès lors attendre l'hiver. » En revanche, soutenu par Talleyrand, il propose de porter la guerre soit dans le Hanovre, ou mieux, en Égypte, afin de couper la route des Indes à l'Angleterre en occupant l'isthme de Suez et de disposer d'une base essentielle pour la conquête future de cette source principale de la richesse anglaise que sont les Indes.

Trois jours plus tôt, Talleyrand a d'ailleurs remis au Directoire un rapport détaillé en ce sens : « Je crois avoir démontré, concluait-il : 1° Que la conquête de l'Égypte n'est qu'une juste représaille des torts de la Porte envers nous et des affronts que nous y avons essuyés. 2° Qu'elle est facile et même infaillible. 3° Qu'elle n'entraînera que des dépenses modérées desquelles la République sera bientôt indemnisée. 4° Qu'enfin elle présente des avantages innombrables à la République. »

Bonaparte s'allie avec Talleyrand pour faire pression sur le Directoire : fasciné par la richesse supposée de la vieille terre des pharaons, autant que tenté par l'aventure de façon poignante – partir sur les traces des grands conquérants, et peut-être égaler Alexandre –, il n'hésite pas à promettre assez follement d'expédier trente millions au Directoire dès qu'il aura atteint son but.

Sans doute des mobiles autres que les vagabondages romantiques de son imagination et que l'air du temps le poussent-ils à entrer dans le jeu du ministre des Affaires extérieures. Il redoute aussi que des directeurs, qu'il n'a cessé d'agacer depuis sa paix avec l'Autriche et ses prétentions au premier rang du pouvoir, ne cherchent à le faire empoisonner. Il soupçonne également Talleyrand, plus réaliste, de raisons plus troubles de soutenir le projet d'une expédition vers les Indes. Mais la conjugaison de leurs arguments n'emporte pas encore la conviction de Barras et de Reubell, qui ne voient d'abord dans ce projet qu'une chimère inutile et coûteuse et ne dissimulent pas leur irritation devant leur insistance. Barras leur oppose son expérience de la force anglaise dans les Indes. Ses rapports avec Talleyrand, qu'il soupçonne d'encourager les efforts de Bonaparte pour entrer au Directoire – afin de l'y suivre lui-même –, deviennent difficiles. Il s'inquiète de ces connivences pour le moins suspectes et des progrès que font les idées du général dans l'esprit des trois autres Directeurs.

Les rivalités et les luttes d'influence au sein du Directoire s'intensifient et interfèrent avec les démarches croisées, parfois obliques et non dénuées d'ambiguïtés de Talleyrand et de Bonaparte. Des dossiers compromettants commencent à sortir : il y a du chantage dans l'air.

La maîtresse de Talleyrand, une Française des Indes, justement, Mme Grand, mariée à un Anglais de l'Indian Civil Service, est arrêtée pour espionnage. La police a saisi une lettre de cette beauté quelque peu écervelée, indiquant que le ministre poussait à l'expédition d'Orient afin de « favoriser ses amis anglais ». Le « Diable boiteux » se hâte de griffonner quelques lignes à l'adresse de Barras : « Citoyen directeur, on vient d'arrêter Mme Grand comme conspiratrice. C'est la personne d'Europe la plus éloignée et la plus incapable de se mêler d'aucune affaire... Je vous demande intérêt pour elle... Je l'aime et je vous atteste à vous, d'homme à homme, que de sa vie elle ne s'est mêlée et n'est en état de se mêler d'aucune affaire. C'est une véritable Indienne et vous savez à quel degré cette espèce de femme est loin de toute intrigue. » Barras ne peut s'empêcher de mettre cette lettre servile sous les yeux des directeurs. Toujours prompt à injurier Talleyrand, ce « misérable défroqué » (il fut évêque d'Autun), Reubell s'emporte contre l'indigne ministre ; il accuse Barras de vouloir encore le soutenir en proposant de renvoyer le dossier au ministère de la Police pour mieux étouffer l'affaire.

Au même moment, Barras est d'ailleurs mis en cause dans l'affaire Viskowich qui a éclaté en novembre 1797. L'intermédiaire dalmate avait, on l'a vu, versé un pot-de-vin de 600 000 francs à l'un des membres du Directoire afin de sauver la Sérénissime République de Venise et également extorqué des billets à l'ambassadeur du Portugal afin de favoriser la paix avec la France. Impliqué par un faux témoignage de Viskowich, Reubell désigne alors Barras comme le véritable bénéficiaire de ces pots-de-vin, étant donné ses liens reconnus avec le trafiquant dalmate, lequel sera arrêté quelques mois plus tard pour l'évasion de Sidney Smith de la tour du Temple, et aussitôt expulsé sur ordre du même Barras !

***

C'est dans ces conditions de décomposition du pouvoir que Barras se rallie à la majorité du Directoire pour adopter le principe de l'expédition.

Mais c'est Bonaparte qui maintenant hésite, comme s'il flairait aussi un piège. Il ne peut pas ne pas voir dans ce pari hasardeux une folie qui va priver la France de sa meilleure armée et de son meilleur stratège, alors que la guerre menace de reprendre en Europe. L'entreprise risque bien de les engloutir pour de bon, tant est flagrante la suprématie navale de l'Angleterre sur toutes les mers [5]. Il demande du coup à retourner à Rastadt pour prendre la tête des négociations et y arbitrer les destinées de la République. Si bien que voilà bientôt Barras chargé par ses collègues, las de ces tergiversations, de le décider à quitter Paris pour Toulon où, dépité, Bonaparte se résigne à se jeter fiévreusement dans les préparatifs de l'expédition : quatre cents vaisseaux, frégates et bricks, pour la plupart rapatriés de l'Adriatique; quatre cent soixante-sept véhicules, dix mille chevaux, mille vingt-cinq canons et autant de pièces d'artillerie de campagne; un corps expéditionnaire de trente-six mille hommes, dont plus de deux mille deux cents officiers, constitué grâce au trésor volé à Berne par le général Brune, ancien imprimeur de Brive-la-Gaillarde. Objectif officiel, pour donner le change sur le but réel de cette armada manœuvrée par dix-huit mille marins : embarquer « l'aile gauche » de l'armée d'Angleterre réunie sur les côtes de la Méditerranée. Elle est accompagnée, à la stupéfaction générale, d'une mission de cent soixante-sept savants, ingénieurs, techniciens, artistes et « antiquaires » (comme on appelait alors les archéologues), recrutés par le chimiste Berthollet, de l'Institut, et par le général du génie Caffarelli du Falga. A quelle fin? Le secret est soigneusement gardé, bien que Bonaparte ait fait réquisitionner tous les caractères arabes que l'on pouvait trouver dans les imprimeries de Rome et que les meilleurs orientalistes du Collège de France soient d'un coup mobilisés avec le tiers de l'Institut.

Mais les vents sont pour l'heure contraires et Bonaparte,

arrivé à Toulon le 9 mai, s'impatiente. Barras aussi : « Sa présence pèse actuellement sur le Directoire », note-t-il. Quand, dix jours plus tard, l'armada peut lever l'ancre, il dit simplement : « Il est enfin parti. Le sabre s'éloigne. » Au moment de mettre à la voile, Bonaparte a fixé ainsi le but de sa nouvelle campagne :

« Soldats ! Vous êtes une des ailes de l'armée d'Angleterre. Vous avez fait la guerre de montagnes, de plaines, de sièges; il vous reste à faire la guerre maritime. Les légions romaines que vous avez quelquefois imitées, mais pas encore égalées, combattaient Carthage tour à tour sur cette même mer et aux plaines de Zama... »

L'Angleterre, puissance commerciale et maritime, est la nouvelle Carthage à détruire. Mais toute l'Europe s'interroge sur la destination de cette expédition. Naples, où le contre-amiral Horatio Nelson, déjà borgne et manchot, est tiraillé entre ses amours adultères et les instructions de l'Amirauté contraires à ses vues? Le Portugal, allié de l'Angleterre, l'Espagne? Ou le Levant? Presque par miracle, l'armada française échappe par deux fois à la surveillance de l'escadre anglaise. Au passage, Bonaparte s'empare de l'île de Malte comme on cueille une orange, libère les deux mille esclaves musulmans qui servaient dans les galères de l'ordre des chevaliers dont la chute est annoncée à son de trompe aux beys des provinces maghrébines.

En débarquant à Alexandrie, Bonaparte garde en fait deux fers au feu : la poursuite de ses chimères orientales et le plus froid calcul politique. Comme Alexandre, il emmène avec lui une cohorte d'artistes et de savants triés sur le volet. Mais, comme César, il se ménage la possibilité d'un prompt retour pour cueillir le pouvoir comme un fruit mûr. Il se donne l'été 1798 pour soumettre l'Égypte en comptant sur l'ambassade promise de Talleyrand à Constantinople afin d'obtenir le consentement de la Porte. Revenir en France en octobre est son intention première, d'où sa décision malheureuse de laisser la flotte en rade d'Aboukir, malgré les craintes de l'amiral Brueys.

Maintenant privé de cette flotte, il ne peut envisager qu'un long détour par Constantinople et attend en vain le résultat des contacts politiques avec l'Empire ottoman. Non seulement Talleyrand n'a rien mis en route, mais, le 4 novembre, le Directoire adresse à Bonaparte une dépêche (qui ne l'atteindra que le 25 mars 1799, devant Saint-Jean-d'Acre!) pour lui laisser la liberté de choix entre trois options : transformer l'Égypte en place forte, marcher sur les Indes pour y provoquer un soulèvement antibritannique ou foncer sur Constantinople pour hâter le partage de l'Empire ottoman. Cette dernière hypothèse a la faveur de généraux du ministère de la Guerre qui, tel le général Meunier, proposent, le 27 décembre, la marche combinée de deux armées sur Constantinople, l'une partant de Brindisi en direction des Dardanelles, par Salonique et Andrinople, l'autre partant d'Égypte, à travers la Palestine et la Syrie, en direction de l'autre rive des Détroits, par Alexandrette et Brousse...

Bonaparte, lui, ne guette qu'une occasion pour prendre seul une décision conforme à son tempérament, à ses aspirations et à ses rêves. *Le Moniteur* du 27 novembre 1798 rapporte l'une de ses proclamations, lancée du Caire aux « muphtis, ulémas, imans et derviches » : « Instruisez le peuple d'Égypte. Encouragez-le à se joindre à nous. Favorisez le commerce des Francs dans vos contrées et leur entreprise pour parvenir d'ici au pays de Brahma. » La Porte lui fournit l'occasion attendue de s'enfoncer en Orient en signant le 23 décembre un traité d'alliance défensive avec la Russie, et, le 5 janvier, avec l'Angleterre, puis en demandant au pacha d'Acre, Ahmed Djezzar (Ahmed le Boucher), d'avancer ses forces en direction d'El Arich. Pourtant, à en croire Bourrienne, dès la fin d'août, Bonaparte avait tenté d'ouvrir des négociations avec ce redoutable pacha : « Il lui promettait de le soutenir contre le Grand Seigneur (le sultan Selim III), au moment où il assurait aux Égyptiens qu'il venait soutenir le Grand Seigneur contre les beys. » Le général en chef ne s'embarrasse guère de contradictions pour rechercher une nouvelle gloire et un nouveau prétexte de campagne : un mouvement de troupes ottomanes en Syrie, c'est la provocation dont il a besoin pour justifier les préparatifs d'une opération préventive.

Dans l'est du Delta, il clôture la conquête de l'Égypte par l'occupation de Suez, dont le général Bon s'empare sans coup férir le 7 décembre, par la soumission des Bédouins, dont le général Reynier harcèle les caravanes pour s'emparer de leurs approvisionnements et de leurs chameaux, et par le contrôle de l'accès au littoral méditerranéen du Sinaï, où le même général doit déployer la logistique dans les places fortes frontalières. Il se sert de rapports d'espions, bien souvent contradictoires, sur les intentions belliqueuses de Djezzar et d'Ibrahim Bey, replié en Syrie, pour convaincre son entourage – ses généraux, toujours assez réticents, ses proches, Bourrienne et Berthier, ses confrères de l'Institut et ses deux principaux conseillers orientalistes : l'interprète en chef (drogman) Jean-Michel Venture de Paradis, linguiste sexagénaire d'origine juive, né à Marseille, marié à une Grecque et beau-père du colonel Sulkowski, d'origine polonaise; et dom Raphaël de Monachis, prêtre catholique grec du Caire, traducteur de Machiavel en arabe.

A Noël, désireux à la fois de reconnaître le tracé du canal des Pharaons qui reliait autrefois la mer Rouge à la Méditerranée, de rouvrir le port au commerce et de se concilier les tribus nomades de Thor, du Hedjaz et du Yémen, Bonaparte se rend lui-même à Suez en compagnie du chef d'état-major Berthier, du chef du génie, Caffarelli du Falga, dit Jambe-de-Bois ou le Père la Béquille, du chef de l'artillerie Dommartin, de l'amiral Ganteaume, du chef d'intendance militaire Daure, de Monge et de quatre représentants de l'Institut, ainsi que du prévôt des marchands du Caire. Le matin du 28 décembre, la petite cohorte traverse la mer Rouge à pied sec pour se rendre aux fameuses Fontaines de Moïse, sur la rive asiatique du golfe, en empruntant le gué praticable à marée basse, où passèrent autrefois les Hébreux. Elle y rencontre une délégation des moines du monastère orthodoxe grec de Sainte-Catherine, perché sur les pentes arides du Sinaï, à proximité du Djebel Moussa – là où, deux siècles plus tard, le raïs Anouar el-Sadate viendra prier pour la paix avec Israël. C'est en effet le point de passage le plus court des caravanes de l'oasis de Thor et du mont Sinaï entre la Syrie et l'Égypte. « Par respect pour Moïse et pour la Nation juive », le général en chef annonce aux moines, qui lui ont montré leur livre d'or, qu'il les dispense de taxes et les maintient dans toutes leurs prérogatives.

De sa tente dressée au pied des Fontaines, il rédige un message pour Tippoo Sahib, à Mysore : « Je désirerais que vous puissiez envoyer, à Suez ou au Caire, un homme adroit qui eût votre confiance, avec lequel je puisse conférer. »

Au retour, la mer ayant monté, Bonaparte et sa prestigieuse escorte manquent d'être noyés comme le pharaon de la Bible. Égaré dans la nuit, il s'en faut de peu que le général Caffarelli, empêché par sa jambe de bois de se bien tenir sur son cheval au milieu des eaux, soit emporté sous les yeux de ses deux guides. Bonaparte lui-même, accouru à son secours, ne doit son salut qu'à un guide, excellent nageur, qui l'emporte sur ses épaules...

C'est au cours de ce pèlerinage qu'il prend la décision de se porter au-devant des forces ottomanes en Palestine, ayant appris que leur avant-garde vient effectivement d'occuper El Arich. « J'étais provoqué à la guerre, se justifiera plus tard Napoléon. J'ai cru ne pas devoir tarder à la lui [Djezzar] porter moi-même. Un général en chef ne doit jamais laisser se reposer ni les vainqueurs, ni les vaincus. »

De retour au Caire le 6 janvier, il envoie le général Lagrange établir dès le lendemain à Katieh – l'ancien camp d'Alexandre, à l'orée nord de la presqu'île du Sinaï – la base de départ de l'armée de Syrie en cours de constitution. Pour aller attaquer préventivement les Turcs alliés aux Anglais au-delà de l'isthme de Suez, dans la région formée par les cinq « pachaliks » de Saint-Jean-d'Acre, Tripoli, Jérusalem, Damas et Alep, il détache de son corps expéditionnaire les divisions Reynier (2 160 hommes), Kléber (2 349), Lannes (2 994), Bon (2 449), la cavalerie de Murat (900), une partie de l'artillerie de Dommartin (1 385), du génie de Caffarelli (340), le corps des guides (400) et des dromadaires (88). Soit au total un corps de treize mille six cents hommes, sans compter une foule de médecins, d'interprètes et de serviteurs. Il crée un régiment d'hommes à dos de dromadaires pour assurer la transmission rapide des dépêches, l'éclairage des avant-postes et la surveillance des zones sensibles : « Les hommes montés sur un dromadaire, armés d'un fusil, baïonnette, giberne comme dans l'infanterie et d'une très longue lance, seront habillés de gris, avec un turban et un manteau arabes... » Ils ne le céderont pas en mobilité à ces insaisissables bandes d'Arabes que sont les Bédouins insoumis.

Estimant l'artillerie de siège intransportable par voie de terre en raison de l'insuffisance des moyens et du danger d'ensablement dans le désert, Bonaparte se résout à la faire acheminer par mer, malgré les risques d'interception par les croisières anglaises. Il pense également à envoyer une imprimerie mobile, des cantines, des ambulances... et des espions. Le 10 janvier, Lagrange annonce à Reynier que, d'après le rapport d'un agent, trois cents mamelouks sont arrivés à El Arich depuis quatre jours. Le 22, il lui signale le recrutement de deux nouveaux espions, dont un cheik vénal des environs. Le 24, il lui fait part, grâce à eux, de l'arrivée d'un renfort de six cents cavaliers à El Arich et de nombreuses autres troupes commandées par Ibrahim Pacha à Gaza. Le 4 février, traversant avec sa division le lac Menzaleh, Kléber reçoit une lettre de Lagrange l'informant que, selon ses espions, l'effectif ennemi à El Arich atteint dix mille hommes, dotés de quarante canons. Le lendemain, Bonaparte ordonne à Reynier de quitter Katieh pour marcher sur El Arich, suivi de la division Kléber, faire tomber rapidement cette place indéfendable et pousser son avant-garde jusqu'aux confins de l'Asie.

Avant de rejoindre lui-même le gros de ses forces encore concentrées à Katieh, le général en chef attend un commerçant nommé Hamelin, qui vient d'arriver en Égypte, apportant enfin des nouvelles d'Europe : la position de la France s'y détériore avec le début des guerres de la Seconde Coalition. Dans un ultime message qu'il tente de faire parvenir, en plusieurs copies, au Directoire, dont il n'a reçu aucune instruction depuis dix mois, il fixe trois buts à l'opération qu'il entreprend :

« 1) Assurer la conquête de l'Égypte en construisant une place forte au-delà du désert... 2) Obliger la Porte à s'expliquer et, par là, appuyer les négociations que vous avez sans doute entamées... 3) Ôter à la croisière anglaise les subsistances qu'elle tire de Syrie, en employant les deux mois d'hiver qui me restent à me rendre, par la guerre et par des négociations, toute cette côte amie...

« Quand vous lirez cette lettre, il serait possible que je fusse sur les ruines de la ville de Salomon...

« Le Ramadan, qui a commencé hier, a été célébré de ma part avec la plus grande pompe; j'ai rempli les fonctions que remplissait autrefois le pacha...

« Il est nécessaire que vous fassiez passer des armes, et que vos opérations militaires et diplomatiques soient combinées de manière que nous recevions des secours. Les événements de la guerre et les événements naturels font mourir du monde...

« Si, dans le courant de mars, le rapport du citoyen Hamelin se confirme et que la France soit en armes contre les rois, je passerai en France. »

Sans illusion sur la possibilité de recevoir des renforts, l'éventualité d'un prompt retour aux « affaires de la République » n'est qu'une issue de secours qu'il laisse ouverte en cas d'échec du rêve oriental, dont l'Inde reste la clef. Il sait aussi ne pouvoir jouer durablement la carte de l'islamisme, monopolisé par les Ottomans et par leurs alliés anglais. Le sultan El Kebir - comme il aime à se faire appeler – va donc tenter de lui opposer celle du « patriotisme arabe ». Il se pose désormais en libérateur de la nation arabe – relais de la civilisation entre l'Antiquité et la Renaissance européenne –, soumise au joug des peuples « barbares sortis du Caucase ». Il a pour dessein de soulever les populations syriennes et de rassembler autour de lui, en une colonie franco-arabe, toutes les victimes de la tyrannie du redoutable Ahmed Djezzar (Ahmed le Boucher), pacha d'Acre, de Tripoli et de Damas, qui, dans l'exaltation du combat qu'il va livrer à Bonaparte, se présente, comme le Mahdi (le Prophète) de tous les musulmans [6].

Mais, pour l'heure, prendre l'offensive paraît surtout à Bonaparte le moyen le plus efficace de prévenir une attaque par terre : il compte que deux mois lui suffiront pour en finir avec Djezzar et qu'il sera de retour en temps voulu pour repousser toute tentative de débarquement qui pourrait être entreprise par les Anglo-Ottomans à la belle saison. C'est une estimation qui se retrouve dans ses autres lettres de l'époque, adressées en particulier à ses généraux réticents. Selon Bernoyer, les trois quarts des généraux, convoqués en réunion à son quartier général par Bonaparte, auraient désapprouvé le principe même de l'expédition en Syrie. Mais seul, rapporte-t-il, le général Lagrange eut le courage de lui dire son sentiment en ces termes :

« Vous voulez attaquer le Pacha de Saint-Jean-d'Acre dans son état, de peur qu'il ne vienne ici dans le même but... Vous ne pouvez laisser ici qu'une poignée de braves. Pour garder cette immense ville, vous les exposeriez à la fureur et au fanatisme d'une population considérable. Supposons que vos conquêtes se limitent à Saint-Jean-d'Acre, vous avez 180 lieues pour y parvenir, dont la moitié dans le désert, avec des routes impraticables. Je sais que nous avons un ennemi peu formé à l'art de la guerre; s'il avait la moindre connaissance de la tactique militaire, il n'aurait qu'à nous attendre à la sortie du désert. Alors, notre perte serait certaine, même si notre armée devait être deux fois plus nombreuse que la leur! Outre cela, nous devons assurer le siège de toutes les places fortes qui se trouvent sur notre route. Quand nous les aurons soumises, il nous faudra établir des garnisons indispensables qui affaibliront nos troupes, mais qui, par contrecoup, renforceront celles de l'ennemi. Ainsi, en arrivant devant Saint-Jean-d'Acre, vous serez tellement affaibli que la moindre résistance de la part de l'ennemi pourra causer des pertes que vous ne serez plus à même de réparer. De plus, vous ne devez pas ignorer que les Anglais et les Russes se sont unis aux Turcs pour organiser leur plan de défense, comme leur plan d'attaque : ils fourniront à la Syrie toute sorte de secours. A mon avis, il serait plus prudent et plus sûr d'attendre l'ennemi à la sortie du désert : là, tout l'avantage serait pour nous. »

« Tous les généraux, poursuit Bernoyer, se rallièrent aux sages conseils du général Lagrange. Le résultat fut que Bonaparte maintint avec résolution son premier plan. Sa tactique habituelle n'était pas d'attendre l'ennemi, mais bien d'aller au-devant de lui. Il fallait qu'il comptât beaucoup sur sa bonne fortune... » Et de conclure ce long courrier à sa femme par ces mots cruels : « Malgré la grande confiance que j'ai dans les talents militaires du général Bonaparte, je doute du succès de cette expédition parce que je m'aperçois qu'une mésentente commence à régner parmi les généraux. Fasse le Ciel qu'elle ne soit pas funeste! Adieu. »

Djezzar menaçait-il l'Égypte au point de justifier la campagne de Syrie? A cette question, le colonel israélien Mordekhai Guihon * répond aujourd'hui aux auteurs de ce livre qu'il aurait suffi de conquérir la position d'El Arich et d'y placer une petite garnison dotée d'artillerie, sans avoir effectivement à marcher sur Saint-Jean-d'Acre. Mais, selon son habitude, Bonaparte s'est jeté sur la Palestine avec un plan

* Professeur d'histoire militaire à Tel Aviv et auteur de plusieurs ouvrages sur les campagnes de Bonaparte.

très vague de *Blitzkrieg* qui lui aurait permis de pousser éventuellement son avantage jusqu'à Constantinople en se fixant deux dates limites : celle d'une possibilité de débarquement anglo-ottoman sur les côtes égyptiennes en mai-juin, et celle d'une reprise imminente de la guerre en Europe. Or une victoire éclair en Palestine et une marche rapide sur Constantinople auraient rendu caduques ces alternatives et dénué ces dates limites de signification, l'écroulement de l'Empire ottoman sous un tel coup de boutoir écartant toute menace contre l'Égypte et bouleversant toutes les données militaires en Europe.

La défaite turque au mont Thabor, durant le siège d'Acre, aurait dû montrer la justesse de cette analyse. De même existait-il une forte probabilité de ralliement des populations locales hostiles à la Porte et qui auraient pu gonfler les effectifs de Bonaparte : Druzes, maronites, mutualis, chiites, arméniens, juifs, on pourrait dresser la liste des alliés potentiels d'un libérateur – une liste toujours d'actualité... Dans sa correspondance avec l'Amirauté, le commodore Sidney Smith, qui doutera jusqu'au bout de la capacité de résistance de Saint-Jean-d'Acre, dont il sera néanmoins le principal animateur, se montre tout à fait conscient de cette dernière éventualité : « Nous prévoyons que c'est par cette brèche que Bonaparte veut marcher à de nouvelles conquêtes. C'est de l'issue de ce nouveau combat que dépend l'opinion de la multitude des spectateurs, sur les montagnes environnantes, qui n'attendent que l'événement pour se joindre au vainqueur. Avec de tels renforts pour l'exécution de ses projets connus, Constantinople et même Vienne éprouveraient de violentes secousses. »

Cette probabilité devait paraître si crédible en France même que le journal officiel de l'époque, *Le Moniteur*, publiait avec sept mois de retard – donc postérieurement à l'échec du siège de Saint-Jean-d'Acre – la nouvelle du ralliement de cent mille hommes à l'armée d'Orient : « Il est arrivé un courrier qui a quitté, le 22 pluviôse [10 février 1799], Buonaparte * à Jérusalem. Le climat n'avait influé en rien sur le général et très peu sur l'armée qui était alors dans le meilleur état et s'était recrutée jusqu'au nombre de

* Orthographe originale de *Bonaparte.*

100 000 hommes... Buonaparte avait su mettre dans ses intérêts un ancien chef de Mamelouks, nommé Barthélemy... »

Le numéro du 19 mai 1799 du *Moniteur* reproduisait une lettre du chirurgien en chef du corps expéditionnaire, Jean-Dominique Larrey, à son frère en France, confirmant que la ville de Constantinople constituait bien l'objectif de la campagne de Syrie : « Nous sommes en route pour Constantinople. »

Le *Moniteur* du 9 juin signalait Bonaparte à 85 km de la capitale ottomane, et celui du 27 juin publiait un article signé David sur « la conquête probable de l'Empire par Buonaparte ».

Si le plan militaire prêté au commandant en chef a fini par échouer, c'est en raison de deux facteurs soulignés par le Pr Guihon dans ses analyses : d'une part, le retard et la hâte des préparatifs d'une campagne envisagée dès le mois d'août 1798, après le désastre d'Aboukir, et précipitée entre la fin décembre et la fin janvier; d'autre part, les vues erronées de Bonaparte sur la nature exacte d'un champ de bataille dont il ignorait les nouvelles conditions. Se fiant seulement aux récits de voyage, quelque peu anachroniques, de Tott, Savary et surtout Volney, et aux rapports d'espions souvent contradictoires et parfois douteux, il ne s'est attaché qu'au problème des points d'eau dans le désert du Sinaï, négligeant l'état – ou même l'existence – des places fortifiées que rencontrerait son itinéraire.

Ainsi, le 7 janvier 1799, en arrivant avec le général Lagrange à Katieh pour aménager la base opérationnelle de cette campagne, l'officier du génie Nicolas Sanson dresse un mémoire qui ne traite que de la capacité des puits des palmeraies environnantes : de quoi fournir de l'eau à sept ou huit mille hommes pendant leur séjour et pour une partie de la route vers la Syrie. « C'est un poste retranché que l'on demande à Katieh, afin de se rendre maître de l'eau et mettre en sûreté des approvisionnements de bouche et de guerre... » L'autre préoccupation, qui ressort des ordres du jour, est d'assurer des communications « sûres et faciles », de les protéger contre les tribus habitant la large zone de déserts qui sépare l'Égypte de la Syrie. Une autre est de renforcer l'administration des lazarets d'Alexandrie à Katieh en passant par Damiette, de multiplier les précautions et les installations sanitaires et surtout de prévenir toute défaillance des médecins, chirurgiens, pharmaciens et autres officiers de santé en présence des épidémies, notamment la peste qui a commencé à se répandre en décembre.

Or la plus grande surprise de l'avant-garde de Reynier quand elle va arriver devant El Arich sera d'y découvrir une forteresse ceinte d'une muraille assez solide, qui n'était pas mentionnée dans Volney !

« Nous fûmes trompés dans un sens contraire, écrira le général Jean-Pierre Doguereau dans son *Journal de l'expédition d'Égypte*, sur les fortifications d'El Arich. On n'avait jamais pensé trouver d'obstacles avant Gaza, où l'on savait qu'il devait y avoir un fort ; on fut très surpris de trouver un assez bon fort (surtout en raison de nos moyens), et qui nous retint plusieurs jours. » Dix jours d'un retard qui se révélera fatidique. « C'est en cette circonstance que j'entendis critiquer pour la première fois la conduite de Bonaparte, écrira de son côté Bernoyer. On lui reprochait d'avoir pris ce premier siège trop à la légère. »

Mais sa plus grande erreur dans les préparatifs de cette campagne aura été sa décision de faire transporter par mer son artillerie de siège, alors que sa flotte, décimée depuis le désastre d'Aboukir, n'avait aucune chance, cette fois, d'échapper au blocus de la marine britannique qui interceptait la presque totalité des bateaux tentant d'acheminer le courrier à travers la Méditerranée. Dès la fin d'août 1798, Nelson avait prévenu Constantinople que « Bonaparte voulait une communication par mer pour marcher sur la Syrie, les transports avec le matériel le suivant le long de la côte ».

En effet, le général en chef a fait embarquer les gros canons jugés trop encombrants pour être charriés par terre, à travers marais et pistes de sable, sur une flottille à Damiette, alors que l'ingénieur Nicolas Conté se proposait d'adapter ces pièces à des affûts de son invention à jantes très larges. Chef de brigade des aérostiers, Conté (à qui l'on doit aussi la fabrication des mines de crayons) avait organisé une ascension en montgolfière au Caire le 1er décembre. « Peut-être Bonaparte eût-il pris Acre s'il avait suivi le conseil de Conté », écrit l'historien britannique Christopher Herold [7].

Toujours est-il que, quel que soit l'état d'inachèvement des préparatifs et les « inconvénients » de décisions précipitées dont se plaindra dans ses mémoires le général Damas, Bonaparte a jeté les dés en fixant au 10 février 1799 la date de son départ du Caire pour rejoindre à El Arich le corps expéditionnaire qui, depuis quatre jours, avance le long du littoral du Sinaï. A-t-il choisi ce jour-là en raison du Ramadan dont le jeûne diurne pourrait amoindrir la capacité des combattants musulmans de Djezzar? Ou parce qu'on arrive à la fin de la saison des pluies en Palestine? Il semble bien qu'en fait il ait voulu attendre superstitieusement l'éclipse de lune... Bien qu'il s'en défende, ce chef de guerre formé dans l'idéologie des Lumières et issu de la Révolution a toujours manifesté un penchant pour les « signes du Destin ». Il l'a hérité de sa mère qui, la veille de sa naissance, rêva que le monde était en feu, alors qu'une comète était apparue dans le ciel. A Milan, deux ans auparavant, un astrologue l'a mis en garde contre toute tentative à l'égard du souverain pontife. Au Caire, on l'aurait vu consulter une diseuse de bonne aventure qui lui a prédit deux mariages, un fils et l'exil. Il serait retourné voir cette sorcière, dans sa maison de torchis, avant de se décider. Et Kléber ne cessera de lui reprocher de trop se fier à son « étoile ».

Histoire d'assurer ses arrières, Bonaparte a aussi adressé une dernière proclamation aux Cairotes : « Il était écrit qu'après avoir détruit les ennemis de l'Islam, fait abattre les croix, je viendrais du fond de l'Occident remplir la tâche qui m'a été imposée par plus de vingt passages du saint livre du Koran... Un jour viendra où le monde verra avec évidence que je suis conduit par des ordres supérieurs. »

Au moment où, mettant ses pas dans ceux d'Alexandre, il s'en va fouler la Terre sainte, deux Anglais font déjà la pluie et le beau temps à Constantinople; ils ont reçu pleins pouvoirs de Londres et de la Porte pour faire tourner sa Fortune : les deux frères Smith, sir Spencer et sir Sidney.

IV

Messieurs Smith au Sérail

« Un homme du nom de Buonaparte, qui se donne pour général français, a porté la guerre dans la province turque d'Égypte. » C'est en ces termes que le sultan de l'Empire ottoman, Selim III, avait annoncé, à Constantinople, l'occupation du Caire et du delta du Nil par l'armée d'Orient.

Au pouvoir depuis 1789, l'héritier des califes n'ignorait sûrement pas le nom du commandant en chef du corps expéditionnaire de la République. Pour au moins trois raisons. D'abord parce que la Révolution française n'avait pas été trop mal accueillie par la Sublime Porte, dans la mesure où un État laïc pouvait estomper l'opposition d'une partie des terres chrétiennes à l'islam qu'elle incarnait. Ensuite, Bonaparte avait sollicité en 1795 un poste d'instructeur de l'artillerie turque à Constantinople, où sa famille et surtout la belle-famille de son frère Joseph entretenaient depuis Marseille de fructueuses relations commerciales. Enfin la favorite de Selim III, la sultane Validé (la sultane mère), était une petite cousine et une amie de pension de Joséphine de Beauharnais, également native de la Martinique. De son vrai nom Aimée du Buc de Rivery, elle avait été capturée par des corsaires alors qu'elle se rendait en Europe, et offerte au Commandeur des croyants.

Le Sultan gouvernait un empire déjà considéré comme l'« homme malade de l'Europe ». Depuis la prise de Constantinople en 1453 par les émirs turcs d'Anatolie, cet empire avait étendu son autorité à toutes les terres de l'islam comprises entre la Perse et le Maroc, la mer Caspienne et le golfe Persique en Asie, et jusque dans les Balkans en Europe. Grande puissance commandant en principe l'accès de tout l'Orient asiatique et africain islamisé, il n'en était pas moins intégré au système politique européen, avec échanges diplomatiques et commerciaux très actifs et développés, y compris une alliance traditionnelle avec la France.

Mais les dimensions mêmes de cet empire et surtout ses tentacules balkaniques en faisaient le rival des empires russe et germanique, dont les ambitions territoriales allaient remettre en cause l'équilibre dans la seconde moitié du XVIIIe siècle. Deux guerres venaient d'en montrer le déclin : celle de 1768 où, à l'appel de la France, la Porte avait tenté sans succès de porter secours à la Pologne contre la Russie de Catherine II et subi une cuisante défaite; celle de 1787, où Joseph II s'était joint à la Russie dans l'espoir de participer à un partage des Balkans, identique à celui de la Pologne : si Selim III est parvenu à contenir à peu près la poussée autrichienne, il a dû céder de nouveaux territoires aux Russes autour de la mer Noire. Mais si la question d'Orient, c'est-à-dire l'avenir des territoires ottomans, commence à se poser aux chancelleries occidentales – la Prusse et l'Angleterre faisant figure de nouveaux venus dans la région dont la France s'est provisoirement désintéressée pour cause de Révolution –, c'est que le pouvoir califal se heurte à la contestation croissante de ses gouverneurs de province et autres janissaires, et doit faire face à des révoltes souvent menaçantes des populations ou des armées locales. En effet, des quasi-États se sont formés dans les principales régions de l'Empire, sous la direction autoritaire de pachas dont le Grand Seigneur a de plus en plus de mal à se faire obéir. Des guerres peuvent même parfois opposer les gouverneurs entre eux. Faute de pouvoir réduire ces autonomies de fait, la Porte joue sur ces rivalités et gère tant bien que mal l'équilibre ottoman. Soumis à de fortes pressions centrifuges, le pouvoir central ne dispose plus d'une armée aussi cohérente et disciplinée qu'à l'époque des premiers siècles du règne ottoman : celle-ci paraît de plus en plus désorganisée.

Depuis les années 1770, les beys sortis des rangs mamelouks – ces anciens esclaves achetés dans les contrées slaves, turques ou mongoles, islamisés, entraînés au métier des armes, puis affranchis – détiennent les rênes du pouvoir, affaiblissant l'autorité du Pacha. Ils prennent à ferme presque toutes les douanes, les impôts de la plupart des villages et ne s'intéressent guère aux activités artisanales que pour les exploiter à leur profit.

La destruction de ces féodalités a même fourni à Bonaparte l'un des arguments majeurs de son expédition, tant à l'égard des Turcs que vis-à-vis des Égyptiens. Sa proclamation du 2 juillet 1798, en débarquant à Alexandrie, a donné le ton : « Les beys mamelouks qui fournissent exclusivement le commerce anglais, qui ont couvert d'avanies nos négociants, et qui tyrannisent les malheureux habitants du Nil, quelques jours après notre arrivée ils n'existent plus!... Gloire au Sultan! Gloire à l'armée française son amie! Malédiction aux Mamelouks et bonheur aux peuples d'Égypte! »

Si cet appel avait pour objet de dresser les Arabes contre les mamelouks et d'isoler ceux-ci au sein du pays, la lettre adressée à Abou-Bakr, le représentant du Sultan au Caire, était destinée à lui faire savoir qu'il n'avait rien à redouter de l'intervention française. La France arrivait en amie pour le libérer de la tutelle humiliante que lui infligeaient ceux qui auraient dû se considérer comme de loyaux sujets : « Tu sais que la nation française est la seule et unique alliée que le Sultan ait en Europe. Viens donc à ma rencontre, et maudis avec moi la race impie des Beys. »

Certes, la France de l'Ancien Régime avait été le grand partenaire de l'Empire ottoman. L'efficace réseau commercial des Échelles du Levant, patiemment constitué par la chambre de commerce de Marseille sous l'impulsion de Colbert, avait fait d'elle la puissance européenne la mieux implantée dans la région.

Un personnel constitué de consuls et de drogmans (interprètes en langues orientales) assistait les marchands français et renseignait Paris de façon précise sur tout ce qui pouvait s'y passer. Sans être encadré par une compagnie à charte, le commerce du Levant, strictement surveillé depuis Versailles, connaisait une véritable centralisation autour de Marseille. Mais un débat partageait le personnel politique français, depuis la fin du règne de Louis XV, sur la position à prendre en cas de dislocation du marché ottoman. Fallait-il ou non intervenir pour s'assurer la meilleure part d'un empire en voie d'éclatement? Le Directoire a fini par trancher au nom du nouveau concept de civilisation inspiré de l'idéologie dominante [1].

L'expédition de Bonaparte a beau s'inscrire dans le contexte d'une rébellion des mamelouks menaçant son autorité, elle ne peut vraiment satisfaire le Sultan, tenté de reprendre la politique d'alliances alternées de ses prédécesseurs : les souverains turcs ont su jouer à plusieurs reprises les Européens les uns contre les autres pour s'opposer à un démantèlement de leur empire qui leur apparaissait comme le dessein commun de ces puissances. Déclarant cette fois la guerre à l'agresseur français, le 5 septembre 1798, Selim III se chercha aussitôt deux alliés plus efficaces que ses propres troupes pour contrer l'envahisseur : les Russes, anciens ennemis héréditaires, et les Anglais, déjà présents dans les Indes et soucieux de protéger leurs voies de communication.

La Porte a donc commencé par renvoyer l'ambassadeur de France, en dépit de ses protestations pacifiques, par emprisonner tous les Français établis ou de passage à Constantinople et séquestrer leurs biens, à l'exception du groupe d'émigrés qui a pris la relève des officiers envoyés par la République pour entraîner l'artillerie turque. Un de ces instructeurs, demeuré sur place pour former le détachement du corps de canonniers ottomans qui débarquera le 1er mai 1799 au secours de la garnison de Djezzar Pacha, assiégé à Saint-Jean d'Acre par l'armée de Bonaparte, n'est autre que le colonel comte Henri de Ranchoup, ancien émigré, futur époux de Pauline Bellisle-Fourès (la Bellilotte) et futur consul de Napoléon en Espagne... A Constantinople, en cette fin d'année 1798, se retrouvent également à l'œuvre les « héros » du quatuor du Temple : Sidney Smith, le lieutenant Wright – flanqué du lieutenant Ralph Miller –, Le Picard de Phélippeaux et le chevalier de Tromelin!

C'est désormais l'ambassadeur d'Espagne, le très actif Joseph de Bouligny, qui se trouve chargé de représenter les intérêts de la France dans la capitale ottomane, en vertu de son statut de neutralité entre les deux belligérants. Mission délicate, mais récompensée financièrement, comme l'attestent les comptes rendus des réunions du Directoire où cette récompense figure sous forme de « remboursement de frais ». C'est ainsi qu'il est mandaté par Paris pour tenter de négocier avec la Porte l'échange des prisonniers de guerre et le rapatriement des Français. Et cela, à l'insu de Bonaparte, coupé par le blocus maritime de toutes relations avec son gouvernement.

Du coup, le général en chef a pris sur lui de chercher, pour sa part, à établir un contact indépendant avec Constantinople. Avant de préparer l'attaque de la Syrie, il a dépêché un parlementaire à la flotte anglaise qui surveille Alexandrie : le lieutenant des guides Guibert a reçu mission d'évoquer en termes discrets la possibilité de conclure un cessez-le-feu entre la France et l'Angleterre. La rencontre a lieu le 22 novembre 1798. Les ouvertures de Guibert semblent favorablement accueillies par ses courtois interlocuteurs.

Encouragé – ou trompé – par ces signes, Bonaparte décide d'envoyer un émissaire dans la capitale ottomane : l'astronome Joseph Beauchamp, ex-consul de France à Mascate et futur président de l'Institut d'Égypte, arrivé au Caire le 7 septembre via le port de Damiette. Bien placé pour réaffirmer l'amitié traditionnelle entre les deux pays, il reçoit pour instruction, le 11 décembre, d'amorcer une négociation dans laquelle les Français seraient en position de force : « Si jamais on vous posait la question : les Français consentiraient-ils à évacuer l'Égypte? *Pourquoi pas*? Pourvu que les deux Empereurs [de Russie et du Saint-Empire] abandonnent le projet de partager la Turquie européenne; quant à nous, nous ferons tout ce qui pourrait être favorable à l'Empire ottoman et le mettre à l'abri de ses ennemis; mais que le préliminaire à toute négociation, comme à tout accommodement, est un *firman* qui fasse relâcher les Français partout où on les a arrêtés, surtout en Syrie. Vous direz et ferez tout ce qui pourra convenir pour obtenir cet élargissement; vous déclarerez que *vous ne répondez pas que je n'envahisse pas la Syrie* si on ne met pas en liberté tous les Français qu'on a arrêtés, et, dans le cas où on voudrait vous retenir, je pourrais me porter à une invasion. »

Beauchamp embarque à bord d'une caravelle turque, la *Réale*, qui attend depuis l'arrivée des Français qui l'y ont saisie, l'autorisation de sortir du port d'Alexandrie. En fait, le bâtiment se trouve dans l'incapacité de reprendre la mer. Il n'appareillera finalement que le 13 janvier 1799, au moment où le corps expéditionnaire fait déjà mouvement vers la

Palestine le long du littoral du Sinaï. Il sera intercepté à la hauteur de Rhodes par les Anglais. Le 3 mars, de peur que les Turcs ne prennent au sérieux ses offres d'ouverture, ceux-ci leur livrent leur prisonnier comme un espion dont le périple scientifique antérieur en Orient n'aurait eu d'autre but que de préparer l'expédition de Bonaparte. Les Anglais ont même feint de vouloir l'exécuter, et réclamé des sanctions contre le capitaine ottoman qui l'a accepté à bord de la *Réale*. Acheminé à Constantinople au début d'avril, le malheureux astronome est interrogé en personne par le reis Effendi, porte-parole des Affaires étrangères de la Porte, puis envoyé rejoindre les autres diplomates français internés au château des Sept-Tours... Ignorant son lieu de « résidence », l'ambassadeur espagnol de Bouligny se plaint à Paris de l'arrivée de cet émissaire et de cette tentative de négociation parallèle qui complique sa propre tâche... et alourdit ses frais.

Cependant, en dépit de l'interruption des correspondances entre l'Égypte et la France du fait du blocus anglais, des voies de communication restent encore ouvertes entre Paris et Constantinople par l'intermédiaire de capitales neutres comme Naples ou Madrid. C'est ainsi que Bonaparte invitera le général Marmont et le citoyen Poussielgue à répandre sa proclamation aux populations de Palestine non seulement en Égypte, mais au Levant et « dans la Barbarie »; à l'un comme à l'autre, il recommandera de reprendre le commerce maritime entre Damiette et Jaffa à bord de bateaux neutres, telles les caravelles de Raguse. Des propriétaires de felouques vont se faire une petite fortune en acheminant lettres, colis, voire informations entre l'Anatolie et la France : depuis l'été 1798, Constantinople est même devenue la principale source, pour la presse française, des nouvelles en provenance d'Égypte, de Syrie et de... l'armée d'Orient de « Buonaparte ». Ainsi, le 1er juillet 1799, *Le Moniteur* publiera une dépêche de Constantinople datée du 4 prairial (23 juin) qui fait état de l'ultimatum du 9 mars de Bonaparte à Djezzar avant d'entreprendre sa marche sur Acre! De même, une nouvelle de Constantinople publiée le 10 juillet 1799 par le *Moniteur*, annonce curieusement des « contributions imposées par les Français sur les villes de Jérusalem, Jaffa et Gaza ».

Le 7 février 1799, le général Marmont, qui se plaint d'être relégué, « comme en disgrâce », au commandement de l'artillerie à Alexandrie devant « une mer veuve de nos vaisseaux », écrit à Bourrienne, qui s'apprête à accompagner Bonaparte sur le front de Syrie : « Envoyez-moi vos lettres, j'ai un *moyen sûr* pour les faire parvenir. Mais point d'affaires politiques. » Le général dispose donc d'une filière pour acheminer du courrier vers la France, mais ses messagers ne veulent pas prendre le risque d'être interceptés avec de la correspondance politique...

Bonaparte n'en ignore pas moins le sort de son émissaire Beauchamp. Il ne sait toujours pas davantage si Talleyrand a fait ou non le voyage à Constantinople pour tenter de neutraliser la réaction de la Porte à la conquête de l'Égypte. Il ne connaît pas non plus les termes des traités signés par le reis Effendi, le 23 décembre, avec l'envoyé extraordinaire du tsar, Vassali Tamara, et, le 5 janvier, avec sir William Sidney Smith et sir Charles Spencer Smith, ministre plénipotentiaire de Sa Majesté près la Porte.

Le 7 octobre, le général en chef avait écrit une longue lettre au Directoire en se servant du chiffre du consul Beauchamp : « Il faut communiquer avec nous par Damiette, en expédiant des bâtiments d'Ancône et de Civitavecchia... Vous n'abandonnerez pas l'armée que vous avez en Égypte; vous lui ferez passer des secours, des nouvelles, et vous prendrez toutes les mesures que je sollicite pour avoir une escadre nombreuse dans ces mers. Vous enverrez par Vienne un ambassadeur à Constantinople : cela est très essentiel. Talleyrand doit s'y rendre et tenir sa parole; et, si la Porte veut la guerre, vous aurez un armement à Corfou qui tiendra en échec la Grèce, l'Albanie et la Morée, et envahira même la Morée...

« Si la Porte négocie, comme elle le fera une portion de l'hiver, faites-moi passer des lettres en chiffres par *triplicata*, par Constantinople, en recommandant qu'on les expédie par des Tartares. Faites-moi passer des *quadruplicata* et des gazettes par Tripoli. Notre consul les enverra à Derne par mer, et de là par terre par des Arabes. Ce n'est qu'en employant tous ces moyens que je parviendrai à avoir des nouvelles...

« Faites six copies de chacune de vos dépêches, toutes en

chiffre avec six collections de gazettes depuis notre départ... »

Talleyrand a rapidement compris, après le désastre naval d'Aboukir et l'internement, dès le 3 septembre, des diplomates français au château des Sept-Tours, que la situation d'ambassadeur extraordinaire à Constantinople risquait de n'être pas très enviable. Mais il avait renoncé, en fait, depuis longtemps à cette fonction, convenue avant le départ de l'expédition en Égypte, et il y avait désigné l'ancien ambassadeur de la Convention, Descorches de Sainte-Croix. Certes, le Directoire aurait pu obliger le ministre des Relations extérieures, qui n'était qu'un haut fonctionnaire et non un responsable, à se rendre à Constantinople. Mais il avait probablement jugé plus utile la présence à Paris du « Diable boiteux » au moment où les rapports avec les États-Unis se détérioraient, Talleyrand connaissant mieux les Américains que les Ottomans.

La rupture des relations diplomatiques avait ensuite empêché Descorches de Sainte-Croix de gagner son poste. Le 9 septembre, la Porte publiait son manifeste de guerre – guerre aussitôt proclamée sainte *(djihad)* : la France y était accusée d'avoir trahi une amitié traditionnelle en menant une politique de subversion dans les provinces européennes de l'Empire ottoman et en attaquant brusquement l'Égypte, tout en cherchant hypocritement à gagner du temps par des manœuvres dilatoires et l'envoi de *missi dominici* à Constantinople.

Le Sultan a d'autant moins hésité que, dès le 1er août, le chargé d'affaires de l'ambassade d'Angleterre, Spencer Smith, s'était engagé à soutenir un traité d'alliance lui garantissant l'intégrité de l'Empire.

Alors que son expédition venait de ruiner le réseau commercial des Échelles du Levant qui avait assuré la prépondérance de l'influence française dans cette région, Bonaparte voulait encore douter de la réalité. En dépit des messages anglais lui annonçant avec empressement la déclaration de guerre de la Porte, des appels à la guerre sainte émanant de Constantinople et saisis en Égypte, de la présence constatée du pavillon ottoman dans l'escadre du blocus et de l'hostilité des pachas gouvernant, au nom du Sultan, les provinces voisines, il croyait toujours possible d'obtenir le consentement du Grand Seigneur à sa présence sur l'isthme de Suez. Aussi, après ses efforts pour ramener au Caire le pacha d'Égypte qui avait fui à son approche, avait-il multiplié les tentatives pour contacter le Grand Vizir par lettres ou par émissaires.

Convaincu que Talleyrand était en route pour accomplir sa mission d'apaisement, alors que celui-ci ne parcourait que les couloirs – tout aussi aventureux – du palais du Luxembourg, Bonaparte en était resté à l'esprit de la dépêche qu'il avait adressée le 6 juillet d'Alexandrie au chargé d'affaires français à Constantinople : « Vous devez convaincre la Porte de notre ferme résolution de continuer à vivre en bonne intelligence avec elle. »

Parallèlement au coup de sonde de Guibert auprès des Anglais croisant devant Alexandrie et bien avant la mission Beauchamp, il avait, le 13 septembre, chargé un autre émissaire, le capitaine Eugène Mailly de Châteaurenaud, adjoint à l'état-major, de porter des messages personnels au gouverneur du port syrien de Lattaquié, au pacha d'Alep et aux consuls français qu'il croyait encore en fonction dans ces deux villes. Sous le couvert d'une mission commerciale, Mailly devait s'efforcer de faire passer à Constantinople des lettres du général en chef pour le Grand Vizir et de rapporter des renseignements. Il était parti de Damiette à bord d'une djerme fournie par le général Vial avec un chargement de riz; entre autres instructions, il avait reçu celle de répandre, en arrivant à Lattaquié et à Alep, le bruit que « l'expédition des Français est terminée et que, sans l'échec arrivé à notre escadre, notre armée se serait déjà retirée; mais que, en attendant l'arrivée de nouvelles forces maritimes, les ports de l'Égypte sont ouverts aux négociants musulmans ». A son retour d'Alep, précisait Bonaparte, « le citoyen Mailly mettra sur-le-champ à la voile, tâchera de n'aborder aucune terre et de s'en revenir en droiture à Damiette, d'où il se rendra sur-le-champ près du général en chef. Il mettra la même prudence à cacher ses dépêches pour le général en chef. Et, dans le cas où il se verrait forcé de les jeter à la mer ou qu'elles seraient interceptées par les Anglais, son voyage ne sera pas inutile sous le rapport des nouvelles, en prenant à Lattaquié la précaution de faire écrire, en arabe, les plus saillantes, de les confier à son interprète ou de les cacher dans un ballot de tabac ».

Le capitaine Mailly n'aura pas eu à prendre toutes ces précautions. Jeté en prison dès son arrivée à Lattaquié, il ne devait jamais revenir de sa mission... Cela n'a pas empêché Bonaparte de réitérer sa tentative de séparer la Porte de la « perfide Albion » en lui envoyant l'astronome Beauchamp, tout en faisant construire un fort à Péluse, au nord de l'isthme de Suez, et reconnaître la route de Katieh, à l'entrée du Sinaï : ces mesures préparatoires à l'invasion de la Syrie n'étaient destinées, selon lui, qu'à appuyer le langage des négociateurs français, à impressionner le Sultan et ses ministres et à les « rendre traitables ».

C'est qu'il ne se rend pas encore compte de l'ascendant pris sur la Porte par le « lobby » étranger le plus puissant à Constantinople en cette fin d'année 1798 : celui des frères Smith. Il n'est sensible qu'à la dédaigneuse ironie de l'opinion anglaise vis-à-vis de son proconsulat égyptien. La politique indigène de Bonaparte – d'Ali Buonaparte, ainsi qu'on l'appelle par dérision –, ses avances aux musulmans, sa déférence pour l'islamisme sont tournées en ridicule à Londres, écrit l'historien et diplomate François Charles-Roux : « Un collaborateur bénévole d'une revue anglaise (bénévole, mais involontairement comique) fait écrire par Ibrahim-bey à Bonaparte une épître en vers – anglais, naturellement. " Ce n'est pas, lui fait-il dire, notre intention de nous affubler de châles tricolores, ni de nous prêter à des pantomines de cette espèce, comme vous et votre ramassis de crapule républicaine. " Ne fait-il pas jurer Ibrahim-bey par la barbe du Prophète que Bonaparte n'entrerait pas au Paradis ! " Vous censurez nos mœurs, tournez nos usages en dérision, profanez nos mosquées, calomniez le Divan et, tandis que vous répandez la mort et la destruction, vous vous exclamez avec délices : J'imite Alexandre ! " Ainsi le Mamelouk, à qui le personnage d'Alexandre le Grand était certainement inconnu, interpelle-t-il le vainqueur des Pyramides par la bouche d'un interprète anglais. Il ne se prive pas non plus de vaticiner. " J'ai confiance qu'au Caire vous terminerez votre carrière... Si vous rencontrez le pistolet ou l'épée d'un Arabe ou d'un Mamelouk, ils vous troueront la peau aussi bien qu'un fusil " [2]... »

Au sérail, M. Smith a pris d'emblée au sérieux, lui, la menace que l'action de Bonaparte faisait peser à la fois sur la route des Indes et sur l'équilibre de l'Europe orientale. Il a fondé toute son action sur le renforcement des structures internes de l'Empire ottoman, quitte à se brouiller avec le représentant britannique à Bagdad qui encourage l'autonomie des mamelouks d'Irak, et soutenu la guerre de propagande islamiste menée par la Porte dès le début du conflit. Il a réussi, en second lieu, à transformer l'alliance de fait existant entre la Russie, la Turquie et l'Angleterre en alliance de droit. Ce traité neutralise temporairement les ambitions russes au profit de la lutte contre l'ennemi commun. N'hésitant pas davantage à court-circuiter son propre ambassadeur, lord Elgin, qui tarde à prendre son poste et lui laisse ainsi les coudées franches pour agir à sa guise, et pas davantage à mécontenter Nelson, le vainqueur d'Aboukir, il obtient de son gouvernement l'envoi de son frère Sidney, l'évadé du Temple, à ses côtés, à la fois comme ministre plénipotentiaire et comme coordinateur des opérations militaires sur mer et sur terre. La nomination de cet aventurier n'est pas du goût du populaire amiral borgne et manchot qui se plaint au commandant de la flotte en Méditerranée, lord Saint Vincent, à Gibraltar : « Il a trop de contacts politiques et il va nous ravir toute la gloire. » Cette rivalité naissante ne fera que croître avec le rôle prépondérant du jeune commodore dans la suite des événements, jusqu'à permettre le retour de Bonaparte en France à travers le blocus, longtemps très efficace, de l'escadre de Nelson... Mais n'anticipons pas.

Ayant reçu le commandement du *Tigre,* vaisseau de guerre français capturé en 1795, Sidney Smith, officiellement réintégré dans la marine, arrive, le 31 décembre 1798, à Constantinople avec son entourage d'émigrés royalistes. Juste à temps pour cosigner avec son frère le traité anglo-turc du 5 janvier 1799 qui met fin à l'isolement de la Grande-Bretagne dans sa guerre contre la République française. Il négocie aussitôt avec les dirigeants ottomans la planification des opérations militaires. Face aux mouvements qui « révèlent chez l'ennemi l'intention d'envoyer quelque chose à l'est », il prévoit une double concentration des armées turques, l'une à Rhodes, l'autre d'Alep à Jaffa : la première ira débarquer à Aboukir, l'autre marchera sur l'Égypte par le désert. Mais pas avant plusieurs mois...

Le 17 janvier, il rencontre le reis Effendi, responsable des

Affaires étrangères de la Porte. Il s'est fait accompagner de son secrétaire John Keith et de son bras droit, le colonel de Phélippeaux. Il se dit détenteur d'une arme secrète capable d'écarter, en attendant, la menace de l'armée d'Orient sur les provinces syriennes : la guerre psychologique, que lui permet d'entreprendre sa connaissance de l'état d'esprit des Français en ce moment de déclin de l'élan révolutionnaire, et cela, grâce à Phélippeaux et à son quatuor du Temple :

« Une des manières les plus importantes dont le colonel Phélippeaux pourrait être utile aux intérêts de la Porte, explique-t-il, serait d'attirer par son influence la plupart des officiers mécontents de l'armée de Buonaparte, dont plusieurs sont, à sa connaissance, du même parti que lui. Leur défection serait donc facile à opérer, et le moyen de les rendre ensuite utiles à la bonne cause ne dépendrait que de l'encouragement que la Sublime Porte voudrait autoriser, en leur offrant en même temps du service dans les armées combinées ou la faculté de s'en retourner librement chez eux où, se trouvant persécutés ou, pour le moins, mal vus du Directoire, ils s'empresseraient de se réunir aux mécontents et, par là, d'augmenter le nombre de ses ennemis intérieurs. Le colonel de Phélippeaux, prenant aussitôt la parole, ajouta que de telles offres auraient de bons effets, qu'il y avait plusieurs officiers auprès de Buonaparte, autrefois sous ses ordres, qui ne demanderaient pas mieux que de servir la cause du royalisme; et que, parmi les soldats mêmes, il y en aurait qui, n'y étant absolument pas contraints, saisiraient la première occasion qui se présenterait pour s'en retourner dans leur foyer [3]. »

Le « chevalier » Sidney Smith tient aussitôt à rassurer ses interlocuteurs ottomans, inquiets d'avoir à intégrer tant d'officiers français dans leurs effectifs : il s'agit moins d'engager beaucoup de volontaires français que de procéder à des échanges de prisonniers fictifs, afin d'alimenter un puissant courant d'agitation contre le Directoire. Simplement, il leur faut accepter la coutume européenne d'échange de parlementaires entre belligérants.

Pour assurer le succès de son plan, l'Anglais préconise une attaque initiale sur Alexandrie afin d'empêcher les Français d'affermir leurs positions en Égypte. Les Ottomans acceptent l'idée d'une offensive combinée sur terre et sur mer, et d'en confier la direction au commodore Smith, mais ils rappellent qu'ils ne seront pas prêts avant le mois de mars pour agir à partir de la Syrie. La base des opérations sera donc établie à l'île de Rhodes. En signe de bonne volonté, Sidney Smith, qu'animent un réel souci humanitaire et un sentiment de solidarité européenne, obtient de la Porte un adoucissement considérable des conditions de détention des Français internés à Constantinople. Dès le lendemain, d'ailleurs, le représentant de l'Espagne, Bouligny, informe Talleyrand des démarches des frères Smith qui, dit-il, sont parvenus à faire considérer les militaires français, capturés par les autorités ottomanes, comme des prisonniers de guerre de l'Angleterre pour servir éventuellement de monnaie d'échange.

Les frères Smith occupent le devant de la scène à Constantinople où Spencer accorde à Sidney une place égale à la sienne dans la direction des affaires courantes de l'ambassade. Ils signent ensemble toutes les dépêches expédiées au Foreign Office comme au très puissant ministre de la Marine britannique, sir Evan Napean, de même qu'ils ont tous deux cosigné le traité du 5 janvier avec la Porte. Relégué à son commandement de Palerme, Nelson prend aussi ombrage de cette double griffe : « Je prie Vos Excellences, leur écrira-t-il, de m'envoyer vos lettres sous votre signature commune uniquement quand il s'agit des affaires diplomatiques, et sous pli séparé quand il s'agit des questions navales, car il me serait difficile de distinguer le capitaine Sidney Smith du ministre plénipotentiaire Sidney Smith. Je vous prie de coordonner les actions maritimes avec moi et non avec sir Spencer. »

Sidney devient bientôt l'invité le plus recherché des réceptions officielles de la capitale ottomane. Il se pique également de consacrer beaucoup de temps à correspondre, en un excellent français, avec les prisonniers de guerre et les internés français. C'est aussi lui qui reçoit à la chancellerie les délégations commerciales pour discuter des projets d'investissements. Le registre de l'ambassade indique, entre autres exemples, que telle délégation a laissé, en souvenir d'une fructueuse négociation, des pendules à coucou suisses ! Des constructeurs britanniques s'inquiètent-ils du risque à prendre en signant des contrats avec un État qui n'honore pas toujours ses dettes? Sidney cherche à leur procurer des garanties de paiement de son gouvernement. Il n'oublie pas pour autant de veiller à ses propres intérêts : il est en train de rédiger une note de frais de trois cents livres sterling et onze pence quand il apprend l'entrée de Bonaparte à El Arich.

Coiffant alors son autre casquette, celle de marin, il n'a de cesse de prendre le commandement actif de la flotte de Sa Majesté en Méditerranée orientale. Tout autant qu'à l'efficacité de ses contacts politiques à travers son frère, c'est à la chute d'El Arich qu'il doit de finir par obtenir, le 25 février, le feu vert de l'Amirauté : un ordre de mission lui confiant le commandement de l'escadre du blocus croisant devant Alexandrie, en remplacement de l'amiral Samuel Hood. Cette relève, comme ses demandes immédiates de renforts pour les côtes du Levant, a le don d'exaspérer Nelson, affecté avec une faible division à la couverture du royaume des Deux-Siciles : « Personne n'admire plus que moi le zèle et le courage de Sidney Smith, écrit-il rageusement à l'Amirauté. Mais il faut qu'il se souvienne de ce que je dois éprouver à le voir placer dans la position que je devais tout naturellement penser me revenir. » On a omis de lui préciser que cette nomination est d'abord d'ordre politique.

Sur le plan militaire, une mission britannique arrive à Constantinople, avec, à sa tête, le général Koehler. Celui-ci entame aussitôt avec Spencer Smith des querelles de préséance et de compétence qui réagissent à distance sur ses rapports avec le « joint minister » et commodore Sidney Smith. Il se juge plus utile à Constantinople qu'au front de Syrie. « Ce chef de mission militaire, commente Charles-Roux dans son étude [4], s'efforce à être un chef d'état-major général, sinon même un ministre de la guerre : il fait des plans de campagne à l'usage du Grand Vizir et des pachas de moindre rang... Dans ce rôle, il se confinera le plus longtemps possible... Sa conception du devoir, et peut-être les exigences de sa mission, lui composent un personnage toujours assez ingrat : celui de stratège en chambre. » Sa carence va servir à Sidney Smith à faire valoir son propre esprit d'initiative et de décision.

Le commodore renouvelle au pacha d'Acre la promesse de concours faite par son prédécesseur, Hood. L'appel de Djezzar au secours ainsi promis ne se fait pas attendre. Dès le

1er mars, il fait adresser à sir Sidney une demande pressante, presque désespérée, qui présente ses propres troupes comme incapables de résister à l'avance victorieuse des Français depuis El Arich. Son anxiété est telle qu'anticipant sur les événements il annonce déjà la chute de Jaffa, pourtant postérieure de sept jours à la date de cette lettre. S'attendant à être assiégé dans sa forteresse, il laisse prévoir que Saint-Jean-d'Acre « tiendra bien peu, si les troupes n'ont pas plus de courage »... Dans ces « tristes circonstances », sans autre espoir que « l'amitié », il le supplie d'envoyer immédiatement deux vaisseaux à Haïfa, pour venir à son aide, et de faire croiser le reste de sa flotte entre Damiette et Gaza, pour intercepter les convois maritimes de l'armée ennemie.

Ce 1er mars, le commodore reprend la mer à bord du *Tigre* qui appareille de Constantinople pour rejoindre l'escadre d'Alexandrie, d'où il répondra à l'appel du pacha d'Acre à sauver sa capitale.

V

El Arich, le fort de l'infortune

Quand Bonaparte rejoint les divisions de Reynier et de Kléber à El Arich, il est d'une humeur massacrante. D'abord le fort, qui ne devait pas exister, tient toujours, en dépit de la prise du village et de la manœuvre d'encerclement audacieuse de Reynier. Mais, surtout, une parole de trop de son confident Junot vient encore de rouvrir la cicatrice laissée dans son for intérieur – bleu à l'âme ou à l'orgueil? – par les rumeurs déjà anciennes sur l'inconduite, sinon l'infidélité, de sa lointaine Joséphine. Il avait certes rejeté les insinuations malveillantes qui avaient ébranlé son bloc de certitudes à la veille de son arrivée au Caire. Il s'était repris après s'être laissé aller dans sa lettre désabusée du 25 juillet 1798 à son frère Joseph (« J'ai beaucoup de chagrin domestique, car le voile s'est déchiré »...), au point que son beau-fils, Eugène de Beauharnais, s'en était inquiété, par le même courrier, auprès de sa mère (« Bonaparte, depuis cinq jours, paraît bien triste... »). Il s'était consolé avec la Bellilotte, installée dans son palais du Caire avec une promesse de mariage si, au retour, elle consentait à lui faire un enfant. N'empêche! Un événement vient de raviver la blessure enfouie, comme dans *Le Vase brisé* que composera Sully Prudhomme un siècle plus tard :

« Mais la légère meurtrissure
Mordant le cristal chaque jour
D'une marche invisible et sûre
En a fait lentement le tour. »

L'incident s'est produit peu après l'arrivée de Bonaparte, le 17 février vers 4 heures de l'après-midi, au lieu dit Messoudiah, dernière halte avant El Arich. Une citerne d'abondance, ainsi décrite par Bourrienne dans ses *Mémoires* :

« Messoudiah est un lieu situé sur les bords de la Méditerranée, entouré de petites dunes d'un sable très fin, que les eaux pluviales, fort abondantes pendant l'hiver, pénètrent facilement. Ces eaux se conservent sous le sable, de telle sorte qu'en faisant avec le doigt, au bas de ces monticules, un trou de 4 à 5 pouces, l'eau en jaillissait sur-le-champ... C'était un spectacle curieux que de nous voir tous penchés sur le sable, creusant de petits puits en miniature et mettant un amour-propre comique à obtenir la source la plus abondante. Outre cela, c'était pour nous une découverte fort importante que cette eau ; nous la trouvâmes à l'extrémité du désert, et elle ne contribua pas peu à ranimer le courage du soldat... Nous touchions aux confins de la Syrie, et nous jouissions d'avance du plaisir que nous allions éprouver à fouler une terre qui nous rappellerait, par les mouvements de son sol, sa verdure et sa végétation, la terre regrettée de la patrie. Nous eûmes encore, à Messoudiah, l'avantage de pouvoir nous baigner dans la mer, dont les eaux n'étaient pas éloignées de plus de cinquante pas de nos sources improvisées. »

Là, tandis que les canons grondent du côté d'El Arich, un peu plus au nord, se situe la fameuse scène rapportée par Bourrienne et contestée, à tort, par plusieurs mémorialistes et historiens :

« Pendant que nous étions près des fontaines de Messoudiah, sous El Arich, je vis Bonaparte se promener seul avec Junot, comme cela lui arrivait souvent. J'étais à peu de distance et je ne sais pourquoi, mes yeux étaient fixés sur lui durant cette conversation. La figure toujours pâle du général était devenue, sans que j'en pusse deviner la cause, plus pâle encore que de coutume. Il y avait quelque chose de convulsif dans sa figure, d'égaré dans son regard, et, plusieurs fois, il se frappa la tête. Après un quart d'heure de conversation, il quitta Junot et revint vers moi. Je ne lui avais jamais vu l'air aussi mécontent, aussi préoccupé. Je m'avançai à sa rencontre, et dès que nous nous fûmes rejoints : “ *Vous ne m'êtes point attaché*, me dit-il d'un ton brusque et sévère. *Les femmes!... Joséphine!... Si vous m'étiez attaché, vous m'auriez informé de tout ce que je viens d'apprendre par Junot : voilà un véritable ami. Joséphine!... et je suis à six cents lieues... vous deviez me le dire! Joséphine!... m'avoir ainsi trompé!... elle!... malheur à eux! J'exterminerai cette race de freluquets et de blondins!... Quant à elle... le divorce!... oui, le divorce! un divorce public, éclatant!... il faut que j'écrive!... je sais tout!... C'est votre faute! vous deviez me le dire!...* » Ces exclamations vives et entrecoupées, sa figure décomposée, sa voix altérée, ne m'éclairèrent que trop sur le sujet de la conversation qu'il venait d'avoir avec Junot; je vis que Junot s'était laissé entraîner, auprès de son général, à de coupables indiscrétions, et que, s'il y avait réellement des torts à reprocher à madame Bonaparte, il les avait cruellement exagérés. Ma situation était extrêmement délicate; toutefois, j'eus le bonheur de conserver mon sang-froid, et, dès qu'un peu plus de calme eut succédé à ce premier emportement, je lui répondis d'abord que je ne savais rien de pareil à ce que Junot avait pu lui dire; que, quand même de semblables bruits, souvent produits par la calomnie, seraient venus jusqu'à moi, si j'avais regardé comme un devoir de l'en informer, je n'aurais certainement pas choisi pour cela le moment où il était à six cents lieues de la France. Je ne lui dissimulai point combien la conduite de Junot me paraissait blâmable, et combien il y avait peu de générosité à accuser aussi légèrement une femme, quand elle n'était pas là pour se justifier ou pour se défendre; que ce n'était pas une grande preuve d'attachement que de venir ajouter des tribulations domestiques aux inquiétudes déjà assez graves que lui causait la situation de ses frères d'armes au commencement d'une entreprise hasardeuse. Malgré ces premières observations, que cependant il écouta avec assez de tranquillité, le mot de divorce sortait encore de sa bouche, et il faut savoir jusqu'à quel point allait l'irritation de son âme, quand elle était fatiguée par une inquiétude vive, pour se représenter quel était Bonaparte pendant cette scène pénible. Cependant, je ne quittai point la partie, je revins sur ce que je lui avais déjà dit, je lui rappelai avec quelle légèreté on répandait, on accueillait des récits hasardés, amusement indiscret des oisifs et digne du mépris des âmes fortes.

Je lui parlai de sa gloire. “ *Ma gloire!* s’écria-t-il, *eh! je ne sais ce que je donnerais pour que ce que Junot m’a dit ne fût pas vrai, tant j’aime cette femme!... Si Joséphine est coupable, il faut que le divorce m’en sépare à jamais!... Je ne veux pas être la risée de tous les inutiles de Paris! Je vais écrire à Joseph, il fera prononcer le divorce!* ”

« Quoiqu’il en fût encore très animé, il le devenait cependant un peu moins. Je saisis un moment de repos pour combattre cette idée de divorce qui semblait le dominer. Je lui représentai surtout combien, sur une révélation probablement fausse, il serait imprudent d’écrire à son frère. “ *La lettre peut être interceptée, lui dis-je; elle se ressentira du moment d’irritation qui l’aura dictée; quant au divorce, il sera temps d’y penser plus tard, mais avec réflexion.* ” Ces dernières paroles produisirent sur lui l’effet que je n’osais en espérer si promptement; il redevint tout à fait calme et m’écouta comme s’il eût senti le besoin d’aller lui-même au-devant de paroles consolantes, et après cet entretien il ne me reparla plus de ce qui en avait été l’objet. »

Quelque importance exagérée que Bourrienne ait accordée à son propre rôle dans cette scène, l’authenticité de celle-ci n’a pas de raison d’être mise en doute, en dépit du démenti ultérieur de la duchesse d’Abrantès, qui n’ignorait pourtant pas que son mari avait été le témoin de l’intrigue de Joséphine avec Hippolyte Charles. Mais, selon l’historien militaire de l’expédition d’Égypte, C. de La Jonquière, Bourrienne se serait trompé en plaçant cette confidence au bivouac de Messoudiah où Junot, dit-il, n’avait pas encore rejoint l’armée. D’autre part, le Pseudo-Jomini, auteur du *Journal secret de Napoléon*, lui attribue cette notation datée de « Messoudiah, 3 juin 1799 » : « Aux puits de Messoudiah, au-delà des tombeaux, Bourrienne est revenu en oiseau de malheur. Hier, il remuait la boue de mes hommes; aujourd’hui, il s’est attaqué à Joséphine. Il a touché juste. Junot s’est mis de la partie. Joséphine est une catin. Mais elle ne sera pas la dernière à être aimée. Chaque homme sait à quoi s’en tenir sur sa femme. S’il se trompe, *il le sait.* » C’est sans doute la raison qui fera écrire à une commentatrice des *Mémoires* de Bourrienne, B. Melchior-Bonnet, que « c’est à son retour, le 3 juin 1799, et non pas à l’aller, que Bonaparte apprit par Junot son infortune ». D’où également la confusion de Benoist-Méchin qui situe curieusement l'entretien fatal Junot-Bonaparte au Caire vers juillet (!) : « Junot reçut une lettre de sa famille. Elle lui apprenait que Joséphine trompait ouvertement son mari et que tout Paris en faisait des gorges chaudes. Indigné et ne mesurant pas la violence de la réaction qu'il allait provoquer, Junot montra la lettre à Bonaparte. Celui-ci en fut bouleversé. Ce n'était pas pour lui une révélation. Mais d'entendre son aide de camp lui confirmer brutalement l'inconduite de Joséphine donnait à sa trahison quelque chose d'insupportable. » L'historien ajoute dans une note : « Peut-être Junot, qui s'ennuyait au Caire, croyait-il que l'annonce de cette nouvelle allait pousser Bonaparte à accélérer son retour en France. » Ce raisonnement ne tient pas, car il ne s'inscrit en fait dans aucun contexte. Pourquoi vouloir absolument faire fi du témoignage au contraire très circonstancié de Bourrienne?

La seule certitude, c'est que le tout frais général Andoche Junot était bien le seul, dans l'entourage immédiat de Bonaparte, à pouvoir se permettre d'aborder devant lui un sujet aussi scabreux que délicat. Sergent de grenadiers, il avait, durant le siège de Toulon, attiré par un courage à toute épreuve l'attention du nouveau capitaine d'artillerie, en gardant notamment son uniforme pour accomplir des missions secrètes derrière les lignes ennemies. Une autre fois, il avait continué à prendre sous la dictée des ordres de Bonaparte durant un bombardement; à peine en avait-il terminé qu'un boulet tomba à ses pieds et couvrit le papier de gravats : « Tant mieux, dit-il en riant, nous n'avions pas de sable pour sécher l'encre. » Promu général, Bonaparte en a fait aussitôt son premier aide de camp. Quand il a été mis en disponibilité pour avoir refusé de servir en Vendée, Junot a partagé son existence précaire ainsi que son amitié.

Se promenant un jour avec lui au Jardin des Plantes, il lui demande la main de sa sœur Pauline, qu'il a fréquentée dans les beaux soirs d'Antibes. Désolé, Bonaparte lui répond en le prenant par l'épaule : « Non, je ne puis écrire à ma mère pour lui faire part de ta demande, car, enfin, tu *auras* 1 200 livres de rente, c'est bien, mais tu ne les *as* pas. Ton père se porte bien, parbleu! et il te les fera attendre longtemps. Enfin, tu n'as rien si ce n'est ton épaulette... Quant à Paulette, elle n'en a même pas autant. Ainsi donc, résumons :

tu n'as rien, elle n'a rien; quel est le total? Rien. Vous ne pouvez donc pas vous marier à présent. Attendons... » Et comme Junot, triste, penche sa tête blonde, il ajoute : « Nous aurons peut-être des meilleurs jours, mon ami. »

Vient en effet le retour de la fortune, le 13 vendémiaire, avec la campagne d'Italie : Junot n'est pas oublié, si lui-même a oublié Paulette pour se consacrer au culte de son chef et mériter son entière confiance en se distinguant sur les champs de bataille. Il en est récompensé par l'honneur de porter au Directoire les drapeaux pris à l'ennemi et par le grade de colonel. Averti l'un des premiers du projet d'expédition en Égypte et désigné pour suivre le général en chef, il obtient, à peine débarqué, les étoiles de général : il n'a pas vingt-huit ans!

Il est évidemment l'un des mieux placés pour confirmer d'anciens soupçons, ayant été lui-même témoin en Italie et à son retour des « déportements » de Joséphine. Pas étonnant qu'il en ait déjà touché deux mots à Bonaparte qui songeait à divorcer pour épouser sa « Cliopâtre ». A-t-il appris quelque chose de nouveau? Tout le laisse penser. Si, cette fois, à Messoudiah, Bonaparte le presse de questions, c'est qu'il le sait en possession de charges probantes. Et il est bien décidé à crever l'abcès, même si chaque réponse de Junot doit lui meurtrir le cœur.

Il y a peu de chances qu'en rapportant cette scène avec tant de détails sur son environnement – cette halte si frappante aux fontaines de Messoudiah – Bourrienne ait commis une erreur de lieu et de date dans ses souvenirs. On sait que Bonaparte a attendu, pour quitter le Caire et rejoindre son armée de Syrie, l'arrivée d'un courrier de Paris acheminé, le 5 février, par le commerçant Hamelin. Il s'était plaint de ce que ce courrier ne contînt que de vieilles gazettes, alors qu'il espérait, outre des instructions du Directoire et des nouvelles de la situation en Europe, au moins une lettre de Joséphine dont il n'avait reçu aucun signe de vie, hormis une réponse de son frère Joseph qu'il avait chargé de veiller au grain de ses affaires domestiques. Or il n'y avait qu'une correspondance personnelle adressée à Junot. Celle-ci, véhiculée comme les dépêches à dos de dromadaires, n'a pu atteindre son destinataire que plus tard, probablement vers le 11 ou le 12 février, car Junot était déjà parti avec son unité en direction de la péninsule du Sinaï. Il accompagnait en effet le général Verdier, chargé de faire transiter un convoi de ravitaillement, de matériel d'artillerie et de renforts du port de Damiette à la base de Katieh, par le lac Menzaleh, pour réduire les aléas de la traversée du désert. Le 9 février, ils mettaient à la voile cent soixante felouques transportant, outre les vivres et les approvisionnements, la moitié des canons de la division, quatre compagnies de grenadiers, l'ambulance, etc. Le vent de nord-ouest contraria la navigation, dont eut à souffrir en particulier l'épouse de Verdier, qu'on appelait l'Amazone et qui avait tenu à suivre la nouvelle expédition. Le 13, quand le vent se calma, on s'aperçut que la négligence ou la malveillance des bateliers avait fait échouer un grand nombre d'embarcations. Le lendemain, Verdier dut faire débarquer son convoi et se rendre par terre à Katieh avec les derniers éléments de la division Kléber qui faisait route à travers le désert. A peine arrivé sur place, le 15, il reçoit l'ordre de se porter le plus rapidement possible sur El Arich.

A la tête d'une unité légère de cinquante combattants de la légion maltaise, Junot a ainsi eu le temps de parcourir les cinquantes kilomètres séparant Katieh d'El Arich en moins de quarante-huit heures, et donc de rejoindre Bonaparte avant son départ, le 17, pour donner l'assaut à la forteresse. En possession de nouveaux détails par cette lettre de Joseph, ce n'est pas de gaieté de cœur que l'aide de camp favori répond aux demandes de preuves de l'homme qu'il admire le plus au monde et qui l'oblige ainsi à accabler Joséphine. Toutes les fautes passées de sa femme, Bonaparte maintenant les connaît. Elle a été aussi la maîtresse, entre autres, de Hoche, qui l'a abandonnée à son palefrenier, celle de Murat, de Bottot, le secrétaire de Barras, qui, ici comme ailleurs, a suivi son patron. Ses dernières illusions sont mortes. Il la savait étourdie, frivole, trop livrée au luxe et à la parure, trop sensible aux flatteries... Mais jamais il n'avait imaginé, même aux heures les plus sombres, qu'elle eût pu le tromper avec tant d'impudence!

Certes, quand il était tombé sous le charme de cette belle créole, à peine quatre ans auparavant, dans cette délicieuse « folie » de fille entretenue, elle était déjà « coquette comme une courtisane, facile comme une proxénète, mentant à merveille avec un goût inné de l'intrigue [1] ». Elle passait déjà pour une reine des plaisirs, mais son luxe tout extérieur de dame à la vertu légère avait ébloui, et donc aveuglé, le jeune provincial intimidé qu'il était. « Je n'ai point voulu séduire une vierge, avait-il expliqué en rougissant à son protecteur Barras. Je suis de ceux qui aiment mieux trouver l'amour tout fait que l'amour à faire... »

* * *

Un soir de décembre 1795, elle lui avait envoyé un billet signé « veuve Beauharnais » pour le convier à un dîner en tête-à-tête, en remerciement d'un service qu'il avait rendu à son fils Eugène. Scène inoubliable : de longs baisers sur une ottomane, un verrou que l'on tire. Il lui avait écrit le lendemain, à 7 heures du matin : « Je me réveille plein de toi. Ton portrait et le souvenir de l'enivrante soirée d'hier n'ont point laissé de repos à mes sens. Douce et incomparable Joséphine, quel effet bizarre faites-vous sur mon cœur... Ah ! c'est cette nuit que je me suis bien aperçu que votre portrait n'est pas vous ! Tu pars à midi, je te verrai dans trois heures. En attendant, *mio dolce amor*, reçois un millier de *baisé* : mais ne m'en donne pas, car il brûle mon sang. »

« Toi qui m'inspires des mouvements impétueux, aussi volcaniques que le tonnerre », lui avait-il encore écrit en allant prendre, dès le surlendemain de leur mariage, le 11 mars suivant, le commandement de l'armée d'Italie à Nice où elle n'avait pas voulu le suivre. Plus tard, à Sainte-Hélène, il avouera plus crûment ce qui l'avait alors tant attaché à cette « vraie femme » : « Elle avait le plus joli cul qu'il fût possible. Il y avait là les *Trois-Ilets* de la Martinique. »

De Nice encore, il lui avait jeté ce cri jaloux : « Un jour, tu ne m'aimeras plus; dis-le moi. Je saurais du moins mériter le malheur... Joséphine ! Joséphine ! Souviens-toi de tout ce que je t'ai dit quelquefois : la nature m'a fait l'âme forte et décidée; elle t'a bâtie de dentelle et de gaze. As-tu cessé de m'aimer? »

Puis il s'était jeté avec fougue dans la campagne d'Italie. Il voulut vaincre, vaincre d'emblée, pour la revoir au plus vite et pour qu'elle soit fière de son mari. Montenotte, Mondovi, la péninsule ouverte comme une figue mûre, les Autrichiens coupés des Piémontais, le roi de Sardaigne implorant la paix, tout cela en dix-sept jours! Il avait envoyé Junot à Paris porter vingt et un drapeaux et ramener Joséphine avec ce mot : « Un baiser au cœur, et puis un plus bas, bien plus bas!... » Mais Joséphine préférait jouir à Paris de la vie éclatante que lui valait l'illustration soudaine de son époux : elle y avait gagné le surnom de Notre-Dame des Victoires, comme naguère la Tallien celui de Notre-Dame de Thermidor. Restée en liaison intime avec Barras, elle donnait des dîners forts lestes où l'on riait à gorge déployée. Elle était devenue la maîtresse de Murat, venu apporter au Directoire la convention de Cherasco. Simple passade : elle le trompait déjà avec Hippolyte Charles, ce sémillant lieutenant de hussards envoyé en mission par Leclerc, dont il était l'aide de camp en Italie, et dont les saillies truffées de calembours la divertissaient sans fin. Ce petit Dauphinois, très brun de peau et de cheveux, s'habillait à ravir d'uniformes chamarrés et de collants qui accusaient ses formes dodues. « C'est mon Polichinelle! » disait Joséphine.

Mais il y avait toujours ces lettres enflammées de Bonaparte, étonné de son peu d'empressement à le rejoindre et même à lui répondre : « Si tu m'aimais, tu m'écrirais deux fois par jour; mais il faut jaser avec les petits messieurs visiteurs dès 10 heures du matin, et puis écouter les sornettes de cent freluquets jusqu'à une heure après minuit... Adieu, Joséphine, tu es un monstre que je ne puis expliquer... »

Le 24 juin 1796, pourtant, sur ordre du Directoire, elle avait dû se résigner à partir pour l'Italie où son mari régnait en proconsul. Mais elle avait trouvé un excellent compagnon de voyage en la personne d'Hippolyte Charles! Accueillie triomphalement à Milan, elle y avait fait la connaissance de tout le clan Bonaparte et s'était mise, entre deux fêtes, profitant des occupations de son guerrier d'époux, à spéculer avec son sigisbée, utilement accointé avec la maison de fournitures militaires Bodin. Ses explications sur son emploi du temps parisien avaient rassuré Bonaparte qui continuait d'ignorer avec ferveur ce que chacun savait de ses habitudes reprises avec Barras, des allants et venants, de ses galipettes avec Charles. Il rejetait même avec indignation les « imputations calomnieuses ». Mais, sur la foi d'une dénonciation, il avait fait arrêter en Italie le complice de sa femme, ce Charles qui, décidément, tripotait trop dans les fournitures. Il détestait ce genre de « volerie » et avait tenu à faire un exemple. Mais, par de subtils manèges, Joséphine avait réussi à sauver du poteau son officier des hussards qui, chassé de l'armée, fut renvoyé en France. Restée seule au palais Serbelloni, elle s'ennuyait d'autant plus de l'absence du « polichinelle » que celui-ci lui rapportait jusque-là un amoncellement de richesses, soigneusement cachées dans deux petites pièces des combles pour qu'à son retour son mari ne pût les voir. « Elle a un tel amour de l'or qu'elle en boirait dans le crâne de ses amants », disaient les mauvaises langues.

Bonaparte, lui, s'était contenté d'appeler Eugène de Beauharnais à Milan pour que sa mère se trouvât moins esseulée dans son tourbillon de plaisirs. Il avait dû la quitter pour se rendre à Rastadt et regagner Paris, le 5 décembre 1797, afin d'y recevoir le commandement de l'armée d'Angleterre en récompense à son coup de main du 18 Fructidor. Joséphine n'avait pu le rejoindre que le 2 janvier 1798, dans son hôtel particulier de la rue Chantereine, devenue, en son honneur, rue de la Victoire. Elle s'était vêtue à la grecque d'une tunique jaune brodée de noir et parée de camées pour l'accompagner à l'Institut.

Toutefois, elle avait eu tort de congédier sa femme de chambre, Louise Compoint qui, par dépit, apprit alors à Bonaparte la randonnée amoureuse de son épouse avec Hippolyte Charles de Paris à Milan, quand elle était allée le retrouver, dix-huit mois auparavant. Aussitôt harcelée de questions, Joséphine avait nié : on peut bien faire route avec quelqu'un, coucher dans la même auberge, sans pour autant fauter... Bonaparte, déjà plongé dans les préparatifs de sa campagne d'Égypte, ne demandait qu'à la croire sur parole.

« Mais, le 21 mars 1798, raconte Castelot [2], Joseph à son tour ouvre les yeux de son frère. Tout ce que lui a dit Louise est exact. Bien plus, Joséphine continue à le tromper et voit Charles presque chaque jour... Bonaparte entre en ouragan dans le boudoir de sa femme :

– Connais-tu le citoyen Bodin où loge le capitaine Charles?

Il lui révèle alors qu'il sait parfaitement qu'elle se rend tous les jours au 100 de la rue Saint-Honoré, où Bodin leur a prêté sa garçonnière. Son mari est bien renseigné, aussi la créole prend-elle le parti d'éclater en sanglots :

– Je suis la plus infortunée des femmes et la plus malheureuse ! »

Pour soulager son cœur meurtri, elle écrit à son amant et associe dans la même « haine » son mari et son beau-frère : « Je les *abhorre*... Qu'ai-je fait à ces monstres ?.. Dis, je t'en prie, à Bodin qu'il dise qu'il ne me connaît pas ; que ce n'est pas par moi qu'il a eu le marché de l'armée d'Italie ; qu'il dise au portier du n° 100 que lorsqu'on lui demandera si Bodin y demeure, il dise qu'il ne le connaît pas. »

Joséphine, le premier instant passé, sent tout ce qu'elle perdrait à n'être plus la « citoyenne Bonaparte », aussi parvient-elle à convaincre son mari qu'il a été trompé par Louise et par Joseph. Tout cela n'est qu'une affreuse calomnie ! Napoléon s'apaise, s'excuserait presque ! Charles n'est pas le moins du monde inquiété et la compagnie Bodin poursuit son trafic.

Sans doute, pour parvenir à ses fins, avait-elle promis à son mari de le rejoindre en Égypte. Elle l'avait effectivement accompagné, avec le sourire, à son dernier dîner chez Barras, puis au théâtre de la Nation où Talma jouait *Macbeth*, avant de s'engouffrer dans la grosse berline qui les avait transportés à Toulon en compagnie de Bourrienne, de Duroc et du général de Lavalette, marié depuis peu avec sa nièce, Émilie de Beauharnais. Son fils Eugène, dont Bonaparte avait fait son aide de camp, avait pris les devants pour les attendre sur place.

Bonaparte voit encore Joséphine agiter longuement son écharpe au milieu de la foule massée sur les jetées de la rade pleine de vaisseaux, dans le vacarme des canons, au son des marches militaires et des trompettes guerrières, quand il prit place sur la passerelle de l'*Orient*. Sa dernière vision d'Elle...

Tout a changé depuis lors, car, comme le note Claire-Élisabeth de Rémusat dans ses *Mémoires* [3] – dont Chateaubriand dira cruellement qu'ils « ne sont plus que des souvenirs sur les souvenirs » –, en partant pour l'Égypte, il « emportait contre elle des soupçons alimentés par Joseph et Lucien qui craignaient l'empire que sa femme pouvait prendre. Madame Bonaparte, isolée, privée de son fils, qui avait suivi son époux, entraînée par ses goûts à des dépenses désordonnées, tourmentée par des dettes, se rapprocha de Barras au moyen de madame Tallien, son amie, et chercha des appuis auprès des Directeurs, et de Reubell surtout. Bonaparte lui avait enjoint, en partant, d'acheter une terre; le voisinage de Saint-Germain, où on élevait sa fille [Hortense], la détermina pour la Malmaison. »

Pensait-elle encore à lui? De Malte, il lui avait envoyé une frégate, la *Sensible*, pour la supplier de venir le rejoindre à Alexandrie, comme promis. Mais la frégate n'était jamais arrivée à Toulon. Les Anglais l'avaient capturée en route. Et même si elle y était arrivée, Josephine serait-elle venue? Elle prenait alors les eaux à Plombières quand, le 20 juin, un balcon s'était écroulé, l'entraînant dans sa chute. Violemment contusionnée, elle n'était plus en état de se déplacer. Elle n'avait pu regagner Paris que le 16 septembre, ce qui l'avait également empêchée de s'embarquer sur la frégate la *Pomone,* mise à sa disposition dans le courant de l'été pour rallier son mari en Égypte. Ignorant tout de ces incidents, Bonaparte en avait pris ombrage, d'autant plus que des indiscrétions de Junot, peut-être de Berthier, durant la traversée, avaient déjà entretenu le doute dans son esprit. Par bribes, il avait appris que Joséphine avait renoué avec Hippolyte Charles avant même son départ de Toulon, qu'elle le recevait, qu'elle s'était affichée en sa compagnie au Théâtre des Italiens... D'où la lettre chagrine qu'il avait alors écrite à Joseph en entrant au Caire. Il l'avait en tout cas chargé de tous ses souhaits pour sa belle-sœur, Désirée Clary, la petite fiancée de naguère délaissée pour Joséphine. Ah, Désirée, elle, ne l'eût point trahi! Elle avait dû se résigner, depuis, à épouser sans amour, par raison, le général Bernadotte, qui n'était certes pas de ses féaux : « Bonheur à Désirée, elle le mérite. »

Et voilà que les nouvelles reçues par Junot juste avant leur rencontre aux fontaines de Messoudiah viennent confirmer ses pires craintes. Elle est en train de négocier avec ses notaires, sans un sou vaillant, l'achat d'un domaine de 130 hectares à la Malmaison, une maison de campagne style manoir meublé qu'ils avaient visitée l'année précédente! Elle y a fait porter les reliefs de son butin d'Italie. Le soir, des promeneurs sur la route la voient passer lentement, dans les allées baignées de lune, vêtue d'une longue robe blanche, un cachemire sur les épaules, une dentelle dans les cheveux. Elle s'appuie sur le bras d'un jeune homme qui pourrait presque être son fils, reçoit ses baisers, les lui rend, le serre sur sa poitrine et s'éloigne avec lui dans le noir des bosquets [4].

Pour soutenir son train de vie ruineux, elle a, comme toujours, recours aux expédients. Par Barras, elle a ménagé à Hippolyte une place d'associé dans la compagnie Bodin, pourvoyeuse de l'armée. Elle a d'autres projets encore : commissions et trafics sur les biens nationaux, les marchés militaires, la radiation d'émigrés de la liste de proscription. Car tout se monnaie en cette Première République déjà pourrissante. La famille Bonaparte a rompu avec cette parente indigne. Joseph ne lui verse plus sa pension. Or, son Polichinelle a dix ans de moins qu'elle. Il est joueur, n'a pas de nom à soutenir, n'en aura jamais. D'ailleurs, il ne manifeste aucun empressement à envisager l'avenir, moins encore le mariage. Il l'amusera toujours, mais il ne saurait faire un mari.

Eh bien, lui, Bonaparte, ne fera pas plus longtemps un cocu !

En dépit des efforts prodigués par Bourrienne pour l'apaiser, son irritation n'est pas passée à son arrivée à El Arich, le 17 février, vers neuf heures du matin. D'autant que l'avant-garde de l'armée piétine autour d'une forteresse qui résiste toujours et que cet obstacle inattendu retarde considérablement sa marche sur la Syrie. Dès sa première rencontre avec Reynier, Bonaparte laisse s'exprimer son mécontentement en l'accablant de reproches et de critiques : il le blâme pour ses pertes importantes et pour la mauvaise organisation du ravitaillement de ses troupes épuisées de soif et de faim. En réalité, le général de la division qui a essuyé les plâtres de cette guerre du désert n'est nullement responsable de cette carence, due à la mauvaise préparation logistique de la campagne. Il est vrai qu'il a été surpris de trouver devant lui non seulement un campement de renforts ottomans, mais une forteresse en état de défense. Et que sa division d'avant-garde s'est heurtée, dès le début des combats, à une résistance acharnée des contingents turcs couvrant les retranchements de la ville. Mais c'est d'abord le défaut de ravitaillement qui entrave la marche des troupes françaises au moment où elles opèrent leur concentration à El Arich.

Bonaparte, parti en retard du Caire derrière l'arrière-garde, n'a commencé à mesurer la difficulté de la situation que le 11 février, en recevant un premier rapport alarmant de Reynier. La veille, persuadé que la prise d'El Arich ne serait qu'une simple formalité ouvrant la voie au corps expéditionnaire vers le nord du Sinaï, le général en chef s'était encore attardé à rendre visite aux quinze cheiks de la députation du Divan réunis dans un camp typiquement oriental à proximité de son quartier général de Belbeis : ses hôtes disposaient chacun de trois tentes où ils déployaient, selon les dires mêmes de Bonaparte, « tout le luxe asiatique ». Il avait honoré leur déjeuner de sa présence, pris son temps pour visiter leur camp avant de regagner la base dans la soirée. Suivant les divisions Bon et Lannes, il avait campé le lendemain dans une palmeraie. Ses tentes venaient d'être dressées quand un messager à dromadaire lui apporta des dépêches du général Reynier, datées du 9 février au matin du puits de Messoudiah. Elles faisaient état de renseignements selon lesquels toute l'armée du pacha d'Acre, Djezzar, était en mouvement, un corps de troupes considérable était déjà en train de renforcer les défenses d'El Arich et sa division risquait de se trouver en « position bien délicate au milieu de cet immense désert ».

En fait, l'appel au secours du général, parti le 6 février de la base de Katieh pour conquérir El Arich en trois jours, était accompagné d'une lettre de Kléber qui en avait pris communication peu avant de quitter à son tour Katieh. Kléber avait d'abord relaté l'arrestation et l'interrogatoire d'un espion des mamelouks qui, « après une forte volée de coups de bâton », et avant d'être fusillé, l'avait rassuré sur les réserves de fourrage d'El Arich pour pallier le manque d'approvisionnement : « Qu'elle est grande, Citoyen Général, écrit Kléber à Bonaparte, la différence entre les résultats et ce que les administrations vous ont et m'ont pareillement annoncé. » C'est alors qu'il avait reçu de mauvaises nouvelles de Reynier : il n'avait enlevé le village qu'au prix de lourdes pertes, et les habitants avaient été, sans formalités, passés au fil de l'épée – ou plutôt de la baïonnette. Il ne disposait plus de forces suffisantes pour attaquer le fort où s'était réfugié l'ennemi. Du coup, Kléber a décidé d'avancer d'une demi-journée son propre départ de Katieh. Il s'est mis en route le 11 février à 3 heures du matin :

« Sans la grande difficulté que j'éprouve dans ma marche par rapport aux trains d'artillerie mal attelés, écrit-il encore à Bonaparte, j'y arriverais douze heures plus tôt; il faut successivement atteler seize chevaux à une pièce ou à un caisson. »

Des difficultés rencontrées à El Arich, Napoléon donnera, dans ses mémoires de Sainte-Hélène consacrés aux campagnes d'Égypte et de Syrie [5], une version toute à son avantage : « Un coureur mamelouk d'Ibrahim-Bey fut fait prisonnier; il donna des renseignements fort exagérés. Le général Reynier, alarmé, expédia sur-le-champ un dromadaire au général en chef pour lui faire part de la position critique où il allait se trouver... Cela décida le général en chef à partir sur-le-champ. Il monta sur son dromadaire, marcha toute la nuit... » S'il qualifie d'« injustes » les reproches « murmurés » par l'armée à Reynier pour la perte de deux cent cinquante hommes tués ou blessés dans l'assaut du village, il ne se livre à aucune autocritique ni sur sa propre attitude vis-à-vis de ce général, ni sur ses responsabilités dans la mauvaise évaluation de la situation : ce qui ne devait être à ses yeux qu'une opération de routine sans importance allait devenir un des handicaps majeurs de sa campagne. La bataille d'El-Arich va en effet se prolonger jusqu'au 22 février. Ces douze jours d'arrêt coûteux se feront par la suite cruellement sentir pour la mise en place du siège de Saint-Jean-d'Acre et pèseront d'un poids déterminant sur l'issue de l'expédition de Syrie.

La conjonction de plusieurs facteurs se trouvait à l'origine de cette défaillance, qu'elle peut donc expliquer :

1 – *Une mauvaise préparation au niveau du renseignement.* Bonaparte avait constitué des équipes d'espionnage de bédouins encadrées chacune par un officier français, avec pour seule mission de fournir des informations sur l'état des pistes et la répartition des points d'eau, en se fondant sur les récits des conquêtes d'Alexandre le Grand et de Richard Cœur de Lion! Il avait en revanche totalement négligé l'étude des points fortifiés, en se fiant presque exclusivement

aux récits de voyage de Volney, de Savary, du baron de Tott, etc. Ainsi, l'ouvrage de Volney présentait El Arich comme un village de pêcheurs sans défense entre la mer et le désert. Or, quinze ans s'étaient écoulés depuis, au cours desquels des fortifications avaient été édifiées, et, depuis leurs guerres contre les Russes, les Ottomans avaient appris à devenir redoutables dans la guerre de siège. Mais Napoléon consacre trois pages du Mémorial aux seuls obstacles naturels de la traversée du Sinaï : « De tous les obstacles qui peuvent couvrir les frontières des empires, conclut-il, un désert pareil à celui-ci est incontestablement le plus grand. Les chaînes de montagnes, comme les Alpes, tiennent le second rang, les fleuves, le troisième; car si l'on a tant de difficultés à transporter les vivres d'une armée, que rarement on y réussit complètement, cette difficulté devient vingt fois plus grande quand il faut traîner avec soi l'eau, les fourrages et le bois, trois choses d'un grand poids, très difficiles à transporter, et qu'ordinairement les armées trouvent sur les lieux. »

Mais la plus grave faillite dans le renseignement a été l'absence de crédit accordé aux informations pourtant précises rapportées par les « espions » du général Lagrange, lorsque celui-ci commandait le poste avancé de Katieh, sur les dix mille hommes envoyés en renforts par les Turcs à El Arich. Il a fallu que son supérieur, le général de division Reynier, arrive devant El Arich pour découvrir en tout cas la présence de nombreux effectifs ennemis : le campement comprenait déjà six cents cavaliers mamelouks, arabes et turcs, et douze cents fantassins albanais dépêchés d'Acre par Djezzar; la forteresse de pierre, ceinte d'une muraille de neuf mètres et flanquée de tourelles, renfermait une garnison de quelque quinze cents combattants, en majorité de rudes fantassins albanais et marocains, et quelques mamelouks. Cependant les espions bédouins n'avaient même pas été questionnés à leur retour de mission sur l'état des fortifications! D'où le S.O.S. « exagéré » de Reynier à Kléber et à Bonaparte.

En arrivant à Katieh, Kléber n'avait pas craint d'exprimer son mécontentement sur les conditions du départ de Reynier pour El Arich. D'abord dans une première dépêche à Bonaparte : « Si l'officier des guides m'avait envoyé vos dépêches au mouillage de Tineh (où 36 des 70 barques du convoi qui avait traversé le lac Menzaleh n'étaient pas revenues), il eût été très facile que je visse encore Reynier et que je me concertasse avec lui ; mais cet officier a craint de contrevenir à vos intentions... Sans être, en ce moment, fort à l'aise, j'espère que nous nous en tirerons... Le général Reynier pense avoir assez de forces pour s'emparer de ce poste (El Arich), lors même que les 10 000 hommes de Gaza s'y seraient rendus pour le défendre. *Je partage son opinion.* »

Toutefois, le lendemain, devant ses hommes, Kléber, qui en veut un peu à Reynier d'avoir pris sur lui de prélever une demi-brigade de sa division, laissa éclater son « indignation contre les mauvaises dispositions du général en chef », selon les notes prises sur place par un officier de son état-major, qui ajoute : « Point d'approvisionnement pour dix mille hommes qui devaient passer le désert... Il blâmait hautement la confiance que le général en chef paraissait mettre dans la fortune. »

C'est bien que, comme l'écrivait le général Doguereau dans son *Journal*, « on n'avait jamais pensé trouver d'obstacle avant Gaza ».

2 – *Le départ tardif de Bonaparte.* Le général en chef, tracassé par la réalité des pressentiments et la vertu prophétique des songes, avait bizarrement attendu un signe du destin avant de quitter Le Caire, retardant son départ du 5 au 10 février pour prendre la tête de cette nouvelle expédition. Peut-être une éclipse de lune, considérée en Orient comme de bon augure? Il serait allé consulter la voyante qui lui avait prédit un deuxième mariage et une descendance. Lui qui était assez superstitieux pour ne jamais livrer bataille un vendredi et qui se méfiait du chiffre 13 – au point d'interroger à ce sujet ses collègues de l'Institut, les savants Monge et Berthollet –, il voulait croire à son « étoile ». « Je me suis abandonné à mon étoile, confiera-t-il à Sainte-Hélène au comte de Las Cases. J'ai été peut-être le seul souverain de l'Europe qui n'avait point de garde du corps. » Il prétendait aussi bénéficier de la protection occulte d'un aïeul, Bonaventure, béatifié deux siècles auparavant, et une légende devait se répandre sous l'Empire, parlant d'un « petit homme rouge », sorte de « génie » qu'aurait rencontré Bonaparte en Égypte et qui l'aurait protégé jusqu'à sa 45e année [6] !

Mais, surtout, Bonaparte avait attendu des nouvelles

apportées par le commerçant Hamelin, mentionné dans son message du 10 février au Directoire, pour annoncer son offensive à l'est de Suez. Il n'y avait rien d'intéressant dans le courrier destiné à Bonaparte. Cependant, Junot fait état d'une éventuelle visite du même Hamelin en Syrie avec le reste du courrier. Il a même écrit au Caire : « Si Hamelin vient en Syrie, qu'il apporte du vin ! » Or, il n'apportera pas que du vin...

3 – *L'absence d'artillerie de siège.* On sait le choix hasardeux du général en chef de faire acheminer le matériel lourd par mer, le long du littoral, au risque d'y rencontrer des croisières anglaises. Encore un pari sur la fortune, que lui reprochera sévèrement Kléber.

4 – *La défaillance de l'intendance.* Kléber s'était surtout indigné de l'irresponsabilité du commandant en chef qui, confiant en sa fortune (mais décontenancé par les confidences de Junot sur son infortune conjugale), jouait le sort de l'armée sur la possibilité de se ravitailler grâce aux dépôts et réserves pris à l'ennemi. « Je n'ai pas besoin de vous dire, Citoyen Général, lui écrivait-il le 14 février en arrivant à El Arich, que nous souffrons beaucoup de l'absence des vivres. » « De Katieh à El Arich, il y a environ 24 heures de marche; l'armée a fait cette route en trois jours », s'était plaint de son côté le capitaine du génie Sabatier au général Caffarelli. Les hommes de Reynier en étaient réduits, selon Malus, qui était attaché à la division Kléber, à « manger les chameaux, les chevaux et les ânes ». Selon le général Dugua, le chef de bataillon Pépin reprocha à ses hommes d'avoir dévoré son bel étalon : ils répondirent que c'était tant mieux pour lui, car son cheval était devenu vicieux, mais promirent de ne pas toucher à la jument et de « la défendre contre les bougres qui voudraient vous la manger... » « Déjà nous mangions les ânes et les chameaux », confirme Jacques Miot dans ses mémoires. Situation paradoxale : les assiégés de la forteresse, bien approvisionnés, jeûnaient du lever au coucher du soleil, parce que c'était le mois du Ramadan, et affamaient les assiégeants par leur résistance !

La situation de l'arrière-garde n'était pas meilleure. « On fit halte dans un endroit où il y a des dattiers et de l'eau très saumâtre, note Doguereau. La cavalerie étant passée quelques heures auparavant, il fallait pressurer la boue pour avoir un peu d'eau. Nous souffrîmes beaucoup de la soif... Les roues enfonçaient dans les sables jusqu'au moyeu. A chaque instant, je descendais de cheval et me couchais sur le sable, enveloppé de mon manteau... Les voitures et les chameaux avaient tant de peine à se tirer des sables que je fis plus de cinquante pauses semblables. » « Nous n'avions devant nous aucun chemin tracé, a noté de son côté le payeur adjoint André Peyrusse qui marchait avec la caisse de l'armée ; les sables, mus par le souffle des vents, ne conservaient aucune trace de ceux qui nous précédaient... Après 21 heures de marche sur des sables mouvants et dans une zone torride, nous sommes enfin arrivés à Katieh. Cette journée a été accablante : des militaires tombaient de soif, de faim, de fatigue ; plusieurs se sont brûlé la cervelle. »

C'est à Katieh que Bonaparte a pu se rendre compte de la situation exacte de l'avant-garde et reconnaître qu'il était urgent, avant de diriger de nouveaux renforts sur El Arich, de pourvoir aux besoins des troupes qui se trouvaient en présence de l'ennemi. Son premier soin a donc été d'activer les transports de vivres et de munitions, que l'insuffisance des moyens avait entravés. Pour permettre aux autres troupes de se rafraîchir en route, il prescrit à Caffarelli d'envoyer sur-le-champ un officier du génie pour surveiller les travaux des sapeurs qui creusent des puits sur la route d'El Arich : « Ceux qui ont été faits aux Palmiers sont déjà comblés... Faites-vous rendre compte, par l'officier de sapeurs que vous avez chargé de creuser ces puits, pourquoi il a fait un si mauvais travail (*sic*). »

« Nous avons mangé des chiens, des ânes et des chameaux », écrira-t-il un peu plus tard au général Desaix qui, pendant ce temps, consolidait sa conquête de la Haute-Égypte...

Au moment où Kléber la rejoignait à El Arich, l'avant-garde de Reynier se trouvait donc en piteux état, aux prises depuis cinq jours, marqués par un engagement sanglant et plusieurs escarmouches, avec un ennemi résolu à une défense vigoureuse. Cette situation explique en partie le carnage auquel se livrèrent les soldats dans ce village de pêcheurs qui n'offrait aucune ressource. Mais ce carnage, loin d'aider à la chute de la forteresse, a probablement contribué à retarder la reddition de sa garnison, renforcée par les trois mille cinq cents Turcs qui s'y étaient réfugiés.

La cavalerie turque avait harcelé les flancs et les arrières de la troupe de Reynier quand, arrivée à portée des trois canons de la forteresse, celle-ci avait dû bivouaquer « sur un monticule de sable sans eau, sans ombre, sans fourrages et sans bois » (au dire même de Napoléon). Puis elle s'était retirée à l'abri d'un ravin, à une demi-lieue (2 km) d'El Arich, sur la route de Gaza. Le 11 au soir, elle recevait le renfort des huit mille hommes du général Abdallah, dépêché par Djezzar avec douze pièces de canon destinées à armer le fort.

Alors, dans la nuit du 14 au 15, laissant à Kléber le soin d'investir la forteresse, Reynier attaque par surprise, avec quatre bataillons, le campement ottoman dont les mille huit cents soldats n'ont pris aucune précaution, les musulmans ne se battant pas, en principe, entre le coucher et le lever du soleil. Peu après minuit, les Français entrent furtivement dans le camp et, en grand silence, commencent à passer à la baïonnette les hommes endormis. Un chien se met à aboyer comme ils atteignent le centre du camp. Alertés et pris de panique, les autres dormeurs tentent de s'enfuir, mais toutes les issues sont bloquées.

« Je parcourus tout le camp et on égorgea tout ce qu'on rencontra », relate Reynier dans le rapport remis le 17 février à Bonaparte à son arrivée. Il avait réussi, écrit-il, à « tourner la gauche de leur camp sans en être aperçu : je la dépassai et marchai à deux cents pas sur le derrière du camp... Les autres, ne pouvant se retirer par la plaine, du côté de Gaza, parce que nous arrivions par là, cherchèrent à se sauver en descendant le ravin qui était devant leur camp; ils s'y culbutèrent avec leurs chevaux et beaucoup restèrent sur la place... Après avoir dispersé et éloigné tous les ennemis, je fis rassembler tous les chameaux, chevaux, denrées et équipages qui se trouvaient sur le champ de bataille, et former la troupe ».

Parmi les quatre à cinq cents cadavres jonchant le camp et le ravin, se trouvent plusieurs dignitaires mamelouks, un bey et nombre d'officiers. Les Français, qui ont également fait neuf cents prisonniers, n'ont perdu que trois hommes dans ce raid éclair que Napoléon, à Sainte-Hélène, qualifiera « une des plus belles opérations de guerre qu'il soit possible de faire ».

Pourtant, le compliment ne lui brûle pas les lèvres quand il arrive le surlendemain avec le reste de l'armée, fort mécontent des pertes subies lors du premier engagement et que le brillant succès nocturne au camp d'Abdallah n'a pas effacé de son esprit. « Il reçut très froidement le général Reynier, se souvient le lieutenant-colonel d'artillerie Richardot, et celui-ci, ardent et calme au combat, mais d'un caractère doux et même timide, parut très affecté de cette froide réception. » En l'accusant d'avoir négligé au départ les approvisionnements pour sa division, Bonaparte lui refuse de prendre l'avant-garde du siège de la forteresse. Reynier proteste vivement par écrit contre ce qu'il considère comme une injustice :

« Quelques reproches inattendus que vous m'avez faits ce matin, Citoyen Général, et auxquels j'ai été très sensible, m'engagent à vous écrire et à entrer dans quelques explications sur la manière dont j'ai été traité depuis que je suis employé à cette expédition. La division la plus faible m'a été donnée et on l'a composée de troupes qu'on regardait comme les moins bonnes, quoique, heureusement, elles se soient trouvées excellentes... J'aime mieux savoir si quelques motifs particuliers sont causes des vexations que j'éprouve et me retirer, que de continuer à servir dans cette incertitude...

« On a trouvé ici plus d'obstacles qu'on ne le croyait; j'aurais espéré qu'on aurait témoigné aux troupes quelque satisfaction de ce qu'elles ont fait... Lorsque j'ai vu ce matin qu'on ne consultait nullement, sur ce fort, celui qui y était arrivé le premier..., j'ai eu lieu de penser qu'on ne le chargerait pas d'en diriger le siège. Un général de division peut et doit certainement réclamer pour ses troupes le poste qu'il pense leur convenir et être plus honorable...

« J'ai été à plusieurs sièges et, avant même que j'eus *(sic)* le grade que j'ai actuellement, rien n'a été fait par l'artillerie et le génie sans demander mon avis. Si on me charge de commander le siège et qu'on soit disposé à me donner l'honneur de sa prise, il faut que les commandants de l'artillerie et du génie se concertent avec moi sur les travaux à faire et que rien ne se fasse sans mon ordre. Si cela n'est pas, je ne commande nullement. »

Reynier qui, par son attaque surprise, a forcé le gros des forces d'Abdallah à faire retraite et à laisser le fort d'El Arich à ses propres moyens, paraît en effet en mesure de réduire assez promptement la forteresse qui ne peut plus attendre de secours extérieurs. Bonaparte juge qu'il y a intérêt à abréger ainsi le séjour de l'armée dans une zone où elle a tant de peine à subsister. Il ordonne donc à Caffarelli (génie) et à Dommartin (artillerie) de « se concerter avec Reynier pour pousser ce siège avec le plus de vigueur possible ».

Le 18 février, le commandant du fort envoie quatre parlementaires, tous capitaines, s'enquérir des conditions d'une sortie honorable. Ne manquant ni de vivres ni de munitions pour soutenir le siège, il se dit prêt à traiter sous conditions, car l'aide promise par Abdallah ne lui est pas arrivée. Il demande la possibilité pour sa garnison de quitter la forteresse avec armes et bagages pour aller où bon lui semblera. Bonaparte lui fait transmettre une contre-proposition : il lui rendra ses armes avec les honneurs de la guerre à condition qu'elle se laisse conduire en Égypte, d'où ses hommes pourront s'embarquer pour la destination de leur choix. Sachant l'Égypte soumise au blocus, le commandant du fort décline cette offre apparemment généreuse et rompt les pourparlers. Bonaparte ordonne un pilonnage massif pour le lendemain matin. Les batteries établies durant la nuit à trois cents mètres autour de la forteresse ouvrent le feu. Le tir est si mal réglé que quantité d'obus et de boulets manquent leur but et atteignent les rangs français, tuant ou blessant cinq ou six hommes dans chacune des trois divisions en ordre de bataille de l'autre côté du fort. L'*Agenda* de Malus signale même la chute de projectiles sur l'ambulance qui tient lieu d'hôpital de campagne. Selon le *Journal* du général Damas, un sergent-major de la 75ᵉ est tué au camp et le capitaine Laserre a la cuisse emportée par un boulet. « Nous perdîmes plus de monde par notre propre feu que par celui de l'ennemi », note encore Malus.

Devant les résultats incertains de la canonnade, les sapeurs tentent de se frayer un chemin vers l'une des quatre tours par une brèche qui, selon le récit de Detroye, n'était pas praticable. Devant la résistance énergique des assiégés, la difficulté de ruiner ces solides murailles avec de simples canons de campagne, et la pénurie de vivre de ses troupes, Bonaparte se résigne, le lendemain à midi, à suspendre le tir pour reprendre les négociations en atténuant ses dernières exigences. Il envoie au fort un émissaire avec le drapeau parlementaire et somme le commandant de se rendre à des conditions de capitulation très favorables, puisqu'une brèche a déjà été faite. Or, selon les lois de la guerre en vigueur, une garnison qui refuse de se rendre après qu'une brèche a été faite dans ses défenses s'expose à être passée au fil de l'épée par l'assiégeant. La sommation adressée par Berthier au commandant Ibrahim Nizam est d'ailleurs ainsi rédigée :

« Le général en chef me charge de vous faire connaître que la brèche commence à être praticable; que les lois de la guerre chez tous les peuples sont que la garnison d'une ville prise d'assaut doit être passée au fil de l'épée; que votre conduite dans cette circonstance n'est qu'une folie, de laquelle il a pitié, et que la générosité l'oblige à vous sommer pour la dernière fois... »

Cette lettre comminatoire est en fait accompagnée d'une offre de reddition très généreuse : contre la livraison du fort à 4 heures de l'après-midi, la garnison pourrait emporter à pied armes et bagages jusqu'à Bagdad en s'engageant à ne plus servir en Syrie pendant un an et à laisser aux Français leurs chevaux et leurs approvisionnements.

Les chefs de la garnison vont tergiverser jusqu'au soir.

« On entendait les discours que les imams faisaient aux soldats, et les prières qu'ils récitaient, prétendra Napoléon dans le récit, très contesté, qu'il en fera à Sainte-Hélène. Tous ces hommes étaient fanatisés. L'assaut, dont la réussite était probable, coûterait peut-être quatre ou cinq cents hommes, sacrifice que notre position ne nous permettait pas de faire. Cependant, on n'avait pas de temps à perdre... Il était urgent d'en finir. »

En effet, le siège imprévu dure depuis dix jours et l'armée épuisée par sa traversée du désert risque de périr d'inanition si on ne la dirige pas immédiatement vers une contrée plus fertile.

« L'intérêt majeur de ne pas s'attarder devant El Arich, commente l'historien militaire de l'expédition C. de La Jonquière, avait déterminé Bonaparte à accorder une capitulation très libérale. Il voulut (aussi) que l'Égypte, en apprenant sa victoire, vît dans les concessions faites un témoignage spontané de sa générosité. »

Le soir du 20 février, le commandant Nizam et trois capitaines pour les unités de Maugrabins (Marocains), d'Arnautes (Albanais) et des munitionnaires, signent l'acte de reddition : « Nous consentons à remettre en vos mains le fort d'El Arich; nous nous rendrons par le désert à Bagdad. Nous vous envoyons la liste des aghas du fort, qui vous promettent par serment, pour eux et pour leurs troupes, de ne point servir dans l'armée de Djezzar et de ne point se rendre en Syrie d'une année à compter de ce jour. Nous recevrons de vous un sauf-conduit et un drapeau... La totalité des aghas qui se trouvent dans le fort jure solennellement par N.S. Moïse, Abraham, par le Prophète (auquel Dieu soit propice) et par le Koran, d'exécuter fidèlement tous ces articles, et spécialement de ne point servir le Djezzar. Le Très-Haut et son prophète sont témoins de notre bonne foi. »

Les huit à neuf cents survivants de la garnison vont passer la nuit dans le carré occupé par la brigade de Lagrange, tandis que les Français se ruent sur les provisions stockées dans la forteresse. Les assiégeants affamés ont la surprise d'y découvrir des stocks de biscuits en provenance des magasins de l'armée française de Damiette. C'est un sergent d'intendance en poste dans le port du Delta qui, selon l'historien britannique Herold, trouvait son profit à vendre les provisions en dépôt à des matelots grecs, lesquels s'empressaient de les transporter pour les revendre, à prix d'or, à des marchands turcs, fournisseurs des armées ottomanes!

En violation des termes de l'accord, les hommes de la garnison sont désarmés; les mamelouks seront envoyés en Égypte avec les prisonniers du camp d'Abdallah, les drapeaux et les canons pris à l'ennemi pour servir à une entrée triomphale au Caire par la porte des Victoires; les trois cents Maugrabins, les Albanais et les Grecs seront escortés pendant six lieues dans le désert en direction de Bagdad par la division du général Bon, puis incités de façon plus ou moins aimable à s'engager comme mercenaires dans les forces françaises plutôt que de périr de soif et de faim en route. Le reste, abandonné à lui-même, finira par rallier les forces ottomanes en Syrie, estimant ne plus être tenu par des engagements que Bonaparte a été le premier à ne pas respecter. Deux dignitaires musulmans, un émir et un cadi, que le général en chef a emmenés avec lui en otages pour servir d'émissaires ou de parlementaires, réussiront également à fausser compagnie à leur escorte.

Quant aux quatre bataillons de mercenaires arnautes ou maugrabins formés sur-le-champ, tous les récits ultérieurs les montreront aussi fidèles que vaillants. Parmi les Maugrabins enrôlés ainsi en cours de chemin dans le corps expéditionnaire se trouvaient aussi quelques juifs du Maroc « montés » en Terre sainte et engagés dans les forces armées locales. C'est ainsi que sera fait mention, dans un communiqué publié par *Le Moniteur*, d'un mystérieux général Samuel, inconnu dans les annales de la campagne, comme chef d'une division déployée devant Saint-Jean-d'Acre, quand Bonaparte se lancera avec le gros de l'armée au secours de Kléber devant le mont Thabor : « Bonaparte laisse devant Acre les divisions Reynier et *Samuel...* »

Mais, avant d'en arriver là, le général en chef aura dû mettre les bouchées doubles pour tenter de combler les dix jours de retard accumulés à El-Arich. Dix jours qui ont ébranlé son monde de certitudes toutes faites et bouleversé son plan de campagne. Contrairement à la plupart des historiens français qui se sont plu à glorifier sa traversée du désert « plus rapide qu'une cavalerie arabe », leurs collègues étrangers voient dans la bataille d'El Arich le tournant qui aura décidé du sort de son expédition.

Alors qu'il a programmé la prise de la forteresse de Saint-Jean-d'Acre au début de mars, le voici contraint, dès le lendemain de la capitulation d'El Arich, de reprendre la route en accélérant l'allure de son armée et d'annuler son plan de marche sur Jérusalem. Bonaparte nourrit alors l'espoir de trouver à Gaza, dont la forteresse sert de retranchement aux troupes débandées du général Abdallah, l'équivalent du chevalier Hompesh qui lui avait ouvert, dix mois plus tôt, les portes de Malte, à la barbe de Nelson. Dans cette course contre la montre, le général en chef manque de tomber lui-même entre les mains des mamelouks, une fois franchies les deux colonnes de Rafah qui délimitent le Sinaï de la Palestine syrienne, aux confins de l'Afrique et de l'Asie.

VI

Gaza : un pacha à vendre

Entouré d'un simple piquet d'escorte et de la soixantaine d'hommes de son quartier général, Bonaparte, médusé, donne le signal de la retraite à la faveur du soir qui tombe. D'une hauteur dominant le village palestinien de Khan-Younès où il croyait trouver l'avant-garde de Kléber et la cavalerie de Murat, partis d'El Arich vingt-quatre heures avant lui, il est surpris d'apercevoir une grande quantité de tentes. Le camp est beaucoup trop grand pour être celui de l'avant-garde française. Bonaparte n'en croit pas ses yeux : c'est l'armée d'Abdallah qui campe à une demi-lieue de là sur la route de Gaza ! Et les chevaux qui caracolent dans sa direction sont montés par des cavaliers mamelouks ! Des coups de feu éclatent. Un chasseur arrive au galop pour prévenir Bonaparte qu'il vient de « faire le coup de carabine » avec des mamelouks d'Ibrahim Bey. Les éclaireurs des guides ont reconnu la présence de l'ennemi.

« Un cheval des Mamelouks s'échappe en même temps, raconte dans ses mémoires le colonel Richardot, et se réunit en hennissant aux chevaux des éclaireurs, arrive avec eux, se précipite entre les chevaux des officiers de l'état-major où il met un instant une sorte de confusion, qu'en vain l'on s'est efforcé de prévenir en cherchant à s'emparer ou à éloigner à coups de sabre ce coursier vagabond, cet étalon sans frein. Cependant, un cavalier parvient à le saisir et à le maîtriser ; et déjà on avait commencé la marche rétrograde... »

Que s'est-il donc passé au lendemain de la victoire d'El Arich pour que le général risque de se faire prendre, à quatorze lieues de là, par une bande de mamelouks? L'armée a été disposée en ordre de marche dès le 21 février. Cette fois, c'est Kléber et sa division, renforcée par la cavalerie de Murat, qui forment l'avant-garde. Reynier et les siens sont relégués à l'arrière de l'armée. Ils sont chargés de faire passer le plus tôt possible le matériel et le ravitaillement laissés à Katieh. Quittant El Arich avec les divisions Bon et Lannes qui constituent le gros de la troupe, Bonaparte prend bientôt les devants avec quelques officiers et ses guides pour rejoindre l'avant-garde sous Khan-Younès, premier village de la Palestine à la sortie du désert. Il ignore que la division Kléber, trompée par son guide, s'est égarée loin du littoral. Voici la version qu'il donnera de cet incident symbolique dans le récit, reconstitué à la troisième personne, de Sainte-Hélène :

« Le général Kléber partit le 22 février avant le jour. Il devait aller coucher au puits de Zaouy pour arriver le lendemain à Khan-Younès. Il avait ordre de pousser un avant-poste à Khan-Younès, si c'était possible...

« Le général en chef partit le 23 à une heure de l'après-midi, avec cent dromadaires et deux cents gardes à cheval. Il marcha au grand trot pour joindre l'avant-garde. Arrivé au santon (puits) de Kharoub, il trouva un grand nombre de fosses où les Arabes enterrent des blés et des légumes : aucune n'était fouillée. Arrivé au puits de Zaouy, il ne trouva pas trace de l'avant-garde... Arrivé au puits de Rafah, le soleil se couchait : il ne trouva là non plus aucune trace de la division. Il arriva enfin sur la hauteur vis-à-vis de Khan-Younès. Le village est dans le fond; il faisait encore un peu jour. Il aperçut une grande quantité de tentes... Peu de moments après, le piquet d'escorte tira quelques coups de carabine contre les grand'gardes de l'ennemi... On voyait un camp très considérable qui prenait les armes et dont la cavalerie montait à cheval. On se peindra facilement l'étonnement de l'état-major. Qu'était donc devenue l'avant-garde? Les chevaux étaient très fatigués : ils avaient en neuf heures fait douze lieues; on allait être poursuivi par une cavalerie fraîche. Il fallut battre promptement en retraite. Les puits de Rafah étaient trop près. On arriva à celui de Zaouy à onze heures du soir. Les partis qui s'étaient dirigés le long de la mer et par le désert n'apportèrent aucune nouvelle. »

Dans sa copieuse correspondance avec sa femme, le chef de l'atelier d'habillement Bernoyer enjolive quelque peu la scène, à son habitude :

« Quand nos éclaireurs vinrent nous dire qu'au lieu d'y voir notre armée le village semblait être occupé par des Mamelouks, nous fûmes désagréablement surpris. Aussitôt, le danger se dressait devant nous, de telle sorte qu'il n'y avait pas à tergiverser : ou bien il fallait se voir écrasés par le nombre, si nous reculions ; ou bien, il fallait payer d'audace. Bonaparte, aussi prompt à exécuter qu'à délibérer, se mit à la tête de ses guides et de quelques dromadaires qui lui servaient d'escorte : il fonça sur les Mamelouks au grand galop. Ceux-ci, devant cette témérité, crurent sans doute que le gros de l'armée suivait : ils prirent la fuite. »

Plus sobrement, le général Berthier, chef de l'état-major, s'en tient à une relation digne d'un communiqué : « Le quartier général arrive jusque sur les hauteurs de Khan-Younès, sans avoir de nouvelles de la division Kléber. Le général en chef pousse quelques hommes de son escorte dans le village : les Français n'y avaient point encore paru ; quelques mamelouks qui s'y trouvent prennent la fuite et se retirent au camp d'Abdallah pacha, qu'on aperçoit à une lieue de là... Convaincu que la division Kléber s'est égarée, Bonaparte se replie sur Santon, trois lieues avant Khan-Younès, dans le désert. » En fait, selon le *Journal* de Detroye, l'armée d'Abdallah campait sur une hauteur, à une demi-lieue, et « le quartier général... s'est replié précipitamment à quatre lieues de Khan-Younès. Nous y avons trouvé la division de cavalerie (Murat) et celle de Kléber était prête à y arriver. Ces deux divisions, ainsi que le parc du génie, s'étaient égarés en se portant trop au sud. On a bivouaqué dans cette position, et chacun s'est félicité de voir le général en chef échapper à un si grand danger ».

Le quartier général de l'armée d'Orient s'est donc bien trouvé, ce soir-là, avec seulement une cinquantaine d'hommes en état de se battre, en face du camp des mamelouks, et a eu la chance de s'en tirer de justesse. Le *Journal* de Doguereau donne plus de détails sur cette retraite :

« Après quelques heures de marche sans trouver personne, nous commençâmes à être inquiets : on ne voyait aucune trace des voitures, on avait la certitude que l'armée n'avait pas passé par là; la nuit approchait. Le général Dommartin fit prendre le grand trot... Nous aperçûmes tout à coup des cavaliers venant à nous à toute bride; nous avions déjà armé nos pistolets lorsque nous les reconnûmes pour des Français : c'étaient des officiers d'état-major portant des manteaux arabes. Ils nous apprirent la situation critique dans laquelle se trouvait le quartier général et nous dirent qu'ils nous avaient pris de loin pour des ennemis. Nous vîmes aussitôt tout le quartier général, qui revenait vers nous; nous étions près de Khan-Younès...

« Nos reconnaissances s'étaient battues dans le village avec les Mamelouks; le corps ennemi, qui était là en observation, était campé en dehors du village sur la hauteur. On avait beaucoup à craindre une attaque de leur part, qui n'eût probablement pas été à notre avantage; on se retira avec précaution jusqu'à un très beau puits qui se trouve près des colonnes qui séparent l'Afrique de l'Asie.

« La nuit nous fut très favorable, puisqu'elle laissait ignorer à l'ennemi que nous étions éloignés de l'armée et si nous étions en force. On vit bien que l'armée avait fait fausse route et s'était égarée dans le désert. Bonaparte en était très inquiet. Après une demi-heure de halte, nous repartîmes pour aller au-devant de l'armée; après quelques heures de marche, nous aperçûmes des feux. C'étaient la cavalerie et une division qui étaient bivouaquées au Santon; elles nous apprirent que l'avant-garde s'était égarée sur la droite dans le désert, et qu'elles-mêmes, ayant longtemps suivi ses traces, ne s'étaient aperçues de l'erreur que très tard. L'avis en avait été envoyé au général Kléber...

« La vue des feux de nos bivouacs, après une aventure qui pouvait devenir tragique, nous fut aussi fort agréable : nous ne nous attendions pas à retrouver de sitôt l'armée. La nuit, nous entendîmes arriver la division Bon; celle du général Kléber arriva de grand matin : le soldat était accablé de fatigue, il avait marché dix-huit heures dans les sables. On tua mulets, chevaux et chameaux pour distribuer aux troupes. »

Kléber réussit à faire joindre Bonaparte par un de ses aides de camp sur la route du puits.

« Mon guide, Citoyen Général, m'avait enfilé dans le chemin des Arabes en m'assurant qu'il était plus court et très praticable pour l'artillerie, explique-t-il dans son message. Je l'avais fait reconnaître par mes aides de camp, qui le trouvèrent en effet très beau ; mais, au bout de trois lieues de chemin, la scène changea, et il fallut, pour ne rien donner à l'incertitude, rebrousser une partie du chemin. Heureusement que nous fîmes une prise de douze chameaux chargés d'orge, ce qui me mettra à même de faire rafraîchir les chevaux et de vous rejoindre dans la nuit...

« Je vous ai donc de suite expédié un aide de camp, en avant et en arrière, et j'espère que l'un d'eux vous aura rencontré pour vous annoncer un événement qui fera crier la gent vulgaire et dans lequel Bonaparte ne verra qu'un accident commun à la guerre. Avec deux heures de jour de plus, cela ne me serait pas arrivé. »

Les divisions Bon et Lannes, qui ont suivi ses traces, ont également erré plusieurs heures dans le désert. « Ces trois divisions, qui, d'après les ordres, n'auraient dû arriver que successivement, se réunissent presque en même temps au Santon, relate Berthier. Les puits sont bientôt à sec. On creuse avec peine pour obtenir un peu d'eau. L'armée, qu'une soif ardente dévore, ne peut obtenir qu'un léger soulagement à ses souffrances et à ses besoins. »

D'où la première manifestation de mécontentement de l'armée, frisant la mutinerie, à laquelle Bonaparte doit faire face.

« A la pointe du jour, dit Napoléon dans son récit de Sainte-Hélène, le général en chef rencontra trois ou quatre dragons de l'avant-garde qui lui donnèrent les nouvelles les plus déplorables... Le découragement était tel parmi les soldats que plusieurs avaient brisé leur fusil. Le général en chef, depuis la veille à la recherche de la division, la rallia, fit battre à l'ordre et prononça ces mots :

“ Ce n'est point en vous mutinant que vous remédierez à vos maux ; au pis aller, il valait mieux enfoncer sa tête dans le sable et mourir avec honneur que de se livrer au désordre et de violer la discipline. ” »

Cette proclamation aux soldats de la division Kléber est datée du 6 ventôse an VII (24 février 1799), près du puits de Zaouy. Ce même jour, Kléber rédige son rapport : « Je n'ai, Citoyen Général, aucun compte à vous rendre de la journée d'hier, puisque vous vîtes et dirigeâtes tout. Mais je dois vous prévenir que j'ai eu lieu de me plaindre du chef de bataillon Deslonges, de la 25e demi-brigade, comme provocateur de murmures et de mauvais propos. Je l'ai fait sortir hier du carré et je vous prie de bien vouloir ordonner des dispositions pour qu'il n'y rentre plus. Il serait, suivant l'avis des généraux et chefs, plus propre à commander un détachement dans un poste quelconque que de suivre la troupe. Il s'est fait hier une halte sans l'ordre du général Verdier, sur un seul cri qu'il est accusé d'avoir poussé, sans que pourtant j'aie pu m'en procurer des preuves suffisantes pour le mettre en jugement. »

Dans son récit, Napoléon ne s'attarde pas trop sur cet incident pourtant révélateur, pour tirer une fois de plus la couverture à soi :

« Aussitôt que les soldats reconnurent sa capote grise, ils la saluèrent par des cris de joie redoublés... Il leur annonça qu'ils n'étaient point éloignés du puits de Zaouy, que des chameaux chargés d'eau venaient à leur rencontre. A midi, la division Kléber arriva au puits de Zaouy au moment même où le reste de l'armée et les chameaux de réserve y arrivaient. Il ne leur manqua que cinq hommes, morts de soif ou égarés. Lannes prit l'avant-garde et coucha le soir même à Khan-Younès. Des prisonniers dirent que, l'avant-veille, à la vue de l'escorte du général en chef, Abdallah était monté à cheval et avait poussé jusqu'à Rafah avec toute sa cavalerie; mais la nuit était devenue très obscure, il avait cessé sa poursuite, de crainte de tomber dans quelque embuscade. »

Le quartier général franchit donc à nouveau ces colonnes de Rafah, dont Berthier estime qu'elles « sont les restes d'un caravansérail où s'arrêtaient les caravanes pour faire de l'eau à l'entrée du désert qui sépare la Syrie de l'Égypte ». Cette ligne de démarcation restera symbolisée plus tard (et jusqu'à nos jours) par un fil de fer passant à travers la ville de Rafah pour départager le quartier asiatique du quartier africain. Les soldats s'émerveillent à la vue des jardins qui, dans le lointain, rappellent pour beaucoup les terrasses cultivées de la Provence. Tous témoignent de leur joie de découvrir une sorte d'Éden après l'enfer du Sinaï.

« Nous passâmes d'Afrique en Asie, écrit Doguereau dans son *Journal*. On trouve là les restes d'un édifice. Nous nous arrêtâmes au puits qui se trouve près de là : on y fit rafraîchir une partie de la cavalerie et l'on fit des dispositions pour attaquer le camp ennemi que nous avions trouvé la veille. Bonaparte marcha en avant pour reconnaître avec ses guides. Nous arrivâmes sur les hauteurs de Khan-Younès, et nous ne vîmes plus de camp; quelques Arabes et cavaliers ennemis voltigeaient sur le sommet des hauteurs de l'autre côté du village, dont les jardins nous offraient un coup d'œil fort agréable, surtout en sortant du désert. Des tirailleurs poussés en avant éloignèrent les hommes que nous avions vus; on descendit dans le village avec précaution : on n'y trouva que deux cavaliers turcs endormis et que les autres n'avaient probablement pas avertis. Ils se crurent morts, on ne leur fit aucun mal. Il y avait très peu d'habitants, ils s'étaient retirés à notre approche; nous trouvâmes quelques bestiaux, et le quartier général eut de la viande fraîche. »

Ce jour-là, l'armée campe avec bonheur sous les premières pluies derrière les haies des jardins. Napoléon se fait un peu plus lyrique en l'évoquant dans son récit :

« On allait traverser la Terre sainte. Les soldats se livrèrent à toutes sortes de conjectures. Tous se faisaient une fête d'aller à Jérusalem : cette fameuse Sion parlait à toutes les imaginations et réveillait toute espèce de sentiments. Les chrétiens leur avaient montré dans le désert un puits où la Vierge, venant de la Syrie, s'était reposée avec l'Enfant Jésus. Les généraux avaient comme drogmans, intendants ou secrétaires, un grand nombre de catholiques syriens qui parlaient un peu la langue franque, jargon italien : ils expliquaient aux soldats toutes les traditions de leurs légendes chargées de superstitions. L'armée séjourna le 24 février à Khan-Younès; elle partit le 25 avant le jour. »

Bonaparte a profité de cette halte bienfaisante pour adresser une proclamation aux cheiks et aux ulémas de Gaza, ville fortifiée et capitale du pachalik de Palestine :

« Arrivé à Khan-Younès avec mon armée, j'apprends qu'une partie des habitants de Gaza ont eu peur et ont évacué la ville. Je vous écris la présente pour qu'elle vous serve de sauvegarde, et pour faire connaître que je suis ami du peuple, protecteur des ulémas et des fidèles. Si je viens avec mon armée à Gaza, c'est pour en chasser les troupes de Djezzar Pacha et le punir d'avoir fait une invasion de l'Égypte. Envoyez donc au-devant de moi des députés et soyez sans inquiétude pour la religion, pour votre vie, vos propriétés et vos femmes. »

Gaza est à cinq heures de marche de Khan-Younès. A trois lieues, la colonne de tête, formée de la cavalerie de Murat et du quartier général, rencontre l'avant-garde d'Abdallah. Selon les prisonniers faits au cours de cette brève escarmouche, ce chef de guerre a reçu des renforts qui portent ses effectifs à douze mille hommes, dont six mille cavaliers, pour couvrir Gaza. Il attend, pour engager le combat, l'arrivée de l'agha de Jérusalem ainsi que quatorze pièces de canon du parc de campagne de Jaffa. Soit, au total, une armée de vingt mille hommes dont l'infanterie n'est efficace qu'à l'abri des murailles de la forteresse. La cavalerie, elle, se compose de cinq à six cents mamelouks d'Ibrahim-Bey, de trois mille Arnautes (Albanais) de Djezzar-Pacha et de deux mille Damascènes.

A trois heures de l'après-midi, les deux armées se font face, de part et d'autre du lit d'un torrent, à une lieue de la ville. Selon le récit de Napoléon, celle d'Abdallah s'appuie, sur sa droite, au mamelon d'Hébron – où Samson, aveugle, déposa les portes de Gaza –, sa cavalerie toute concentrée sur sa gauche. Les divisions Kléber, Bon et Lannes se forment en carrés. Les renforts de Jérusalem et de Jaffa n'étant pas arrivés, Abdallah ne dispose alors que d'un volant d'une dizaine de milliers de combattants, et seulement de deux canons dans le fort. Le général Kléber fonce dans la vallée entre Gaza et la droite de l'ennemi et se porte vivement sur ses arrières. La cavalerie de Murat, soutenue par les carrés de Lannes, tourne la gauche du dispositif adverse, tandis qu'au centre, Bon attaque de front. Devant ces mouvements, les forces ottomanes battent en retraite et évacuent toutes leurs positions, laissant deux à trois cents morts sur le terrain. Trois escadrons de tête de Murat, enfoncés par les mamelouks d'Ibrahim-Bey avant leur retraite, perdent une soixantaine d'hommes. Les dragons poursuivent l'ennemi sur deux lieues, au-delà de Gaza, l'épée dans les reins.

Selon le récit de Detroye, avant même ce rapide affrontement, un habitant de Gaza est venu à la rencontre du général en chef et lui a remis une supplique de ses compatriotes. Le général Damas, qui n'a eu qu'un cavalier blessé durant l'escarmouche, prétend, dans son journal, que c'est à lui que les habitants sont allés demander grâce quand il est entré dans la ville. « Je les rassurai et me fis conduire au fort. Je trouvai des munitions de guerre... et, dans un bâtiment voisin, un reste de magasin d'orge suffisant pour l'armée pour huit ou dix jours. »

En fait, Gaza sera la seule ville de Palestine à se rendre sans combattre. Une délégation de notables s'est présentée à la tente du général en chef pour lui remettre les clés de la cité. Napoléon raconte la reddition du commandant de la forteresse :

« Les cheiks et les ulémas de Gaza apportèrent les clés de leur ville. Les proclamations du Divan du Gâma al-Azhar, qui suivait l'armée, nous avaient concilié l'opinion des habitants; ils ne se démentirent pas pendant toute la campagne. Le soir même, le fort fut cerné; et, par l'influence des habitants, l'agha qui le commandait le remit à la pointe du jour. » Une résistance de la garnison aurait eu une conséquence néfaste pour le corps expéditionnaire, comme le souligne Bernoyer : « Nous fûmes heureux de trouver ici des magasins bien fournis, car nos convois n'avaient pas suivi le même itinéraire que nous à cause du désert, ce qui les avait retardés de plusieurs jours. Cet inconvénient, si Gaza ne nous avait pas reçus de la sorte, nous aurait causé beaucoup de difficultés sur tous les plans, mais essentiellement au niveau des vivres. »

Le chef de l'habillement ne se fait pourtant pas d'illusions sur le ralliement de la population et ne croit pas à la portée des proclamations de Bonaparte : « Ses paroles auraient électrisé tout autre peuple que les Syriens, car ceux-ci, depuis des siècles, sont accoutumés au plus dur esclavage. Les mots de Liberté et d'Indépendance leur sont totalement étrangers et n'ont pour eux aucun sens. »

En vérité, si Gaza est tombée pratiquement sans coup férir, c'est qu'un agent palestinien de Bonaparte est un ami intime du gouverneur de la ville et qu'il n'a eu aucun mal à le convaincre, contre espèces sonnantes et trébuchantes, d'épargner à sa population les horreurs de la guerre.

Halachim est l'un des dix notables du Caire emmenés en otages par Bonaparte dans son expédition de Syrie. Ce fonctionnaire de la Sublime Porte était resté en poste en Égypte à l'arrivée des Français. Bernoyer s'est lié d'amitié avec lui :

« C'était, écrit-il, un homme très instruit et fort aimable; il était natif de Jaffa. Très jeune, il avait quitté sa ville natale pour aller à Constantinople occuper un emploi à la Cour ottomane, mais, quelque temps avant notre arrivée en Égypte, il avait été envoyé au Grand Caire pour veiller aux intérêts du Grand Seigneur (le sultan Sélim III). Malgré les circonstances pénibles où son ministre l'avait placé, il sut, par son esprit et sa politique, mériter l'estime de tous les partis et de tous les gens de bien. »

Halachim a confié au chef de l'atelier d'habillement, dont il est devenu inséparable, que le gouverneur de Gaza lui devait d'ailleurs son poste, qu'il avait sollicité pour lui, par amitié, auprès du Grand Vizir. Alors que la plupart des otages ont faussé compagnie à leur escorte pendant la traversée du Sinaï pour regagner l'Égypte, Halachim, lui, a profité de l'expédition pour revenir dans son pays natal avec l'espoir d'y revoir sa famille et ses amis bien placés dans l'administration, tel ce gouverneur de Gaza. En récompense, il a obtenu de Bonaparte l'autorisation de disposer de sa personne. C'est ainsi qu'il a pu mener librement sa négociation avec le pacha de Gaza. Ce gouverneur sera le seul que Bonaparte laissera en poste durant sa campagne de Syrie.

Bernoyer racontera aussi plus tard comment Halachim l'a fait inviter, par la suite, à la table de ce pacha : « Nous fûmes introduits dans une salle (du château de Gaza) où le Gouverneur nous attendait, entouré par quelques-uns de ses amis; avec empressement, il vint au-devant de nous et il nous témoigna sa grande joie de nous recevoir chez lui... Selon l'usage du pays, on nous apporta de longues pipes. Cela nous permit de nous familiariser avec ces visages à longue barbe qui nous entouraient. Après une courte conversation, nous entrâmes dans la salle à manger. Le repas était servi sur un grand plateau en argent... Nous étions dix convives. Chacun d'entre nous avait comme siège un magnifique coussin recouvert en satin des Indes et orné de broderies et de franges en or... Les principaux mets servis furent des poules bouillies, accompagnées de riz et assaisonnées de fortes épices; les autres plats furent à peu près du même genre; les rôtis, cuits entre deux plats, étaient bien accommodés. Mais, dans ce pays, la somptuosité des repas réside dans la pâtisserie... »

Bernoyer relate encore un autre repas chez ce gouverneur

inamovible : « Il était si heureux de sa pêche qu'il nous la montra avant de la donner à son cuisinier... Je le priai de m'expliquer l'origine des fragments de colonnes couverts d'hiéroglyphes qui se trouvaient devant nous. Il me répondit qu'il le ferait seulement après que nous aurions mangé les fruits de sa pêche... Suite à son désir, il ne nous restait plus qu'à le suivre au château où la salle à manger était déjà prête à nous recevoir... Au cours du dessert, il combla ma curiosité sur les antiques vestiges qui ornent plus magnifiquement son parc que les statues et les différents pavillons qui s'y trouvent.

– Tous les fragments des colonnes que vous avez vus, me dit-il, sont les restes du temple de la déesse Isis... Ce temple fut dévasté par les troupes d'Alexandre le Grand qui fit la guerre contre Darius, roi de Perse; longtemps après, il fut restauré par les consuls romains qui régnèrent alternativement en Égypte : pendant une longue période, il leur servit de résidence secondaire... Plusieurs siècles après, arrivèrent de tous les points de l'Europe des bandes de brigands qui le détruisirent en grande partie. Ils nous firent également un mal considérable, prétextant que notre religion était néfaste. Dieu, juge suprême, exauça nos ferventes prières : nous obtînmes une éclatante victoire sur cette foule innombrable de mécréants qui prétendaient nous faire la loi. Notre saint Prophète, veilleur infatigable, nous aida par sa toute-puissance à les exterminer comme des insectes venimeux. A cette époque, mon aïeul fit l'acquisition du vaste terrain sur lequel est construit ce château que nous avons toujours embelli.

« Avant de nous retirer, le Gouverneur, s'adressant à moi, dit :

– Je me suis aperçu que vous aimiez vous instruire. Permettez-moi que je vous offre ce livre, retraçant la vie de Jésus-Christ. Nos meilleurs écrivains l'ont traduit du texte hébreu. »

Ainsi, Gaza offre aux troupes exténuées de Bonaparte un cadre de tout repos qui leur permet de souffler et de se refaire durant quatre jours après qu'on a sonné le ralliement, le 24 février à 6 heures du soir, à une lieue au-delà de la ville. Le général en chef, qui a fait planter les tentes du quartier général sur l'éminence appelée Hébron, profite de ce répit pour former un Divan de notables locaux auquel il confie le gouvernement de la Palestine.

« La ville est placée sur un beau plateau qui a deux lieues de tour, rapporte-t-il dans son récit de Sainte-Hélène. Cette ville a été forte : Alexandre l'assiégea, eut des difficultés à vaincre et y fut dangereusement blessé. Mais, aujourd'hui, ce n'est plus qu'un assemblage de trois bourgades, dont la population s'élève à trois ou quatre mille âmes. La plaine de Gaza est belle, riche, couverte d'une forêt d'oliviers, arrosée par beaucoup de ruisseaux; il y a un très grand nombre de beaux villages.

« L'armée campa dans les vergers autour de la ville; elle occupa les hauteurs par de forts détachements... On se ressentit de l'abondance du territoire... La terre était grasse, boueuse, l'atmosphère couverte de nuages. »

L'intarissable Bernoyer y va de son commentaire sur les ressources hydrauliques de ces plaines sablonneuses :

« Nos savants avaient appris par de vieilles traditions arabes que lorsqu'on trouvait un dattier isolé dans le désert, cela prouvait qu'à ses racines se cachait une source d'eau vive. Toujours avides de nouvelles découvertes, ils demandèrent une escorte pour aller procéder à cette expérience sur un dattier qu'ils avaient aperçu à deux lieues du camp. La curiosité m'ayant conquis, je fis partie de la centaine de personnes qui s'étaient jointes à l'escorte. Arrivant près du dattier, Monsieur Monge, qui dirigeait cette opération, fit dégarnir l'arbre de ses rameaux puis le fit abattre. Ensuite, il demanda aux sapeurs d'ouvrir l'arbre par le milieu. Après quelques coups de hache, nous fûmes grandement surpris de voir qu'il contenait en son sein une noix de la taille d'un gros melon contenant environ quatre pintes de lait semblable à celui qu'on extrait des noix de coco d'Amérique. »

Bonaparte, lui, passe ces quatre jours de halte à faire du courrier.

« Depuis trois jours, il fait ici un vent horrible et il pleut à verse, le ciel est couvert : c'est le climat de Paris », écrit-il à Desaix en l'informant de la constitution du Divan de Palestine. Songe-t-il alors à une longue occupation de la Terre sainte ou ne s'agit-il que d'une inspiration passagère? Au général Dugua, resté dans la capitale égyptienne, il écrit plus curieusement : « Nous sommes ici dans l'eau et la boue jusqu'aux genoux; il fait ici le même temps et le même froid qu'à Paris dans cette saison. Vous êtes bienheureux d'être au beau soleil du Caire. »

Mais Bonaparte rédige surtout des proclamations qu'il fait parvenir à tous les dirigeants locaux de la province palestinienne :

« Berthier profita de ce moment de repos, se souvient-il à Sainte-Hélène, pour expédier des proclamations à Jérusalem, à Nazareth, dans le Liban. C'étaient des proclamations du sultan El Kebir [lui] aux Turcs; c'étaient des allocutions aux ulémas de Gâma el-Azhar, aux fidèles Musulmans, et enfin des circulaires aux Chrétiens. Ces proclamations étaient en arabe : le quartier général avait une imprimerie. »

Bonaparte envisage alors d'aller « délivrer » Jérusalem :

« Jérusalem était sur la droite de la route; on espérait y recruter bon nombre de Chrétiens et y trouver pour l'armée des ressources importantes... Toute l'armée se faisait une fête d'entrer dans cette Jérusalem si renommée; quelques vieux soldats qui avaient été élevés dans les séminaires chantaient les cantiques et les complaintes de Jérémie, que l'on entend pendant la semaine sainte dans les églises d'Europe. »

Seulement, il y a un *mais* : au cours d'une entrevue secrète, le gouverneur de Jérusalem, qui s'est rendu clandestinement à Gaza avec une délégation chrétienne, a, sur les conseils du très rusé gouverneur de Gaza, convaincu le général en chef de n'entrer dans la Ville sainte qu'après avoir refoulé les forces de Djezzar Pacha au-delà de Saint-Jean-d'Acre et libéré tous les ports de la côte. Pour expliquer qu'en sortant de Gaza, le 28 février, l'armée a repris sa marche « à gauche » et non à droite, Napoléon se borne à mentionner dans son récit que « l'agha (de Jérusalem) avait pris des mesures pour défendre cette ville ».

Auparavant, le message le plus important – quoique le moins connu – que Bonaparte ait expédié de son Q.G. de Gaza, aura été porté à un destinataire inattendu : le ministre des Finances du pacha d'Acre, un juif nommé Haïm Farhi. Cette lettre, comme la plupart des courriers confidentiels remis aux agents secrets et aux espions qui circulaient sans trop de difficultés entre les deux camps, ne figure dans aucun des recueils de correspondances collectés par les historiens des campagnes militaires de Bonaparte.

Ayant fait du verrou de Saint-Jean-d'Acre l'objectif prioritaire de son offensive en Syrie, le général en chef cherche à se ménager dans la place une « intelligence » qui lui ouvre les portes de la cité fortifiée, comme le grand maître des chevaliers de Malte, le Bavarois Ferdinand Hompesch, lui avait, neuf mois plus tôt, ouvert celles de son île.

Traquée par la flotte anglaise, l'armada que dirigeait l'amiral Brueys vers les côtes d'Égypte n'avait alors ni le temps ni le loisir de procéder au siège de cette position clé de la Méditerranée, à mi-chemin de l'Europe et de l'Afrique. Si Malte avait tenu huit jours, l'escadre française eût été anéantie par Nelson en pleine traversée, et non après le débarquement à Alexandrie du corps expéditionnaire de Bonaparte. Le commandant du génie, Caffarelli, en a fait la constatation après avoir examiné les fortifications de l'île : « Il est heureux qu'il se soit trouvé des gens dans la place pour nous en ouvrir les portes. »

Ces gens, c'était d'abord un diplomate de la légation française de Gênes, Jean-Baptiste Poussielgue ; Jean Savant souligne l'importance du rôle qu'il a tenu parmi les agents recrutés par Bonaparte [1]. Ex-chef de bureau dans l'administration des biens vacants des émigrés, ce Parisien, nommé premier secrétaire du ministre de la France à Gênes, sollicitait une place de consul. En 1797, il a été appelé au quartier général de Bonaparte en Italie pour une mission à Malte où il avait de la famille. Abondamment pourvu, il était alors parti comme consul dans cette île afin de sonder les dispositions des chevaliers de l'Ordre qui la gouvernaient et de retrouver parmi eux un ancien condisciple de Bonaparte, tel le lieutenant-colonel Tressemanes de Brunet, formé à l'École militaire de Paris, émigré à Malte depuis 1792.

Selon Poussielgue, ce genre de chevalier était facilement achetable, de même que le nouveau grand maître de l'Ordre, l'Allemand Hompesch. « Malte est à vendre », écrivit Bonaparte au Directoire. Les conditions en furent vite arrêtées, les sommes fixées. Il a ensuite suffi d'une canonnade en forme de coups de semonce tirés contre les rochers pour simuler une bataille, simple mise en scène destinée à sauver la face des deux parties et à justifier des pourparlers entre les chevaliers, guidés par le consul de France, et les parlementaires envoyés par l'escadre. Un traité fut préparé en catimini, prévoyant la cession de l'île à la France contre la promesse d'une principauté équivalente et un engagement à verser au grand maître une provision de 300 000 francs. Les chevaliers émigrés étaient autorisés à rentrer en France, dotés d'une pension à vie de 700 francs – 1 000 francs pour les sexagénaires –, les autres à conserver leurs propriétés. Les négociateurs n'avaient plus qu'à se transporter à bord de *L'Orient* pour signer la convention avec Bonaparte, sous la conduite d'un médiateur qui n'était autre que le chargé d'affaires espagnol à Malte. Ratifié par Talleyrand et par le Directoire, le texte n'en aura été ni intégralement ni fidèlement publié. Et pour cause ! « On ne pouvait avouer que l'île de Malte avait été vendue par son grand maître et ses grands officiers, et que des pensions avaient été stipulées [2]... »

Cette fois, Bonaparte met à profit les facilités du gouverneur de Gaza pour faire acheminer sa lettre au grand argentier de Saint-Jean-d'Acre. Cette missive ne sera jamais retrouvée, mais son existence sera attestée par la tradition verbale de la famille Farhi, qui fera l'objet d'un récit du romancier hébreu Yehuda Burla, au début du XXe siècle.

Selon ce récit, Bonaparte aurait proposé au ministre juif de Djezzar Pacha le poste de gouverneur ou le titre de roi de la Judée rendue à son indépendance ancestrale. Une des descendantes de la famille Farhi résidant à Jérusalem a rapporté aux auteurs de ce livre la réflexion fréquente de son père qui a bercé toute sa jeunesse : « Si Haïm avait accepté l'offre de Napoléon, tu serais princesse du royaume de Judée. »

« Vers la fin du mois de shevat (février), quand Gaza tombe entre les mains de Bonaparte, écrit Burla, le vizir Farhi reçut à Saint-Jean-d'Acre, par une voie mystérieuse, deux lettres écrites en français et signées de la main du général en chef. S'il consentait à se retourner contre le Pacha d'Acre pour rallier le camp français, Bonaparte lui promettait de ressusciter le Royaume d'Israël et de le nommer à sa tête. Ces lettres lui furent portées à minuit par un employé de l'administration ottomane venu de Gaza, où elles lui avaient été confiées par le gouverneur – lequel, apprit-on plus tard, avait remis sa ville aux Français, contre une petite fortune. »

– Je n'ai nulle confiance dans les promesses de ce Français, pas plus que je ne peux le prendre pour l'émissaire de Dieu, aurait dit Haïm Farhi à un confident. La rédemption d'Israël ne peut pas passer par le mensonge et la tromperie.

Si l'on en croit le récit romancé de Burla, Farhi se serait empressé de remettre à Djezzar les lettres de Bonaparte, en l'assurant de sa parfaite loyauté. Et il s'est avéré, dans la réalité historique, que Farhi a toujours fidèlement servi le pacha d'Acre, dont il n'a pas été tenté de livrer les clés au faux messie Bonaparte, à la manière des chevaliers de l'ordre de Malte.

VII

Le vizir juif du « Boucher » d'Acre

Par une soirée déjà assez fraîche de septembre 1798, un étranger de forte corpulence et d'allure martiale pénètre dans la vaste cour carrée où une danseuse du ventre se trémousse devant une clientèle fascinée, assise sur des tabourets. S'il a lu Volney, il doit savoir qu'en Orient « la danse n'est point une imitation de la guerre, comme chez les Grecs, ou une combinaison d'attitudes et de mouvements agréables, comme chez nous, mais une représentation licencieuse de ce que l'amour a de plus hardi. C'est le genre de danse qui, porté de Carthage à Rome, y annonça le déclin des mœurs républicaines, et qui depuis, renouvelé dans l'Espagne par les Arabes, s'y perpétue encore sous le nom de *fandango*... La danseuse, les bras étendus, d'un air passionné, chantant et s'accompagnant des castagnettes qu'elle tient aux doigts, exécute, sans changer de place, des mouvements de corps que la passion même a soin de voiler de l'ombre de la nuit. Telle est leur hardiesse qu'il n'y a que des femmes prostituées qui osent danser en public. Celles qui en font profession s'appellent *raouâzis*, et celles qui y excellent prennent le titre d'*almé* ou de savantes dans l'art.... »

La cour où danse cette *almé*, au son d'un violon bédouin à une seule corde, est celle du khan El Faranji (l'Auberge des Français), bâtisse haute de deux étages reposant sur les arcades d'un péristyle et ceinte d'une épaisse muraille. Les étages servent de résidence hôtelière pour les voyageurs, le rez-de-chaussée aux écuries, à l'entrepôt des marchandises, à la pesée et à l'emballage des produits – huile, coton, olives, sésame et blé. Fréquenté essentiellement par des commerçants étrangers, français en tête (d'où son nom d'El Faranji), ce khan est devenu le grand – et presque unique – établissement de loisirs de Saint-Jean-d'Acre dont le pacha, Ahmed Djezzar, a fait le centre commercial le plus important de la Méditerranée orientale.

L'étranger qui vient d'attirer l'attention de l'assistance en entrant dans la cour est justement un Français, un officier de l'armée de Bonaparte, chef d'escadron du corps expéditionnaire qui occupe l'Égypte depuis deux mois et commissaire près le Divan du Caire. L'adjudant général Joseph Eugène Calmet-Beauvoisins – c'est son grade et son nom – a débarqué la veille d'un chebek turc saisi par les Français avec ses douze canons dans le port d'Alexandrie et dont le capitaine a été finalement autorisé à appareiller de Damiette le 30 août. Pour passer inaperçu, le militaire a emmené avec lui deux commerçants grecs, et le capitaine du bateau rendu à la liberté – et à son propriétaire – a accepté de le dissimuler à son bord lors de son interception par les bâtiments anglais exerçant le blocus de la côte égyptienne. Interdit de descendre à terre à Jaffa, où il a appris que Djezzar venait de recevoir de la Porte le commandement de l'ensemble des provinces syriennes, il est arrivé à Acre le 4 septembre, là encore non sans difficultés. Il a mission de porter à ce tout-puissant personnage un message secret du général en chef de l'armée d'Orient. Sa position aux portes de l'Égypte, l'importance de ses ressources militaires, sa domination farouche sur la Syrie, qui lui a valu le surnom de « Boucher », ses exactions non moins odieuses que celles des mamelouks peuvent faire de lui un dangereux adversaire. Mais Bonaparte croit possible de tirer parti de ses rivalités avec les beys d'Égypte, de ses ambitions d'indépendance et de son indocilité à l'égard de la Sublime Porte. Il veut lui faire savoir qu'il n'a en particulier aucun dessein de prendre Jérusalem. D'où la lettre confiée à Beauvoisins :

« En venant en Égypte faire la guerre aux beys, j'ai fait une chose juste et conforme à tes intérêts, puisqu'ils étaient tes ennemis; je ne suis point venu faire la guerre aux musulmans [...] Je t'envoie cette lettre par un officier qui te fera connaître, de vive voix, mon intention de vivre en bonne intelligence avec toi, en nous rendant réciproquement tous les services que peuvent exiger le commerce et le bien de tes sujets ; car les musulmans n'ont pas de plus grands amis que les Français. »

Dans le port d'Acre, l'émissaire Beauvoisins, dont l'arrogance a choqué les autres passagers du chebek, a dû attendre toute la journée la visite du chef de la garde particulière de Djezzar pour apprendre que le pacha ne peut le recevoir en raison de la « grande fermentation » provoquée dans la ville par la nouvelle de sa présence. Il a décliné l'offre de se rendre dans un petit fort pour sa sécurité, en dépit des hurlements des janissaires de l'escorte. Le lendemain, il n'a pu que remettre à l'agha de la Marine une lettre pour le pacha, avec le double de celle de Bonaparte. Le soir, un janissaire est venu le chercher pour le « jeter dans une djerme » avec son drogman et ses effets. A peine lui a-t-il donné le temps de rassembler les provisions qu'il avait trouvé le moyen d'acheter dans la journée à l'Auberge des Français. Le janissaire lui signifie, de la part du pacha « empêché de le recevoir par la présence continuelle auprès de lui de deux envoyés du Grand Seigneur », d'avoir à quitter la ville sur-le-champ. Il ajoute qu' « au surplus, le pacha ferait réponse secrètement au général Bonaparte et qu'il le rencontrerait ainsi que moi soit à Gaza, soit dans le désert, enfin au Grand-Caire jusqu'où il pourrait nous poursuivre. »

« Cette fanfaronnade, rapportera Beauvoisins à Bonaparte, me fut répétée par lui plus de dix fois, afin que je ne pusse pas l'oublier... Je connaissais d'avance toutes les difficultés de réussir auprès d'un homme que sa monstrueuse réputation rendait célèbre dans les fastes du crime et de la perfidie, auprès d'un tyran que le baron de Tott a dépeint d'un seul mot en le nommant, dans l'histoire de ses voyages, "l'arc-boutant de la férocité orientale"... Au milieu de tous les renseignements que j'ai pu recueillir, il est certain que le Grand Seigneur vient de lui confier le commandement de toutes les troupes actuellement en Syrie. »

Frustré de n'avoir pu remettre en mains propres à Djezzar le message de son chef, Beauvoisins, rentré piteusement le 16 septembre à Damiette à bord de la djerme dans laquelle le janissaire l'a jeté avec son drogman, a adressé au Directoire un rapport sur l'échec de sa mission. Ce rapport confié à un bateau grec est tombé entre les mains des marins de

Nelson qui, à cette époque, interceptent presque toutes les correspondances de l'armée de Bonaparte. Et sa publication par Londres, peu de temps après sa saisie, montre toute la vanité de son auteur dont il reste étonnant que Bonaparte ait fait son émissaire. Il est signé du « seul Français en ce moment en Palestine ». Sa conclusion laisse rêveur : « Toutefois, rien n'est encore rompu et il me sera peut-être possible de revenir sur mes pas. » Beauvoisins n'aura jamais cette seconde chance, car le général en chef, qui ne lui pardonne pas de n'avoir su se faire admettre auprès du pacha d'Acre, prendra prétexte du mécontentement alors exprimé par certains cadres de son armée engluée au Caire pour le renvoyer vers la France le 25 novembre 1798 : son bateau capturé par un corsaire, il sera emmené en captivité à Constantinople...

Djezzar, cependant, a su, lui, faire bon usage de la lettre de Bonaparte pour obtenir du sultan Selim III sa nomination comme gouverneur de la Syrie et de l'Égypte et le commandement suprême des forces opposées à l'expédition française. Le général en chef n'a jamais supporté cet affront. Après avoir vainement tenté d'établir d'autres contacts avec Constantinople, il laisse percer sa rancœur dans l'annonce qu'il fait au Directoire de sa campagne de Syrie, le 10 février 1799 :

« Les Anglais ont obtenu de la Porte que Djezzar-Pacha aurait, outre son pachalik d'Acre, celui de Damas... Djezzar-Pacha, vieillard de soixante-dix ans, est un homme féroce qui a contre les Français une haine démesurée. Il a répondu avec dédain aux ouvertures amicales que je lui ai fait faire plusieurs fois. »

Sa rancœur devient si obsessionnelle qu'aux fautes stratégiques et tactiques qu'il va accumuler au cours de cette campagne s'ajouteront des erreurs psychologiques de taille. La première est cette nouvelle lettre qu'il lui expédie le 9 mars de Jaffa, contre l'avis de ses conseillers orientalistes, tel Venture de Paradis qui connaît l'impact des insultes sur les mentalités musulmanes :

« Depuis mon entrée en Égypte, je vous ai fait connaître plusieurs fois que mon intention n'était point de vous faire la guerre; que mon seul but était de chasser les Mamelouks : vous n'avez répondu à aucune des ouvertures que je vous ai faites. Je vous avais fait connaître que je désirais que vous éloignassiez Ibrahim-Bey des frontières de l'Égypte. Bien loin de là, vous avez envoyé des troupes à Gaza, vous avez publié partout que vous alliez entrer en Égypte, vous avez effectué votre invasion en portant deux mille hommes de vos troupes dans le fort d'El Arich, enfoncé de dix lieues dans le territoire de l'Égypte...

« Les provinces de Gaza, Ramleh et Jaffa sont en mon pouvoir... Je marcherai sous peu de jours sur Saint-Jean-d'Acre. *Mais quelles raisons ai-je d'ôter quelques années de vie à un vieillard que je ne connais pas?...* Et, puisque Dieu me donne la victoire, je veux, à son exemple, être clément et miséricordieux...

« Redevenez mon ami, soyez l'ennemi des Mamelouks et des Anglais : je vous ferai autant de bien que je vous ai fait et que je peux vous faire de mal. Envoyez-moi votre réponse par un homme muni de vos pleins pouvoirs; il se présentera à mon avant-garde avec un drapeau blanc, et *je donne ordre à mon état-major de vous envoyer un sauf-conduit que vous trouverez ci-joint.* Le 24 de ce mois, je serai en marche sur Saint-Jean-d'Acre; *il faut donc que j'aie votre réponse avant ce jour.* »

Le terme de « vieillard » (*khtiar*, en arabe) est l'une des insultes les plus graves qu'on puisse lancer à un chef militaire oriental. De même, la délivrance d'un sauf-conduit est une vexation supplémentaire dans la mesure où elle implique la soumission de son bénéficiaire. Une fois de plus, Bonaparte se trompe lourdement dans son appréciation de l'adversaire. Cette erreur d'analyse sur le comportement et les réactions de Djezzar Pacha ne contribuera pas peu à son échec, même s'il réussira à camoufler en demi-victoire la cuisante défaite de son armée à Saint-Jean-d'Acre. Il n'ignorait pas pourtant à quel singulier personnage il avait affaire : le plus irascible et le plus belliqueux des pachas de l'époque, mais aussi, sans doute, le plus politique. Il était peu imaginable qu'un tel hiérarque, de type féodal, eût accepté tenir sa position de la grâce d'un étranger ambitieux comme Bonaparte, plutôt que de celle du Sultan qui le gouvernait de loin, en lui laissant la bride sur le cou.

***

Né vers 1730 dans une famille chrétienne pauvre de Bosnie, province balkanique de l'Empire ottoman, le futur Djezzar s'est engagé très tôt dans la marine turque pour éviter les suites d'une tentative de viol sur la personne de sa belle-sœur. Puis, s'étant querellé avec des matelots et démuni de toutes ressources, il s'est vendu à un marchand d'esclaves de Constantinople. Livré au Caire, il eut la chance d'être acheté par Ali Bey qui le plaça au rang de ses mamelouks. Converti à l'islam sous le nom d'Ahmed, l'ancien esclave sert avec zèle les ambitions de son maître qui se débarrasse des beys rivaux pour s'imposer comme le vrai chef de l'Égypte. Il s'acquitte si bien de cette tâche qu'il y gagne le surnom d'El Djezzar, qui signifie l'équarrisseur ou le boucher. Promu gouverneur de la région du Delta, il se trouve, en 1768, dangereusement compromis dans les intrigues politiques des mamelouks; il quitte précipitamment l'Égypte pour rentrer à Constantinople, puis passer en Syrie où il offre ses services à l'émir des Druzes, Youssouf, qui l'accueille dans sa maison et lui accorde sa protection. Le pacha de Damas lui confère le titre d'agha et le commandement d'une unité de cinquante mercenaires, bosniaques comme lui ou maghrébins, qui s'empare de Beyrouth au détriment de son ancien protecteur. Youssouf, dépité, s'allie avec le gouverneur arabe de la Galilée, le cheik Omar Daher, qui a fait de Saint-Jean-d'Acre sa capitale. En regroupant à son profit les fermes fiscales de sa province jusqu'à la mer, et en développant le commerce avec notamment les Français, Daher a réussi à fonder une véritable puissance régionale autour d'Acre, symbole même de la résurrection des ports du littoral syro-palestinien, dont l'autonomie inquiète la Porte. D'autant que, lors du conflit russo-ottoman de 1772, Daher s'unit à la marine russe pour assiéger Beyrouth. Après une résistance vigoureuse, Ahmed Djezzar finit par se rallier à lui. Le cheik, flatté de la préférence qu'il lui a ainsi donnée sur l'émir, l'envoie guerroyer en Palestine. Arrivé près de Jérusalem, Djezzar le trahit, comme il avait trahi Youssouf, pour repasser du côté turc et servir le pacha de Damas. Il l'accompagne au siège d'Acre, au cours duquel Daher est tué par les siens. Ce qui lui vaut d'être nommé pacha de Sidon (Saïda) et de succéder à l'ancien maître d'Acre en 1775.

« Devenu par cette révolution suzerain de l'émir Youssouf, écrit Volney dans la relation de son voyage en Égypte et en Syrie, Djezzar a d'autant moins oublié l'injure qu'il a lieu de s'accuser d'ingratitude. Par une conduite vraiment turque, feignant tour à tour la reconnaissance et le ressentiment, il s'est tour à tour brouillé et réconcilié avec lui, en exigeant toujours de l'argent pour prix de la paix ou pour indemnité de la guerre. Ce manège lui a si bien réussi qu'en un espace de cinq années, il a tiré de l'émir environ 4 millions de francs, somme d'autant plus étonnante que la ferme du pays des Druzes ne se montait pas alors à 100 000 francs. En 1784, il lui fit la guerre, le déposa... Mais Djezzar est trop habile pour verser le sang quand il y a encore un espoir d'argent : il a fini par relâcher le prince (druze). »

Le nouveau pacha qui, profitant d'ailleurs des travaux d'embellissement de son prédécesseur, a presque aussitôt transféré sa résidence de Sidon à Acre et annexé à son gouvernorat les régions de Safed, de Tibériade, de Balbek et de Césarée, a parfaitement compris la nécessité de rester en permanence dans le cadre du système ottoman et d'en profiter au maximum pour étendre sa puissance. Il est ainsi conduit à mater les tribus, toutes plus ou moins rebelles, tout en gardant une distance salutaire avec les intrigues de la Porte. Jouissant de tous les droits de gouverneur et fermier général, ce despote « éclairé » établit même un monopole personnel sur le commerce du coton et des céréales, taxe lourdement les transactions sur la soie et détourne à son profit les bénéfices des activités portuaires, n'hésitant pas à exercer de terribles vexations à l'encontre de la bourgeoisie chrétienne et des négociants européens.

S'il s'appuie sur la population musulmane des villes et fournit régulièrement le convoi des pèlerins de La Mecque, Djezzar, au dire d'un de ses meilleurs biographes, n'a pas vraiment de religion. Il n'appartient à aucune secte. S'il se souvenait d'avoir été chrétien au début de sa carrière, il ne se vantait jamais que de son origine européenne. Il disait : « Je suis Européen et j'estime les Français, les Anglais, les Italiens, les Russes et les Esclavons qui sont du même pays que moi [1]. »

Entretenant une armée privée de mercenaires en plus grand nombre et mieux tenus qu'aucun autre pacha, il prend d'ailleurs soin de n'enrôler dans ses unités d'élite que des « pays » à lui, Bosniaques ou Albanais (Arnautes). Leur nombre se monte à environ neuf cents cavaliers, rapporte Volney. Il y joint environ mille Barbaresques à pied. Parmi ces derniers, une unité de Marocains et un petit détachement de cavaliers afghans. Sa fabuleuse richesse lui permet aussi d'entretenir des espions dans le sérail du Sultan : « Il y répand un argent qui lui assure des protecteurs. Ce moyen vient de lui procurer le pachalik de Damas », ajoute l'auteur du *Voyage en Égypte et en Syrie.* C'est en 1785 qu'il reçoit en effet l'investiture de cette nouvelle province, avec le titre de vizir, et il ne tardera pas à étendre son autorité sur le sud de la Palestine.

Certes, il pressure les paysans au point d'appauvrir les campagnes et de diminuer les cultures, victimes de l'exode rural, entrave le commerce par ses concessions fiscales, laisse croupir des marais. « Sa conduite contraste avec celle de son prédécesseur, le cheik Daher, dont les soins ont doublé la population du district d'Acre », écrit W.G. Browne, auteur d'un *Nouveau Voyage* (1792-1798), évoquant les « longues années d'un pouvoir sans bornes, soutenu par d'abondantes richesses ». N'empêche : jusqu'à l'expulsion des commerçants français au début des années 1790, la visite au maître d'Acre est un rite incontournable pour tous les voyageurs en Orient, qui louent ses qualités d'architecte-urbaniste et... d'horticulteur.

« Les travaux que Djezzar y a fait exécuter depuis dix ans, note Volney en 1785, la rendent aujourd'hui l'une des premières villes de la côte. On vante la mosquée de ce pacha comme un chef-d'œuvre de goût. Son bazar, ou marché couvert, ne le cède point à ceux d'Alep même; et sa fontaine publique dépasse en élégance celles de Damas... L'on doit savoir d'autant plus gré à ce pacha de ces travaux que lui-même en a été l'ingénieur. »

« C'est à lui que Saint-Jean-d'Acre doit sa mosquée, la plus belle de la Syrie, écrit Lockroy... Djezzar avait construit aussi, près du port, un grand khan pour servir d'entrepôt aux marchandises et d'hôtellerie pour les caravanes. Il avait l'ambition d'embellir sa capitale et de la rendre digne de lui. » Sans parler des bains, des aqueducs et de son palais.

C'est là qu'il reçoit ses visiteurs en djellaba blanche ou en haut-de-chausses façon matelot, un poignard incrusté de diamants passé à la ceinture, avec, parfois, deux pistolets d'arçon, et une hache à portée de la main. Le visage carré, à la bouche bien dessinée sous un nez droit, est encadré d'un turban de cachemire sur un front haut et large et d'une longue barbe aux reflets clairs descendant jusqu'au ventre. Pour arriver jusqu'à lui, il faut d'abord passer entre deux haies de douze canons, puis devant des cellules dont on aperçoit les prisonniers, et monter jusqu'à une chambre nue au plafond peint d'allégories. Au fond, Djezzar est assis sur un podium sans coussin, entouré de ses conseillers ou de ses serviteurs dont plusieurs n'ont plus d'oreilles. Près de lui, une coupe d'argent lui sert de crachoir, une coupe en bois de verre à boire. A côté, un pistolet à cartouchière et un fusil, posé au pied de la fenêtre. Il fait asseoir son visiteur sur un pouf et agenouiller l'interprète. Et il offre volontiers à son hôte, en guise de décorations, des silhouettes en papier de sa confection.

« Depuis quelque temps, note le consul de France Arazy, le 4 novembre 1788, il nous traite d'une manière distinguée. » Et le 16 novembre 1789, il ajoute : « Djezzar plus heureux devient moins féroce, et, à mesure que le danger s'éloigne de lui, la raison s'en approche; il est plus sensible, moins défiant, moins sanguinaire [2]. »

Vraiment? Oublié ou dépassé, ce récit du baron de Tott qui, visitant Saint-Jean-d'Acre en 1777, décrit Djezzar comme un type tellement classique de tyran oriental qu'on le soupçonne d'exagération? « Il fit murer, raconte-t-il, quantité de personnes du rite grec lorsque, pour défendre Beyrouth contre l'invasion des Russes, il en fit reconstruire l'enceinte. On voit encore les têtes de ces malheureuses victimes, que le Boucher avait laissées à découvert afin de mieux jouir de leurs tourments. »

Or, voilà qu'un ordre soudain d'expulsion de tous les négociants français tenant comptoirs à Acre, Saïda et Beyrouth, avec injonction, sous peine de mort, de quitter dans les trois jours leurs résidences respectives sur tous les territoires soumis à la domination de Djezzar, va, le 22 octobre 1790, brutalement faire déchanter le brave consul marseillais.

« On aura peut-être la curiosité de rechercher comment les Français avaient pu mériter d'être si ignominieusement chassés », écrit Browne peu après, en soulignant leur « mésintelligence avec les autres nations qui commercent dans le Levant ». Sa réponse est un peu courte :

« Ce qui semble avoir suscité dans l'origine l'affaire dont nous venons de parler, c'est qu'un interprète français ayant déplu au pacha, celui-ci le fit pendre sans aucune forme de procès. Les Français élevèrent la voix, ils menacèrent de se plaindre à la Porte, ce qui ne faisait pas grand-peur au pacha... Et ce fut de la manière que Djezzar répondit à ce qu'il appelait *leur insolence.* Les ministres de la République française auprès de la Porte ottomane firent entendre plusieurs réclamations, qui demeurèrent sans effet [3]. »

Cette « insolence » française se manifestera encore six ans plus tard quand l'ambassadeur du Directoire à Constantinople, le général Aubert-Dubayet, enverra à Acre un jeune officier nommé Bailli, demander réparation. Le ton comminatoire du message rédigé par cet émissaire sera tel qu'aucun interprète ne consentira à courir le risque de le traduire à Djezzar, qui refusera de le recevoir, de rétablir le consulat de France et d'indemniser l'ancien comptoir des pertes qu'il a éprouvées.

C'est qu'à l'origine Djezzar avait saisi une correspondance du consul et des négociants français permettant d'établir qu'ils finançaient une rébellion d'éléments plus favorables à leur commerce. Sans la présence de deux frégates royales croisant alors devant Saint-Jean-d'Acre, il n'eût pas hésité à les massacrer. Il s'employa patiemment à les ruiner en saisissant les biens de leurs débiteurs, tous accusés de complicité dans l'insurrection. Il confisqua au profit de ses soldats les maisons des Français que le consul avait réunis dans le khan. Et il leur donna trois jours pour se regrouper à Jaffa et quitter la Palestine.

Djezzar ne se contenta pas de se venger des Français, raconte Lockroy. Il fit pendre, empaler, décapiter et poignarder deux ou trois mille personnes environ : eunuques, employés du sérail, membres de son Divan, citadins, campagnards. Les femmes ne furent pas plus épargnées que les hommes. Il leur suffisait d'être mère, fille, sœur, femme ou parente d'un conspirateur pour avoir le cou coupé. Le pacha exécuta lui-même plus d'un de ses décrets... Il se promenait, le soir, déguisé, dans les rues, et quand il rencontrait un de ses ennemis, il lui entrait son kandjiar dans le ventre en disant : « Tiens, cela t'apprendra à ne plus trahir Djezzar ! »

Une véritable rage de persécution s'est emparée du personnage dont, contrairement à l'avis du consul marseillais, la cruauté s'accroît à la mesure de ses pouvoirs. « Tous les Syriens crient contre Djezzar, écrira à sa mère le citoyen Peyrusse, aide-payeur du corps expéditionnaire, le 2 avril 1799. Il n'est point de tourments qu'il n'ait fait éprouver aux chrétiens et aux Turcs de Syrie et à ses plus fidèles serviteurs. Il a fait couper les nez et les oreilles aux uns, fait couper les cuisses, crever les yeux et ferrer les autres comme des chevaux. »

Avant de partir prendre la tête de la caravane de La Mecque en tant que pacha de Damas, il a dû laisser son gouvernement d'Acre à son favori, Soleïman. Or voilà qu'en son absence ce mamelouk s'éprend d'une Circassienne dont Djezzar a fait sa favorite et force les portes du harem pour assouvir sa passion. Lockroy relate savoureusement la folie sanguinaire qui s'ensuivit, car « l'infidélité d'une femme, fût-ce forcée et involontaire, couvre en Orient un homme d'opprobre » :

« Le huitième jour, un peu dégrisé, Soleïman comprit la grandeur de son crime, fit venir son cheval et ses armes, sauta en selle et, au galop, comme s'il était poursuivi, disparut. L'aventure ne demeura pas tout à fait secrète. Le vieux Mahlem, le trésorier juif (du palais), ne put empêcher qu'elle s'ébruitât. Il fit de son mieux réparer les portes du harem où les femmes restèrent, terrifiées, sans oser s'enfuir. Tout Acre tremblait comme elles en songeant au retour de la grande caravane... Que ferait Djezzar pour se venger de cette insulte, lui qui, déjà, avait pris deux mille têtes pour une trahison ?...

« Il fit signe qu'on mît à part la Circassienne, qui suivit, hébétée, Mahlem dans une pièce à côté. Pour les autres, il montra la mer... On confectionna aussitôt de gros sacs de cuir. Dans chaque sac, on mettait un serpent venimeux et un chat ; puis, après le serpent et le chat, une femme, après quoi on recousait le sac. Quand toutes les femmes de Djezzar furent ainsi emprisonnées, une felouque les emporta au large et on les jeta à la mer...

« Le lendemain, Djezzar, armé, se rendit dans la chambre où l'on avait cadenassé la Circassienne. C'était une grosse femme, comme celles qu'on achète ordinairement pour les harems. Djezzar lui fit signe de se déshabiller, et elle obéit machinalement, debout au milieu de la pièce, droite comme une statue et sans trembler, du moins au dire de Mahlem qui, intrigué, craignant peut-être que le pacha ne se tuât, regardait toute cette scène par le trou de la serrure. Dès qu'elle fut dévêtue, Djezzar avec son sabre lui coupa successivement les deux seins, et, voyant qu'elle courait affolée à droite et à gauche, il lui ouvrit le ventre avec son kandjiar. Elle tomba. Djezzar, jusque-là, muet, retrouva la voix. Il élargit la blessure avec ses mains en poussant des hurlements, arracha du corps les entrailles et les jeta furieusement au plafond et contre les murs. Ce paroxysme de rage ne pouvait durer : il roula la face contre terre. Mahlem entra et le trouva évanoui. Huit jours après, Djezzar était dans son Divan et il disait à ses officiers : “ Après tout, quoi qu'il arrive, je serai toujours Djezzar ! ” Mais il était profondément atteint...

« Poursuivi par cette idée qu'on riait de lui, en dessous, il voulut se venger de tout le monde et sa cruauté s'aiguisa en monomanie. Jusqu'alors il avait tué ; il se mit à mutiler systématiquement ses sujets. Peut-être avait-il la pensée qu'ils le savaient ridicule et voulait-il les punir en les rendant, physiquement au moins, plus ridicules que lui. Ces mutilations, il se mit à les pratiquer au hasard, sans raison ni motif, avec une sorte de férocité inconsciente et d'ironie...

« Djezzar faisait un jour ramasser, par ses Maugrabins, tout ce qui se trouvait de passants dans la rue ; on les amenait au sérail et on les empilait en tas, tous mêlés, juifs, chrétiens, druzes, musulmans, Grecs, Mutualis, les uns à droite, les autres à gauche, dans la cour.

– Faites déjeuner ceux qui sont à gauche, disait le pacha, et coupez le nez à ceux qui sont à droite.

« On préparait un repas aux uns, on mutilait les autres, et tout était dit.

« Djezzar sortait. Un homme le regardait. Djezzar allait à

lui et lui crevait l'œil. Djezzar parlait haut à ses amis en se promenant. Un homme paraissait écouter. Djezzar allait à lui et lui arrachait l'oreille...

« C'était sur les nez, surtout, qu'il s'exerçait. Il trancha lui-même celui de son vieux trésorier Mahlem.

– Ma foi, lui dit-il le lendemain, si j'avais su te rendre aussi laid, je t'aurais laissé ton nez.

« Les anecdotes abondent sur les cruautés de Djezzar. Elles se ressemblent presque toutes. Toujours elles finissent par une mutilation bizarre. »

Mais Lockroy s'empresse d'ajouter benoîtement, après ce tableau effarant des mœurs d'Ahmed le Boucher, que les violences de Djezzar n'altéraient point le fond de bonté qui était en lui. Les hommes ne sont jamais tout d'une pièce comme dans les drames ou les comédies. « La nature a des complexités que l'art ne traduit pas. » Elle avait fait Djezzar pitoyable aux malheureux.

Les historiens modernes s'accordent à lui trouver de bons côtés : il nourrissait les pauvres, donnait des emplois aux gens qu'il avait mutilés et trouvait des maris pour les veuves des hommes qu'il avait tués. Il avait également acquis, au cours de quelque soixante années, un sens politique assez aigu. Manœuvrier redoutable, il savait retarder les paiements de son tribut à la Porte, indispensable au pouvoir impérial, de telle sorte que son renvoi eût entraîné la perte d'arriérés considérables.

« La terreur qu'il fait régner dans ses possessions, écrit Henry Laurens [4], est son instrument de gouvernement favori, mais il freine ainsi dans cette région la montée des notables locaux », lesquels sont la plaie de l'Empire ottoman.

« Il rassemblait les mendiants et leur offrait, une fois la semaine, à dîner », raconte encore Lockroy dans son récit un peu vieillot mais d'une agréable facture. « Dans ses promenades à travers la ville, quand il flânait, sans escorte, un petit tapis passé à sa ceinture, sa hache à la main, les enfants le suivaient en lui demandant des *paras*... Il jetait son tapis sur le pavé, au milieu du port, s'asseyait, plaçait sa hache devant lui... Les gens du peuple venaient lui parler et le tutoyaient. »

Quelquefois aussi (souvenir de Haroun al Rachid et des *Mille et Une Nuits*) ajoute Lockroy, il se déguisait soit en

Arabe, soit en Arménien, et il parcourait les bazars pour surveiller sa police et savoir si la justice était bien rendue. Il écoutait, mêlé à la foule, les plaintes des uns et des autres, les bruits de la ville, ce qu'on disait de lui, les accusations qu'on portait contre les marchands. Alors, s'il en surprenait un vendant à faux poids ou trompant de quelque façon ses pratiques, il se faisait connaître et, lui-même, avec un marteau, clouait la langue du coupable sur le comptoir de bois... Chacune de ses promenades était l'occasion d'une pendaison ou d'un meurtre, et le peuple disait : “Il est juste. ”

« Le peuple, en un certain sens, était dans la vrai, bien qu'il pût se plaindre d'être mutilé quotidiennement et sans motifs. Quant au pacha, il était trop soupçonneux ou trop pratique pour ne pas utiliser ses propres vertus. Acre possédait des derviches mendiants, tout pareils à nos moines, qui pénétraient dans toutes les maisons pour demander du pain et des restes. Le pacha les attirait au sérail où toujours on leur réservait une large part de viandes, de fruits et d'araki. Il les interrogeait sur ce qu'ils avaient vu et entendu et, par eux, il espionnait la ville et connaissait les secrets des familles. »

Deux grandes familles se disputaient ses faveurs, l'une juive, celle des Farhi, l'autre chrétienne maronite, celle des al-Bakri, car, en dépit des taxations et autres vexations imposées aux *rayas* (« infidèles »), Djezzar n'avait pas hésité à placer des non-musulmans, surtout des juifs et des chrétiens, dans son administration.

***

C'est en 1790, après avoir maté la rébellion, que Djezzar fait de Haïm Farhi son ministre des Finances en remplacement d'un grec-orthodoxe, Youssef Kardahi. Ce juif qui occupe le troisième rang dans la hiérarchie du Divan d'Acre, après le pacha et le chef de l'armée, et que le consul de France à Tripoli considérera, en 1813, comme le véritable gouverneur de la côte syrienne, appartient à une communauté séfarade venue d'Alep s'établir à Damas vers le milieu du XVIIIe siècle. Un de ses aïeux, le rabbin Ashtori Farhi, avait été l'un des premiers voyageurs à décrire la Terre sainte cinq siècles plus tôt. Son père, Shaül, est devenu l'un des plus riches banquiers damascènes. Un oncle, Ézéchiel, affiche à Constantinople de bonnes relations avec le gouvernement de la Porte. Bien que fortunés, les Farhi résident à Damas dans une habitation qui ne paie pas de luxe. Visiteurs et solliciteurs y sont accueillis dans un vestibule fort négligé; un corridor tortueux débouche dans une cour au fond de laquelle se trouve, à l'abri du regard, une grande salle avec un parterre en mosaïque et des murs ornés de tableaux et de miroirs. Meublée simplement de poufs et de coussins, elle renferme un trésor fait de pierres précieuses et de narguilés en ivoire. Il y plane un parfum d'encens.

Haïm Farhi, lui, habite au khan El Faranji (l'Auberge des Français) à Saint-Jean-d'Acre depuis que, conseiller financier très apprécié de Djezzar, il a été élevé au rang de ministre ayant la haute main sur les fonctionnaires musulmans. Ainsi ne se gêne-t-il pas pour réprimander publiquement le collecteur d'impôts d'Atlit pour son faible rendement. Son ascension rapide est indissociable de la montée en puissance du pacha, même si, en 1794, Djezzar l'a éborgné et incarcéré, le soupçonnant à tort de l'avoir trahi durant son absence pour cause de pèlerinage à La Mecque. Le pacha a vite reconnu son erreur et l'a réhabilité en en faisant le numéro deux de son fief d'Acre, devenu la plus importante province de cette région de l'Empire ottoman.

De l'ancienne Ptolémaïs, dont le port remontait à Josué, il ne restait au milieu du XVIIIe siècle, selon Volney, qu'un misérable monceau de ruines, un village insignifiant, ouvert et sans défense, dépendant du district de Saïda (l'ex-Sidon) dont le vali (préfet) ne disposait que de seize soldats. « Depuis l'expulsion des croisés, écrit-il en 1785, Acre était restée presque déserte : mais, de nos jours, les travaux de Daher l'ont ressuscitée; ceux que Djezzar y a fait exécuter depuis dix ans la rendent aujourd'hui l'une des premières villes de la côte... Le port est un des mieux situés de la côte en ce qu'il est couvert du vent de nord-nord-ouest par la ville même... Elle occupe l'angle nord d'une baie qui s'étend, par un demi-cercle de trois lieues, jusqu'à la pointe du Carmel. »

« On n'y entre que par une seule porte, note de son côté Browne, qui la visite en avril 1797. La ville est assez vaste, mais contient un grand nombre de maisons inhabitées. Sa population s'élève bien cependant à 15 ou 20 000 âmes. On retrouve le long des remparts les restes d'un ancien fossé qui les environnait entièrement... On n'y voit ni château, ni aucun autre vestige d'antiquité. L'aspect de la ville a totalement changé depuis que le célèbre Ahmed Pacha l'a non seulement agrandie, mais embellie d'une jolie mosquée... On y voit aussi cinq ou six mosquées, un petit couvent de franciscains, une église grecque et une autre où se pratique le rite arménien. Les Européens sont logés dans un des (trois) khans... »

La ville d'Acre est bâtie sur un promontoire auprès d'un petit golfe. Il n'y a point de port : dans le beau temps, les vaisseaux peuvent jeter l'ancre près du rivage... La mer est ordinairement très douce à cet endroit. Acre est une ville très commerçante : elle tire d'Europe des draps larges, du plomb, de l'étain et plusieurs autres objets ; elle y envoie en retour du coton de Syrie.

Plus lyriquement, Chateaubriand, dans son *Itinéraire de Paris à Jérusalem,* évoquera cette mer « que l'Écriture appelle la *Grande-Mer,* et qui porta les flottes du roi-prophète quand elles allaient chercher les cèdres du Liban et le pourpre de Sidon ; cette mer où Léviathan laisse des traces comme des abîmes ; cette mer à qui le Seigneur donna des barrières et des portes ; cette mer qui vit Dieu et qui s'enfuit. Ce n'étaient ni l'Océan sauvage du Canada, ni les flots riants de la Grèce. Au midi s'étendait l'Égypte où le Seigneur était entré dans un nuage léger, pour sécher les canaux du Nil, et renverser les idoles ; au nord s'élevait la reine des cités, dont les marchands étaient des princes ».

Sous l'impulsion de Djezzar et de son vizir juif, Acre est devenue le premier port de commerce de la Méditerranée orientale, détrônant Tyr et Saïda. Si son âge d'or a commencé sous le règne de Daher, eux en ont fait la capitale d'un pachalik embrassant tous les territoires compris entre l'Anti-Liban, le cours supérieur du Jourdain et le sud de Césarée, avec toutes les richesses de la Galilée, entrepôt obligé du pachalik de Damas et de toute la Syrie intérieure.

Dans la journée, l'activité gravite surtout autour des bazars, des hammams où l'on se réunit pour boire et fumer des narguilés, des cafés où l'on fume aussi en jouant au chech-bech, des restaurants ouverts au public dans les caravansérails. Ces derniers sont, décrit Volney, « composés de quatre ailes régnant autour d'une cour carrée qui sert de parc. Les logements sont des cellules où l'on ne trouve que les quatre murs, de la poussière, et quelquefois des scorpions. Le gardien de ce khan est chargé de donner la clef et une natte : le voyageur a dû se fournir du reste; ainsi il doit apporter avec lui son lit, sa batterie de cuisine et même ses provisions ».

Le soir, on ne peut sortir sans lanterne, au risque d'être considéré comme un voleur, ou à moins de bénéficier du statut de consul. Les maisons sont tantôt de pierres, tantôt de torchis. Les pauvres ont la tête coiffée du turban bosniaque ou tunisien, les paysans du bonnet de laine, les riches du turban européen. La nourriture habituelle des habitants se compose de blé concassé ou grillé, de pitha (galette plate), de boules de fromage de chèvre, d'huile d'olive, de pois chiches, de sauce de sésame, de graines de pomme de pin, de figues, de jus de raisin ou d'eau de rose citronnée.

Avant d'y transférer sa résidence depuis Sidon, le prédécesseur de Djezzar, Daher, s'était résolu à pourvoir à la défense d'Acre, qui n'en avait aucune. « Dès 1750, relate Volney, il construisit à l'angle du nord, sur la mer, un palais qu'il munit de canons. Puis, pour protéger le port, il bâtit quelques tours; enfin, il ferma la ville du côté de terre par un mur auquel il ne laissa que deux portes. Tout cela passa chez les Turcs pour des ouvrages, mais, parmi nous, on en rirait. Le palais de Daher avec ses murs hauts et minces, son fossé étroit et ses tours antiques, est incapable de résistance : quatre pièces de campagne renverseraient en deux volées et les murs et les mauvais canons que l'on a guindés dessus à 50 pieds de hauteur. Le mur de la ville est encore plus faible... Dans toute cette partie de l'Asie, on ne connaît ni bastions, ni lignes de défense, ni chemins couverts, ni remparts, rien en un mot de la fortification moderne. Une frégate montée de 30 canons bombarderait toute la côte sans difficulté... »

Et Volney, qui ignore apparemment les travaux de renforcement entrepris par Djezzar à la tour centrale du palais, appelée la tour du Trésor (Bourdj el Hazna), ainsi que l'aménagement de bassins souterrains dans la cour de la mosquée pour pallier la vulnérabilité des aqueducs, ne craint pas d'ajouter dans la suite de sa relation de voyage :

« Djezzar s'est contenté de pratiquer un abord pour les bateaux. La fortification, bien que plus soignée qu'aucune autre, n'a cependant aucune valeur : il n'y a que quelques mauvaises tours basses près du port qui aient des canons; encore ces pièces de fer rouillé sont-elles si mauvaises qu'il en crève toujours quelques-unes à chaque fois qu'on les tire. L'enceinte du côté de la campagne n'est qu'un mur de jardin sans fossé. »

Cette appréciation erronée sur la faiblesse des défenses d'Acre, émise quinze ans auparavant, ne sera pas sans conséquences sur la décision de Bonaparte de tout miser sur elle pour livrer bataille à l'armée ottomane.

A peine dix ans après avoir maté la rébellion d'un de ses féaux, encouragée, voire entretenue par des négociants français, et liquidé les six comptoirs que présidait leur consul, Djezzar, lui, a compris son intérêt à se faire le bouclier de l'Islam et de la tutelle turque plutôt que l'allié d'un usurpateur. Non qu'il soit mû alors par une haine particulière des Français : « Il aimait les Français, bien qu'il les ruinât, constate Lockroy, et, malgré tout ce qu'il avait pu faire, il se croyait aimé et admiré d'eux. Cette illusion disparut et Djezzar ne vit plus dès lors, dans tous les Français, que d'impitoyables ennemis. Cette idée, dix ans plus tard, le fit s'allier, contre Bonaparte, à la Porte et aux Anglais. » Aussi bien, cajoleurs ou menaçants, les messages de Bonaparte ne peuvent-ils que l'amuser ou l'irriter. Pour connaître les intentions du conquérant de l'Égypte, il lui suffit de consulter son devin favori, qui prédit l'avenir avec des os de poulet disséqué.

***

Après l'échec de ses tentatives de contacts avec un interlocuteur si mal disposé, le général en chef décide donc de faire approcher son bras droit, le ministre Farhi, sur les conseils du drogman Venture de Paradis qui en connaît bien la famille depuis ses séjours antérieurs dans les petites communautés de Damas, d'Alep et de Constantinople. Mais la fortune politique de la famille Farhi est trop directement liée à celle de Djezzar pour qu'elle puisse se séparer de son protecteur en ce moment critique. D'une part, sa prospérité est en partie fondée sur la mise à l'écart de ses concurrents, des grecs-catholiques liés aux opposants et ralliés aux Français. Passer dans leur camp équivaudrait pour les notables juifs à un suicide économique et politique. D'autre part et surtout, ce serait mettre en danger les fragiles communautés juives qui, en Terre sainte, n'ont qu'une peur : être accusées de trahison. Elles sont les héritières de la petite colonie autochtone demeurée sur son sol après la dispersion des juifs de Palestine au IIe siècle : ces juifs témoins se consacraient à l'étude des textes sacrés, vivaient de la charité (en hébreu, la collecte) et s'en remettaient de leur sort à la merci de princes venus d'ailleurs. Mais un mince filet d'immigration y a toujours plus ou moins été entretenu par les pèlerinages et les poussées messianiques ranimant périodiquement sous les cendres la mystique de la Terre promise (« l'An prochain à Jérusalem »). Les premiers retours d'exil sont signalés à Saint-Jean-d'Acre dès la fin de cet impitoyable IIe siècle. Une famille Maïmon y fait souche durant les croisades. Maïmonide, le médecin de Cordoue, y fait étape.

Acre devient la voie de passage pour les poignées de juifs en provenance de France et d'Allemagne qui vont étudier la kabbale à Safed et s'implanter à Tibériade, Jérusalem, Hébron... ou s'enraciner à Saint-Jean-d'Acre, dont le rabbin le plus connu, Salomon le Petit, est d'origine française. Au XIIIe siècle, à l'époque où le rabbin Ashtori Farhi commet la première relation d'un voyage en Terre sainte, la communauté d'Acre compte déjà deux cents membres. Cinq siècles plus tard, les commerçants séfarades y supplantent les kabbalistes ashkénazes : trente-six familles juives y vivent essentiellement du négoce de la soie. Sous le ministère de Haïm Farhi, la communauté d'Acre compte cent trente familles, soit entre cinq cents et huit cents habitants – le dixième de la population urbaine. Il y a alors environ six mille juifs en Palestine sur deux cent cinquante mille habitants. Soumis à toutes sortes de restrictions, jusqu'à une surtaxe frappant leur pèlerinage sur les Lieux saints, ils ne bénéficient d'aucune protection de consuls étrangers. La plupart des juifs d'origine européenne ont abandonné leurs anciennes tenues vestimentaires pour adopter celles du pays. S'ils ne peuvent témoigner ou porter plainte devant les tribunaux musulmans, ils se conforment strictement aux règles imposées par les autorités gouvernementales. Pas question pour eux de contester l'ordre établi. Ce loyalisme, découlant de leur vulnérabilité, explique le souci de leurs dirigeants de ne pas les exposer au danger potentiel que leur font courir les rumeurs sur d'éventuelles promesses de Bonaparte de restaurer le royaume de Jérusalem, ou sur la présence de douze mille combattants juifs du Maghreb dans son armée. Les tentatives de Bonaparte pour « retourner » et gagner ainsi à sa cause le « Moalem » (professeur) Haïm Farhi, dont le général en chef ne méconnaît pas le rôle clé auprès de Djezzar, ne peuvent que raviver leur crainte de nouvelles épreuves à venir, et sont, par là même, vouées à l'échec.

Non seulement le ministre juif des Finances du « Boucher » décline l'offre de Bonaparte, mais il s'active à organiser la mise en état de défense de Saint-Jean-d'Acre contre le corps expéditionnaire français. Sa contribution à l'effort de guerre ottoman et à la première défaite militaire du général en chef restera longtemps ignorée des historiens. Il faudra même attendre le livre de l'écrivain israélien Yehuda Burla, qui connaissait des descendants de la famille Farhi à Jérusalem, pour en apprendre les détails [5].

Affolé par la reddition sans combat de Gaza, Djezzar Pacha cherche, en cette fin de février 1799, à recruter des troupes fraîches pour l'armée du général Abdallah, débandée par la percée de Bonaparte depuis El Arich. Or le contrôleur financier de la Porte (le mufatish pacha) est venu peu auparavant de Constantinople encaisser les arriérés dus au trésor impérial, et son passage a pratiquement vidé les coffres du pachalik au moment où la menace d'une invasion de la région a pour effet de réduire considérablement les rentrées des taxes et autres revenus du Divan d'Acre. Pour faire venir en renfort quelques milliers d'Arnautes de sa terre natale – seuls combattants dignes de son estime et de sa confiance –, Djezzar se tourne une fois de plus vers son ministre des Finances et sollicite un prêt de la maison Farhi à Damas. Cette sorte de banque privée demande en contrepartie une garantie peu commune en cas de non-remboursement : la cession à la famille Farhi d'un certain nombre de villages prospères de la Galilée ! Marché conclu, l'argent arrive quelques jours plus tard de Damas dans des coffres bien scellés, convoyés par une escorte de trois cents militaires en armes. Le 15 mars, un contingent de deux mille hommes recrutés en Bosnie et en Albanie débarque à Saint-Jean-d'Acre : c'est le jour même où l'avant-garde de Bonaparte vient camper au pied du mont Carmel.

Le vizir juif a également participé directement aux préparatifs de défense de la ville : il a fait creuser en toute hâte des passages sous cette muraille, dont il a fait camoufler les accès pour permettre à la garnison d'effectuer des sorties nocturnes contre les positions et les tranchées de l'ennemi en cas de siège. Cette initiative sera relayée par les efforts du « colonel de Sa Majesté », l'émigré Phélippeaux, arrivé six jours avant le début du siège, pour renforcer les fortifications existantes et construire de nouveaux retranchements.

Enfin, Farhi s'est occupé de recruter des agents de renseignements pour le compte de son pacha. A la fin de février, il a fait la connaissance, au khan El Faranji (l'Auberge des Français) où il a élu domicile, d'une belle Tzigane employée comme danseuse du ventre et de son compagnon, capitaine d'une chaloupe de contrebande. Il a su s'attacher leurs services. Le couple accepte de se rendre aussitôt par la mer à proximité d'Esdoud (le futur port israélien d'Ashdod) avec mission de s'infiltrer dans le camp de l'armée de Bonaparte en marche sur Jaffa. De retour au début de mars, la Tzigane et son contrebandier informent Farhi de la composition et de l'armement de la force dont Djezzar aura à soutenir le siège. C'est ce renseignement qui permettra à Sidney Smith et à Phélippeaux de dissuader Djezzar de fuir sa forteresse par la mer, comme il l'a envisagé dès le 1er mars dans l'appel au secours qu'il a lancé au commodore Hood, dont l'escadre montait la garde devant Alexandrie.

***

Ce jour-là, dans la grande salle du conseil du palais de Djezzar, Luigi Malagamba regarde la mer par la petite fenêtre qui se trouve à sa droite. Viendront-ils? se demande avec anxiété le conseiller italien du pacha qui consigne sur de longues feuilles de papyrus les instructions de son maître. Comme la plupart des autres conseillers, il n'est en fait qu'un simple traducteur couchant par écrit en bon français les propos dictés par le « Boucher ». Et il craint les colères que déchaîne la moindre erreur d'interprétation. C'est que le texte qu'il met en forme est un véritable S.O.S. à la flotte britannique. Il appelle sir Samuel Hood à l'aide en présentant comme imminent l'investissement de Saint-Jean-d'Acre : il annonce même déjà la chute de Jaffa, qui ne se produira que quelques jours plus tard!...

Cette annonce prématurée trahit la panique du pacha qui comptait sur une plus longue résistance d'Abdallah pour permettre l'arrivée à temps des renforts financés par la famille Farhi et celle des secours anglais. Viendront-ils? Perdant confiance, Djezzar fait embarquer sans plus attendre à bord d'un voilier les trente femmes de son nouveau harem et de lourdes caisses emplies d'or et de diamants – son trésor personnel –, sous la garde d'un bataillon d'Arnautes qui se tiennent prêts à frapper, leur grand sabre turc à la main. Lui-même s'installe à bord pour donner le signal d'appareillage dès l'annonce de l'investissement de la ville par l'armée française. Une longue veille commence. Le suspense durera une petite semaine, qui ressemble à une éternité...

Le S.O.S. expédié par le scribe italien Malagamba parvient à Hood le 6 mars. C'est le jour où le commodore Sidney Smith arrive devant Alexandrie prendre la relève. Saisissant toute la gravité stratégique que revêtirait l'évacuation précipitée de Saint-Jean-d'Acre, le nouveau commandant des forces navales britanniques en Méditerranée orientale décide d'expédier sur-le-champ son adjoint, le capitaine Miller, à bord du *Thésée,* pour rassurer Djezzar et l'obliger à regagner son palais. Lui-même suit trois jours plus tard à bord de son navire au nom très français (et pour cause) : le *Tigre*, à la tête d'une petite flottille.

Le jour où Djezzar a dicté et fait expédier son appel au secours, Bonaparte, lui, s'installe pour la nuit dans une cellule blanche du couvent des Franciscains, à Ramlé. Il n'est qu'à vingt kilomètres à vol d'aigle de Jérusalem dont la route lui semble grande ouverte.

VIII

Aux portes de Jérusalem

Le 2 mars 1799, un jeune lieutenant français de dix-huit ans galope, tout fringant, à la tête d'un peloton de vingt-cinq éclaireurs à cheval, sur la piste qui serpente vers les hauteurs de Jérusalem. Eugène de Beauharnais est à la fois le beau-fils et l'aide de camp du général en chef qui campe à Ramlé. Son valet de chambre, Constant, dira de lui que « sa physionomie franche et ouverte était bien le miroir de son âme ». Et la femme de chambre de sa mère Joséphine, Marie-Jeanne Avrillion, se souviendra de lui comme d'un bon et beau danseur « affable avec tout le monde » : « Il chantait agréablement, surtout la musique italienne. » Quant à Laure Junot, duchesse d'Abrantès, elle laissera un portrait charmant de ce « fort agréable jeune homme » : « Toute sa personne offrait un ensemble d'élégance d'autant plus attrayant qu'il y joignait une chose qui se trouve rarement avec elle : c'était de la franchise et de la gaieté dans toutes les façons. Il était rieur comme un enfant, mais jamais son hilarité n'eût été provoquée par une chose de mauvais goût. Il était aimable, gracieux, fort poli sans être obséquieux, et moqueur sans être impertinent; talent fort perdu, soit dit en passant. »

Foin de la « canzonetta »! Cette fois, le lieutenant Eugène a pris son mâle visage de guerrier, encore tout hâlé du soleil d'Afrique, pour s'arrêter au sommet d'une colline et observer à la jumelle la Ville sainte, dont les minarets et les dômes se détachent à l'horizon. Il songe que c'est ce même spectacle qu'avait dû contempler, huit siècles avant lui, un illustre prédécesseur nommé Godefroy de Bouillon...

Au moment de repartir chevaucher sur une hauteur plus avancée pour avoir une meilleure vue sur la ville et sur ses défenses, un cavalier essoufflé le rattrape en lui faisant signe de ses bras.

– Mon lieutenant, j'ai un message urgent à vous remettre de la part du général en chef.

Message bref et sans équivoque : Bonaparte ordonne à son aide de camp de faire demi-tour et de regagner immédiatement son quartier général à Ramleh.

– J'ai été le seul officier français à pouvoir se vanter d'avoir vu Jérusalem pendant cette campagne, répétera-t-il plus tard à ses amis.

Il n'y a pas plus d'une semaine pourtant que, franchissant les deux tronçons de marbre qui marquent la séparation entre le Sinaï égyptien et la Palestine syrienne, les soldats de l'armée d'Orient, y compris les vétérans de l'armée de l'An II, s'étaient agenouillés pour baiser le sable de la Terre sainte. Certains, en bons républicains, chantaient *La Marseillaise.* Mais ils étaient plus nombreux à murmurer des fragments de cantiques que l'on croyait bien oubliés depuis la Révolution. « Tous se faisaient une fête d'aller à Jérusalem », rappellera Napoléon à ses mémorialistes de Sainte-Hélène. « Cette fameuse Sion parlait à l'imagination et réveillait toute espèce de sentiments. » Or, voilà qu'à sept lieues – une botte d'ogre chez Perrault – de cette Jérusalem où « on espérait recruter bon nombre de chrétiens et trouver pour l'armée des ressources importantes », Bonaparte décide subitement de bifurquer non à droite de Ramlé, mais à gauche en direction de Jaffa, sur le littoral.

Il a passé la nuit à réfléchir entre les quatre murs de chaux de cette cellule du pittoresque couvent des Franciscains qui est le dernier vestige de l'ancienne capitale administrative de la Palestine au XIIe siècle. Ramlé n'est plus qu'une bourgade endormie avec ses rues de boue séchée où poussent des massifs de bougainvilliers.

« On ne marche dans son enceinte qu'à travers des décombres, notait déjà Volney : l'agha de Gaza y fait sa résidence dans un sérail dont les planchers s'écroulent avec les murailles... La campagne aux environs est plantée d'oliviers superbes, disposés en quinconce. La plupart sont grands comme des noyers de France; mais, journellement, ils dépérissent par vétusté, par ravages publics, et même par des délits secrets... En parcourant ces plantations, on trouve à chaque pas des puits secs, des citernes enfoncées, et de vastes réservoirs voûtés, qui prouvent que jadis la ville dut avoir plus d'une lieue et demie d'enceinte. Aujourd'hui, à peine compte-t-on deux cents familles. Le peu de terre que cultivent quelques-unes appartient au mufti et à deux ou trois de ses parents. Les ressources des autres se bornent à filer du coton... On fait aussi à Ramlé du savon, qui passe presque tout en Égypte... L'agha y a fait construire en 1784 le seul moulin à vent que j'aie vu en Syrie et en Égypte, quoique l'on dise ces machines originaires de ces pays; et il l'a fait sur le dessin et sous la direction d'un charpentier vénitien. La seule antiquité remarquable de Ramlé est le minaret d'une mosquée ruinée, qui se trouve sur le chemin de Jaffa. Du sommet [...], l'on suit toute la chaîne de montagnes qui vient de Naplouse, côtoyant la plaine et qui va se perdre dans le Sud. »

Mais l'armée, qui en a pris possession sans coup férir, voit cette ville située dans un immense bassin au milieu d'oliveraies, sous un jour plus sympathique : « A peine le général en chef est-il arrivé à portée de canon, écrit Detroye dans son *Journal*, qu'une foule d'habitants chrétiens sont venus au-devant de lui et ont donné les plus grandes marques de satisfaction. Les Turcs avaient quitté la ville le matin pour s'enfuir. Il y a dans Ramlé deux couvents, l'un d'Arméniens, l'autre de Récollets; leurs maisons sont belles et bien tenues. En y entrant, nous y avons trouvé rassemblées toutes les femmes chrétiennes de la ville. Ces femmes sont très blanches, mais ont peu de couleurs; quelques-unes sont jolies; elles mettent peu de soins à se voiler. Toutes, ainsi que les enfants nous ont témoigné beaucoup de joie...

« Ramlé est assez bien bâtie : les maisons, presque toutes voûtées, présentent un assemblage de dômes. Elles sont bien mieux soignées qu'en Égypte. On a trouvé beaucoup de savon, d'huile, de figues et de raisins secs, même un peu de vin assez bon. »

Le chef de l'habillement Bernoyer ne manque évidemment pas d'écrire longuement à sa femme : « Nous arrivâmes de bonne heure à Ramlé, bourg habité par des chrétiens; l'ennemi l'avait également abandonné à notre approche.

Nous fûmes reçus par les habitants avec une affabilité mêlée d'intérêt et de méfiance que je n'ai jamais remarquée auprès des Turcs... Les Turcs sont tellement présomptueux qu'ils ne croient jamais être amenés à quitter leurs postes, si bien que, lorsque cela arrive, ils n'ont pas le temps d'évacuer leurs magasins. Cette faute tactique les oblige à tout laisser au grand avantage de leur ennemi. Bonaparte devait sans doute connaître les usages orientaux puisqu'il avait négligé de faire suivre les magasins de vivres à la suite immédiate de son armée. »

De son quartier général de Gaza, Bonaparte avait donné l'ordre d'organiser, au couvent des Récollets, un hôpital de cinquante lits : « L'ordonnateur passera un marché avec les moines, qui se chargeront de tout fournir. Tous les magasins, soit de biscuits, soit d'avoine, soit de farine, qui se trouvent à Ramlé ou au village de Lydda (le futur Lod de l'aéroport Ben Gourion) seront transférés dans le couvent des Récollets. Il sera construit dans l'enceinte dudit couvent deux fours... »

Son secrétaire particulier Bourrienne se voudra un peu plus idéaliste dans ses *Mémoires* : « Nous couchâmes le 1er mars à Ramlé, dans un petit couvent occupé par deux moines qui furent pleins d'attentions pour nous. L'église fut accordée pour l'hôpital. Ces bons pères, en nous disant que c'était par cet endroit que la famille de Jésus-Christ avait passé pour aller en Égypte, nous montrèrent le puits qui les désaltéra, et dont l'eau pure et fraîche nous fit grand plaisir.

« Ramlé, l'ancienne Arimathia, est située au pied des monts dont le versant oriental se baigne dans le golfe Persique, et le versant occidental dans la Méditerranée. Les souvenirs de notre éducation, nourrie des grandes choses qui se sont passées dans ces contrées de l'Orient, font que l'aspect de ces lieux produit sur notre imagination une mystérieuse impression. »

L'ancienne capitale palestinienne du temps des Omeyyades est, fort heureusement pour le corps expéditionnaire dont l'intendance a tant de mal à suivre, au carrefour des routes caravanières et se trouve abondamment pourvue d'eau et de vivres.

Avant d'aller dormir dans cette cellule blanchie à la chaux, qui deviendra, de nos jours, une étape touristique,

Bonaparte a passé des heures à écouter, en compagnie de ses officiers dont plus d'un bâillait, l'illustre académicien Monge lire à haute voix les passages de l'Ancien et du Nouveau Testament sur la beauté magique de Jérusalem, dont « nous n'étions qu'à six lieues », soupirera encore Bourrienne.

La présence de Monge et d'une douzaine d'autres savants de l'Institut, tel l'ingénieur polytechnicien Étienne Malus, dans l'expédition de Syrie, ne cessera de poser des questions aux historiens sur les intentions réelles de Bonaparte. Si vraiment il n'envisageait qu'une guerre éclair de quatre à six semaines, comme il l'a confié à des officiers de son entourage, il n'avait aucune raison de s'encombrer de mathématiciens et d'hommes de science. Même s'il avait nourri l'arrière-pensée de poursuivre l'offensive jusqu'à Constantinople pour prendre l'Autriche à revers, on ne voit pas en quoi une si illustre compagnie pouvait lui être d'une quelconque utilité. En revanche, ce compagnonnage aurait eu un sens s'il avait cherché à auréoler d'une gloire nouvelle l'entrée à Jérusalem de la première armée venue d'Europe depuis les croisades.

C'est aussi la seule explication plausible de la présence, au sein de cette armée de la République qui se réclamait de la laïcité, d'un prêtre comme le grec-catholique dom Raphaël de Monachis, qui lui avait été présenté et recommandé au Caire par son drogman Venture de Paradis. Cet ancien séminariste avait longtemps vécu en Syrie avant de s'installer en Égypte, où il a exercé une certaine influence sur le général en chef qu'il accompagne en Palestine. Plus tard, le Premier consul Bonaparte fera de lui l'un des piliers de l'École des langues orientales où il guidera les premiers pas d'un certain Jean-François Champollion dans le déchiffrement des hiéroglyphes. C'est aussi lui qui traduira *Le Prince* de Machiavel en arabe à la demande du pacha Mohammed Ali.

Dans ce couvent des Récollets de Ramlé, le moine grec était le mieux placé pour donner aux lectures de Monge une interprétation historique et sentimentale propre à faire rêver Bonaparte.

Et cependant, quand, au seuil de cette cellule blanche, Bourrienne lui a demandé s'il « n'aurait pas le désir de passer maintenant par cette ville, célèbre sous tant de rapports », le général en chef se serait récrié : « Oh ! pour cela, non ! Jérusalem n'est point dans ma ligne d'opération; je ne veux pas avoir affaire à des montagnards dans des chemins difficiles. Et puis, de l'autre côté du mont, je serai assailli par une nombreuse cavalerie. Je n'ambitionne pas le sort de Cassius. »

Si telle a bien été textuellement la réponse de Bonaparte, la référence au sort de Cassius est erronée. Il est bien plus probable que Bonaparte ait cité le nom de Cestius Galus, mentionné dans *La Guerre des Juifs* de Flavius Josèphe, dont il avait fait l'un de ses livres de chevet. Cestius était ce gouverneur romain qui, lors du siège de Jérusalem de l'an 66, fut battu à plate couture par les insurgés qui le poursuivirent à travers la montagne jusqu'à Lydda, tout à côté de Ramlé.

Pour ce qui est de la décision de Bonaparte de renoncer à sa marche triomphale sur Jérusalem, l'explication reproduite par Bourrienne paraît un peu courte, car elle ne répond pas à la réalité de la situation du moment. Le chef de l'expédition française était suffisamment conscient de l'importance sentimentale et de la dimension religieuse d'une « libération » des Lieux saints pour en mesurer l'impact à sa juste valeur. Difficile même d'imaginer qu'il ne brûlat pas de surpasser son idole Alexandre le Grand, qui avait pris soin d'éviter Jérusalem, en accomplissant ce que ce bâtisseur d'empire n'avait pu faire. Et ce n'est certes pas le problème militaire qu'aurait pu poser la présence éventuelle d'une forte cavalerie ennemie qui était de nature à retenir Bonaparte aux portes de Jérusalem. Mais il faut savoir qu'en 1799 la Ville sainte était loin d'être la perle de l'Orient.

Ce n'est alors qu'une bourgade assez négligée d'aspect et dont les vestiges ne gardent qu'un bien pâle reflet de la gloire dont l'auréolaient les Écritures saintes. En témoigne en 1797 le voyageur anglais W.G. Browne : « L'intervalle qui sépare Jérusalem de Ramlé ne présente qu'un terrain raboteux, montueux et stérile... L'aspect de Jérusalem ne remplit pas, je l'avoue, les idées que je m'en étais faites. »

Le désir de Bonaparte de prendre cette ville-symbole n'en était pas moins évident et s'exprime clairement dans son récit de Sainte-Hélène. Sans doute pas au point de se faire couronner roi, comme le prétendra non sans ironie le romancier Walter Scott, à l'indignation de Bourrienne qui l'épingle ainsi dans une note de ses *Mémoires* : « Walter Scott dit, en parlant de Bonaparte, qu'il croit que “ ce petit officier d'artillerie avait rêvé de devenir roi de Jérusalem ". Ce que je viens de dire prouve qu'il n'y pensait pas. Que signifie cette supposition gratuite de l'Écossais? Son *petit officier* d'artillerie a fait un bien plus beau rêve. » Mais l'imagination de Bonaparte pouvait le porter à vouloir faire revivre, ne serait-ce que symboliquement, le royaume des croisés.

La veille de son arrivée à Ramlé, le 1er mars 1799, il a campé à Esdoud (Ashdod) après une marche de sept lieues de son armée. Ce qu'il en dit dans ses mémoires d'exil dictés à la troisième personne traduit assez son état d'esprit d'alors :

« Napoléon employa trois heures à parcourir le champ de bataille d'Ascalon, où Godefroy battit l'armée du Soudan d'Égypte et des Maures d'Éthiopie. Cette bataille valut à la chrétienté la possession de Jérusalem pendant cents ans. Le Tasse l'a chantée dans ses beaux vers du Saint-Sépulcre. »

Le Tasse, de son vrai nom Torquato Tasso, né à Sorrente en 1544, avait chanté la gloire de la ville sainte dans sa monumentale *Jérusalem délivrée*, œuvre marquée, comme son auteur, par la manie de la persécution. Mort à cinquante et un ans dans un état proche de la folie, sa poésie a fortement inspiré l'imagination de Bonaparte – qui mourra au même âge sur son rocher de Sainte-Hélène. Et c'est aussi le grand poète italien de la Renaissance que citera Chateaubriand dans son *Itinéraire* pour évoquer la plaine d'Ascalon :

« Quel grand et admirable spectacle, de voir les deux camps s'avancer front contre front, les bataillons se déployer en ordre, impatients de marcher, impatients de combattre! Les bannières ondoyantes flottent dans les airs, et le vent agite les panaches sur les hauts cimiers. Les habits, les franges, les devises, les couleurs, les armes d'or et de fer resplendissent aux feux du soleil. » Et l'auteur de *René* de poursuivre : « J.-B. Rousseau nous peint ensuite le succès de cette journée :

La Palestine, après tant de ravages,
Vit fuir ses ennemis, comme on voit les nuages
Dans le vague des airs fuir devant l'aquilon;
Et du vent du midi la dévorante haleine
N'a consumé qu'à peine
Leurs ossements blanchis dans les champs d'Ascalon... »

En campant sur les ruines de ces anciennes villes, le soir, sous la tente du général en chef, Gaspard Monge, doyen d'âge, à 55 ans, de cette assemblée de jeunes généraux de la République, lisait les Écritures saintes à haute voix. Assis tout autour, à même le sol, l'écoutaient, les yeux fermés surtout de fatigue, le fidèle chef d'état-major Berthier, le cynique Bourrienne, le jeune Junot qui cachait mal son ennui, le léonin Kléber, le fougueux Lannes qui astiquait ses bottes de cheval et le tranquille « Père la Béquille » (Caffarelli).

Derrière Bonaparte se tenaient, sages comme des enfants de chœur, ses deux aides de camp, Beauharnais et Croisier, et, face à eux, les civils : le commissaire Sartellon, le vieux drogman Venture de Paradis et dom Raphaël, qui était le seul à suivre la lecture, en l'accompagnant de discrets murmures, dans une Bible couverte de cuir. Et Napoléon de remarquer au passage : « Ô combien l'analogie et la vérité des descriptions étaient frappantes; elles conviennent encore à ce pays après tant de siècles et de vicissitudes ! »

Pourtant, au matin du 2 mars 1799, Bonaparte rappelle ses coureurs engagés sur la route de Jérusalem. « Les coureurs de l'armée s'approchèrent à trois lieues de la Ville sainte. L'armée brûlait de voir la colline du Calvaire, le Sépulcre, le plateau du temple de Salomon; elle éprouva un sentiment de peine lorsqu'elle reçut l'ordre de tourner à gauche. »

Des explications données pour justifier ce refus de prendre Jérusalem, la moins crédible est celle fournie à Bourrienne : la crainte de cavaliers l'attendant derrière les collines. Certes, *a posteriori* et avec vingt ans de recul, Napoléon aurait eu de quoi fonder cette crainte par la malencontreuse aventure arrivée au général Damas. En s'enfonçant dans les défilés de la Samarie en direction de Naplouse, sa division subit en effet de lourdes pertes lors d'un accrochage avec les combattants palestiniens de la montagne qui lui avaient tendu un piège, tels jadis les Sarrasins au col de Roncevaux. Or, ce revers du général Damas a eu lieu, en réalité, *après* la décision de Bonaparte de renoncer à Jérusalem, et n'a donc pu l'influencer. De l'avis des coureurs parvenus avec Eugène de Beauharnais à trois lieues de la ville, il y avait trop peu de forces militaires en face d'eux pour s'opposer à une facile conquête de Jérusalem.

Autre raison invoquée par Napoléon dans son récit pour justifier, toujours *a posteriori*, son refus de marcher sur Jérusalem : « Il était pressant d'occuper Jaffa, où une nombreuse garnison travaillait à se fortifier. Jaffa est la seule rade que l'on trouve depuis Damiette; sa possession était nécessaire pour ouvrir les communications par mer avec cette dernière ville et recevoir les bateaux chargés de riz et de biscuit, ainsi que l'équipage de siège : marcher sur Jérusalem sans avoir occupé Jaffa eût été manquer à toutes les règles de la prudence... Toute l'infanterie d'Abdallah, lui-même en tête, s'était jetée dans Jaffa. Il y avait beaucoup d'artillerie; le corps des Tchorbadjis, ou canonniers de Constantinople, y était tout entier. »

La suite devait montrer que cet argument ne tenait pas. D'abord parce que Bonaparte, après la conquête de Jaffa, n'est jamais revenu sur Jérusalem, préférant marcher vers le nord sur Saint-Jean-d'Acre dont il a fait l'objectif prioritaire de sa campagne de Syrie.

Alors, aurait-il craint, comme le veut la rumeur, de transgresser un tabou en entrant dans Jérusalem, ce tabou qui, selon la tradition, aurait avant lui retenu Alexandre? Même s'il a frôlé souvent la superstition et s'il s'est intéressé à l'occultisme, le général en chef n'a jamais fait preuve, de manière concrète, de la moindre religiosité dans ses choix stratégiques et politiques. Il n'ignorait pas l'impact qu'aurait eu la prise de Jérusalem aussi bien sur le moral de ses troupes que sur les peuples de la région et sur l'opinion publique en Europe. A telle enseigne que les nouvelles en provenance de son quartier général ont été, à plusieurs reprises, datées de Jérusalem. C'est ainsi que *Le Moniteur*, journal officiel de la République française, a publié dans son numéro 245 du 24 mai 1799 la dépêche suivante de l'armée d'Orient : « Il est arrivé un courrier qui a quitté, le 22 pluviôse (c'est-à-dire le 10 février), *Buonaparte* * à Jérusalem. Le climat n'avait influé en rien sur l'armée qui était alors dans le meilleur état, et s'était recrutée jusqu'au nombre de 100 000 hommes... » Le numéro 243 du 22 mai avait fait état de la « nouvelle d'une proclamation du général *Buonoparte*

* Orthographe d'origine systématiquement utilisée par *Le Moniteur.*

aux juifs, dans laquelle il les invite à se ranger sous ses drapeaux, pour aller relever les murs de Jérusalem ». Enfin, le numéro 292 du 10 juillet annonce de Constantinople des « contributions imposées par les Français sur les villes de Jérusalem, Jaffa et Gaza ».

On peut en déduire que la décision prise le 2 mars d'éviter Jérusalem obéissait à d'autres considérations, qui laissent le choix entre trois hypothèses :

1. Un accord conclu entre Bonaparte et l'agha de Jérusalem, qui était venu secrètement rencontrer le général en chef à Gaza, avec une délégation de chrétiens. Il lui avait promis de se soumettre, une fois le redoutable Djezzar éliminé à Saint-Jean-d'Acre. Comme la plupart des gouverneurs locaux de la Palestine, cet agha jouait un double jeu. D'un côté, il cherchait la protection, voire l'amitié de Bonaparte au point de lui offrir une de ses femmes, qui se trouvait être une ancienne cantinière de l'armée française ! D'un autre côté, tout en maintenant le contact avec le général en chef tout au long de sa campagne, il menaçait les chrétiens se trouvant sous sa coupe de représailles extrêmes au cas où Bonaparte s'attaquerait à sa ville avant de marcher sur Acre. Et, pour rendre cette menace crédible, une délégation de chrétiens de Jérusalem s'est présentée le 10 mars à la tente du général en chef, devant Jaffa, pour le supplier de respecter son arrangement avec leur agha :

« Les négociations avec l'agha de Jérusalem commencèrent à Gaza, reconnaîtra Napoléon dans son récit. [Elles] continuèrent pendant la route et le siège de Jaffa. Après la prise de cette ville, l'armée devait marcher et se porter en deux journées sur Jérusalem ; la population était toute chrétienne ; elle offrait plus de ressources qu'aucune ville de la Palestine. Mais, le 10 mars, le général en chef reçut une députation de chrétiens qui le conjurèrent de les sauver ; ils étaient sous le couteau ; les Turcs étaient décidés à les égorger avant d'abandonner la ville et de passer le Jourdain. L'agha, qui était un homme habile, proposa en même temps un armistice ; il s'engagea à mettre en liberté et à protéger les chrétiens, à ne fournir aucun secours à Djezzar, et, après la prise d'Acre, à se soumettre au vainqueur. Cela était avantageux. *Ce n'était pas renoncer à la visite de Jérusalem, c'était la retarder d'une ou deux semaines.* »

2. Cet avantage aurait fait de l'entrée dans la Ville sainte le couronnement de la campagne de Syrie et non une simple étape. Or tout indique que Bonaparte, spéculant effectivement sur une conquête de Saint-Jean-d'Acre en une ou deux semaines, aurait alors poursuivi sa percée en direction de Damas et de Constantinople, conformément à ses plans initiaux. L'offensive sur Damas, il l'aura effectivement envisagée un moment après sa victoire du mont Thabor, avant même que ne soit joué le sort de Saint-Jean-d'Acre.

3. Mais il existe une troisième hypothèse sur ce renoncement à Jérusalem, rarement énoncée et qui paraît pourtant la plus crédible. C'était la difficulté de maintenir la discipline des troupes. Conscient de leur fatigue et de leur grogne après la pénible traversée du Sinaï et la marche sous la pluie dans la plaine sablonneuse de Ramlé, mais aussi sentant monter une ferveur religieuse, inconnue ou oubliée depuis une décennie de Révolution anticléricale, Bonaparte pouvait redouter que le choc sentimental provoqué par la vue de Jérusalem n'aboutît à désagréger son armée. Cette crainte de désintégration interne du corps expéditionnaire n'était pas la moindre de ses préoccupations. Elle pourrait expliquer dans une certaine mesure la terrible décision du général en chef de faire exécuter quelque quatre mille prisonniers faits à Jaffa. Le carnage allait permettre de cimenter dans le « sang impur » de l'ennemi la cohésion de la troupe rendue complice de ce crime de guerre, tandis qu'un ressourcement spirituel, sinon religieux, risquait d'avoir un effet contraire. Bonaparte aurait tout simplement voulu éviter le risque d'une explosion émotive qui aurait pu ravager les rangs d'une armée déconfessionnalisée, au contact de l'ambiance mystique qui imprègne la Ville sainte.

« La terre de la Bible est sous nos yeux », lui fait dire le Pseudo-Jomini, le 3 mars, quand il se détourne de cette « Jérusalem qui n'est pas loin ». Au grand dam de Bernoyer, l'habilleur de l'armée, qui enrage de « n'avoir pu visiter ni Jérusalem, ni les Lieux saints où s'est fondée notre religion » : « Il était fâcheux pour moi, écrit-il, d'avoir été aux portes de cette ville sans parvenir à y pénétrer, alors que de toutes les parties de l'Europe, les gens y accourent et témoignent des merveilles qu'il y ont vues ».

IX

Jaffa : peste et barbarie

Les batteries tirèrent une salve de deux coups par pièce. Puis leur succéda un moment d'accalmie qui permit d'entendre le trot de deux cavaliers : un officier portant un drapeau blanc et un trompette. Quand ils arrivèrent au pied du mur d'enceinte crénelé et flanqué de tours qui protégeait la ville, le trompette emboucha son instrument. Il n'y avait pas de fossé à franchir pour atteindre la porte, qui s'ouvrit pour laisser passer les deux parlementaires porteurs d'une sommation du général Berthier au général Abdallah, commandant de la place. Suivant la scène à la jumelle, Bonaparte vit les deux émissaires disparaître derrière le portail aussitôt refermé et attendit.

Cela faisait deux jours que l'armée avait encerclé Jaffa, le deuxième grand port de la Palestine. Derrière ces murs tout blancs de soleil s'étaient retranchés les quelque cinq mille soldats envoyés par Djezzar. Depuis deux jours, les divisions Bon et Lannes s'activaient, non sans difficultés créées par la résistance de l'adversaire, à achever les travaux de siège, conformément aux directives des deux spécialistes, le général Caffarelli, chef du génie, et le général Dommartin, chef de l'artillerie. Le plan d'attaque avait été arrêté dans la matinée du 4 mars, après une reconnaissance au cours de laquelle fut blessé un officier du génie, et le général en chef couvert de terre par l'impact d'un boulet : il y avait des canons dans toutes les tours et l'ennemi tirait de toutes ses batteries sur les postes avancés. La tranchée ouverte vaille que vaille au milieu des plantations d'orangers et de citronniers, les trois batteries mises en place, tout était prêt pour l'assaut, le 7 mars à 7 heures du matin. Tandis que l'avant-garde de Kléber tenait la route de Saint-Jean-d'Acre avec la cavalerie de Murat pour couper toute retraite et empêcher l'arrivée de renforts, les divisions Bon et Lannes assuraient le blocus de la place, Bon au nord, au bord de la mer, pour investir le port, Lannes à l'est et au sud, pour faire la brèche.

C'est alors que, soucieux d'épargner à son armée de nouvelles pertes qui pourraient amoindrir son potentiel avant d'affronter Djezzar dans sa place forte, Bonaparte charge Berthier d'envoyer un parlementaire aux défenseurs de Jaffa avec une offre « généreuse » de capitulation :

« Dieu est clément et miséricordieux ! Le général en chef Bonaparte me charge de vous faire connaître que Djezzar Pacha a commencé les hostilités contre l'Égypte en envahissant le fort d'El Arich ; que Dieu, qui seconde la justice, a donné la victoire à l'armée française... Que la place de Jaffa est cernée de tous côtés ; que les batteries de plein fouet, à bombes et de brèche, vont, dans deux heures, culbuter la muraille et en ruiner les défenses ; que son cœur est touché des maux qu'encourrait la ville entière en se laissant prendre d'assaut ; qu'il offre sauvegarde à la garnison, protection à la ville ; qu'il retarde, en conséquence, le commencement du feu jusqu'à 7 heures du matin. »

Un quart d'heure après l'envoi des deux parlementaires à cheval, un cri d'horreur jaillit des premières lignes de la troupe de siège : leurs têtes sanguinolentes apparaissent au bout de piques brandies à travers les créneaux des deux plus hautes tours et leurs cadavres décapités s'abattent au pied des batteries de brèche...

Cette scène dramatique, Napoléon se la remémore vingt ans après pour expliquer l'incroyable rage qui s'est emparée de ses soldats, le déchaînement sauvage de sa troupe, si impatiente de se venger qu'elle va lui forcer la main pour donner le signal de l'assaut. Et c'est ainsi qu'il tentera de justifier le passage du drame à la tragédie.

En vérité, l'armée, démoralisée par la tournure de cette « drôle de guerre », ne s'attendait pas, une fois de plus, à une telle résistance d'une place si mal fortifiée, dont la citadelle n'avait rien d'une forteresse. Bonaparte lui-même l'avait jugée de si peu d'importance qu'il pensait pouvoir faire l'économie d'un assaut : cette « bicoque », comme l'appelle dédaigneusement Bourrienne dans ses *Mémoires* en se moquant de son passé d'« antique Joppé », ne devait pas tenir deux heures. Or elle tenait depuis deux jours.

« Ce rassemblement de soldats étrangers ne manquait pas de résolution pour défendre la place qui n'était protégée que par une muraille sans fossé, écrit à sa femme l'intendant Bernoyer. Le fanatisme religieux animait cette milice qui ne craignit nullement d'attendre l'armée française derrière d'aussi faibles remparts. » Or, elle ne se contente pas d'attendre. « Au lieu de se borner à contrarier les travaux d'attaque par ses feux, l'ennemi exécuta plusieurs vigoureuses sorties et réussit à faire reculer nos troupes surprises », reconnaît l'historien militaire de la campagne, La Jonquière, en citant trois opérations réussies par les assiégés sur les deux fronts, selon le rapport même de l'état-major, dans la journée du 6 mars à midi, 13 heures et 14 heures.

« L'ennemi tomba sans être aperçu dans la batterie de brèche, lit-on dans l'*Agenda* de l'ingénieur Malus. Je m'y étais endormi et me réveillai au milieu de ce tumulte. La garde qui fuyait en criant aux armes avait en partie abandonné les siennes... Les Turcs ayant remporté dans la ville les têtes des Français qu'ils avaient tués dans la batterie, le gouverneur les paya fort cher, ce qui répandit parmi eux une nouvelle ardeur. »

De fait, se glissant à plat ventre dans les citronniers, quatre Maugrabins sont entrés par le revers dans la batterie de gauche et ont égorgé la sentinelle : sauve-qui-peut des sapeurs et des canonniers qui, les croyant plus nombreux, leur abandonnent armes, outils et blessés. Une heure plus tard, nouvelle sortie sur le bord de mer, qui met en fuite les tirailleurs arrivés pour flanquer la batterie, que la garde abandonne pour la seconde fois. L'heure suivante, guidés par les signaux d'une barque en observation sur la mer, une quinzaine d'assiégés sortent par les rochers et sautent à l'improviste dans la sape d'une autre batterie, mettant sa garde en fuite, tandis qu'une centaine d'autres tournent le mamelon ou attaquent de front, soutenus de coups de canon à mitraille et d'obus : le chantier tombe entre leurs mains. Il faut cinq heures de combats à une brigade de cent quarante grenadiers pour reprendre la position et permettre l'achèvement des travaux de siège.

Des sentinelles qui se laissent surprendre : Bonaparte tonne. Cette armée qui se garde si mal est indisciplinée. Dans le désert, raconte Lockroy [1], elle a pris les outres qui contenaient l'eau réservée aux officiers. Depuis qu'elle est en Syrie, elle maraude et elle pille. Il faut à chaque instant la réprimander. Puis elle est mécontente et inquiète de son isolement. Les chefs s'ennuient de se battre contre « de la canaille arabe ». L'ennemi n'est pas digne d'eux. Ils se surveillent peu, commettent des fautes. Tout le monde est nerveux et agacé... Les bivouacs deviennent agités et tumultueux. On sent le néant de cette grande aventure.

La veille encore, Bonaparte a dû demander à Berthier de mettre aux arrêts l'adjudant général Grézieu pour avoir fait partir ses chameaux sans son ordre, le chef de bataillon Faure pour n'avoir pas donné d'escorte à un ouvrier du génie envoyé chercher des outils, le cantinier des guides à cheval et les trois musiciens pour s'être fait prendre leurs chevaux par des Arabes, etc. Un bain de sang est peut-être nécessaire pour ressouder les rangs.

Dès l'atroce vision des têtes et des corps décapités au bas des remparts, Bonaparte ordonne le feu aux batteries. A raison de vingt boulets par heure et par pièce, celle de brèche fait tomber le pan de la tour qu'elle battait. Au bout de cinq heures, la brèche est reconnue praticable. Mais, déjà, selon le récit de Lockroy, le bruit court dans les rangs de la division Lannes que les soldats de la division Bon, chargée de faire diversion sur le port, ont trouvé un chemin au bord de la mer et qu'ils sont entrés dans la ville. Aussitôt les grenadiers demandent l'assaut. Ils craignent de se voir ravir la victoire et surtout le butin. La brèche n'est pas encore vraiment praticable : le haut de la tour seul s'est écroulé. Peu importe ! Les grenadiers avancent. Bonaparte a la main forcée : il permet l'assaut qu'on donnerait sans lui.

Avec vingt-cinq carabiniers, quinze sapeurs et cinq ouvriers d'artillerie, le chef de bataillon du génie Lazowski fait le logement et déblaie le pied de la brèche. Debout sur l'épaulement de la batterie, le général en chef indique du doigt au colonel Lejeune, du 22e régiment d'infanterie, qui attend en colonne derrière un pli du terrain le signal de monter à la brèche, la manœuvre qu'il doit effectuer, quand une balle vient arracher son chapeau et frapper à mort l'officier.

« C'est la deuxième fois de ma carrière que je dois la vie à ma petite taille de 5 pieds 2 pouces ! » s'exclamera-t-il le soir. Mais, pour l'instant, il ne décolère pas.

Miot, qui le rencontre dans la batterie principale, le trouve furieux... La brèche est si mauvaise qu'on applique des échelles. Les grenadiers montent en même temps que les soldats de la 22e brigade légère. Au bas de la ville, près du port, on entend les coups de fusil de la division Bon. Le général Lannes prend la tête du régiment qui escalade la brèche faite dans une maison jouxtant les remparts et débouche dans une grande rue parallèle au front d'attaque. Tandis que les mineurs sapent le flanc d'une maison voisine d'où les défenseurs ne cessent de tirer sur le passage, les troupes de Lannes se déploient de part et d'autre, le long de la muraille, pour s'emparer de toutes les tours. En trois heures de combats, les Français se rendent pratiquement maîtres de toute la ville, dont le sac commence. Le massacre aussi.

Toute l'armée est entrée furieusement avec des cris sauvages. Elle n'épargne rien. « Partout, dit Miot, vous entendez les cris d'une fille qu'on viole et qui vainement appelle à son secours une mère qu'on outrage, un père qu'on égorge. Aucun asile n'est respecté. » Berthier a chargé Miot de prendre avec lui un détachement de carabiniers pour aller recueillir les soldats blessés sur la brèche. Mais les carabiniers l'ont abandonné en route pour courir au pillage. Miot, resté seul, essaie de remplir sa tâche. Il est bousculé, et les blessés sont foulés aux pieds des chevaux.

Sur ces scènes de carnage et de pillage d'une rare furie qui se sont prolongées presque deux jours durant, les rapports des témoins ne sont que trop abondants. Certains sont purement documentaires ; d'autres respirent d'indignation, mais ils concordent tous.

Rapport de l'état-major : « Alors on pénétra dans le centre de la ville ; on passait au fil de l'épée tout ce que l'on rencontrait... La ville fut mise au pillage pendant vingt-quatre heures. »

Journal du capitaine François, dit le Dromadaire d'Égypte : « Bientôt, de rue en rue, de maison en maison, la division Lannes opère sa jonction avec la division Bon. Alors commença l'épouvantable carnage... Les soldats de la division Bon avaient à venger la mort de leurs camarades égorgés au passage de la brèche du côté de la mer et ceux de la division Lannes les leurs tués dans la tour et dans la place. Dans ce désordre affreux, occasionné par la fureur des soldats et le désespoir des assaillis, il devint impossible aux généraux de faire entendre la voix de l'humanité. Les soldats ne s'arrêtèrent que lorsqu'ils furent épuisés de la fatigue du meurtre... Le pillage des temples et des maisons, commencé dès 7 heures du soir, dura quatre jours d'une manière effrayante. Peu de villes prises d'assaut ont présenté un spectacle plus affreux. Des cris, des lamentations se faisaient entendre de toutes parts, poussés par ceux qui avaient pu s'échapper et qui furent en partie égorgés à leur tour. »

Souvenirs du chasseur Pierre Millet : « Nous arrivâmes à Jaffa comme les troupes rentraient au camp, chargées du butin qu'elles rapportaient de la ville que l'on venait de prendre d'assaut. Là, il s'était fait un terrible carnage : hommes, femmes, enfants, tous furent passés au fil de la baïonnette... C'était un affreux spectacle de voir tant de victimes innocentes rendant le dernier soupir, étendues dans les rues et dans les maisons. Les Français, la fureur dans les yeux, massacraient tout ce qu'ils trouvaient devant eux sans aucune exception d'âge et de sexe, les enfants à la mamelle ne furent point exempts de cet horrible massacre. »

L'*Agenda de Malus* : « Tout ce qui avait figure humaine était victime de leur fureur. »

Journal du chef de bataillon Detroye : « Fatigués de tuer, ils ont fait sortir de la ville les habitants et la garnison (rescapés du massacre). L'assaut de Jaffa est le premier auquel j'aie assisté. Si quelque chose dédommage de l'horreur d'un pareil spectacle, c'est la bravoure des troupes qui l'ont exécuté... Après la victoire, elles ont, de beaucoup, préféré amasser du butin à tuer les ennemis. »

Correspondance de Bernoyer : « Tout fut mis à feu et à sang durant cette funeste journée. Nos troupes ne cessèrent de tuer que lorsqu'elles furent épuisées de fatigue à force de massacrer : ni le sexe, ni l'âge, rien ne fut épargné... On voyait les soldats revenir dans le camp, chargés de butin et de toutes sortes de marchandises, mais ce que je n'avais jamais vu de ma vie, ce fut un trafic de jeunes personnes qu'on échangeait contre mille objets divers. Nos soldats, voyant que cette espèce de commerce était lucratif, amenèrent une grande quantité de jeunes filles ou de jeunes femmes dans la camp : il devint bientôt une arène de discorde et de troubles. Le désordre était si grand que, de toutes parts, on se disputait la beauté les armes à la main... Je vis des soldats quitter le carnage, épuisés de fatigue et couverts de sang, choisir parmi les victimes de pauvres créatures qu'ils entraînaient malgré elles pour satisfaire leur brutale passion sans la moindre pudeur.

« A quelques pas de ma tente, nous vîmes une dispute très vive entre un soldat et un officier de dragons : le soldat avait vendu à cet officier une jeune fille pour la somme de deux louis. Comme l'officier venait juste de payer, le soldat s'aperçut, en lui livrant la jeune fille, qu'elle avait une bague au doigt. La croyant sans doute de valeur, il prétendit que la bague n'était pas comprise dans le prix et il voulut absolument la lui ôter... Nous nous approchâmes pour essayer de les mettre d'accord... Halachim posa quelques questions à cette malheureuse fille pour savoir à qui elle appartenait. Elle lui apprit qu'elle était la fille du gouverneur, qu'elle avait vu périr son père et toute sa famille. L'officier de dragons, ayant entendu qu'elle se disait la fille du gouverneur, devint furieux à un tel point que, dans sa rage, il lui passa son sabre à travers le corps. Cette innocente victime tomba dans les bras de son oncle où elle expira quelques instants plus tard. Cette action barbare autant qu'inattendue m'avait tellement pétrifié que je restai longtemps immobile, sans pouvoir trouver de mots assez forts pour reprocher à l'officier sa cruauté. Celui-ci me dit :

– Ne savez-vous pas que ce monstre de gouverneur a fait trancher la tête à mon frère quand il y est allé comme parlementaire? Je voudrais exterminer jusqu'au dernier de cette maudite race!

« Bonaparte, ayant été informé du trouble qui régnait dans le camp, à cause des femmes amenées par les soldats, ordonna que tous ceux qui en possédaient les conduisent à midi dans la cour du lazaret, sous peine d'une punition très sévère. Cet ordre fut exécuté très ponctuellement, d'autant que chacun croyait que ces pauvres créatures seraient renvoyées dans les ruines de la ville où elles pourraient se créer un asile. Mais une compagnie de chasseurs avait été convoquée pour les fusiller. »

Il est vrai que le général en chef n'était pas alors à une abomination près : il venait d'écrire la page la plus noire de sa légende en faisant passer par les armes les prisonniers de la garnison qui avait fini par se rendre contre la promesse d'avoir la vie sauve. Ainsi, non seulement Bonaparte n'a rien fait pour empêcher ou pour faire cesser le carnage, auquel le général Robin fut l'un des rares généraux à s'opposer en n'hésitant pas à se jeter au milieu de sa brigade et à sabrer les siens pour mettre fin au désordre; mais on peut se demander s'il n'avait pas prévu le meurtre des parlementaires envoyés aux assiégés et l'effet qui ne manquerait pas d'en résulter sur sa troupe. Durant l'assaut que ses hommes brûlaient alors de livrer, il était resté assis sur une pièce de canon, dans un pré, à côté du rempart, seul avec le général Lannes. Comme si, dans le désordre de la victoire, de la boucherie et du pillage, il souhaitait se faire oublier pour mieux laisser faire...

« Bonaparte était partiellement responsable de ces scènes de violence, admet un de ses admirateurs contemporains, Benoist-Méchin, car il avait annoncé, avant l'assaut, que la garnison tout entière serait passée par les armes. Les soldats en avaient déduit qu'ils n'avaient pas à faire de quartier [2]... »

L'historien britannique Herold est évidemment beaucoup plus caustique dans son analyse du drame de Jaffa :

« On ne peut s'empêcher de s'interroger, fait-il d'abord remarquer, sur ce qui transforme des hommes dont la nature est foncièrement bonne – maris attentifs, fils respectueux, tendres amants, pères de famille – en bêtes féroces et hurlantes, qui enfoncent des baïonnettes dans le corps de vieillards, de jeunes filles et de bébés, qui violent les filles encore blotties dans les bras de leur mère moribonde, qui redoublent de violence quand on fait appel à leur pitié et qui peuvent rester vingt-quatre heures dans cet état...

« Tout cela, et pire encore, arriva à Jaffa les 7 et 8 mars 1799. Dans son récit de la campagne, Bonaparte ne trouve rien de plus à dire à ce sujet que : " La fureur du soldat était à son comble, tout fut passé au fil de l'épée; la ville, ainsi au pillage, éprouva toutes les horreurs d'une ville prise d'assaut. " Les témoins ne gardèrent pas tous un souvenir aussi indifférent et aussi calme de l'événement. »

Mais le commandant en chef, lui, avait au moins deux

bonnes raisons de ne pas déplorer davantage ce carnage. Son premier intérêt, c'était de maintenir la menace que représentait pour la suite de sa campagne le rappel des lois de la guerre qui, à l'époque, permettaient d'exécuter toute garnison refusant de se rendre une fois la brèche pratiquée dans ses défenses. De quoi faire réfléchir celle de Saint-Jean-d'Acre. D'où la proclamation aux cheiks et ulémas et habitants de Palestine, qu'il fait imprimer le 9 mars pour la répandre dans tout le Levant, jusqu'à Constantinople et à la « Barbarie » : « Restez tranquilles dans vos foyers... J'accorde sûreté et sauvegarde à tous. Il est bon que vous sachiez que tous les efforts humains sont inutiles contre moi, car tout ce que j'entreprends doit réussir. Ceux qui se déclarent mes amis prospèrent. Ceux qui se déclarent mes ennemis périssent. L'exemple qui vient d'arriver à Jaffa et à Gaza doit vous faire connaître que, si je suis terrible pour mes ennemis, je suis bon pour mes amis, et surtout clément et miséricordieux pour le pauvre peuple. »

Le rameau d'olivier dans une main, l'épée de Damoclès dans l'autre, c'est dans le même esprit qu'il dicte ce jour-là ses conditions au cheik de Naplouse, aux cheiks, ulémas et commandant de Jérusalem, et son fameux ultimatum à Djezzar Pacha. Au premier, il annonce qu'il s'est « emparé de Gaza, Ramlé, Jaffa et de toute la Palestine », et qu'il offre aux Naplousains la paix ou la guerre : « S'ils veulent la paix, qu'ils chassent les Mamelouks de chez eux et me le fassent connaître. S'ils veulent la guerre, je la leur porterai moi-même. Je suis clément et miséricordieux avec mes amis, mais terrible comme le feu du ciel envers mes ennemis. » Une péroraison à l'identique ponctue son adresse aux seconds, qu'il invite à lui envoyer au camp de Jaffa une délégation « pour promettre de ne jamais rien faire contre moi ». Au dernier, Bonaparte donne cinq jours pour se rallier à lui, en soulignant qu'il a « traité avec générosité » celles de ses troupes qui se sont remises à sa discrétion, mais qu'il a été « sévère avec celles qui ont violé les lois de la guerre ». Et, pour faciliter sa reddition, il va lui montrer qu'il sait être clément et miséricordieux non seulement envers le peuple, mais aussi envers les grands, en réservant un traitement de faveur au général Abdallah.

Tous les historiens s'accordent aujourd'hui pour admettre

que l'exemplarité de la terreur inspirée par le sac de Jaffa aura eu un effet contraire au calcul du général en chef : la résistance des défenseurs de Saint-Jean-d'Acre ne s'en sera trouvée que renforcée.

Mais Bonaparte avait une deuxième raison de laisser faire le carnage de Jaffa : permettre à son armée, minée par le découragement, l'indiscipline et aussi le flou de ses buts de guerre, de se défouler. Il le reconnaît implicitement dans son récit de Sainte-Hélène quand il évoque le bilan positif du sac de la ville : « La perte qu'éprouva la ville par le pillage peut être évaluée à plusieurs millions, mais les soldats vendirent tout à très bon marché : les gens du pays rachetèrent leurs effets au dixième de leur valeur. Beaucoup de militaires firent des gains considérables... Cet argent fut utile pendant le siège d'Acre. On trouva aussi beaucoup de café, de sucre, de tabac, de pelisses, de châles de toute espèce. Cela changea un peu le costume du soldat : le fond resta européen, mais il prit un mélange oriental. »

Il admet que le pillage continua après le carnage. Il fallait bien revigorer un corps expéditionnaire à bout de souffle par quelque compensation à peine tempérée par des rappels à l'ordre et par des sanctions. Sanctions vite levées : mis aux arrêts de rigueur l'avant-veille de l'assaut, l'adjudant général Grézieu a été désigné quatre jours plus tard pour le poste de gouverneur de Jaffa. « Les soldats étaient depuis huit jours oisifs; un plus long séjour ne pouvait être que funeste à leur santé... »

C'est que ces braves soldats venaient de participer à un crime de sang-froid encore plus grave et condamnable que les tueries, viols, saccages et autres exactions commises dans le feu de l'action ou dans l'ivresse de la colère ou de la vengeance : la liquidation de milliers de prisonniers après le cessez-le-feu.

***

Sur les quelque cinq mille hommes de la garnison, près de deux mille sont tombés dans les combats ou ont été passés au fil de la baïonnette. On découvre avec stupeur que les autres se sont réfugiés avec leurs armes dans une sorte de caravansérail formé d'une grande cour entourée de portiques où ils sont restés, abasourdis, pendant le sac, mais prêts à payer chèrement leur vie. Les vainqueurs, tout entiers attachés à se partager leur butin de chair et de biens, ont négligé de visiter tous les recoins : ils tournaient autour de cette enceinte sans parvenir à y pénétrer. Quelques-uns parlaient déjà de livrer les bâtiments aux flammes et de brûler vifs tous ceux qui pouvaient se trouver à l'intérieur.

Le 8 mars au matin, Bonaparte envoie les deux plus jeunes de ses aides de camp, Beauharnais – son beau-fils – et Croisier, voir ce qui se passe et, selon Bourrienne, « calmer autant qu'il leur serait possible la fureur des soldats ». Ils apprennent qu'une partie de la garnison, composée presque exclusivement d'Arnautes (Albanais ou Bosniaques) et de Maugrabins (Marocains), s'est retranchée là après avoir échappé à l'hécatombe. A la vue de l'écharpe blanche que portent au bras les deux officiers, les assiégés les interpellent des fenêtres, leur criant qu'ils sont prêts à rendre les armes à condition qu'on leur promette un sort différent de celui d'une population vouée au massacre. Sans cette assurance d'avoir la vie sauve, ils menacent de faire feu sur les deux aides de camp et de se défendre jusqu'à la dernière extrémité.

Dans le souci d'éviter de part et d'autre une nouvelle effusion de sang, les deux jeunes gens croient devoir et pouvoir prendre sur eux d'accepter leur reddition à titre de prisonniers de guerre, et donc de leur accorder cette sauvegarde, malgré l'arrêt de mort prononcé contre toute la garnison de la ville prise d'assaut. Bien qu'agissant de leur propre chef, sans qu'aucune capitulation écrite ne soit conclue, ils leur donnent une promesse verbale qui a valeur d'engagement formel. En les décidant à se rendre, Beauharnais et Croisier ont aussi le sentiment d'épargner le sang des leurs, devenu pour ainsi dire la rançon de la vie de leurs ennemis, qui étaient encore en mesure, n'ayant plus rien à perdre, de leur infliger de nouvelles pertes dans une lutte meurtrière.

Sur ces paroles, les assiégés sortent de leur repaire et jettent leurs armes. Les deux aides de camp les font ranger sur deux files, dont Bourrienne estime l'une à environ deux mille cinq cents hommes et l'autre à mille cinq cents, pour les conduire au camp de l'armée. Bonaparte, qui devise justement avec son secrétaire devant sa tente, pâlit et lève les bras au ciel en voyant approcher cette masse de captifs. Avant même d'interroger ses aides de camp, il se tourne vers Bourrienne :

– Que veulent-ils que j'en fasse? Ai-je des vivres pour les nourrir? Des bâtiments pour les transporter en Égypte et en France? Que diable m'ont-ils fait là?

Accueillis avec humeur, fortement réprimandés pour leur initiative, Beauharnais et Croisier cherchent à la justifier en faisant observer qu'ils se trouvaient seuls dans cette cour de caravansérail, au milieu de cette multitude ennemie en armes, et qu'il leur avait recommandé d'apaiser le carnage.

– Oui, sans doute, réplique sèchement le général en chef, pour les femmes, les enfants, les vieillards, les habitants paisibles, mais non pas pour des soldats armés. Il fallait mourir et ne pas m'amener ces malheureux!

Et de répéter avec force :

– Que voulez-vous que j'en fasse maintenant!

On fait asseoir les captifs pêle-mêle. On leur distribue un peu de pain et de biscuit prélevés sur les provisions déjà fort maigres de l'armée. On leur attache les mains derrière le dos à l'aide d'une corde.

Bonaparte se lève et se met à marcher de long en large, en proie à une vive agitation. Bourrienne enregistre ses réflexions à voix haute. Comment se débarrasser d'un fardeau si encombrant que cette masse de bouches inutiles et peut-être dangereuses? Les envoyer en captivité en Égypte? Il faudrait détacher une escorte trop importante, affaiblissant du même coup les effectifs déjà tangents de l'expédition, et les nourrir jusqu'au Caire sur une route ennemie dont on vient d'épuiser les ressources. Les embarquer par la mer? Mais où sont les navires? Où en trouver? Tous les instruments d'optique braqués sur la mer n'y découvrent jamais une voile hospitalière. Les libérer? Ils courraient tout de suite à Saint-Jean-d'Acre renforcer le Pacha, ou bien ils se jetteraient dans les montagnes de Naplouse, harcelant nos arrières et notre flanc droit et y semant la mort pour prix de la vie qu'on leur aura laissée. Car qu'est-ce qu'un chien de chrétien pour un Turc? Les garder soit comme prisonniers, soit comme auxiliaires? Ce serait accroître les risques des affrontements futurs, et surtout nuire au ravitaillement des troupes qui poserait encore plus de problèmes. Dans les rapports journaliers des généraux de division, il n'est question que de l'insuffisance des rations, des plaintes des soldats, de leurs murmures et de leur mécontentement de voir leur pain donné à des ennemis soustraits à leur légitime vengeance, puisqu'un arrêt de mort, conforme aux lois de la guerre, a frappé Jaffa. Tous ces rapports sont alarmants, surtout ceux du général Bon qui, nous dit Bourrienne, « garde peu de mesure » : il ne s'agit pas moins que de la crainte d'une révolte que l'on justifie par la gravité des circonstances.

Ce sont ces considérations, ou plutôt ces prétextes, qui déterminent Bonaparte à ne pas ratifier les promesses faites en son nom par ses deux aides de camp qui avaient négocié de leur propre autorité un cessez-le-feu en échange d'un sauf-conduit. Et à prendre la décision la plus ignominieuse, la plus condamnable de sa carrière : l'ordre d'exécuter tous ces prisonniers du deuxième jour, à qui l'on avait juré de ne pas attenter à leur vie, exception faite de quelques centaines d'Égyptiens et d'artilleurs turcs récupérables.

La plupart des mémorialistes et des historiens français – même les moins indulgents – prétendent que cette décision aurait été prise en conseil de guerre, donc collectivement, par tous les généraux réunis autour du commandant en chef. Ils se sont fondés sur les *Mémoires* de Bourrienne qui font état de trois prétendues délibérations successives.

« Dès le premier jour, dit-il, on tint conseil dans la tente du général en chef... On délibéra longtemps sans rien arrêter. Le jour suivant..., on y appela tous les généraux de division, on y discuta pendant des heures entières sur les mesures subséquentes, avec le désir le plus sincère d'en pouvoir admettre une qui sauvât ces malheureux. » Parmi ces mesures, la recherche d'une « voile hospitalière » à l'horizon du port.

« Bonaparte, je l'affirme, eût regardé cet événement comme une vraie faveur de *la fortune*. C'était, j'aime à le dire, cette unique pensée et cet unique espoir qui lui firent braver pendant trois jours les murmures de son armée. » Et Bourrienne conclut ainsi son complaisant plaidoyer pour l'honneur de son ancien maître : « Le troisième jour arriva sans qu'aucun moyen si désiré de salut pût être accueilli favorablement pour ces malheureux. Les murmures augmentaient dans le camp, le mal allait croissant, le remède paraissait impossible, le danger était réel et imminent. L'ordre de les fusiller fut donné et exécuté le 10 mars...

« J'ai dit la vérité, toute la vérité, j'ai assisté à tous les détails, toutes les conférences, à toutes les délibérations... Je n'avais pas voix délibérative, mais [ces discussions] eussent entraîné mon vote affirmatif si j'en eusse eu à émettre. Il fallait être là pour bien apprécier cette horrible nécessité... Une loi immuable de tous les temps, et commune à tous les peuples, a voulu que les intérêts privés fussent immolés à un grand intérêt général, et que l'humanité même fût oubliée... Pour moi, j'en ai eu la conviction intime : c'est surtout d'après l'avis du comité, dont l'opinion a fini par être unanime, qu'il s'est décidé. Je dois encore à la vérité de dire qu'il ne se rendit qu'à la dernière extrémité... »

Deux siècles après – ou peu s'en faut –, des historiens modernes, même pour la critiquer, reprendront cette antienne : « Trois fois le conseil (de l'état-major) se réunit, écrit Benoist-Méchin, trois fois il se sépara sans avoir rien arrêté. Enfin la dernière séance eut lieu, à laquelle furent conviés tous les généraux de division. » « Trois jours se passèrent ainsi, répète Castelot. Le quatrième, Bonaparte prend une décision sans appel. »

Pourtant, dès le siècle dernier, l'historien militaire de la campagne d'Orient, le chef d'escadron Charles de La Jonquière, a fait justice de la version alibi de Bourrienne :

« Première inexactitude : le conseil aurait hésité trois jours avant de se prononcer; or, les exécutions commencèrent le 8 mars, moins de vingt-quatre heures après la reddition des prisonniers... Sans connaître dans quelle mesure ni sous quelle forme le général en chef a provoqué l'avis de ses subordonnés, il semble téméraire d'assimiler, comme l'a fait Bourrienne, une semblable réunion à un véritable conseil de guerre... Kléber, qui commandait l'avant-garde, et Reynier, qui était à Ramlé, ne purent certainement pas être consultés. Les seuls généraux de division présents étaient Berthier, Bon et Dommartin. Aucun de ces généraux n'était en situation d'exercer une influence notable sur la décision de Bonaparte.

« Du reste, on ne trouve aucune trace de convocation d'un conseil, ni dans les documents originaux existant aux Archives de la guerre, ni dans les ouvrages français publiés avant les *Mémoires* de Bourrienne. Il n'en est point question dans les lignes, assez brèves, que Bonaparte et Berthier ont consacrées aux prisonniers de Jaffa. En rendant compte au Directoire des débuts de la campagne (23 ventôse – 13 mars 1799), Bonaparte se borne à dire : “ Quatre mille hommes des troupes de Djezzar ont été passés au fil de l'épée... Une partie des habitants a été massacrée. Abdallah, général de Djezzar, a eu l'adresse de se cacher parmi les gens d'Égypte et de venir se jeter à mes pieds... J'ai été clément envers les Égyptiens, autant que je l'ai été envers le peuple de Jaffa, mais sévère envers la garnison qui s'est laissée prendre les armes de la main. ” (Dans ses dépêches du 9 mars à Kléber, Dugua, Marmont et Reynier, il dit que la garnison comprenait quatre mille hommes, dont “ deux mille ont été tués dans la ville et près de deux mille fusillés entre hier et aujourd'hui ”). La *Relation* de Berthier, publiée en l'an VIII (1800), s'éloigne beaucoup de la réalité : “ La garnison poursuivie se défend avec acharnement et refuse de poser les armes : elle est passée au fil de l'épée. Elle était composée de douze cents canonniers turcs et de deux mille cinq cents Maugrabins ou Arnautes. Trois cents Égyptiens qui s'étaient rendus sont renvoyés au sein de leurs familles. ” »

L'ordre d'exécution des canonniers turcs du corps des tchorbadjis, formés à Constantinople jusqu'en 1797 par les instructeurs français du colonel de Ranchoup (que Bonaparte avait failli rejoindre en 1795), est le seul ordre écrit de Bonaparte, relatif à l'exécution des prisonniers, qui ait été conservé : le 9 mars, il ordonne à Berthier de retirer du lot les vingt principaux officiers des canonniers pour les consigner dans un fort. « Quand ils seront partis, vous ordonnerez à l'adjudant général de service de conduire tous les canonniers et autres Turcs, pris les armes à la main à Jaffa, au bord de la mer et de les faire fusiller, en prenant ses précautions de manière qu'il n'en échappe aucun. »

En vérité, tout indique que Bonaparte seul a décidé, dès le premier jour, du sort des prisonniers, que personne n'a osé s'opposer à son ordre, lequel a été exécuté avec la plus grande efficacité. Aucune des délibérations inventées par Bourrienne, qui est seul à faire état d'un conseil de guerre, n'a eu lieu. Aucune des considérations avancées par lui pour justifier la décision prise ne résiste à l'examen, surtout pas celle tirée du prétendu manque de provisions de bouche.

« Malgré le saccage de la ville, reconnaît Benoist-Méchin, la Commission des vivres y trouva encore quatre cent mille rations de biscuit et deux mille quintaux de riz. » Sans compter l'orge et l'huile, et les magasins de soude et de savon, qui pouvaient fournir un fret de retour aux bâtiments de commerce neutres venus d'Égypte avec un chargement de grains. « Dans le port, relate La Jonquière, on trouva quelques petits bâtiments; pour en attirer d'autres, Ganteaume [le vice-amiral] conseilla de laisser flotter le pavillon turc après la prise de la ville : on réussit ainsi à saisir plusieurs bâtiments qui apportaient des vivres et des munitions aux défenseurs de Jaffa. Ces ressources étaient précieuses pour permettre de franchir dans de bonnes conditions les dernières étapes, de Jaffa à Saint-Jean-d'Acre. » Des vivres pour vingt-cinq jours, selon le chef de bataillon Detroye.

L'argument final de Bonaparte est qu'on avait reconnu, dans la garnison de Jaffa, neuf cents combattants de celle d'El Arich qu'il avait libérés à condition de ne pas rallier Djezzar : du moment qu'ils avaient manqué à leur parole, il n'avait pas à les épargner. C'est ce qu'il soutiendra, vingt ans après, dans son récit de Sainte-Hélène :

« Ces derniers, après avoir juré de ne pas rentrer en Syrie avant une année, avaient fait trois journées dans la direction de Bagdad, mais, depuis, par un crochet, s'étaient jetés dans Jaffa. Ils avaient violé leur serment : ils furent passés par les armes. Les autres prisonniers furent renvoyés en Égypte. »

Non seulement Napoléon ment effrontément, mais, à peu près à l'époque où il dicte ces lignes, il a, avec le Dr Barry E. O'Meara, une conversation dans laquelle il va encore plus loin à la fois dans l'aveu et dans le mensonge pour estomper ce crime de guerre qui entache son auréole :

« J'ai ordonné qu'on en fusillât mille à douze cents. Voici quelle était la raison. Parmi la garnison de Jaffa, on découvrit un grand nombre de soldats turcs que j'avais fait prisonniers peu de temps auparavant à El Arich et envoyés à Bagdad sur leur parole de ne plus servir ou de ne plus porter les armes contre moi pendant un an... S'ils n'étaient pas venus renforcer la garnison de Jaffa, mes soldats n'eussent pas été sacrifiés. Si je leur avais encore pardonné et que je les eusse renvoyés sur parole, ils se seraient rendus directement à Saint-Jean-d'Acre, où ils auraient fait de même qu'à Jaffa.

Je devais à la sûreté de mes soldats – car tout général doit se considérer comme leur père – de ne pas permettre qu'ils renouvelassent la même conduite. Il était impossible que je laissasse, pour les garder, une partie de mon armée, déjà peu nombreuse, et réduite par le manque de foi de ces misérables... En conséquence, usant des droits de la guerre, qui permettent de mettre à mort les prisonniers faits en pareil cas, indépendamment de ceux d'un vainqueur sur une ville prise d'assaut et des représailles que méritaient les Turcs, je fis fusiller les prisonniers faits à El Arich, qui, au mépris de leur capitulation, avaient été trouvés les armes à la main. On épargna le reste, dont le nombre était considérable. »

Double contre-vérité que La Jonquière stigmatise en une phrase : « Nous bornant à élucider les faits et à dégager les intentions, nous devons constater que les soldats d'El Arich ne furent pas seuls atteints par les ordres de Bonaparte : ils ne formaient qu'une faible fraction de la garnison. » Du millier de prisonniers faits à El Arich, Bonaparte en avait renvoyé un quart en Égypte avec ses trophées, incorporé de force un autre quart et désarmé l'autre moitié, manquant ainsi à sa parole avant qu'ils aient eu la possibilité de manquer à la leur. Il ne pouvait y avoir donc plus de trois à quatre cents survivants dans la garnison de Jaffa après la bataille. Quel effort au demeurant Bonaparte fit-il pour les identifier et connaître leur nombre exact? Aucun. Enfin, en supposant même qu'un quart ou un tiers des rescapés aient appartenu effectivement à la garnison d'El Arich, pourquoi condamner les autres à être fusillés eux aussi?

Le nombre des prisonniers fusillés paraît toutefois avoir été enregistré avec assez de précision par le chef de bataillon Detroye dans son *Journal* de campagne :

« *8 mars.* Toute la journée a été employée à distinguer les habitants de la ville et les Égyptiens des troupes de Djezzar et à faire fusiller celles-ci, excepté les trois cents canonniers de Constantinople (formés par les Français et arrivés il y a deux jours à Jaffa).

« *9 mars.* On a continué à fusiller les Turcs. On épargne les Égyptiens, mais on tente en vain de les enrôler dans l'armée.

« *10 mars.* On a fusillé 1 041 Turcs restant de la garnison, dans lesquels sont compris les trois cents canonniers de

Constantinople. Depuis trois jours, ces hommes étaient rassemblés devant le quartier général. Quatre bataillons les ont enveloppés et conduits au lieu de la mort. Ils se sont lavés dans un ruisseau; après quoi, les soldats les ont dépouillés et partagés en plusieurs groupes; ces malheureux se sont serrés avec force l'un contre l'autre et ont reçu ainsi les balles et les coups de baïonnettes.

« Le 7, dans l'assaut, il a péri plus de	2 000 Turcs
Le 8, par la fusillade	800
Le 9, par la fusillade	600
Le 10, par la fusillade	1 041
	4 441 »

Des exceptions ont toutefois été consenties par Bonaparte en faveur de quatre ou cinq défenseurs natifs d'Égypte, d'une vingtaine d'officiers importants de l'artillerie turque. La plus notoire fut la grâce accordée au commandant de la place, le général Abdallah.

Ce chef militaire, bras droit de Djezzar, a abandonné sa garnison, dès la brèche pratiquée dans les remparts, pour se fondre dans la cohue des habitants affolés, en troquant son uniforme contre une défroque des Pères de la Terre sainte. Il s'est caché durant les combats de rue et a réussi à se mêler au lot des prisonniers égyptiens sortis de Jaffa et mis à part dans le camp... Ceux-ci se réclamaient avec confiance de leurs cheiks ralliés à Bonaparte et s'agenouillaient devant les soldats en criant : « Mesri ! Mesri ! », comme ils auraient dit « Français ! Français ! » Abdallah s'est alors précipité vers la tente du général en chef pour se jeter à ses genoux, demander l'« aman » et... proposer ses services. « Il fut traité aussi bien qu'il pouvait le désirer », reconnaîtra Napoléon à Sainte-Hélène, en ajoutant perfidement : « Il rendit quelques services et fut envoyé au Caire »...

Le pardon d'Abdallah et de quelques chefs montre bien que le vrai motif de Bonaparte d'exterminer les combattants qui ne s'étaient pas rendus à la première sommation ne répondait à aucune nécessité militaire : il était d'ordre exclusivement politique. Il s'agissait avant tout d'intimider Djezzar et de faire comprendre à la garnison d'Acre qu'elle subirait le même sort si elle ne se rendait pas immédiatement à sa merci : ses hommes, mais non le pacha lui-même !

Bonaparte avait lu dans Volney que l'ancien mamelouk d'Ali Bey, Abou Dahab, avait ainsi conquis la Palestine : « La ville éprouva les horreurs du sac : femmes, enfants, vieillards, hommes frais, tout fut passé au fil du sabre; et Mohammed (patronyme initial d'Abou Dahab), aussi lâche que barbare, fit ériger sous ses yeux, pour monument de sa victoire, une pyramide de toutes les têtes de ces infortunés : on assure qu'elles passaient douze cents. Cette catastrophe, arrivée le 19 mai 1776, répandit la terreur dans tout le pays. Le cheik Daher même s'enfuit d'Acre.

Le double massacre de Jaffa – le spontané et le délibéré – était destiné à servir de levier pour s'emparer du reste de la Palestine, et en particulier d'Acre.

L'historien britannique Christopher J. Herold n'est pas tendre pour ses confrères français qui ont fait grand cas de l'argumentaire longuement développé par le seul Bourrienne : « On n'aime pas à penser qu'un aussi grand homme que Napoléon ait pu donner l'ordre d'une tuerie en masse, sans que ce fût nécessaire. Il est plus réconfortant de penser que la version de Bourrienne est la bonne... Comment des historiens estimables ont-ils pu admettre un raisonnement qui confond le nécessaire et le commode? S'il y eut un motif à cette exécution, il est d'un tout autre ordre... On peut affirmer que deux mille cinq cents êtres humains ont été tués non point par nécessité, mais parce que c'était plus commode et pour produire un effet. Lorsque les témoins de ces horreurs invoquent des circonstances atténuantes, ils ne le font que pour tempérer la honte d'y avoir participé, ou d'y être restés passifs pendant qu'elles étaient commises... »

A la dernière minute, Berthier voulut intercéder en faveur des canonniers turcs. Il se sentait responsable de leur sort pour avoir fixé lui-même les termes de la reddition initialement repoussée par le gouverneur de Jaffa. Il s'efforce de démontrer à son chef la cruauté inhumaine de son ordre.

– Tenez, répond Bonaparte en jetant un regard furieux et en lui désignant du doigt un couvent de capucins tout proche, entrez là et, si vous m'en croyez, n'en sortez jamais!

Comme Berthier baisse la tête, sans rien dire, le général en chef ajoute :

– Allons, monsieur le major général, faites exécuter mes ordres!

***

Honteux dans son principe, l'ordre ne pouvait qu'être odieux dans son exécution. Bourrienne, qui a été, selon son expression, « témoin oculaire de cette horrible nécessité », laisse à d'autres, qui l'ont vue comme lui, le soin de lui en « épargner heureusement le sanglant récit ». Il se borne à évoquer une « scène atroce qui me fait encore frémir quand j'y pense » et qu'il préférerait pouvoir oublier plutôt que d'être forcé de la décrire, ajoute-t-il : « Plusieurs de ces malheureux parvinrent à gagner à la nage quelques récifs assez éloignés pour que la fusillade ne pût les atteindre. Les soldats posaient leurs armes sur le sable et employaient, pour les faire revenir, les signes égyptiens de réconciliation en usage dans le pays. Ils revenaient, mais, à mesure qu'ils avançaient, ils trouvaient la mort et périssaient dans les flots. »

Les soldats de la République semblent avoir retrouvé assez spontanément, en Barbarie, les mœurs de la Terreur et de la guerre de Vendée. « Ces barbares avaient bien mérité leur sort, puisque, par leur barbarie, périt toute une population d'une ville... pour soutenir le siège », écrit le chasseur Pierre Millet.

« Malheureusement, dans cette guerre, il fallait tuer ou être tué, et l'intérêt de la conservation doit l'emporter sur l'humanité même », commente le capitaine Krettly, qui ajoute : « Si Napoléon eût suivi l'impulsion de son cœur, il perdait son armée. »

Se fondant sur le témoignage de Jacques Miot [3], Lockroy fait, avec talent, le récit de cette « première » dans l'épopée coloniale débutante :

« La division Bon tout entière forme un immense carré au milieu duquel est serrée la foule des prisonniers (liés deux par deux). Le carré marche au sud-ouest dans les dunes. Les prisonniers sont résignés et calmes; cette fois, ils comprennent, mais ne s'étonnent pas : leurs ennemis victorieux se comportent conformément aux usages du pays. Cela leur paraît simple. Près d'une grande mare d'eau jaunâtre, le carré s'arrête. En route, on avait achevé à coups de baïonnette quelques blessés qui ne pouvaient suivre. Les officiers divisent les prisonniers en petits pelotons, et chacun de ces petits pelotons, escorté et entouré de soldats, se dirige soit vers le bord de la mer, soit vers ces larges entonnoirs que forment entre eux les monticules de sable. Près de la mare, on laisse les cheiks, les aghas, les vieillards. La fusillade commence. Elle dure des heures entières : les prisonniers sont horriblement longs à tuer. Blessés, il se relèvent. Il faut, pour les achever, plusieurs décharges. D'ailleurs la division tire mal. Cette boucherie à froid, qu'elle exécute cependant, lui répugne.

« Les soldats reviennent par bandes près de la mare. Leurs gibernes sont vides : ils ont épuisé leurs munitions. Les cheiks et les vieillards sont là qu'il faut tuer à l'arme blanche. On hésite.

« Miot, qui raconte toute la scène en grand détail, est à ce moment pris de faiblesse. Un des prisonniers, personnage religieux probablement, ne veut pas mourir de la main de ses ennemis; il fait un signe : on lui creuse un trou dans le sable où tranquillement il se couche, puis on rejette sur lui le sable qu'on a enlevé pour faire le trou. Le vent souffle : personne ne peut plus distinguer la place où, vivant, on l'a enterré.

« Les autres se lèvent avec lenteur. Ils se saluent en portant leurs mains sur leur cœur, sur leur bouche et sur leur tête, et ils attendent la mort. Les soldats chargent à la baïonnette. »

Miot avait écrit textuellement dans son témoignage :

« Il fallut frapper à la baïonnette et à l'arme blanche. Il se forma, puisqu'il faut le dire, une pyramide effroyable de morts et de mourants dégouttant de sang, et il fallut retirer les corps déjà expirés pour achever les malheureux qui, à l'abri de ce rempart affreux, épouvantable, n'avaient point encore été frappés. »

Et dire que Bonaparte écrira : « C'est la baïonnette qui a toujours été l'arme des braves et le principal instrument de la victoire »!...

Le colonel Chalbran, témoin d' « une de ces scènes de carnage dont on ne saurait se faire une idée et dont rien ne pouvait justifier l'excès », a un sursaut d'indignation : « Ma plume se refuse à tracer cet horrible tableau. » Il n'en croit pas ses yeux.

Mais voici ce que le citoyen André Peyrusse, adjoint du

payeur général Estève, arrivé la veille avec le trésor de l'armée, écœuré et révolté du spectacle qui n'a pas encore cessé, écrit à sa mère, une brave bourgeoise de Carcassonne, le dimanche 10 mars 1799, dimanche de la Passion :

« Que, dans une ville prise d'assaut, le soldat effréné pille, brûle et tue tout ce qu'il rencontre, les lois de la guerre l'ordonnent et l'humanité jette un voile sur toutes ces horreurs ; mais que, deux ou trois jours après un assaut, dans le calme de toutes les passions, on ait la froide barbarie de faire poignarder trois mille hommes qui se sont livrés à notre bonne foi, la postérité fera sans doute justice de cette atrocité, et ceux qui en auront donné l'ordre auront leur place parmi les bourreaux de l'humanité.

« Environ trois mille hommes posèrent les armes et furent conduits sur-le-champ au camp ; par ordre du général en chef, on mit à part les Égyptiens, les Maugrabins et les Turcs.

« Les Maugrabins furent tous conduits le lendemain sur les bords de la mer, et deux bataillons commencèrent à les fusiller ; ils n'avaient d'autre ressource pour se sauver que de se jeter à la mer ; ils ne balancèrent pas et se jetèrent tous à la nage. On eut le loisir de les fusiller et, dans un instant, la mer fut teintée de sang et couverte de cadavres ; quelques-uns avaient eu le bonheur de se sauver sur des rochers : on envoya des soldats sur des barques pour les achever... Cette exécution finie, nous aimions à nous persuader qu'elle ne se renouvellerait plus et que tous les autres prisonniers seraient épargnés... Notre espérance fut bientôt déçue lorsque, le lendemain, on a conduit au supplice mille deux cents canonniers turcs, qui, pendant deux jours, avaient resté couchés *(sic)* sans subsistance devant la tente du général en chef. On avait bien recommandé de ne pas prodiguer la poudre et on a eu la férocité de les poignarder à coup de baïonnette ; on a trouvé parmi les victimes beaucoup d'enfants qui, en mourant, s'étaient attachés aux corps de leurs pères. Cet exemple va apprendre à nos ennemis qu'ils ne peuvent compter sur la loyauté française, et, tôt ou tard, le sang de ces trois mille victimes retombera sur nous. »

Il « retomba » dès le lendemain, sous différentes espèces. D'abord les proclamations pacifiques adressées par Bonaparte aux dignitaires et aux populations palestiniennes appelées à se débarrasser de Djezzar et à se rallier à son panache tricolore semblaient en contradiction avec la réalité de ses actes. Personne ne comprenait très bien ce que voulait le chef de cette armée française qui se comportait de telle façon. Car l'extermination des prisonniers ne fut pas le seul crime ordonné par Bonaparte après le sac de Jaffa. Il aura fallu attendre la publication en... 1976 des dix-neuf lettres inédites de François Bernoyer, chef de l'atelier d'habillement de l'armée d'Orient, datant des années 1798-1799 et 1800, pour connaître l'ordre de Bonaparte de liquider toutes les femmes enlevées à Jaffa et ramenées au camp par les soldats qui en faisaient commerce. Le général en chef n'avait toléré, dans la suite de son armée, que les épouses des soldats, ainsi que les esclaves blanches, noires et éthiopiennes prises dans les harems des mamelouks et qui, toutes, étaient habillées à la française... « Durant cette barbare exécution, écrit Bernoyer, je me retirai sous une tente pour me soustraire au bruit des armes et aux cris lugubres des mourants qu'on égorgeait impitoyablement. »

Si, comme ils le déclaraient, les Français n'avaient pas l'intention de s'établir dans le pays et de le garder, pourquoi faisaient-ils la guerre à la fois au Sultan et à ceux qu'ils présentaient comme les ennemis du Sultan? L'Orient ne trouvait pas la clé de ce rébus. Toutes les paroles démentaient les actes, tous les actes les paroles.

***

Ce samedi 9 mars, l'écho des fusillades retentit toujours du côté des dunes que, déjà, Bonaparte s'active à rétablir le règne de l'ordre et de la loi. Le général en chef prend les premières mesures pour réhabiliter la ville, à défaut de pouvoir lui rendre son ancien éclat de deuxième port de la Palestine. Au vrai, il n'est ni le premier démolisseur ni le premier restaurateur de cette cité antédiluvienne, Joppé la Belle, où Noé est censé avoir abrité son arche et établi son troisième fils Japhet, où le prophète Jonas se serait embarqué pour un voyage dans le ventre de la plus célèbre des baleines, où Persée, fils de Zeus et de Danaé, aurait délivré Andromède de son rocher après avoir décapité Méduse, et que Marc-Antoine avait donnée à Cléopâtre en gage d'amour...

Cinq fois conquise par les Égyptiens, les Assyriens et les autres peuples qui guerroyèrent contre les juifs avant l'arrivée des Romains, brûlée par Judas Maccabée, rasée par Cestius et par Vespasien, piratée par les Sarrasins après avoir changé de mains entre Godefroy de Bouillon, Saladin et Richard Cœur de Lion, le temps qu'y naisse la fille de Saint Louis prénommée Blanche, avant de retomber sous le joug des sultans d'Égypte, de Syrie et de Turquie, Jaffa avait déjà subi les affres de deux sièges au cours de ce siècle. « Les malheurs que cette ville a éprouvés si souvent y ont multiplié les ruines », écrira Chateaubriand de ce « méchant amas de maisons rassemblées en rond et disposées en amphithéâtre sur la pente d'une côte élevée ». Selon Volney, c'était cependant une ville appelée à « devenir un des lieux les plus intéressants de la côte, à raison de deux sources d'eau douce qui se trouvent dans son enceinte sur le rivage de la mer... Son port, formé par une jetée, pourrait recevoir une vingtaine de bâtiments de 300 tonneaux ». Mais son comblement obligeait alors les vaisseaux à jeter l'ancre à près d'une lieue en mer devant un banc de roche et de corail étiré le long de la côte. Ce qui ne l'empêchait pas de développer son commerce, surtout avec le port égyptien de Damiette, et de rester le lieu de transit par excellence de tous les pèlerins d'Europe se rendant à Jérusalem et des musulmans d'Afrique effectuant le pèlerinage de La Mecque. Avec ses sept à huit mille habitants, dont quelques centaines de Grecs, ses accueillantes maisons de belles pierres et ses trois couvents, dont celui des franciscains, « pères de la Terre sainte », Jaffa offrait aux voyageurs une escale agréable environnée de jardins, d'orangeraies et de palmeraies.

Dès le lendemain de l'assaut, des dispositions sont donc prises pour régler l'utilisation des ressources en tout genre trouvées dans la ville saccagée et réprimer les abus. Une garde est établie pour empêcher le pillage du couvent des Capucins de l'Immaculée Conception, encore rempli de femmes à moitié mortes de peur et où Bonaparte donne l'ordre d'aménager un premier hôpital. Le général en chef procède à l'installation des divers services permettant de créer à Jaffa une organisation militaire et administrative plus importante que celle laissée à Gaza. Il s'agit pour lui d'organiser le pays conquis.

Les dispositions militaires valant mieux que les manifestes politiques, Bonaparte commence par convoquer le contre-amiral Ganteaume afin de faire venir la flottille mouillée au port de Damiette avec l'équipage de siège. Et de faire ordonner au contre-amiral Perrée de sortir d'Alexandrie avec trois frégates et deux bricks, si possible à l'insu de la marine anglaise, pour se rendre à Jaffa. « Si le temps le poussait vers Saint-Jean-d'Acre, il s'informera si nous y sommes : il est probable que nous y serons alors. » Qu'au moins il tâche de lui envoyer deux bons bricks à Jaffa même, pour acheminer les pièces et les munitions trop encombrantes pour les faire passer par le désert.

Bonaparte fait également venir un administrateur, le citoyen Gloutier, pour « organiser les finances de la Palestine ». Le lendemain, 10 mars, il règle le commandement et l'administration des provinces occupées. Il désigne l'adjudant général Grézieu, qu'il avait mis aux arrêts cinq jours plus tôt, pour gouverner Jaffa, devenu un point stratégique important de son dispositif de conquête, puisque la place dont il fait relever aussitôt les fortifications et consolider les trois portes garde la route de l'Égypte et peut par mer recevoir les approvisionnements. Bonaparte prescrit donc à Berthier : « Vous donnerez l'ordre à l'adjudant général Grézieu de prendre le commandement de la province de Jaffa; il organisera un Divan et prendra toutes les mesures pour rassurer les habitants, protéger le commerce avec Damiette et maintenir la confiance, la tranquillité et la paix dans les villages. La province de Ramlé sera également sous ses ordres.

« Vous donnerez ordre au général de division Menou, qui est au Caire, de se rendre à Jaffa pour prendre le gouvernement de la Palestine... »

L'ennui est que le courrier envoyé au Caire, invitant le général Menou à profiter de la première escorte pour se rendre à Jaffa, ne va pas toucher son destinataire, qui s'attarde à Rosette. Il y a d'abord été retenu par une attaque navale anglaise contre Alexandrie, mais surtout par une passion subite pour la fille d'un notable musulman propriétaire d'un moulin et d'un hammam. « Nous sûmes par la suite, écrit le capitaine François, le Dromadaire, dans son *Journal*, que ce général âgé de 66 ans était devenu amoureux, à Rosette, de la fille d'un teneur de bains, et qu'il se fit musulman pour elle, en portant le nom d'Abdallah. Par suite, il l'épousa. Il eut une dot d'un million en numéraire et autant en bijoux. Le changement de religion mit le général en posture ridicule, car il n'est pas besoin, en Turquie, de changer de religion pour avoir une femme. Il suffit d'aller au bazar où l'on en achète de tout âge et de toutes les couleurs. » Après son riche mariage, le général Abdallah Menou, effectivement converti à l'islam, sera appelé à devenir en 1800 le dernier gouverneur français de l'Égypte, après l'assassinat du général Kléber, successeur de Bonaparte à la tête de l'armée d'Orient.

Le 13 mars, l'adjudant général Grézieu reçoit pour instructions de fournir des servants grecs à l'hôpital des blessés installés dans le couvent catholique des capucins de l'ordre de l'Immaculée Conception ; de fournir des servants latins et arméniens à l'hôpital des fiévreux aménagé chez les franciscains ; et de seconder « toutes les opérations du citoyen Gloutier tendant à établir les finances et à procurer de l'argent à la caisse ». « Aucun bâtiment de ceux qui sont actuellement dans le port, précise Bonaparte, ne doit en sortir sous quelque prétexte que ce soit. Le commerce avec Damiette sera encouragé le plus possible... J'ai chargé le général Reynier d'organiser un Divan à Ramlé. »

Cette réorganisation administrative de la Palestine occupée par son armée ne permet pas d'en savoir davantage sur les intentions de Bonaparte, pas plus que sur la durée envisagée pour son séjour en Terre sainte. Car il était dans son *modus operandi* d'entreprendre des actions susceptibles de conduire à des résultats très différents et même souvent opposés. En mettant sur pied des structures civiles pour gouverner la Palestine, il a certes d'abord en vue d'établir une base solide pour d'éventuelles incursions en profondeur vers Constantinople ou vers les Indes. Mais, à son habitude, il se réserve la possibilité de choisir entre plusieurs options sans se fixer sur un choix. L'organisation de sa conquête palestinienne ne peut se comprendre que dans l'hypothèse d'une chute de Saint-Jean-d'Acre, qu'il espère accomplir en moins de deux semaines, et dans la perspective d'une marche sur Damas et d'une redistribution des cartes à Constantinople.

Pour le moment, les divisions Bon et Lannes s'emploient à faire nettoyer la ville par les prisonniers et les habitants pour la débarrasser des miasmes du charnier qui encombre ses rues et ses maisons : « On trouva des souterrains remplis de cadavres d'habitants qui s'y étaient retirés et qui périrent de faim », note le capitaine François, le Dromadaire. « Bientôt la corruption de cette quantité de cadavres sans sépulture se fit sentir dans notre camp, écrit l'épistolier Bernoyer : elle empoisonnait l'air par des exhalaisons qui auraient pu devenir dangereuses pour nos vies. » En effet. Dès le lendemain de la prise de Jaffa, un ennemi imprévu a fait son apparition et personne n'ose encore l'appeler par son nom : la peste!

***

« Le 8 mars, deuxième jour de massacre, ironise l'historien britannique Herold, Dieu, de qui viennent toutes bonnes choses, envoya la peste à l'armée française à coups redoublés. » Walter Scott avait déjà évoqué un fléau du ciel pour venger le massacre de Jaffa. « Double niaiserie », avait protesté Bourrienne qui évalue la perte due à la contagion durant la campagne de Syrie à entre sept et huit cents hommes : « D'abord, il était beaucoup plus simple que le ciel empêchât le massacre, et puis la division Kléber avait pris à Damiette les germes de cette affreuse maladie; ils se développèrent, se communiquèrent en route; mais cette peste était entrée avec nous en Syrie. »

A vrai dire, la peste s'était tout d'abord manifestée à Alexandrie de façon assez bénigne, puis s'était propagée à Rosette, à Aboukir et à Damiette, mais, là encore, elle n'avait frappé que des garnisons isolées et non toute une armée en campagne. A sa première apparition à Alexandrie, Bonaparte, informé, n'avait pas pris la chose au tragique : il croyait son service de santé apte à en venir rapidement à bout. Simple question de discipline. Une sanction exemplaire devait suffire pour prévenir les défaillances signalées alors par le général Marmont dans le corps médical. Ainsi avait-il signé, le 8 janvier, avant le départ du corps expéditionnaire pour la Syrie, l'ordre du jour suivant :

« Tout officier de santé qui quitterait le lieu désigné pour l'ambulance, devant l'ennemi, sans ordre, ou qui, dans une maladie contagieuse, se refuserait à porter aux malades ses secours, sera arrêté, traduit devant le conseil militaire... Aucun Français ne doit craindre la mort, quel que soit l'état qu'il a embrassé. Le citoyen Boyer, chirurgien des blessés à Alexandrie, qui a été assez lâche pour refuser de donner ses secours à des blessés qui avaient eu des contacts avec des malades supposés atteints de maladies contagieuses, est indigne de la qualité de citoyen français. Il sera habillé en femme, promené sur un âne dans les rues d'Alexandrie, avec un écriteau sur le dos, portant : *Indigne d'être citoyen français, il craint de mourir*. Après quoi, il sera mis en prison et renvoyé en France sur le premier bâtiment. »

Médecin en chef de l'armée d'Orient, le Dr René-Nicolas Dufriche des Genettes, dit Desgenettes, était bien placé pour s'élever contre l'iniquité de cette mesure de flétrissement. Cet aristocrate de trente-sept ans, qui a trouvé un refuge dans l'armée en 1793 en s'engageant dans la campagne d'Italie, avait charmé « deux chefs de bataillon des milices corses » rencontrés à la table d'hôte d'une auberge de Fréjus : les frères Joseph et Napoléon Bonaparte. Nommé à son retour titulaire d'une chaire à l'École centrale de médecine, il se montrait très en avance sur son temps sur le plan de l'hygiène et de la prophylaxie, prescrivant de brûler le linge des contagieux, y compris les uniformes, de passer à la chaux les intérieurs des maisons, d'ensevelir tout cadavre, fût-ce d'un animal, en cas d'épidémie, et n'hésitant pas, plus tard, à vacciner son propre fils contre la variole face au front des troupes...

« C'est un homme ignominieusement renvoyé en France sur l'accusation d'une faute ou d'un délit non constaté », dit-il du chirurgien de la marine Boyer dont le service avait été radié par erreur de la nouvelle organisation de l'hôpital où il exerçait. « L'erreur fut heureusement reconnue, racontera-t-il dans ses *Souvenirs*... Voici maintenant un côté plaisant dans cette affaire très sérieuse. Madame T.p.r. (épouse du capitaine de frégate Tempié), que j'appelais la Minerve asiatique, femme de vingt-sept ans, née à Chandernagor, ayant... de grands traits un peu masculins, fut fort offensée du jupon imposé à B. comme signe de lâcheté, et elle déclara qu'elle était prête à se battre avec le général Bonaparte... et qu'elle lui ferait voir, le pistolet à la main, que toutes les femmes n'avaient pas peur, même de lui »... (Et comme le général en chef se renseignait sur l'état de cette « amazone », elle lui fit répondre : « Mon mari, M. le lieutenant T.p.r., commande l'*Amour*, armé en flûte, percé de 36 et doublé en cuivre »). « Le général et son état-major se mirent tous à rire. A quelques jours de là, le général Bonaparte rencontra madame T.p.r. dans une fête; il la traita avec beaucoup d'égards. »

Mais, cette fois, trêve de plaisanterie et de disputes académiques entre Desgenettes et Bonaparte sur la médecine comme « science des assassins » (et comment définir la science des conquérants?). « Ce n'était pas d'emprisonner les médecins, ni de les promener à dos d'âne qui pouvait enrayer l'épidémie », écrit Benoist-Méchin en évoquant l'intermède d'Alexandrie. A Jaffa, ce fut tout autre chose. « Nous entraînions avec nous tous les fléaux qui affligent l'humanité ! écrit Bernoyer. Il ne manquait plus que la peste ! Dès qu'apparut le symptôme de cette contagion, la terreur régna dans tous les esprits; l'imagination, la crainte et l'effroi s'emparèrent des hommes les plus vigoureux. »

Les affections résultant des fatigues de la marche dans les sables brûlants du désert, mais plus encore des campements dans des bas-fonds détrempés par des pluies continuelles depuis leur entrée en Palestine, s'étaient soudain multipliées, accompagnées bientôt de symptômes inquiétants : « Le passage d'un climat extrêmement sec à un climat humide et pluvieux influa sur la santé de l'armée », remarque benoîtement Napoléon dans son récit. L'apparition de bubons mortels influa davantage sur son moral.

Le 5 mars, avant-veille de l'assaut, le chef de brigade Darmagnac, commandant la 32e de ligne, remet à Bonaparte un rapport du chirurgien Saint-Ours, attaché à ce corps, que Desgenettes résume ainsi :

« Hier soir, je fus appelé pour voir Roubion, grenadier du second bataillon; je le trouvai sans vie; le tronc et les extrémités supérieures étaient couverts de taches livides; il avait une tumeur molle sous l'aisselle droite. Ce citoyen était indisposé depuis trois jours; il avait perdu l'appétit, respirait difficilement... il avait eu de la fièvre dans la nuit (du 3 au 4) et s'était couvert de pétéchies une demi-heure avant sa mort...

« Je viens d'être appelé pour un soldat de la 18e brigade, que j'ai trouvé expirant près de la tente de notre général divisionnaire Bon. A l'existence de la tumeur près, la maladie de ce militaire a présenté les mêmes phénomènes que celle de Roubion. On m'appelle encore pour un soldat du troisième bataillon attaqué par la même maladie, mais les taches ont paru plus tôt. Je soupçonne des fièvres pestilentielles, en redoutant cependant d'être l'écho d'une terreur qui pourrait être funeste... »

Le 9 mars, les malades qui encombrent l'ambulance établie au village de Yassour, au début du siège, sont évacués sur l'hôpital aménagé dans le monastère grec orthodoxe. Desgenettes indique que, sur les trente et un « fiévreux » hospitalisés depuis deux jours, quatorze sont déjà morts. Le jeune chirurgien en chef Jean-Dominique Larrey – un enfant de la Révolution, lui – précise que quelques-uns des cent quarante-deux malades traités par son service sont affectés de la « maladie régnante ».

« Il règne dans la division Bon une maladie accompagnée de bubons, dont on meurt promptement, note Detroye, le 10, dans son *Journal*. Les médecins assurent que ce n'est pas la peste... (Toutefois) on a pris cette maladie pour la peste et cette opinion a été si fort adoptée, ajoute-t-il le surlendemain, que quatre hommes qui en étaient attaqués se sont tués. »

Pour mieux les isoler, on installe les blessés et les « fiévreux » dans deux couvents différents. Le médecin chargé de l'ambulance de Yassour, le Dr Auriol, avait annoncé avec méfiance le développement d'une maladie contagieuse. Le Dr Desgenettes se rend à l'état-major de la division Bon le soir même : « Je leur parlai de manière à rassurer des hommes qui, quoiqu'habitués à braver journellement la mort dans les combats, ne l'attendent pas d'ordinaire dans leurs lits avec plus d'indifférence que les autres ».

Le capitaine François « le Dromadaire » n'est pas dupe : « Cette contagion régnait sur les côtes de la Syrie, écrit-il dans son *Journal*, et le pillage auquel les soldats se livrèrent la développa par les miasmes délétères que contiennent les fourrures et les vêtements pillés aux habitants. L'effet mortel en fut rapide. Les soldats qui en étaient atteints se voyaient sur-le-champ couverts de bubons dans l'aine, au-dessous des bras et au cou. En moins de 24 heures, le corps devenait tout noir, ainsi que les dents, et une fièvre brûlante tuait ceux qui étaient atteints de ce terrible mal.

« Ce bruit effrayant de peste se répandit dans l'armée, et nous, division Kléber, campés à Meski, à quinze lieues de Jaffa, la maladie nous fut communiquée, dès le 7, par un détachement qui venait de Jaffa apporter les ordres de Bonaparte au général Kléber, qui prit de suite des mesures en mettant les soldats se plaignant de fièvre à quatre cents pas en arrière du camp, avec défense de communiquer. On portait les vivres à cent pas d'eux... Les sentinelles avaient ordre de faire feu sur ceux des valides qui passeraient la ligne... Ce terrible fléau frappe les plus courageux. Plusieurs généraux et officiers supérieurs se renfermaient, tant à Jaffa qu'à Meski, dans les maisons, ne voulant communiquer avec personne que par une espèce de guichet. Il y eut même des généraux qui firent placer des palissades à vingt-cinq pas, entourant leurs logements. Ils ne recevaient aucun papier n'ayant point été trempé dans le vinaigre... Je n'ai jamais craint cette maladie et je ne prenais aucune précaution pour l'éviter. Je donnais au contraire des secours à ceux qui en étaient atteints, et je les menais, en les tenant sous le bras, à l'emplacement qui leur était désigné. Je les embrassais en les quittant... Plusieurs de mes camarades m'imitèrent, indifférents que nous étions au sujet de notre destinée et ayant peu d'espoir de revoir jamais notre patrie. »

Il est vrai que Bonaparte a lui-même donné l'exemple pour impressionner ses troupes et enrayer la panique. Faisant confiance à son étoile et peut-être se croyant investi de pouvoirs hors du commun, il fait, le 11 mars, une longue visite aux pestiférés de Jaffa, geste qu'immortalisera, après coup, le célèbre tableau du peintre Antoine Gros. La scène relatée par Desgenettes sera effectivement recoupée par d'autres témoignages :

« Le général parcourut l'hôpital et la succursale, parla à presque tous les militaires qui pouvaient l'entendre et s'occupa, plus d'une heure et demie, avec le plus grand sang-froid, de tous les détails d'administration. Se trouvant dans une chambre étroite et très encombrée, il aida à soulever, ou mieux à porter, le cadavre hideux d'un soldat, dont les habits en lambeaux étaient souillés par l'ouverture spontanée d'un bubon abcédé. Après avoir essayé plusieurs fois, sans affectation, de reconduire le général en chef vers la porte, je fus forcé de lui dire positivement qu'un plus long séjour devenait beaucoup plus qu'inutile. »

Une lettre du commissaire aux armées Daure relate le même épisode. De même une apostille dans le *Journal* de Detroye qui ajoute en commentaire : « Cette démarche d'une politique profonde produit le meilleur effet. Les esprits se rassurent ». D'où cette interrogation de l'historien Herold :

« Quel homme est-il donc celui qui, un jour, fait passer avec le plus grand sang-froid 1 041 êtres humains à la baïonnette, pour produire un certain effet, et qui, le lendemain, avec le même calme, afin de produire un autre effet, accomplit un acte devant lequel de grands saints même auraient reculé? » Ce geste, en tout cas, lui permettra plus tard d'en toucher d'autres dividendes : « Souvenez-vous que je marche accompagné du dieu de la guerre et du dieu de la fortune ».

Avant de se remettre en route avec son armée, Bonaparte recommande à l'adjudant général Grézieu de traiter avec égard un médecin turc capturé sur le port, en provenance de Constantinople, et qu'il a interrogé lui-même sur les rapports momentanés de la Porte avec les Russes. Et de le laisser opérer au côté d'un chirurgien chrétien du pays qui, après avoir ouvert des bubons ou enlevé des charbons, essuyait légèrement ses bistouris et les plaçait entre son front, souvent couvert de sueur, et son turban...

Quant à Desgenettes, il a pris le parti d'exorciser le spectre de la peste en assurant aux malades que les bubons qu'ils prennent pour ses symptômes relèvent d'une espèce de fièvre maligne facile à guérir par des soins appropriés : « Sachant combien le prestige des dénominations influe souvent vicieusement sur les têtes humaines, écrit-il, je me refusais à jamais à prononcer le mot de peste. Je crus devoir, dans cette circonstance, traiter l'armée entière comme une malade qu'il est presque toujours inutile et souvent fort dangereux d'éclairer sur sa maladie quand elle est très critique. Je communiquai cette détermination au chef de l'état-major général qui me sembla devoir être, par sa place, le dépositaire des motifs politiques qui dirigeaient ma conduite. »

Le général Berthier rendra hommage au citoyen Desgenettes pour avoir su calmer l'imagination effrayée des soldats : « Celui qui en est frappé se croit mort; tout le fuit et l'abandonne; et il expire quand les secours de la médecine, quand des soins convenables auraient pu le rendre à la vie. »

Jaffa n'en devient pas moins un foyer permanent de peste menaçant pour les arrières du corps expéditionnaire. L'adjudant général Grézieu, sous-chef de l'état-major, a une telle peur d'être contaminé au poste où on l'a laissé avec cent cinquante hommes de garnison et bientôt quelque trois cents pestiférés, qu'il ne sort de sa tente de commandement que pour s'enfermer dans une maison d'où il ne communique avec l'extérieur que par un trou pratiqué dans la porte, par lequel il se fait aussi servir ses repas. Peine perdue : le moral a miné ses défenses physiques. Il contracte la maladie et en meurt en vingt-quatre heures. Desgenettes apprend la nouvelle dans son hôpital de campagne, devant Saint-Jean-d'Acre, en même temps que celle de la mort du Dr Auriol : en proie à des nausées, ce médecin a lucidement pronostiqué l'évolution de son mal, qui l'a emporté en cinq jours. Un chirurgien et trois pharmaciens, également frappés par l'épidémie, viennent s'ajouter à la liste.

« Il est entré dans les premiers jours plus de deux cents malades, lui dépêche Saint-Ours. Les cinq derniers jours, nous en avons reçu cent, compris l'évacuation de Ramlé. Sur les trois cent quarante-six malades que nous avons eu à traiter, deux cents ont été attaqués de fièvre avec engorgement des glandes... J'ai proposé et fait approuver par les autorités de la place la formation d'un troisième hôpital consacré aux fiévreux exempts de l'épidémie et qui sont presque tous affectés de diarrhées et de dysenteries... L'épidémie fait des progrès parmi les habitants. Un quatrième pharmacien en est atteint depuis avant-hier. »

Affecté à l'état-major de Grézieu, le polytechnicien Malus déplore la mort foudroyante de son collègue Saint-Simon (frère de l'inventeur du saint-simonisme) qui l'a rejoint quelques jours après le départ de l'armée vers Acre. Il est lui-même chargé de l'administration de l'hôpital des pestiférés installé dans le couvent grec. Il raconte comment il a failli à son tour être victime du fléau : « Pendant dix jours, j'y allai assidûment et passai la matinée dans l'odeur infecte de ce cloaque, dont les moindres coins étaient remplis de malades. Ce n'est que le onzième jour que je me sentis indisposé : une fièvre ardente et de violents maux de tête me forcèrent de rester en repos. Une dysenterie continue s'y joignit, et, peu à peu, les symptômes de la peste se déclarèrent. Vers le même temps, l'adjudant général Grézieu mourut. La moitié de la garnison avait déjà été frappée; il mourait dans la place environ trente soldats par jour... Il en réchappait un homme sur douze. La peste était dans toutes les maisons de la ville où il se trouvait encore des habitants. Les habitants de Ramlé, qui étaient venus à Jaffa se mettre sous notre protection, en périrent presque tous. Le couvent des Capucins, qui s'était mis en quarantaine, ne put éviter la contagion; la plupart des prêtres moururent. Toutes les familles franques périrent, hormis deux hommes et une femme. »

Malus est parmi les huit pour cent qui survivront. Évacué sur Damiette à la fin d'avril, il se rétablit pendant la traversée. Napoléon, à Sainte-Hélène, ramènera cette tragédie à une affaire exemplaire d'efficacité de la résistance à la peur. Et à la lâcheté des Pères de la Terre sainte qui s'enfermèrent dans leur couvent en abandonnant l'hôpital, déserté par les infirmiers, aux seuls officiers de santé en lutte contre ce qu'ils appelaient la *fièvre à bubons* pour rassurer les malades. « Le général en chef, dit-il dans son récit, se défit des Pères de la Terre sainte en les envoyant à Jérusalem et à Nazareth; il alla lui-même à l'hôpital, sa présence y porta la consolation; il fit opérer plusieurs malades devant lui; on perça les bubons pour faciliter la crise; il toucha ceux qui paraissaient être les plus découragés, afin de leur prouver qu'ils avaient une maladie ordinaire et non contagieuse. Le résultat de tous ces moyens fut tel que l'armée resta persuadée que ce n'était pas la peste; ce ne fut que quelques mois plus tard qu'il fallut bien en convenir... »

Abandonnant la tentation de reprendre la route de Jérusalem, à la satisfaction d'une délégation chrétienne qu'il est seul à prétendre avoir reçue le 10 mars à Jaffa, Bonaparte a donné rendez-vous à ses amiraux Perrée et Ganteaume à Saint-Jean-d'Acre, pour y mettre le siège qui doit régler le sort de la Palestine. Mais, dans son camp comme dans la forteresse de Djezzar, l'ennemi le plus redoutable s'appelle désormais la peste.

X

Surprise au mont Carmel

A l'heure où les premiers rayons du soleil franchissent le col du Mont-Carmel pour éclairer la grisaille des brumes matinales qui enveloppent la baie de Haïfa, Bonaparte escalade la crête avant d'emprunter la route qui doit le conduire, le soir même, devant Saint-Jean-d'Acre. Ce 18 mars 1799, le Pseudo-Jomini lui fait annoter une belle envolée dans son *Journal secret* :

« Quand nous aurons traversé le Belus, nous serons devant Acre. Si Saint-Jean-d'Acre tombe, je serai demain empereur de tout l'Orient. C'est un grain de sable : mais il peut arrêter ma fortune ou faire rebondir mon aventure. Jeu. J'ai eu une sensation semblable... J'avais vingt-cinq ans. On m'acclamait comme le libérateur de l'Italie ! Je voyais déjà le monde fuir sous moi, comme si j'étais emporté dans les airs ! L'heure est aux choix. J'ai même reçu des offres de service de la favorite du pacha de Jérusalem : elle m'a écrit et je ne doute pas de son attachement, d'autant plus qu'elle est une ancienne cantinière française. Le fils d'Omar-Daher, le cheik Abbas-el-Daher, m'a prêté serment sur la hauteur de la mosquée. Demain, je le nommerai cheik de Tibériade. Il y a des mots dont la résonance dépasse les limites de notre esprit. Je n'aime pas les traces des *autres,* mais quand j'écris " le Carmel " ou " Tibériade ", il me semble porter la note la plus aiguë d'un chœur millénaire qui ne perdra plus son souffle. »

Du haut de la montagne, non loin de l'endroit où le feu d'une foudre miraculeuse a permis au prophète Élie de brûler d'un coup quatre cents faux prophètes, le commandant en chef de la force française en Orient scrute la mer à la jumelle. A travers les bancs de la brume née des pluies de la veille, il distingue la silhouette fantomatique de deux gros vaisseaux de guerre. Il n'en croit pas ses yeux et laisse échapper un cri de douleur : sa surprise est totale, car il ne s'attendait pas à découvrir, embossés dans la rade, des bâtiments battant pavillon britannique et armés chacun de 74 canons : le *Tigre* et le *Thésée*. A elles deux, ces unités de la marine anglaise représentent une puissance de feu nettement supérieure à celle de la flottille française qui, sur les ordres de Bonaparte, a appareillé de Damiette, avec les lourdes pièces du train de siège, pour faire voile vers Haïfa. A peine remis de sa stupeur, le général dicte aussitôt une dépêche à faire porter d'urgence aux commandants des places de Césarée et de Jaffa, leur ordonnant de tout faire pour interrompre la course de cette flottille qui doit croiser au large de ces deux ports. Plus que jamais il a besoin, pour sauver sa précieuse cargaison, d'un miracle analogue à celui du prophète Élie. Mais plus de deux mille ans ont passé depuis ces temps bibliques où il était réaliste de croire aux miracles. Les miracles n'ont lieu qu'une fois. Non, hélas, les désastres...

Le courrier spécial pour Césarée – le port le plus proche – a beau avoir été confié au cheik d'un village voisin de Haïfa, qui, par haine de Djezzar, a salué avec empressement l'arrivée de l'armée « libératrice », il est déjà trop tard. Tandis que le messager descend à bride abattue le long de la côte, la flottille française commandée par le capitaine Standelet est déjà en train de doubler le cap du Mont-Carmel et s'apprête à pénétrer dans la rade. Ses neuf petites tartanes portent non seulement des provisions de bouche pour l'armée et les effets personnels de son général en chef – notamment tout son équipage pour une entrée triomphale à Acre –, mais surtout l'artillerie lourde et le matériel de siège indispensables en cas de résistance prolongée des défenseurs de la forteresse.

« Si ces bâtiments fussent entrés le 19 mars, comme ils le devaient et le pouvaient, à Haïfa, écrira Napoléon dans son récit de Sainte-Hélène, Acre eût été pris avant le 1er avril, Damas avant le 15, Alep avant le 1er mai; toutes les ressources de la Syrie auraient été mises en activité pendant six mois, et, à l'automne, l'armée se serait trouvée en état de tout entreprendre. Les opinions varièrent sur les motifs de la mauvaise conduite du capitaine Stendelet (*sic*), commandant ce précieux convoi : les uns l'attribuèrent à son ignorance, à sa pusillanimité; d'autres à l'envie de retourner en France. »

Or, s'il est vrai que le débarquement du matériel lourd, le 19 mars, n'aurait pas manqué de peser de façon décisive sur l'issue du siège de Saint-Jean-d'Acre, et donc sur la suite de cette campagne de Syrie, la responsabilité de son échec incombe plus aux erreurs du commandement qu'à la pusillanimité du malheureux capitaine, tombé dans un piège naval tendu par les Anglais, à la surprise générale. Mais, dans ses mémoires, Napoléon n'hésite pas à mettre tout sur le dos de ce capitaine de frégate dont il écorche le nom au passage, histoire de justifier la tournure ultérieure des événements :

« Une patrouille de cavalerie se porta en direction de Tantourah, afin de prévenir la flottille de la présence de la croisière anglaise et lui apprendre l'entrée de l'armée dans le port de Haïfa. A une lieue de Tantourah, la flottille fut rencontrée et prévenue; les huit bateaux chargés de vivres venant de Jaffa entrèrent dans le port le 19 mars à la pointe du jour; mais les seize bâtiments français chargés de l'équipage de siège hésitèrent, mirent un moment en panne, virèrent de bord et prirent le large. Les vaisseaux anglais leur donnèrent la chasse. »

A l'en croire, ce serait donc par lâcheté et désobéissance que Standelet, paniquant à la vue des cent quarante-huit canons de la flotte anglaise, aurait, par son refus de se conformer aux instructions, permis la capture du train de siège par les Anglais.

Ces instructions, transmises par le cheik au commandant de Césarée, prescrivaient de faire débarquer promptement les denrées, de faire entrer dans la rade les bâtiments, tels que la *Fortune*, qui le pouvaient, et d'envoyer le plus de riz et de biscuit possible par la mer à Tantourah, dernière anse avant la baie de Haïfa. Que s'était-il passé en réalité?

Depuis la veille, la flottille chargée de vivres que Standelet amenait de Damiette avait rallié, au nord de Jaffa, quatre petits bâtiments partis d'Alexandrie avec des munitions. Le 18 mars, au moment de doubler le cap du Mont-Carmel pour entrer dans la rade de Haïfa, Standelet s'était trouvé en présence des vaisseaux anglais. La brume ayant empêché d'apercevoir l'ennemi de loin et les conditions d'un engagement paraissant inégales, les petits bâtiments français tentèrent de fuir, mais se virent bientôt gagnés de vitesse. Six furent interceptés et capturés; trois seulement purent s'échapper : le *Pluvier*, qui put regagner Alexandrie, la *Fortune* qui trouva refuge sur la côte de Palestine, et le *Cerf* qui atteindra la France le 17 avril. Standelet était à bord de ce dernier bâtiment et, en arrivant à Toulon, il adresse au ministre de la Marine un rapport qui donne une version très différente de celle de Bonaparte.

Selon lui, il a d'abord reçu l'ordre d'appareiller de Damiette le 15 mars pour faire voile sur Jaffa, où il a mouillé le 16, à cinq heures du soir. Dès son arrivée, un enseigne de vaisseau s'est porté au-devant de lui à bord d'un canot pour lui remettre un message du contre-amiral Ganteaume lui enjoignant de repartir immédiatement pour Haïfa, d'ordre du général en chef. Le 17, à six heures du matin, il a aperçu sur sa route une flottille de quatre bâtiments qu'il a pris en chasse. Au bout de trois heures de course, il a reconnu les quatre avisos expédiés d'Alexandrie pour porter des munitions de guerre à Larissa. Il les a aussitôt ralliés à sa division conformément aux instructions du contre-amiral Ganteaume. « Le 18, à six heures du matin, aperçu un bâtiment dans le vent à nous, distant de 4 à 5 lieues. Le temps était très brumeux, ce qui ne me permit pas de le reconnaître : c'était un vaisseau anglais de 74 canons, le *Thésée,* comme je l'ai appris depuis. A 7 heures, aperçu un autre bâtiment, qui se trouvait un peu sous le vent à nous; je lui ai donné chasse et fis le signal à la flottille d'imiter ma manœuvre; à 9 heures, étant très près de lui, il amena son pavillon. C'est la *Torride*, que les Anglais nous avaient prise aux Béquiers. Je la fis amariner de suite et répartir son équipage. J'ai gardé le capitaine et le second, avec quatre hommes de son équipage. A 11 heures, nous fîmes route pour aller reconnaître le cap du Mont-Carmel. »

Ce compte rendu horaire détaillé montre bien qu'au moment où Bonaparte dépêchait sa patrouille de cavalerie à Tantourah pour avertir la flottille de la présence d'une croisière anglaise, le convoi de Standelet se trouvait déjà en vue de Haïfa et ne pouvait donc recevoir son message. Le comportement du capitaine n'en a pas été pour autant plus glorieux. Il reconnaît que devant la supériorité de la flotte adverse qui l'attendait dans la rade, à l'abri du cap du Mont-Carmel, il a profité de la mêlée pour se sauver à bord de son *Cerf*, qui avait la meilleure force de voile, et tenter de trouver asile au lac Burlos. Mais, se voyant entouré d'ennemis de toutes parts, il a préféré cingler sur Malte qu'il savait pourtant bloquée. Pris en chasse par une frégate qui barrait l'entrée du port, il a profité cette fois de la pluie qui gênait la visibilité pour reprendre le large. « Ne pouvant relâcher nulle part sans courir le risque d'être pris, j'ai dirigé ma route sur la France... J'en ai été quitte pour quelques peurs. »

En fait, le lac Burlos, en Égypte, était le seul point de chute non contrôlé par le dispositif naval anglais. Si Standelet avait préféré mettre le cap sur Malte, même surveillée par quatre bateaux britanniques, c'est qu'il craignait de devoir, en arrivant en Égypte, rendre des comptes sur sa fuite solitaire de la baie de Haïfa. Mais il avait aussi à éviter de tomber entre les mains des Anglais, qui le recherchaient personnellement pour avoir mis le feu à la frégate *Artémise* après avoir amené le pavillon, et dont il pouvait redouter les représailles. Entre sa crainte de Bonaparte sur place et celle des Anglais, il avait préféré prendre le risque d'un retour en France. Cette troisième option ne faisait que refléter sa véritable motivation, percée à jour par Bonaparte.

Mais ni le compte rendu de Standelet ni le récit de Napoléon ne répondent à la question de savoir comment le commodore Sidney Smith avait eu l'idée d'aller tendre son piège dans la rade de Haïfa. Il fallait savoir que le choix de Bonaparte pour acheminer son matériel de siège s'était porté sur cet endroit, face à Saint-Jean-d'Acre. Or il n'y avait là aucune évidence.

Dans sa première lettre à l'amiral lord Saint Vincent, commandant le quartier général de la flotte anglaise de Méditerranée établi à Gibraltar, sir Sidney donne une version quelque peu romanesque de l'origine de ses soupçons sur l'arrivée du matériel de siège français par bateau à Haïfa : une simple déduction qu'il aurait faite à la suite d'un accrochage survenu la veille entre un de ses bâtiments et une unité française à terre.

« Comme l'ennemi ne répondait à notre feu que par sa mousqueterie, il me parut évident qu'il n'avait pas apporté avec lui son artillerie et que, par suite, il devait l'attendre par mer. Des mesures furent prises en conséquence pour intercepter celle-ci. Le *Thésée* était déjà détaché devant Jaffa. La flottille de l'ennemi, qui y entra venant de la haute mer, rencontra et captura la *Torride*, et contournait le mont Carmel quand elle fut aperçue du *Tigre*. Elle consistait en une corvette et neuf voiliers armés de canons... Sept des petits voiliers ont été capturés, leur cargaison consistant en train d'artillerie de siège, munitions, affûts, etc., destinés à faire le siège de Saint-Jean-d'Acre, très nécessaires à la défense de la place. » Élémentaire, mon cher Watson, eût dit Sherlock Holmes.

Or il paraît fort peu probable que Sidney Smith soit vraiment arrivé à cette conclusion sur l'acheminement de l'artillerie lourde de Bonaparte à partir d'un incident mineur avec une patrouille de l'avant-garde française, alors que lui-même n'était sur place que depuis deux jours pour répondre au S.O.S de Djezzar. Cet incident, Eugène de Beauharnais le relate ainsi : « La veille de la prise de Haïfa, le général en chef m'a envoyé effectuer la reconnaissance de la ville, accompagné de quatre chasseurs. En m'approchant, j'ai aperçu des hommes sur la muraille de la forteresse. Je leur ai fait signe et ils m'ont ouvert la porte du fortin. A notre arrivée au galop à l'intérieur de la ville, un petit bateau britannique a vivement quitté la rade. Nous avons fait feu dans sa direction avec nos pistolets et nos fusils. Sans résultat... J'ai appris plus tard que le commodore Smith était à bord. Ce ne fut pas ma seule rencontre avec ce monsieur... »

Si doué d'intuition soit-on, il était impossible de déduire d'un accrochage aussi mineur avec un corps franc de cinq chasseurs que l'armée française n'était pas dotée d'artillerie de siège, et qu'elle attendait l'arrivée de ses canons par voie maritime dans le port de Haïfa !... La vérité était évidemment tout autre que le génial raisonnement dont se targue Sidney Smith dans sa missive à lord Saint Vincent. Avant de quitter Alexandrie pour voler au secours du pacha d'Acre, le commodore avait écrit le 7 mars à lord Grenville, premier lord de l'Amirauté, qu'il avait laissé le vaisseau *Swiftsure*, armé de soixante-quatorze canons, assurer le blocus du port égyptien et des bouches du Nil, où « certains mouvements révélaient chez l'ennemi l'intention d'envoyer quelque chose à l'est ». La flottille de Standelet ayant pu tromper cette surveillance pour s'échapper, le commandant du *Swiftsure* avait expédié un petit bâtiment rapide à Saint-Jean-d'Acre et alerté Smith de ce mouvement maritime des Français.

Quant à Standelet, son rapport au ministre de la Marine du Directoire montre qu'il était aussi lui-même bien informé de la situation en Méditerranée. Il fait état de la répartition exacte du dispositif naval déployé par les Anglais. C'est qu'il avait recueilli à son bord le capitaine de la *Torride*, ce petit bâtiment de la croisière de Smith amariné devant Haïfa avant de prendre la fuite. Annonçant dans son rapport la prise de Jaffa et l'arrivée de Bonaparte devant Saint-Jean-d'Acre, il avait même ajouté cette conclusion prémonitoire : « Il trouvera une plus grande résistance qu'il ne l'attendait, pour la raison que le commandant anglais a fait remonter les batteries et mis à terre, pour les armer, huit cents hommes, tant canonniers que soldats... »

Cette dernière précision corroborait les résultats dont Sidney Smith avait pu se vanter dans sa première lettre à l'amiral Saint Vincent : « Ayant été informé par Djezzar Pacha, gouverneur de Syrie, de l'incursion des forces du général Bonaparte dans cette province et de leur approche d'Acre, capitale du pachalik, je me suis empressé de me porter à son secours avec une partie de la flotte sous mes ordres, et j'ai eu la satisfaction d'arriver là deux jours avant que l'ennemi fît son apparition. Beaucoup fut fait dans cet intervalle, sous la direction du capitaine Miller, du *Thésée*, et du colonel Phélippeaux, pour mettre la place en état de défense et lui permettre de résister à l'attaque d'une armée européenne. Et la présence d'une force navale anglaise parut encourager et décider le pacha et ses soldats à opposer une vigoureuse résistance... Le temps gagné doit permettre l'arrivée d'un renfort suffisant pour faire avorter tout le projet de Bonaparte. »

Pusillanimité, mauvaise manœuvre du capitaine Standelet ou tout simplement malchance? On pourra épiloguer longtemps sur les raisons qui l'ont empêché d'accomplir sa mission : le débarquement du matériel de siège dont le défaut va décider, comme l'a prévu Sidney Smith, du sort de l'armée d'Orient. Toujours est-il que la capture par les Anglais de son artillerie lourde, dont les canons vont même être retournés contre elle, résulte avant tout d'une impéritie dans l'analyse du renseignement, d'un de ces ratés de l'intelligence qui ont jalonné toute la campagne de Bonaparte en Terre sainte et l'ont marquée, dès l'origine, du sceau de l'échec.

***

Le général en chef, qui passe aux yeux de l'Histoire pour un maître en tactique et en stratégie de l'art du renseignement dans tous ses préparatifs de campagne, a commis au moins quatre erreurs stratégiques par défaillance d'analyse au cours de cette expédition de Syrie décidée et montée en moins de deux mois. Il s'est en effet laissé surprendre à quatre reprises. Résumons :

1. *La surprise d'El Arich.* Bonaparte avait bien envoyé plusieurs missions de renseignement pour reconnaître la route entre la base de Katieh, à l'entrée du Sinaï, et Gaza. A aucune de ces missions il n'a été demandé de vérifier l'état des fortifications subsistant éventuellement à El Arich. Ces missions ont d'ailleurs été confiées à des bédouins utilisés comme « espions », selon le langage de l'époque. Or la fiabilité de tels agents de renseignement était grevée de deux faiblesses.

D'abord, le niveau très fruste de ces bédouins ne leur permettait de ramener que l'information limitée à la demande précise formulée au départ. Or Bonaparte et ses généraux ne leur avaient posé aucune question sur l'existence d'ouvrages de défense le long de la route. Le signalement par un bédouin d'une forteresse à El Arich, dont fait état dans son *Journal* le capitaine François « le Dromadaire », a été traité par le mépris : « Construisez un fort à la place de celui qu'on dit exister », s'était borné à ordonner Bonaparte, le 31 janvier 1799, au général Reynier, chargé d'ouvrir la route avec l'avant-garde. Mais il n'a envoyé aucune patrouille de reconnaissance pour vérifier l'information rapportée par le bédouin. Il s'est contenté des renseignements secondaires rapportés par les « espions » de Lagrange et de Kléber. Le premier, revenu le 1er février d'El Arich, parlait des renforts arrivés de Gaza et des outres remplies à ras bord. Le second assurait que l'ennemi n'était venu à El Arich que pour raser l'herbe des fourrages et infecter ou détruire les puits!

La seconde tare des espions bédouins était de jouer les agents doubles au service de tous les maîtres. Mais ils avaient surtout une propension à trahir les Français à qui ils en voulaient, assez légitimement, de dépouiller trop souvent leurs tribus de leurs chevaux et de leurs chameaux. C'est ainsi que les guides avaient volontairement égaré la division Kléber en marche sur Khan-Younès. Ce retard allait s'ajouter au délai fatal des onze jours perdus par la surprise d'El Arich.

2. *La surprise du mont Carmel.* La perte de l'artillerie lourde dans le piège naval de Haïfa résultait également d'une défaillance du renseignement. Bonaparte n'a rien su du départ de la flotte de Sidney Smith d'Alexandrie pour Saint-Jean-d'Acre. Il n'a pas été davantage informé des échanges de coups de feu de la patrouille d'Eugène de Beauharnais, le 17 mars, avec un petit bâtiment anglais stationné dans la rade de Haïfa. Il lui a fallu faire l'ascension du mont Carmel, le lendemain, pour découvrir la présence de la croisière anglaise dans la baie choisie par lui pour débarquer le matériel de siège. Encore un retard de vingt-quatre heures qui, cette fois, s'est révélé fatal!

Cette surprise fait douter du bien-fondé de l'ordre que Bonaparte avait fait donner, le 16 mars, par le contre-amiral Ganteaume au capitaine Standelet d'aller débarquer ce matériel à Haïfa. Ce jour-là, il n'était pas encore maître de la ville et de son port, puisque son avant-garde n'y était pas encore entrée : ce ne fut que le matin du 17 que la patrouille d'Eugène de Beauharnais s'en fit ouvrir la porte. C'est dire que l'état-major ne savait rien des mouvements de l'allié britannique de Djezzar et des Turcs dans la région et qu'il n'avait pas eu la prudence élémentaire d'envoyer une mission de renseignement naval dans les eaux du littoral, avant d'y risquer son train de siège...

3. *La surprise d'Acre.* Au moment de franchir le Belus, petit cours d'eau qui sépare Haïfa de Saint-Jean-d'Acre, au fond de la baie, Bonaparte n'était pas au courant des travaux de défense effectués pour consolider la forteresse entre le 13 mars, date d'arrivée du capitaine Miller et du colonel Phélippeaux, à bord du *Thésée,* et le 19 mars, quand l'avant-garde française a entrepris son investissement. Il croyait les fortifications d'Acre calquées sur celles qu'il venait de ruiner en cinq heures à Jaffa!

4. *La surprise du pacha.* Bonaparte a fait une erreur de jugement rédhibitoire sur la personnalité et les capacités d'Ahmed Djezzar. Et cela, alors qu'il ne manquait pas d'informations avec les conseillers orientalistes dont il s'était entouré : le drogman Venture de Paradis, qui connaissait personnellement le pacha d'Acre, le moine Dom Raphaël de Monachis, qui avait vécu à Damas à son époque, l'astronome Beauchamp, qui était consul à Mascate sur le golfe d'Oman, et d'autres. Mais, blessé dans son orgueil par le dédain dans lequel le tenait « le Boucher », le général en chef de l'armée d'Orient ne prenait plus en compte l'avis des spécialistes. Le plus raffiné et polyglotte d'entre eux, le juif marseillais Venture de Paradis, ne lui aurait sûrement pas conseillé de confier une délicate approche diplomatique à un officier tranchant et vaniteux comme l'adjudant général Beauvoisins. Si personne autour de Bonaparte n'était en mesure de lui garantir la moindre chance de gagner Djezzar à la cause française, les rapports parfois tendus du pacha d'Acre avec les autorités centrales de la Porte permettaient de ne pas en exclure toute éventualité. Mais il ne fallait plus y compter après une suprême offense du genre de celle commise par Bonaparte dans sa lettre en forme d'ultimatum : « Quel intérêt ai-je d'ôter quelques années de vie à un vieillard que je ne connais pas? » Critiquant plus tard la gestion de Kléber, auquel il aura abandonné l'armée d'Égypte, il osera reprocher à son successeur assassiné d'avoir « fait donner deux cents coups de bâton au cheik Saada, descendant du Prophète. Aussi, ajoute-t-il, il a été assassiné. Il n'était pas administrateur et blâmait mon système de cajoler les cheiks. » Les propos insultants adressés par Bonaparte à Djezzar équivalaient bien à deux cents coups de bâton!...

Bonaparte avait certes, lui, le sens de l'organisation. Le système de collecte des informations et de contrôle direct des espions qu'il avait mis sur pied avec son chef d'état-major général Berthier était tout à fait efficace. Et l'échec du renseignement dans la campagne militaire en Terre sainte ne résultait ni d'un vice du système, ni d'une défaillance dans la collecte. C'est même probablement le contraire qui s'est passé. Bonaparte ne manquait pas une occasion de rappeler à ses généraux l'importance du renseignement en leur recommandant d'envoyer des espions suivre les mouvements de l'ennemi.

« Il est très nécessaire, écrit-il par exemple à Junot (son aide de camp favori pour les missions spéciales), le 2 avril 1799, que vous vous teniez bien éclairé et que vous ayez des espions pour avoir et pour pouvoir donner des renseignements sur les rassemblements de Joseph Gherar (le cheik de la montagne) à Djenine (à mi-chemin de Nazareth et de Naplouse). »

« J'ai appris hier soir, par des rapports certains – l'avait informé le jour même de Haïfa le chef d'escadron Lambert – que le chef des Naplousains (les montagnards palestiniens), Joseph Gherar, avait rassemblé au bourg de Djenine, dans la plaine d'Esdrelon, environ quatre mille hommes et cinq mille cavaliers qui doivent se mettre en marche tout de suite... Voici ce que Djezzar a dit au chef des Naplousains : “ Aussitôt que tu auras assemblé tes forces, viens attaquer les Français sur les arrières de leur armée; chasse-les de Haïfa, coupe-leur toutes communications et attaque surtout [...] les villages qui leur fournissent des vivres ”. »

Deuxième recommandation faite alors à Junot : « Envoyez des espions à Tibériade pour connaître la situation de cette place, la force de la garnison, et, par là, pouvoir juger s'il y aurait possibilité de l'enlever. »

Il apparaît donc que, sur le plan tactique, Bonaparte savait bien se couvrir en matière de renseignement : il arrivait à connaître à temps la plupart des manœuvres que préparaient ses adversaires sur le terrain. Y compris le pacha de Damas, dont les quarante mille hommes s'apprêtaient à converger avec les Palestiniens de la montagne. Sur les préparatifs de ces derniers, Bonaparte reçoit encore, le 8 avril, le rapport d'un agent revenu de Djenine à Haïfa :

« Les Naplousains sont au nombre de sept à huit mille hommes... Ils ont deux fours qui servent à fabriquer du biscuit jour et nuit à Djenine; ils ont de la poudre et du plomb... Ils recrutent tous les jours et payent bien ceux qui veulent se joindre à eux. Environ quatre à cinq mille paysans des montagnes de Jérusalem se sont joints aux Naplousains. Le nombre d'hommes armés et assemblés à Djenine est de dix à douze mille, y compris six cents cavaliers. Une cavalerie de dix-huit cents chevaux doit se rendre de Damas à Djenine. »

Enfin, Bonaparte est correctement informé des préparatifs de débarquement des forces navales concentrées par le Sultan à Rhodes pour envoyer des renforts turcs à Djezzar. Dans la journée du 7 mai, à l'avant-veille de l'assaut final de la forteresse, il aura connaissance de l'arrivée imminente de trente bâtiments turcs « apportant aux assiégés des vivres, des munitions et un renfort de troupes considérable ». D'où sa décision de brusquer l'attaque...

Pour compléter rapidement les renseignements tactiques recueillis sur le terrain, et notamment prévenir l'attaque latérale prévue des forces de Damas, Bonaparte a mis au point un système élaboré de signaux de fumée utilisé avec succès par Kléber. Celui-ci donne ses instructions, le 13 avril, à Verdier et à Junot : « Le général Verdier établira un poste en haut de la tour de Safoureh... pour être en correspondance de signaux avec la hauteur du mont Simani, près de Nazareth... Aussitôt qu'il sera reconnu que l'ennemi s'avance sur Safoureh, ce poste préviendra le général commandant et, sur son ordre, fera de suite allumer une matière combustible portée, à cet effet, d'avance sur la tour et capable de produire beaucoup de fumée... Ce signal de la tour sera répété de la hauteur de Simani... d'où l'on découvre le bourg de Djenine, une partie de la plaine et le chemin qui conduit à Acre. Pour mettre ce poste à l'abri de toute surprise, il sera construit une redoute en maçonnerie sèche... Il sera élevé au milieu de la redoute, ou à proximité, une perche d'alarme en haut de laquelle on attachera des matières combustibles capables de donner beaucoup de fumée, ainsi qu'il a été dit plus haut de la tour de Safoureh ». Le 13 avril, justement, Kléber écrit de Safoureh à Junot : « Demain matin, vers 9 heures, vous voudrez bien faire faire une forte fumée sur le mont Simani, afin que nous puissions le reconnaître d'ici ; j'y ferai répondre par un semblable signal de la tour de Safoureh. »

Pour les missions de renseignement, Bonaparte a enfin cherché à recruter des informateurs parmi les populations qui avaient des raisons de détester la tyrannie de Djezzar. Il disposait d'espions druzes à l'intérieur d'Acre et d'agents chrétiens à Damas. C'est par ces derniers, nous dit Berthier dans sa relation de l'expédition, que l'« on a appris qu'il se faisait à Damas des rassemblements de troupes et qu'on établissait des magasins considérables au fort de Tibériade, occupé par les Maugrabins. »

Le système de renseignement français comprenait également des interrogatoires bien conduits des prisonniers ou des habitants, tel celui d'un katchef capturé à El Arich. Jacques Miot fait aussi état d'informations de valeur fournies par quelques transfuges français de l'équipe de Phélippeaux passés dans le camp de Bonaparte au premier assaut de la forteresse de Saint-Jean-d'Acre. Le *Précis journalier* de d'Anthouard signale à la date du 18 avril le cas d'un déserteur venu des assiégés : « C'était un Français qui servait chez les Anglais; il avait été envoyé à son tour de service à Acre; il y avait longtemps, disait-il, qu'il cherchait à s'échapper. »

Dans son *Histoire navale de la Grande-Bretagne*, William James, peu suspect de sympathie pour les Français, fait cependant grand cas de l'étendue du réseau d'informateurs que Bonaparte entretenait à l'intérieur même de Saint-Jean-d'Acre. Les chefs de la garnison assiégée avaient, selon lui, le plus grand mal à débattre entre eux de leurs plans d'opérations, de peur de les voir tomber entre les mains des espions de l'adversaire...

Un officier s'est en particulier distingué aussi bien dans la manipulation d'agents secrets que dans l'accomplissement des missions spéciales : le capitaine Lambert, commandant la place de Haïfa. Au lendemain de la prise de la ville, Bonaparte lui a donné comme instruction de la défendre contre toute tentative de débarquement anglais. Il a peu de moyens à mettre à sa disposition et lui demande d'y suppléer par la ruse. Le 21 mars, à l'approche d'un bâtiment à bord duquel se trouve Phélippeaux, chargé de protéger la descente à terre de sept chaloupes canonnières, le chef d'escadron Lambert a l'idée de cacher ses hommes pour faire croire que la ville et le port sont déserts. Il ne démasque son obusier qu'au moment où les Anglais commencent d'aborder. Les cent fantassins qui constituent sa garnison font alors feu de toute leur mousqueterie. Les Anglais se retirent précipitamment, abandonnant une chaloupe, un canon de 36 pouces avec cent boulets, soixante tués ou blessés, et vingt-deux sont faits prisonniers. « Les Anglais ont fui à force de rames, écrit Berthier. Ils ont regagné leurs vaisseaux, bien étrillés. Si nous ne sommes pas heureux sur mer, ils ne le sont pas sur terre. » A la suite de cette affaire, le commodore Sidney Smith va même entamer des pourparlers avec Lambert pour un échange de prisonniers.

Quelques jours plus tard, le chef d'escadron attire dans le port un bateau turc en hissant un drapeau ottoman, et capture tous ses matelots; nouvelle monnaie d'échange. Mais, surtout, il récupère à son bord un canon espagnol de 24 pouces qui, avec celui de 36 pris aux Anglais, constituera les deux seules pièces d'artillerie lourde à la disposition des assiégeants de Saint-Jean-d'Acre. Le canon espagnol, jeté à la mer lors de la retraite, sera retrouvé cent quatre-vingts ans plus tard par un couple d'océanographes israéliens dans les sables de Tantourah...

En fait, il ne subsiste que très peu de documents sur les opérations clandestines ordonnées par Bonaparte et dirigées par Berthier, avec l'aide du vieux drogman Venture de Paradis. Et pratiquement pas de traces des messages secrets transmis par leurs agents à Damas et à Alep et auxquels Napoléon fait une vague allusion dans son récit de Sainte-Hélène : « Des agents chrétiens, juifs, musulmans, furent dépêchés à Damas, à Alep, et jusque dans les Arménies; ils rapportèrent que la présence de l'armée française en Syrie agitait toutes les têtes. Le général en chef reçut des agents secrets et des communications fort importantes de plusieurs provinces de l'Asie mineure. Il envoya des affidés en Perse; c'est de là que datent ses relations avec la cour de Téhéran. »

On peut trouver toutefois, dans des cartons conservés aux archives nationales de Londres, des liasses de messages chiffrés, interceptés par les croisières anglaises qui assuraient le blocus, mais dont personne n'a pris la peine à l'époque de percer le code, introuvable de nos jours.

Ces exemples d'opérations clandestines montrent, en tout cas, que la défaillance du renseignement tout au long de la campagne de Palestine ne résultait pas d'une mauvaise organisation, mais relevait bien plutôt d'un problème de « conception » et d'interprétation – ce fameux problème qui a causé la perte de maints conquérants dans l'histoire et qui jouera un rôle déterminant dans les déconvenues d'Israël, de la guerre de Kippour à la surprise de l'Intifada.

Ancien lieutenant-colonel de l'armée israélienne, le Pr Guihon, qui enseigne l'histoire militaire à l'université de Tel-Aviv, analyse ainsi les deux principaux facteurs de l'échec de Bonaparte à Saint-Jean-d'Acre : les onze jours perdus devant El Arich et la saisie par les Anglais du matériel de siège dans la baie de Haïfa. Ces deux défaillances, dues à une conception erronée du renseignement, ont, selon Guihon, une double source :

1. Bonaparte s'en est tenu trop exclusivement aux relations de voyages du type Volney, Savary ou de Tott pour élaborer son plan de campagne en Terre sainte. Or aucune d'elles ne mentionnait par exemple l'existence d'une forteresse à El Arich. Mais les récits de voyageurs étaient alors à la mode et leurs auteurs très appréciés dans les salons où se nouaient les intrigues politiques. A telle enseigne que la compagnie d'un graveur comme Vivant Denon, ce sybarite rallié à la Révolution et devenu le « grand reporter » de l'expédition d'Égypte, était très recherchée pour les dîners mondains donnés par les courtisans du nouveau régime soucieux de plaire au glorieux vainqueur. Napoléon racontera au Dr O'Meara, à Sainte-Hélène, comment, au cours d'une de ces réceptions, l'épouse dont s'était affligé Talleyrand, et qui n'avait pas inventé le fil à couper le beurre, avait accueilli Denon : « Qu'avez-vous fait de votre ami Vendredi? » Elle l'avait tout simplement pris pour le seul grand voyageur dont elle eût entendu parler à l'époque : Robinson Crusoé!...

2. Bonaparte a mal exploité les informations de ses marins sur les mouvements de la flotte britannique en Méditerranée. Alors qu'il leur donnait pour instruction d'échapper à la surveillance des bateaux anglais croisant devant les côtes égyptiennes, il n'a pas cherché à calculer la vitesse à laquelle ceux-ci pourraient se détacher du blocus pour rallier la baie d'Acre. S'il avait correctement évalué ce danger, il aurait pu prêter davantage attention aux avis et suggestions de son chef d'artillerie, le général Dommartin, et de l'ingénieur Conté, qui proposaient des solutions techniques pour le transport des canons de siège par le désert.

Enfin le général en chef n'avait tenu aucun compte des capacités des Anglais et des Turcs dans le domaine du renseignement – où il se croyait seul à exceller – et de l'efficacité de leur système de collecte d'informations. Or ils ont su faire bon usage des corsaires et des contrebandiers, qui abondaient dans la baie de Haïfa et qui ont débarqué des émissaires derrière les lignes françaises, pour contacter et manipuler les tribus des montagnes environnant Djenine et Naplouse.

***

La situation particulière de Haïfa en avait fait une sorte de paradis pour les boucaniers et lui valait le surnom de « Petite Malte ». Relevant administrativement du sandjak de Sidon, alors que son hinterland faisait partie du sandjak de Damas, Haïfa était devenue un havre pour tous les hors-la-loi. Ses habitants troquaient leur eau et leurs aliments avec les pirates contre des marchandises clandestines et des produits de contrebande. La rade fonctionnait en fait comme un port franc. Aussi bien est-ce à Haïfa qu'avait débarqué en septembre 1798 le rabbin Nahman de Bratzlav – dont il sera question plus loin –, après s'être vu refuser l'entrée au port de Jaffa où sa redingote noire et sa barbe l'avaient fait prendre pour un espion de Bonaparte. Il était sûr, à Haïfa, de ne risquer aucun contrôle.

C'est donc dans ce milieu interlope de trafiquants et autres frères de la côte que le ministre des Finances du pachalik d'Acre, le juif damascène Farhi, recrutait des agents pour le compte de Djezzar et de son allié Sidney Smith. Ce dernier surtout cultivait de précieuses liaisons avec les montagnards de Naplouse et aussi avec le pacha de Jérusalem, Ismaël, qui lui servait de boîte à lettres pour communiquer avec le commandement de la flotte britannique en mer Rouge. Ce correspondant très particulier sera d'ailleurs le premier visiteur à aller saluer le commodore anglais à Jaffa après la retraite de Bonaparte... L'efficacité des réseaux de renseignement mis en place par les Anglo-Turcs a tellement surpris le commandement français que les généraux du corps expéditionnaire se sont mis à faire de l'espionnite, finissant par suspecter chaque villageois rencontré en chemin. « Avant-hier, écrit par exemple Kléber, nous avons arrêté un espion des Mamelouks, qui, monté sur une jument et armé d'une longue pique, est venu sans façon se faire puiser de l'eau par un volontaire, faisant entendre qu'il venait pour parler au sultan du camp ; il allait remonter à cheval et probablement piquer des deux, lorsqu'un de nos officiers l'aperçut et fit courir après. » Après une « forte volée de coups de bâton », ce suspect a été fusillé le jour même, sans plus de formalités. « On a arrêté dans la journée un espion qui a été fusillé », note le chef de bataillon Detroye dans son *Journal* à la date du 14 ventôse (4 mars).

La menace que les Naplousains ne cessent alors de faire peser sur le corps expéditionnaire ne tient pas seulement au fait qu'ils forment un noyau d'informateurs renseignant en permanence Djezzar et Smith des mouvements et de l'état des effectifs français occupant la Palestine. Les coups de main qu'ils sont à même de multiplier mettent directement en péril leurs voies de communication terrestres entre Jaffa et Haïfa. Dans sa marche sur Saint-Jean-d'Acre, l'armée d'Orient a dû faire face à toute une série de raids et de tirs de harcèlement sur ses flancs et multiplier les accrochages meurtriers avec les cavaliers naplousains mieux équipés, mieux entraînés et plus audacieux que la moyenne des forces arabes – une tradition qui se perpétuera jusqu'à nos jours, Naplouse constituant le fer de lance des mouvements nationalistes palestiniens.

Au cours d'une première reconnaissance sur la route de Naplouse après la prise de Jaffa, une formation de quatre cents hommes est sévèrement accrochée, le 17 mars, dans la forêt de Mesky, la fameuse forêt enchantée du Tasse, théâtre d'un affrontement historique sanglant entre Saladin et Richard Cœur de Lion. Coincée dans une gorge, mitraillée par des paysans retranchés sur les hauteurs, la troupe doit rebrousser chemin en y laissant quelques cadavres et sa pièce d'artillerie. Le général Damas, qui la commande, est relevé le bras broyé par une roue brisée. « Ces montagnards tirent fort adroitement, toujours appuyés et cachés, écrit dans son rapport le capitaine du génie Ferrus. Lorsqu'on marche sur l'endroit d'où est parti le feu, on ne les y trouve point et l'on en reçoit des coups de fusil des buissons voisins : genre de guerre très meurtrier. On ne peut évaluer le nombre d'hommes que nous leur avons tués... Si on veut pénétrer dans ce pays, il ne faut ni artillerie, ni cavalerie, parce qu'elles vous obligent à passer par des gorges extrêmement difficiles; mais alors l'attaque des villages devient embarrassante. »

Autre série d'accrochages relatée par le *Journal* de Detroye lors du bivouac de l'armée, le 13 mars, à Mesky, village qui domine la route entre Césarée et Haïfa : « Hier, le général commandant la cavalerie a envoyé un détachement de vingt-cinq dragons du 3e régiment pour rassembler quelques chevaux égarés dans un fourrage. Les Arabes se sont précipités sur le détachement et en ont tué vingt hommes. Au moment où nous sommes arrivés aujourd'hui près de la cavalerie, ces mêmes Arabes sont venus attaquer une grand'garde, en nous montrant, au bout de leurs piques, les têtes des malheureux dragons tués hier. Quelle guerre! »

A la sortie du village de Kakoun, le gros de l'armée, qui poursuit son avance, est assailli par deux milliers de francs-tireurs que Kléber fait disperser à coups de canon. Mais la division Lannes se lance à la poursuite de l'ennemi à travers la montagne. « Malgré les ordres contraires de Bonaparte, relate Bourrienne dans ses *Mémoires*, Lannes s'entête à poursuivre une troupe de montagnards dans les gorges de Naplouse. En se retirant, il trouva ces montagnards embusqués en grand nombre dans des rochers dont ils connaissaient bien les détours et d'où ils tirèrent à bout portant sur sa troupe, sans qu'elle pût se défendre. » Bourrienne ajoute que Bonaparte, très mécontent, adressa au général Lannes les plus vifs reproches pour s'être aventuré, sans utilité, et avoir fait sacrifier, sans but, bon nombre de braves gens. Et comme Lannes disait avoir voulu « châtier cette canaille », Bonaparte aurait répliqué : « Nous ne sommes pas en position de faire de pareilles bravades. »

Un seul officier avait échappé au massacre du détachement de dragons par les montagnards naplousains (que Napoléon nomme « les descendants des Samaritains ») : le sous-lieutenant Augustin Delesalle, blessé de cinq coups de lance et d'un coup de sabre et laissé pour mort après avoir été dépouillé de ses vêtements. Récupéré par des paysans, il a été traîné devant leur pacha qui l'a fait transporter par trois hommes à cheval à Saint-Jean-d'Acre, dans l'espoir d'une récompense de Djezzar. Jeté en prison après avoir failli se faire lyncher par la foule à son arrivée, il fut sauvé *in extremis* d'une décapitation par la présence d'un officier anglais qui obtint du pacha de le conduire au commodore Sidney Smith, désireux de l'interroger lui-même à bord du *Tigre*. Delesalle relate ainsi la suite dans son rapport qui sera remis à son supérieur : « M. le chevalier Sidney Smith, commandant les forces navales d'Angleterre au Levant, désirant me voir, demanda au pacha de me faire passer à son bord... Ce fut la seconde nuit que j'avais les fers aux pieds que, vers 11 heures, le drogman du pacha vint me délivrer et me conduisit chez le consul anglais, et ce dernier à bord du *Tigre*, où je suis depuis quatre jours. Vous pourrez juger de ma reconnaissance envers mon libérateur, qui m'a fait donner un habillement complet... Veuillez, je vous prie, faire votre possible pour obtenir mon échange du général en chef, si cela se peut. Les Arabes qui m'ont fait prisonnier m'ont devancé d'un jour et porté treize têtes au pacha, ainsi que des habits, armes, etc. Ma seule crainte était de les rejoindre en route... »

En signe de bonne volonté, le commodore s'offre le luxe de faire passer ce rapport aux Français par un courrier, François Ragé, tombé entre ses mains quelques jours plus tôt, en y joignant une note datée du « Vendredi saint 22 mars » : « L'officier infortuné qui écrit cette lettre fut menacé des plus grands malheurs par sa position entre les mains des Turcs. Lors de la première apparition de l'armée ennemie, je l'en ai retiré, et je ferai en sorte que le pacha ne le réclame plus... M. Delesalle est maintenant mon commensal et le sera jusqu'à une occasion favorable pour l'envoyer en France. »

Semaine sainte, semaine de bonté? Bonaparte a accepté de procéder à un échange de prisonniers avec les Anglais capturés la veille, 21 mars, dans le port de Haïfa, où ils avaient tenté de s'emparer d'avisos qui y étaient ancrés. Au moment de l'échange, il fit même porter à sir Sidney ses remerciements par son chef d'état-major Berthier : « Ne doutez pas, monsieur le Commandant, du désir que j'ai de vous être agréable, ainsi que de mon empressement à saisir l'occasion d'être utile aux hommes de votre nation que les hasards de la guerre rendraient malheureux. »

« Ce fut, commente l'historien Herold, le dernier mot poli, ou même décent, adressé par Bonaparte à Sidney Smith, ou prononcé par lui à propos de cet ennemi chevaleresque, excentrique, mais toujours bien élevé. » Le général en chef n'a plus cessé, par la suite, d'accumuler des erreurs de jugement sur la rapidité de réaction du commodore, erreurs relevant de sa mauvaise conception du renseignement durant cette campagne.

***

Cette conception erronée, on la retrouve dans l'affaire de la base navale établie à Tantourah, près de la pointe d'Atlit. Dès le 13 mars, Bonaparte envoie Junot en mission spéciale le long du littoral, au-devant d'un officier de marine débarqué dans cette anse par le contre-amiral Ganteaume, en vue d'aménager une base arrière de soutien au siège prochain de Saint-Jean-d'Acre. Or, arrivé sur le rivage de Tantourah, l'aide de camp ne trouve pas le bateau annoncé. Il poursuit donc sa route vers Haïfa et Saint-Jean-d'Acre, jusqu'où il pousse une pointe de reconnaissance. Si Junot avait eu la patience d'attendre à Tantourah l'envoyé du contre-amiral, ils auraient pu y préparer le dispositif prévu pour permettre au capitaine Standelet de débarquer l'artillerie lourde, au lieu de se la faire prendre au pied du mont Carmel. Ce n'est que deux semaines plus tard, au début d'avril, que le capitaine Lambert reviendra de Haïfa pour y installer la base navale qui a fait défaut à la logistique, mais permettra de hâter le retrait du siège.

Pourtant, le 18 mars, la perte de son matériel lourd au profit des Anglais n'aura pas alarmé outre mesure le général en chef. Accueilli à son arrivée par un résident français qui, à la tête d'une délégation de la population, lui a remis les clés de la ville de Haïfa, Bonaparte passe la nuit à méditer sur les miracles du prophète Élie et sur le sacrifice offert aux dieux par un autre conquérant, l'empereur Vespasien qui, en l'an 67 de notre ère, a soumis la Galilée à la domination romaine. Pas loin de son bivouac d'alors, on peut voir encore de nos jours une petite route se faufiler depuis un ancien village de pêcheurs (Bat Galim en hébreu) jusqu'au promontoire du mont Carmel d'où Bonaparte venait de découvrir avec stupeur la présence des deux canonnières britanniques qui allaient arrêter sa fortune. Là se trouve aujourd'hui le terminus du funiculaire de Haïfa, construit depuis par un ingénieur français et qui porte le nom tout symbolique de « place de Paris ».

« La position géographique de Haïfa convenait parfaitement à l'établissement de nos hôpitaux et à la construction de nos fours », écrit l'habilleur en chef Bernoyer qui, lui, s'est enthousiasmé pour un monastère où l'on accède par un système de poulies et dont les moines, « qui n'adhèrent à aucune religion », vivent du troc, sans jamais utiliser d'argent. Dix ans plus tard, Chateaubriand s'extasiera davantage sur les oliviers et des vignes sauvages, qui témoignent d'une ancienne « industrie jusque sur cet ingrat terrain », et sur « une chapelle dédiée au prophète Élie, d'où la vue s'étend au loin sur la mer et sur la terre »...

Le 19 mars 1799, Bonaparte ne s'y attarde pas : il a hâte de franchir le Belus, ce petit fleuve côtier rebaptisé par les Israéliens du nom de Kishon, pour se retrouver, deux heures plus tard, au sommet d'une éminence, face à la forteresse marine de Saint-Jean-d'Acre. Il la désigne du doigt à Murat, le chef de sa cavalerie : « Le sort de l'Orient est dans cette bicoque, la chute de cette ville est le but de mon expédition, Damas doit en être le fruit. » C'est que, dans son esprit fraîchement imprégné de la victoire écrasante de Jaffa, il ne s'agit pas seulement d'une opération militaire, mais de l'établissement d'un État, d'une autre France qu'il saura agrandir en faisant reculer le désert. « Des mers, dont nous ne sommes pas maîtres, nous séparent de la patrie, dira-t-il encore; mais aucune mer ne nous sépare ni de l'Afrique, ni de l'Asie. »

Dans la foule des passants qui l'ont salué, en lui souhaitant bonne chance, à son départ de Haïfa, s'agite un jeune garçon arabe au teint pâle, mais à la carrure sportive. Sept mois plus tôt cet adolescent aux aguets avait accueilli, avec le même empressement, un autre hôte étranger très différent d'allure et d'accoutrement de ces fiers guerriers français. Ce visiteur barbu, habillé de noir, auquel il accordait spontanément, avec affection et respect, le titre de « saint homme », n'était autre que l'arrière-petit-fils du fondateur du mouvement « hassidique », le très vénéré rabbin Baal Shem-Tov (en hébreu, Maître du Bon Renom), le jeune rabbin Nahman. C'était en septembre 1798. Mais en ces ides de mars 1799, à l'heure où le général de la Révolution française Napoléon Bonaparte se présente en « Messie des Juifs » devant la muraille de Saint-Jean-d'Acre, le guide spirituel des fidèles, venu de Podolie, prend place à bord d'une canonnière turque, mouillée dans le port naturel d'Acre et prête à appareiller pour Rhodes. Le saint homme cherche à fuir le nouveau faux messie qui, une fois de plus, va déchirer et diviser les communautés se réclamant de l'héritage mosaïque.

XI

Le rabbin et le général

« ... Et très grande fut la peur dans la ville : il y avait quelque quinze mille soldats dans la ville et les portes de la ville étaient fermées; personne ne pouvait ni entrer ni sortir. Alors le pacha fit savoir à tous ceux qui ne combattaient pas qu'ils devaient quitter la ville par la mer, dans les deux heures, sous peine d'être décapités. Et la ville fut prise de panique, car la foule affolée obstruait ses rues étroites et l'on ne pouvait se frayer un chemin vers la mer qu'à coups de couteau... »

Tel est le seul témoignage laissé sur Saint-Jean-d'Acre, à la veille de l'arrivée de Bonaparte, par Naham de Bratzlav, cet étrange rabbin de vingt-sept ans venu six mois plus tôt du fin fond de la Podolie, aux confins de la Pologne et de l'Ukraine, faire un pèlerinage en Terre sainte *(Eretz Israel)*. Sur ce sol où le spirituel jaillit de chaque pierre, de chaque clair de lune, le passage d'un des personnages les plus marquants du judaïsme hassidique, le 15 mars 1799, dans ce grand port de Palestine menacé par les troupes du corps expéditionnaire français, prend un relief à la fois mystique et mythique. Peu d'hommes étaient aussi peu faits pour se rencontrer que ce *rabbi* surgi d'une Europe orientale où les juifs font figure de laissés-pour-compte du siècle des Lumières, et ce général corse issu de la Révolution émancipatrice et ambitionnant d'égaler Alexandre. Que peut-il y avoir de commun entre un chef de guerre qui a une revanche à prendre sur la rusticité de ses origines et un hassid en tenue noire des ghettos? Rien, sinon le fait que du même âge – à deux ans près –, ils convergent l'un et l'autre depuis deux semaines vers le même port de la Terre sainte, l'un cheminant du sud par El Arich, Gaza et Jaffa, l'autre revenant par le nord d'un parcours qui l'a conduit de Haïfa à Tibériade et à Safed, le haut-lieu de la kabbale. Pour l'un comme pour l'autre, toutefois, ce voyage en Palestine est l'accomplissement d'un rêve. Le début d'une nouvelle et glorieuse carrière de chef militaire et politique pour le futur empereur des Français, de maître à penser et guide spirituel d'une importante fraction du peuple juif pour le plus irremplaçable des rabbins.

Aux yeux d'un kabbaliste féru de numérologie comme l'était le rabbin Nahman, la coïncidence de leur date de départ pour l'Orient a plus qu'une valeur de symbole. C'est le 4 mai 1798 qu'ils se sont l'un et l'autre mis en route. Ce jour-là, Bonaparte a quitté Paris pour prendre la tête en rade de Toulon de son extravagante expédition, et Nahman son village de Podolie pour embarquer à Odessa à destination de Constantinople. L'identité de leurs initiales, N.B. (Napoléon Bonaparte, Nahman de Bratzlav), n'échappe pas davantage au symbolisme de la Kabbale.

Or, si l'étoile Bonaparte a, dans sa fulgurance, bouleversé l'échiquier politique du Vieux Continent et hâté l'avènement du colonialisme en Afrique et en Asie, l'étincelle Nahman a révolutionné la philosophie et la réflexion juives, jusqu'à influencer de nos jours les penseurs les plus originaux de l'actuelle génération, dont le plus illustre est le prix Nobel de la paix, Élie Wiesel. Cet écrivain français de citoyenneté américaine consacre justement une part très importante de sa *Célébration hassidique* à celui qu'il considère comme une sorte de précurseur en littérature – voire d'inspirateur – de Franz Kafka, et il fait de son voyage en Terre sainte « l'événement qui scanda sa vie [1] ».

Né en mars 1772 dans un village de cette province de l'Est européen qui, dans les trente dernières années du XVIIe siècle, appartint à l'Empire ottoman avant de revenir à l'Ukraine, le jeune Nahman avait de qui tenir : il descendait par les femmes en ligne directe du fondateur du mouvement hassidique, le rabbin Israel Baal Shem-Tov. Sa mère, Feiga, elle-même petite-fille, par sa mère, du très vénéré « Besht » (comme aimait à se faire appeler le légendaire rabbin), était l'« homme fort » de la famille : elle en imposait par son intelligence et son autorité naturelle non seulement à son mari, mais à tous les disciples du Besht. Elle avait fait de Nahman son fils élu, ce qui n'a pas été sans peser sur sa formation. Dans son étude psychanalitique du RAN (diminutif de rabbi Nahman), Yaakov Beker rattache au complexe d'Œdipe la hantise de la mort dont il souffrit dès sa prime enfance et qui lui faisait souvent prier Dieu de lui accorder une mort de martyr. « L'enfant qui nourrit la haine de son père jusqu'à vouloir sa mort en arrive à la fois à craindre et à chercher sa propre mort. » Beker fait un parallèle entre les manifestations de ce complexe chez Nahman et chez Dostoïevski [2].

Un jour qu'il était enfermé dans sa chambre, l'enfant Nahman pousse un hurlement affreux qui décide ses parents à forcer sa porte. Pâle et tremblant, il affirme avoir vu un « mort très méchant » passer à travers le mur.

A peine a-t-il atteint ses quatorze ans qu'on le marie, selon la coutume, à la fille d'un riche commerçant. Ses hallucinations ne cessent pas pour autant, ni ses efforts pour refouler ses pulsions sexuelles. Lorsque s'étaient manifestés les premiers désirs de la chair, il avait réussi à les contrôler au moment d'y succomber et s'était exercé depuis à maîtriser ses passions, à dominer ses tentations, à ne pas « se laisser brûler par la flamme du sexe ». Dans ses contes éducatifs, Nahman parle ainsi des souffrances qui tourmentent le corps du Tzaddik, le Juste, modèle idéal de saint homme qui incarne la perfection morale, sociale et religieuse en vivant par sa foi : « Non seulement il n'éprouve pas le désir, mais il souffre physiquement lors de l'acte sexuel, tout comme le nouveau-né qui crie de douleur lors de sa circoncision. »

Élevé dans le culte de cet illustre arrière-grand-père au point de se disputer avec ses disciples et avec tous les maîtres qui s'en réclament, il va faire de sa vie une tentative permanente pour se mesurer avec sa légende. Son escapade en Terre sainte sera en grande partie motivée par l'ambition de réussir ce que le Besht avait toute sa vie rêvé d'accomplir sans avoir pu y parvenir.

Pour comprendre l'avènement du hassidisme comme mouvement de masse agitant les communautés juives en ce XVIIIe siècle de bruit et de fureur, il convient de remonter à la catastrophe survenue au beau milieu du siècle précédent. L'année TAH (5 408 du calendrier hébraïque – 1648 du chrétien) devait, selon les prévisions des dirigeants rabbiniques que l'on surnommait les Grands de la Torah, s'annoncer comme l'année attendue, l'année de la délivrance pour le peuple juif dispersé et persécuté à travers le monde. Le rabbin Shimshon d'Ostropole avait notamment prédit depuis plusieurs années que l'an TAH verrait ressusciter les morts. Le rabbin Naphtali Katz, lui, avait annoncé que le Messie viendrait, cette année-là, découronner le sultan de Turquie. Or l'année 1648 se révéla dans l'histoire juive comme l'une des plus noires, l'une des plus dévastatrices, l'une des plus meurtrières qu'elle eût connues depuis la destruction du dernier Temple.

Les cosaques de Bogdan Khmelnitzky, partis en croisade contre leurs agresseurs polonais, exterminèrent en route plusieurs centaines de milliers de juifs, anéantissant près de trois cents communautés. Les pogroms cosaques furent suivis par d'autres dans les grandes villes de Pologne, telles que Cracovie, Lvov et Lublin. Survivants ou rescapés se trouvaient condamnés à une vie de misère et de crainte, frappés d'interdits professionnels et privés de permis de travail. Rien qu'entre les années 1700 et 1760, les descendants des victimes de l'année TAH se virent accusés une vingtaine de fois d'avoir utilisé le sang d'enfants chrétiens disparus dans la fabrication de leur pain azyme pour la Pâque. En ce temps de détresse extrême, il n'était pas étonnant que les juifs les moins instruits, concentrés essentiellement dans des petits villages de Podolie, alors rattachés à la Turquie et donc plus sensibles à l'influence du messianisme oriental, se fussent jetés dans les bras du premier sauveur venu : peu importait qu'il fût vrai ou faux prophète, pourvu qu'il leur donnât l'espoir d'en sortir, ou même une simple lueur d'espoir.

C'est dans ces conditions qu'ont pris naissance deux courants messianiques qui, d'abord parallèles, ne tardent pas à s'opposer au point de déchirer le judaïsme : le messianisme populiste du prestigieux talmudiste de Smyrne (Turquie), Shabtai Zvi, et, au siècle suivant, le mouvement hassidique de Baal Shem-Tov.

Certes l'ardente impatience de l'arrivée du Messie libérateur n'était pas l'apanage du judaïsme désorienté par les malheurs du siècle. Depuis leur dispersion hors du pays de Canaan, les juifs n'avaient cessé de rêver, du moins par la prière de « l'An prochain à Jérusalem », du retour à la terre des ancêtres et de la venue parallèle du Messie. Mais les doctrines mystiques développées depuis la destruction du deuxième Temple s'enrichissaient souvent de calculs et d'évaluations chiffrées sur la date de la fin des temps et de l'arrivée du Messie. La kabbale, tradition théorique la plus élaborée du mysticisme juif, a connu son essor au Moyen Age pour gagner toute son importance vers la moitié du XIIIe siècle, après la publication du *Zohar*, le Livre de la Splendeur, le plus complet des traités de philosophie sur le mysticisme juif. En moins de trois siècles, l'étude de la kabbale devint en quelque sorte le pain quotidien des petits cercles d'intellectuels qui, au sein des communautés juives, consacraient leur temps, souvent dans une discrétion quasi clandestine, à s'interroger sur les mystères de la Création, les rapports entre l'humain et le divin, les notions d'infini et de durée, les miracles de la résurrection, la réincarnation et la venue du Messie. En se fondant sur la science des nombres et sur la Gimatria (étude des textes à partir de la valeur numérique des lettres), les kabbalistes cherchaient à déchiffrer l'avenir, à prédire les événements et à calculer la date de l'ultime salut – celle de l'arrivée du Messie.

La catastrophe de l'année TAH (1648) allait donner un nouvel et formidable élan à toutes ces théories qui formaient le corps des doctrines du mysticisme juif. C'est cette année-là précisément que Shabtai Zvi, fils d'un rabbin de la ville turque d'Izmir, éducateur illuminé de vingt-deux ans, commence à se prendre pour le Messie. Versé dans le Talmud et la kabbale, errant de Salonique à Jérusalem pour dispenser son enseignement, séduisant les foules et attirant les haines, il n'hésite pas à se proclamer comme tel en 1665. « La nouvelle se répandit comme une traînée de poudre et souleva dans tout le monde juif un enthousiasme et une exaltation indescriptibles, raconte Élie Wiesel; partout, l'on priait pour "notre Maître, l'Oint du Seigneur", on vendait ses biens dans l'attente d'un miraculeux départ pour la Terre sainte. En 1666, Shabtai Zvi voulut rencontrer le Sultan et lui demander la reconnaissance de sa royauté sur le pays d'Israël; on l'emprisonne : nouvelle épreuve, nouvelle preuve. Et puis soudain, le Sultan le convoque, et Shabtai Zvi se convertit à l'islam. Exilé en Albanie, il y finit obscurément ses jours. »

Les masses juives, déçues par ce faux messie dont l'avènement avait déchiré les communautés d'Asie et d'Europe orientale, replongèrent dans le pessimisme et le désespoir. La désillusion était à la mesure de l'échec d'un théoricien hors du commun qui avait pénétré les secrets de l'ésotérisme, dans le but de faire pression sur le ciel pour avancer la date de la libération, et qui avait fini par sortir du judaïsme, entraînant toute une génération d'adeptes dans son égarement. C'est sur ce fond d'accablement et d'amertume que des petits groupes de prêcheurs se formèrent dans les bourgades d'Ukraine et de Pologne pour rallumer la flamme mystique à la lueur d'une lecture pratique de la kabbale, moins détachée de la vie quotidienne. Ces prêcheurs, qui se donnaient pour mission de réconforter le peuple et de lui rendre l'espoir d'une rédemption prochaine, prirent le nom de *hassidim* (pluriel de *hassid*).

Certes, le hassid est une figure permanente du judaïsme : il désigne le fervent au cœur pur qui agit par amour et foi en la miséricorde divine. On peut dire des *Psaumes* qu'ils sont le livre d'histoire des hassidim, des « aimant Dieu ». Pour ces dévôts, crainte et amour de Dieu s'identifient dans « la joie qui brûle le cœur ». Triste de la pureté de la joie, le hassid se réjouit de la pureté de la douleur. Dans le Talmud est hassid celui qui dit : ce qui est à moi est à toi; celui qui aime donner et aime que les autres donnent. Transmettre est plus important qu'innover. D'où la tentation des confréries hassidiques de s'enfermer dans des cercles, de cultiver un certain élitisme exigeant de tout adhérent des connaissances supérieures en Talmud et en kabbale. Mais tout change au début du XVIIIe siècle avec la transformation du hassidisme en un mouvement populaire, un rassemblement de masse plaçant l'amour du prochain au-dessus de son propre salut et apportant aux plus ignorants la bénédiction d'un courant puisé aux sources de la foi.

Dans cette nouvelle perspective, ouverte en 1700 par le départ pour Jérusalem de deux milliers de hassidim de Pologne et d'Allemagne réunis par le rabbin Yehuda Hassid, tout juif qui y aspire peut devenir hassid, car être hassid, c'est être solidaire et non plus solitaire. Si la kabbale rend le divin humain, le hassidisme rend l'humain divin. Cette tentative d'humaniser ainsi le destin est l'œuvre du rabbin qui a peu après réinventé le hassidisme en donnant à ce nom son nouveau contenu : le mystérieux Israël Baal Shem-Tov.

Grand simplificateur en matière d'idées, il semble avoir tout fait pour brouiller les pistes menant à sa personne et pour dérouter les historiens. « La date de sa naissance n'est toujours pas établie, raconte Élie Wiesel : 1698 selon les uns, 1700 selon les autres – comme si cela faisait une différence. On croit savoir par contre qu'il naquit dans un hameau – une forteresse? – nommé Okop, mais là encore les spécialistes ont du mal à se mettre d'accord sur son emplacement... On le voit, avec le Besht, la géographie elle-même devient mystère. Mystère aussi tout ce qui touche à son enfance, son éducation, sa vie familiale, ses projets, ses randonnées par monts et vallées pour venir en aide à qui avait besoin d'aide ou d'amour. Ses parents étaient riches et généreux selon les uns, pauvres mais généreux selon les autres. Leur fils leur aurait été offert en récompense alors qu'ils approchaient de la centaine. Ils s'étaient montrés hospitaliers envers le prophète Élie, suivant une version, et envers Satan, suivant une autre. Leur fils allait devenir symbole de promesse et de consolation pour quiconque tâtonnait dans le noir...

« Orphelin sans moyens de subsistance, il pratiquait tous les métiers : précepteur, aide-chantre, sacrificateur rituel... On le maria jeune. Il perdit sa femme et recommença à vivre en marge, replié sur lui-même, à l'affût d'un appel. De nombreuses légendes circulent sur l'existence qu'il mena avant sa révélation. »

Cette révélation, sous forme d'apparition lumineuse, après son remariage, il l'eut à trente-six ans. Or ce maître qui allait faire chanter tant de communautés en détresse en s'adressant à leur imagination, est un contemporain de Voltaire et de Kant, de Lessing et de Diderot, et son royaume, il le bâtissait en Europe où l'homme, en s'émancipant, commençait à réduire l'histoire à sa propre échelle.

« Obsédé par l'éternité, conclut Wiesel, il négligea l'histoire et se laissa porter par sa légende. »

Prêchant la fraternité et la réconciliation, la réparation du mal par le bien et l'unité des créatures dont chacune est une part du Messie, le Besht cherchait en fait à conquérir le monde juif par les chants et les mélodies, contre la rigueur intellectuelle des rabbins de son époque, devenus indifférents aux malheurs et aux espérances du petit peuple des villages à force de s'élever dans l'interprétation des textes sacrés au-dessus de leur humble condition.

« Connaissez-vous, disait-il à ses adeptes, l'histoire du forgeron qui voulait devenir indépendant? Il acheta une enclume, un marteau, un soufflet et se mit au travail. En vain. La forge resta inerte. Alors un vieux forgeron à qui il alla demander conseil lui dit : Tu as tout ce qu'il te faut, sauf l'étincelle. Le hassidisme, c'est cela. C'est l'étincelle. Le hassid est au rabbi ce que l'étincelle est à la flamme. »

Autrement dit, il n'était pas nécessaire d'exceller dans les connaissances bibliques pour établir un contact entre l'homme et Dieu. On peut prier avec des mots simples et communiquer avec le Créateur par l'intention et par la joie de contempler sa création. Cette joie de vivre qui mène à l'absolu et à la délivrance était un des éléments de base du renouveau hassidique. Avant de devenir l'une des forces motrices du judaïsme vers la fin du XVIIIe siècle et au début du XIXe, il aura à livrer une guerre sans merci avec le shabtaïsme et ses épigones, axés sur la poursuite et la personnalité du Messie.

***

La kabbale distingue deux sortes de Messies : le Messie Ben David, descendant du roi David, et le Messie Ben Joseph. Celui-ci précède celui-là : Messie combattant, c'est lui qui, selon la prophétie d'Ézéchiel, gagne à Armaggedon (la montagne de Meggido) la bataille contre Gog, ce monstre ennemi d'Israël venu, à la tête de diverses nations, des contrées septentrionales du pays de Magog attaquer son peuple et envahir sa terre. Mais Ben Joseph est défait par la suite devant Jérusalem et ses guerriers vaincus dispersés aux quatre coins du monde, tout comme Cestius, dont Bonaparte a parlé si savamment à Bourrienne. Cette période de détresse ne prendra fin qu'avec l'avènement de Ben David, le Messie spirituel, le vrai Sauveur.

Cette distinction kabbalistique va opposer les deux courants messianiques du judaïsme dans leur approche du phénomène Bonaparte. Alors que les successeurs des sabbatéens (adeptes de Shabtai Zvi), qui constituent la secte dite des frankistes, comme on le verra plus loin, saluent dans ce nouveau conquérant de la Terre sainte une sorte de Messie Ben Joseph ouvrant la voie au retour du Messie Ben David, la plupart des hassidim voient au contraire en lui un danger sérieux pour la survie du peuple d'Israël.

Tant pendant sa campagne en Terre sainte que durant ses futures campagnes de Pologne et de Russie, les projets et les exploits du général français vont devenir un objet permanent de débats au sein même des groupes de hassidim, dans les bains publics du vendredi et entre les prières du shabat. Les discussions sur le rôle de Bonaparte comme éventuel messie occupent alors une place centrale dans la vie quotidienne des dirigeants hassidiques, ainsi que le montre un grand philosophe juif au XXe siècle, Martin Buber, dans son ouvrage *Gog et Magog*. Il cite notamment une conversation qui a eu lieu en 1797 à Lublin, en Pologne, chez le rabbin Yaakov Yitzhak, surnommé « le Voyant », au moment où Bonaparte couronnait sa campagne d'Italie en réduisant l'armée du pape. « Le rabbin ferme les yeux et, à la nouvelle de la défaite des forces pontificales, murmure en parlant du général victorieux de Rome : " Le sauveur dont j'ai annoncé la venue voici deux ans, c'est lui. " » *Ecce homo*!

Le disciple qui a rapporté cette exclamation de son maître était revenu, au début de l'année 1799, nous dit Buber, sur l'histoire de Gog et Magog dans ses entretiens avec le prêcheur hassid de Lublin. « Tu sais, lui répond le rabbin, que, selon don Isaac Abrabanel, la prophétie d'Ézéchiel sur la bataille qui annonçait la fin du monde et l'arrivée du Messie, signifie que le fils d'Edom (appartenant au monde des non-juifs) va d'abord conquérir l'Égypte avant de prendre la Palestine. Je te dis cela parce que Bonaparte est actuellement en Égypte. »

Après avoir fêté *Pourim* (la fête d'Esther), en mars 1799, le rabbin de Lublin conseilla à ses élèves d'étudier les versets des Juges consacrés à la bataille de Meggido où la prophétesse Déborah fit écraser les chars de Sisera, le chef de l'armée de Jabin, dans les champs boueux de la vallée de Jezreel : « Je vois en ce moment, dit-il, une bataille se dérouler dans cette vallée, les Turcs s'enfoncer dans la boue. Mais ce n'est pas encore fini; il faudra une intervention pour décider du sort de cette guerre : la nôtre. A nous d'aider à la victoire! » « Quelques mois plus tard, ajoute le disciple cité par Martin Buber, nous avons fêté la victoire de Bonaparte au mont Thabor. »

D'autres récits recueillis par l'auteur d'un petit volume consacré aux *Juifs de Pologne sous Bonaparte*, Nathan Frank, témoignent de l'attitude ambiguë de plusieurs dirigeants hassidiques vis-à-vis du conquérant français, et des contradictions qui déchiraient leurs communautés. Ainsi, le rabbin Menahem Mendel de Rimanov recommandait à ses ouailles de prier pour la victoire de Bonaparte, à la grande indignation de son élève Naphtali Zvi de Rafschitz qui protestait : « Prier pour lui, c'est prier pour l'antireligion, donc pour l'anti-Israël. Car nul ne cherche autant que lui à assimiler les juifs, à leur faire perdre leur identité et leur foi. » Assailli par le doute, le rabbin Mendel de Rimanov était allé consulter l'autorité hassidique la moins contestable de la région, le fameux « Voyant » de Lublin. Mais le rabbin Yaakov Yitzhak se refusa à trancher. Du coup, le pauvre Mendel alla frapper à la porte de l'un des fondateurs du mouvement hassidique de Pologne, le rabbin Israël le Maggid de Kojinitz. Le très vénéré Maggid était déjà couché, mais Mendel le fit sortir du lit pour une « question urgente de vie ou de mort » : il avait besoin de savoir, toutes affaires cessantes, s'il fallait prier pour ou contre ce Bonaparte. Le Maggid se leva pour prononcer son verdict : « On dit que ce chef de guerre bénéficie de la protection d'une étoile dans le ciel... mais l'Éternel est plus haut que toutes les étoiles... Ce Bonaparte oblige les juifs à servir dans son armée. Alors je vous le dis en vérité, les pêcheurs seront châtiés. »

Plus tard, quand Napoléon viendra octroyer l'égalité des droits aux juifs du petit duché de Varsovie constitué par ses soins, les mêmes rabbins hassidiques ordonneront un jeûne et une prière pour l'abolition de ces dispositions assimilatrices! L'attitude des hassidim deviendra encore plus négative quand l'empereur des Français marchera sur la Russie. Leurs rabbins chercheront même des références bibliques pour prédire sa chute. Le successeur de Baal Shem-Tov, à la tête du mouvement hassidique, le Maggid de Meschirtsch, donnera le ton en trouvant dans le chapitre VI, verset 13, du

Livre d'Esther, sur l'humiliation de Haman, un jeu de mots symbolique : « *Napol Tipol* » qui, en hébreu, signifie : « Plus dure sera la chute ». Et de l'appliquer au prénom de Bonaparte : Napoléon = Napol Tipol.

Le plus hostile de ces rabbins du renouveau hassidique sera le fondateur du mouvement en Russie blanche, Schneor Zalman de Ladi, qui n'hésitera pas à dénoncer le conquérant français comme l'incarnation du diable et la personnification du mal sur la Terre. Et à passer à l'action en infiltrant des espions dans les troupes de la Grande Armée et en faisant parvenir leurs rapports au service de renseignement du quartier général avancé des forces tsaristes à Vitebsk!

***

Quand l'arrière-petit-fils du Besht, le rabbin Nahman s'embarque pour la Palestine, *via* Constantinople, on n'en est pas encore là. Lui-même est en pleine contradiction avec son entourage, avec ses condisciples, avec sa famille, avec lui-même. Il est à lui seul un renouveau. « Je suis un vase nouveau plein de vieux vin », disait-il. Maître à penser accusé d'extrémisme par ses contemporains à cause de la conscience qu'il avait de sa supériorité intellectuelle et de son goût pour l'isolement, qui semblaient aller à l'encontre de l'humilité et de l'unité collective prônées par le mouvement, il n'admet en fait aucune filiation. Il ne tire aucune fierté de sa haute origine et compte seulement sur son mérite personnel. Il ne cherche pas d'héritage et ne laisse pas d'héritiers prendre sa succession. Puisant sa sagesse dans la nature (« Toute herbe a sa mélodie ») et sa folie dans son ivresse de Dieu (« Je sais beaucoup de choses qu'il est défendu de révéler »), il s'interdit de vieillir, ne supportant pas de faire du surplace et ne se sentant bien nulle part. Sa vision du monde, il préfère la transmettre par des contes plutôt que par des théories : « De mes contes, faites des prières, dit-il, et pas des reliques. »

Chez lui, « le saint parfois se comporte en comédien », observe Élie Wiesel, fasciné par cette vie intense avec « chutes et ascensions vertigineuses », ponctuée de jeûnes et d'insomnies, cette vie déséquilibrée, zébrée d'éclairs, avec

« des hauts et des bas par milliers et par dizaines de milliers, cet univers magique dominé par le verbe, magnifié par la parole : “ La parole peut faire taire le fusil. ” »

On le fustigeait pour ses contacts avec les libres penseurs dont la foi dans le néant le stimulait, avec les mécréants jouisseurs et les frankistes qui croyaient à la rédemption par le mal. Il lui arrivait aussi de s'absenter longtemps, laissant ses adeptes dans le désarroi et sa famille dans le dénuement. Il craignait l'ennui plus que la maladie, la répétition plus que le péché. Péché d'orgueil : « Chacun de vous est un désert inhabité... et c'est pourquoi, moi, je marche jour et nuit, je traverse le désert pour le rendre habitable. » Ses pairs fulminaient devant tant de vanité, qui lui valait maintes brimades tournant parfois à la persécution. « Au fond, remarque-t-il un jour d'un air à la fois grave et désabusé, j'ai tous les attributs, toutes les qualités du Messie. Sauf que Lui viendra, moi non. »

« Rabbi Nahman avait de l'humour, constate Wiesel. La clé de l'énigme ? Sa faculté de rire. » Pour mieux en saisir la portée, il conseille d'étudier de plus près son itinéraire en Terre sainte, au moment où la campagne de Bonaparte bat son plein en Égypte et où, une fois de plus, le fracas des armes menace de se mêler au murmure des prières aux portes mêmes de Jérusalem. « Voyage mouvementé de pèlerin, d'illuminé, digne du conteur et digne de ses contes. Riche en imprévus, en péripéties rocambolesques. Les aventures se suivent, se creusent, se précipitent. On dirait une course vers l'inconnu, vers l'abîme; elle donne le vertige. »

C'est à l'escale de Constantinople que Nahman apprend la chute du Caire. Aux dirigeants de la communauté juive qui tentent de le dissuader de poursuivre son chemin hasardeux en Terre sainte, de peur qu'il tombe entre les mains de l'envahisseur, il répond qu'il n'y a rien à craindre de Bonaparte. Durant son séjour dans la capitale ottomane, ce rabbin décidément inclassable se fait remarquer par ses excentricités : il parcourt les marchés à la recherche de partenaires arabes pour jouer à des exercices de stratégie; dans ces jeux de la guerre où l'un de ces partenaires improvisés tient le rôle du général français, il se met dans la peau de son adversaire et bat régulièrement l'ennemi Bonaparte. Mais à peine son pied a-t-il touché la Terre sainte en même temps que le vrai

Bonaparte, que, déjà, il en a assez : il veut rebrousser chemin et rentrer sans tarder... Apprenant que l'armée d'Orient approche de Haïfa, il quitte Tibériade pour accourir à Saint-Jean-d'Acre à la recherche d'un bateau lui permettant de s'enfuir avant l'arrivée de Bonaparte. Sa soudaine hostilité à l'entreprise française, il la manifeste – et peut-être la lui communique-t-il – devant le ministre juif du Pacha, Haïm Farhi, qui l'héberge deux jours dans son logement de fonction à... l'Auberge des Français!

« Cette épopée vécue est parmi les plus étranges et les plus belles que Rabbi Nahman aura racontées, écrit Élie Wiesel. A l'aller comme au retour, tous les maux le guettent, tous les obstacles du monde s'accumulent sur sa route. Il attire le danger, il frôle le malheur. Pas une épreuve ne lui est épargnée. Il lui suffit d'être en mer pour qu'elle se déchaîne, de se reposer en ville pour que la peste y surgisse. Tout lui fait peur, tout lui arrive. En Terre sainte, un jeune Turc passe des heures à le regarder en silence avant de le provoquer en duel. Ailleurs, on le soupçonne d'espionnage au service de Napoléon. Il échappe à l'épidémie qui ravage Tibériade pour se retrouver à Acre en plein siège. Il escalade les murs d'une forteresse pour se réveiller à bord d'un navire de guerre, où l'on essaie de lui faire porter fusil. La mer lui est ennemie, la terre aussi. Traqué, pourchassé partout, il va de ville en ville, de prison en prison, d'une épreuve à l'autre, surgissant au moment le moins opportun, attirant le regard le plus impitoyable : il réussit même à tomber prisonnier aux mains des pirates. »

Mais pourquoi tant d'excentricités, pourquoi ce comportement déroutant de simple d'esprit, d'idiot en liberté tout au long de son périple ottoman? Il faisait tout pour être regardé de travers, comme un pauvre vagabond errant sans foyer et sans but. Ce n'était qu'une ruse, dira-t-on à Bratzlav, pour tromper l'Ange de la mort, duper Satan qui risquait d'entraver son projet, comme il l'avait fait avec le Besht, empêché d'aller à Jérusalem. Mais quel était son projet? Parmi les raisons qui l'avaient poussé à accomplir ce voyage, ses élèves en ont retenu une d'apparence plus politique que mystique. Nahman croyait fermement au droit du peuple juif sur la Terre sainte et à la nécessité d'affirmer ce droit par des actes de présence, sous forme de visites régulières, à Sion, des dirigeants spirituels des communautés juives dispersées dans le monde. Pas question pour autant de modifier le *statu quo* avant l'arrivée du Messie : seul son avènement pourrait y rétablir le royaume juif.

Dans cette perspective, toute tentative de restauration prématurée ne pouvait être considérée favorablement, et donc la conquête de la Palestine par Bonaparte, loin de paraître salutaire, ne pouvait qu'avoir des effets négatifs. Par la suite, et surtout après le sacre de Napoléon, le rabbin de Bratzlav infléchira son jugement sur le chef de guerre français devant lequel il avait dû fuir. Il le fait dans une de ses fables, écrite sous l'influence de ce sacre et intitulée *Le Prince et le Fils de la bonne*. C'est l'histoire de deux bébés nés le même jour : l'un est le fils du roi, l'autre, l'enfant d'une servante de la reine. Or les deux nouveau-nés sont échangés après le double accouchement, et le fils de la bonne, devenu prince, succédera au roi. L'auteur ne cache pas une certaine admiration pour ce faux prince qui a usurpé le trône, mais le récit se termine par la reconnaissance du vrai fils du roi qui l'emporte de haute lutte sur l'enfant de la servante. La moralité de cette fable peut être interprétée comme la victoire de la force spirituelle sur la force physique, en fait la victoire du Messie Ben David sur le Messie Ben Joseph. Rabbi Nahman semble vouloir prendre sa revanche de sa fuite précipitée de Saint-Jean-d'Acre devant le Messie combattant par cet apologue où la parole l'emporte sur le fusil, la dérision sur la brutalité.

***

Il faut revenir un instant en arrière pour mesurer la portée de l'incursion de cet enfant prodige du hassidisme, souvent comparé à un aigle dont les ailes relieraient ciel et terre, dans cet Orient compliqué où l'aiglon Bonaparte sent pousser les siennes.

C'est en avril 1798 que le rabbin Nahman avait quitté secrètement sa Podolie natale accompagné d'un disciple, pour effectuer une visite surprise de la ville de Kamenetz Podolsk. Une ville marquée dans l'histoire du judaïsme par un débat dramatique qui opposa en 1757 les émules « frankistes » des sabbatéens, se réclamant de Shabtai Zvi, et les rabbins traditionnels sous les auspices du cardinal Dambowsky, protecteur des convertis. Le fondateur du renouveau hassidique, Baal Shem-Tov, aurait lui-même participé à cette confrontation avec Jacob Frank en personne : « Nul ne peut aider autrui par le reniement de soi, disait le Besht. Un juif qui rejette ses origines, ses frères, pour contribuer soi-disant au progrès du genre humain, finira par trahir aussi celui-ci. Cela vaut pour tout homme. Ce cocher est dangereux qui passe devant son église sans se signer : s'il n'aime pas son Dieu, pourquoi t'aimerait-il, toi? »

Le débat s'était terminé par l'expulsion de tous les juifs de la ville. Considéré depuis comme un haut lieu du frankisme en Podolie, Kamenetz symbolisait le mal de la corruption aux yeux des juifs orthodoxes. Or, au cours de sa visite impromptue, le rabbin Nahman était entré dans chacune des maisons où avaient résidé des frankistes pour y faire une prière et boire un verre de vodka. La ferveur et l'alcool paraissaient, pour cet enivré de Dieu, de nature à purifier la cité maudite. Dans son univers de symboles, la visite à Kamenetz constituait un prélude de bon augure pour un pèlerinage en Terre sainte, une sorte de descente en enfer pour mieux remonter au paradis : « L'enfer existe et il est ici-bas; seulement personne n'ose le reconnaître. »

Peu après son retour de Kamenetz, il annonce à sa famille son intention de partir pour la Palestine. Il conseille à sa femme de retourner chez ses parents et à ses filles de s'engager comme domestiques chez les riches de Podolie, pour subvenir à leurs besoins durant son absence. Il embarque à Odessa avec son élève-serviteur, le 4 mai 1798, et, en arrivant à Constantinople, s'accoutre en clochard pour conjurer les esprits malfaisants qui avaient autrefois obligé son arrière-grand-père à rebrousser son chemin sans avoir pu atteindre la Terre sainte. Il obtient une place à bord du dernier bateau pour Jaffa, d'où le refoulent les officiers de l'immigration turque qui le soupçonnent d'être un agent des Français. Il débarque enfin à Haïfa en septembre, à la veille du Nouvel An juif (Rosh Hashana). La petite communauté juive de la ville, par laquelle les groupes hassidiques de Safed et de Tibériade maintiennent des contacts avec leur centrale polonaise, l'accueille avec tous les égards dus à un descendant du grand Besht. Durant les quelques semaines de son séjour à Haïfa, Nahman se trouve un singulier admirateur : ce jeune Arabe qui se met à le suivre partout pour lui offrir ses services. Le futur rabbin de Bratzlav découvre avec horreur la réalité de l'Orient : ce serviteur empressé ne le considère pas seulement comme un saint homme, mais aussi comme un éventuel partenaire sexuel. Nahman n'aura de cesse de le semer, échappant de justesse à une scène de retrouvailles qui aurait pu se terminer dans le sang.

A Tibériade, près des anciens thermes romains, au bord du lac de Galilée, Nahman peut enfin se recueillir librement sur la tombe de son grand-père paternel. Mais le voilà pris au piège de la mise en quarantaine consécutive à l'épidémie de peste qui sévit dans la ville, dont les portes sont aussitôt fermées. Pour s'en évader, il n'hésite pas à escalader la muraille et à sauter dans l'eau froide du lac.

Il s'apprête à monter à dos d'âne à Jérusalem quand lui parvient la nouvelle de la prise de Jaffa. L'offensive militaire de Bonaparte l'oblige à renoncer à son tour au but suprême de tout pèlerin d'Orient : baiser le sol et les pierres blondes de la Ville éternelle. Il ne peut même pas s'attarder à Safed où les kabbalistes lui font fête, car il n'a d'autres moyens de gagner Saint-Jean-d'Acre qu'à pied. Il y arrive le vendredi 15 mars, avec une lettre de recommandation du rabbin Kalister, de Tibériade, pour le ministre Haïm Farhi. Le *Thésée*, commandé par le capitaine Miller, avec le colonel Phélippeaux, mouille depuis deux jours dans la rade. Le financier juif de Djezzar, tout absorbé par l'organisation de la défense de la ville, trouve cependant le temps de faire aménager une couchette pour Nahman et son serviteur au premier étage de son caravansérail et d'y passer avec eux la veillée du shabbat. Le samedi, comme il y a péril en la demeure et vu l'état d'urgence, le rabbin autorise l'interprète local à prendre contact avec les autorités du port et le préposé aux voyages pour lui réserver deux places à bord du premier voilier à partir, en dépit des interdits du shabbat. Il ne reste qu'un seul bâtiment de commerce turc encore disponible. Le lendemain, le pacha donne deux heures aux étrangers pour décamper. Nahman et son compagnon se perdent de vue en se précipitant vers le port. Ils se retrouvent miraculeusement dans la même chaloupe, croyant qu'elle fait la navette avec le bâtiment de commerce. Mais elle les conduit à un bateau de guerre appareillant pour le quartier général ottoman de Rhodes. Très mal à l'aise au milieu des marins turcs qu'intriguent leur dégaine et leur sabir yiddish, les deux hommes en noir préfèrent s'enfermer dans leur cabine. Heureusement pour eux, un cuisinier a la bonté de leur apporter des dattes et un peu de thé.

En pleine tempête, l'eau pénètre dans leur cabine et les deux passagers, qui ne savent pas nager, se réfugient sur le haut d'une armoire. Secourus alors qu'ils croyaient venues leurs dernières minutes, ils finiront par arriver à bon port, mais connaîtront d'autres péripéties avant de regagner Bratzlav, en Podolie ukrainienne.

Au lendemain de leur départ, Saint-Jean-d'Acre paraissait bien sur le point de tomber entre les mains de Bonaparte.

XII

La tête des deux Chateaurenaud

Le 19 mars, à la pointe du jour, Bonaparte arrive devant Saint-Jean-d'Acre et charge les généraux Caffarelli et Dommartin, commandant respectivement le génie et l'artillerie, de faire une reconnaissance de la place. Le gros de son armée campe sur le coteau du Turon, à deux kilomètres au nord-est de la ville et à même distance de la mer. Sur la gauche s'élève un mamelon qui domine la ville, la mer et la plaine alentour : le mont de la Mosquée, dit aussi la butte aux Poteries, où Saint Louis et Richard Cœur de Lion avaient campé avant lui. C'est là que Bonaparte choisit d'établir à son tour son quartier général et d'examiner la place avec sa lunette. La ville fortifiée, dont il aperçoit les remparts dressés au bord de la mer comme une falaise de granit, occupe une langue de terre formant péninsule derrière une muraille crénelée, flanquée de tours rondes et carrées et pointant en angle vers la campagne. Le donjon du palais de Djezzar est attenant à l'enceinte et regarde l'est. A l'ouest, au bout d'une digue, un phare fortifié protège l'accès du petit port. Si l'on n'a pas lésiné sur la pierre pour l'épaisseur des murs, en se servant des matériaux provenant des ruines des puissants bastions autrefois construits par les croisés, cette enceinte paraît d'un genre périmé et plutôt en mauvais état de n'avoir pas été entretenue ni modifiée depuis trois siècles. En les scrutant, Bonaparte dit à ses généraux que, si elles avaient tenu en échec les armées médiévales, ces fortifications ne seraient pas de taille à soutenir le feu de ses simples canons de campagne et que cette forteresse, qui avait symbolisé la triple puissance des Byzantins, des Francs et des Turcs, tomberait presque aussi facilement que les citadelles d'El Arich et de Jaffa, conquises en l'absence de l'artillerie de siège.

En fait, ce rempart très épais présente deux fronts distincts, appuyés tous deux sur la mer : celui du sud, sur le golfe; celui du nord, le long d'une plage. A l'angle saillant des deux courtines, ils sont flanqués par une énorme tour qui va polariser à l'excès l'attention de Bonaparte. Au point de négliger un rapport de renseignement en langue arabe qui lui a été pourtant fourni dès le début de sa campagne, sur la valeur exacte des fortifications d'Acre. « Les deux tiers de la ville qui donnent sur la mer sont défendus par sept forts; il y a en outre, de ce côté-là, un huitième fort bâti sur la mer... L'autre tiers de la ville, qui donne sur la campagne, est défendu par six tours. La ville a deux portes, une très grande pour ceux qui veulent entrer et sortir, et une autre petite, qui est dans l'enceinte du palais du gouverneur. Elle est toujours fermée et ne s'ouvre qu'en cas de nécessité. Tout à l'entour de la ville règne un fossé jusqu'à la mer, lequel a environ 10 coudées de large sur autant de profondeur. Du côté terre, entre les murs et les fossés, il y a un espace de 100 coudées environ; Djezzar en a fait un jardin, dont le terrain a été élevé de près de 5 coudées au-dessus du niveau, ce qui sert à garantir les remparts en cas de siège. Il y a dans la ville deux cent cinquante canons, grands ou petits, et des bombes, des mortiers, des boulets et de la poudre en grande quantité. Djezzar a augmenté ce qui s'y trouvait déjà, par les secours d'un consul anglais nommé Baldwin, qui se trouvait à Alexandrie il y a peu de temps... Les munitions de guerre que Baldwin a procurées à Djezzar, d'Angleterre, consistent en douze cents bombes, du poids de 48 ocques [près de 220 kilos], en quatre mille boulets, en des canons en fer (dont deux de très gros calibre), en deux mortiers en bronze et en trente barils de poudre. »

Imbu de sa supériorité militaire, conforté par ses récentes victoires, Bonaparte traite ces informations par le mépris. Il ignore encore le sort de la flottille de Standelet qui transportait le matériel de siège : son premier plan d'attaque n'envisage qu'un bombardement systématique par l'artillerie de brèche. Cette attaque portera sur le front de gauche, appuyé à la mer, depuis la porte de sortie jusqu'à la grande tour carrée formant saillant, à l'abri de l'aqueduc parallèle au rempart. Si la reconnaissance de la place par des officiers du génie l'incite à entreprendre des travaux de siège, l'état-major n'y fait affecter qu'une cinquantaine d'hommes, car, pour Bonaparte, ce sera l'affaire d'à peine quelques jours.

Certes le feu des assiégés est assez vif pour empêcher une reconnaissance complète. Impossible de savoir si le fossé est revêtu. Le chef de brigade du génie Sanson se glisse la nuit même, à travers les citronniers, jusqu'au bord du fossé, à plat ventre : il allonge le bras pour tâter la consistance d'une éventuelle contrescarpe au saillant de la grosse tour. Mais une balle lui perce la main. Il réprime son cri de douleur pour continuer son exploration. Malheureusement, n'ayant pas atteint la maçonnerie, il ne peut acquérir aucune certitude.

Bonaparte semble d'ailleurs n'en avoir cure. Préoccupé d'abord d'achever son occupation du terrain, de la Méditerranée au Jourdain, il détache deux mille hommes de son corps expéditionnaire pour former quatre corps d'observation chargés d'y interdire toute incursion de patrouilles ennemies : le premier, commandé par le chef d'escadron Lambert, surveille la chaîne du Carmel, le littoral, la plaine d'Esdrelon et les routes de Naplouse; il tient garnison à Haïfa et à Chafa-Amr; le second, commandé par Junot, occupe le fort de Nazareth pour surveiller les rives du Jourdain à la sortie du lac de Tibériade; le troisième, sous les ordres de Murat, occupe la citadelle de Safed pour observer le fleuve au nord du lac, jusqu'au pont des Filles de Jacob, au pied du Golan; le quatrième, confié à Vial, occupe des postes avancés du mont Saron jusqu'au port de Tyr. Pour faire nombre, leurs colonnes ont l'ordre de rester toujours en mouvement du camp du Turon aux frontières et des frontières au camp.

En dépit de quelques signes de nervosité, la garnison de Djezzar, ainsi encerclée du côté terre, manifeste néanmoins des velléités de résistance, obligeant la division Bon, campée trop près, à se replier après avoir perdu deux officiers. Détaché dès son arrivée auprès du pacha, le colonel de Phélippeaux est à l'œuvre depuis six jours, en train de renforcer les murailles de la ville et de parfaire ses défenses. Mais l'absence des deux vaisseaux anglais, le *Tigre* et le *Thésée*, partis avec Sidney Smith et Ralph Miller s'embosser dans la rade de Haïfa, accroît la fébrilité de Djezzar en ce premier jour de face à face avec l'armée française, dont le moral et la confiance s'accroissent d'autant. Comme si le sort de la bataille d'Acre dépendait uniquement du rôle qu'y joue le commodore, venu, le 6 mars, relever le contre-amiral lord Hood à la tête de l'escadre de Méditerranée orientale devant Alexandrie.

Contrairement à Nelson, sir Sidney s'est toujours bien entendu avec Hood, son ancien supérieur, qui avait commandé l'attaque du port de Toulon en 1793 et vaincu une première fois la flotte française : quinze bateaux saisis et ramenés en Angleterre, dix-sept incendiés sur place par les deux jeunes lieutenants qu'étaient alors Smith et Miller. Ce dernier avait failli périr brûlé lors de l'opération et son coéquipier l'avait sauvé de justesse. Dès réception de l'appel au secours de Djezzar, transmis par son conseiller italien Luiggi Malagamba, le commodore dépêcha donc Miller et Phélippeaux à bord du *Thésée*. Arrivé à Acre le 13 mars, c'est le capitaine Wright – l'autre évadé de la prison du Temple – qui se trouve chargé d'assurer la liaison – difficile – avec le pacha.

La ville est alors en plein désarroi. Djezzar lui-même a fait embarquer ses femmes et son trésor à bord d'une caravelle turque où les « trois mousquetaires » de sir Sidney ont du mal à le trouver pour le convaincre de rester en son palais. Panique réelle ou feinte – afin de dramatiser la situation et de hâter les secours anglais? Napoléon, dans son récit de Sainte-Hélène, sera pour une fois d'accord avec Smith pour décrire un Djezzar affolé, prêt à s'enfuir ou à capituler. Une scène qui se serait répétée, selon eux, à deux ou trois reprises à la veille et durant la première semaine du siège. Mais elle a été fortement contestée par Lockroy à la fin du siècle dernier[1] :

« Les historiens ont raconté qu'un moment il avait songé à abandonner son pachalik et à fuir devant les troupes françaises : il n'en est rien. Djezzar, comme au temps de Sélim, voulait résister à l'ennemi, et, s'il y était contraint, à mourir de mort violente dans sa tanière. C'est Sidney Smith qui l'a accusé de faiblesse et de lâcheté pour s'attribuer tout le mérite de la défense d'Acre et pour faire plus petite la part de Djezzar. Mais la preuve que Sidney n'a point forcé sa résolution, c'est qu'avant l'arrivée de l'escadre anglaise, le pacha s'était déjà laissé enfermer dans Acre par Bonaparte... C'est en racontant cette entrevue (entre le commodore et le pacha, le 17 mars, au sérail) qu'on a prétendu que Djezzar voulait fuir et que Sidney l'a forcé à rester dans la ville. La fausseté de l'anecdote est évidente puisque Djezzar, s'il l'avait voulu, aurait pu évacuer Saint-Jean-d'Acre quelques jours plus tôt et avant d'y être investi. La vérité est que Sidney trouva le pacha très résolu à soutenir un siège et à se défendre jusqu'à la mort. Sidney, qui a jeté des doutes sur sa résolution, est très suspect dans ses écrits. »

C'est aussi la version retenue par un historien moderne comme Henry Laurens : « Sidney Smith, désireux de hausser son propre rôle, va se vanter d'avoir remonté le moral d'un maître d'Acre prêt à capituler. Cela ne correspond pas du tout à la psychologie du personnage qui, dès le départ, avait eu l'intention de résister avec ses propres forces. Outre ses habituelles unités de mercenaires, il dispose de toute la population de la ville, qu'il n'a pas hésité à armer. Il fait massacrer les chrétiens pour éviter toute éventuelle cinquième colonne et surtout démontrer sa détermination. Le sort de Jaffa, au lieu de terroriser les défenseurs, leur montre qu'il n'y a pas d'autre issue que celle de mourir en combattant ou de vaincre. Djezzar n'a plus qu'à jouer sur la corde sensible de l'Islam pour galvaniser ses troupes. Il est, par ailleurs, hostile à la présence d'importants contingents de la Porte dans sa région, ce qui montre qu'il se soucie déjà de l'avenir. Les Anglais lui paraissent plus neutres et éventuellement utiles pour maintenir les populations de la Montagne libanaise dans sa mouvance politique [2]. »

Comme toujours, la vérité est sans doute à mi-chemin, car les trois officiers du *Thésée* ont bien trouvé Ahmed le Boucher en train d'embarquer sous bonne garde à bord de sa galiote. Et Lockroy concède que, sans ses alliés anglais, il eût peut-être succombé – mais « honorablement » –, tandis que Laurens admet « l'influence considérable » de l'arrivée de la flottille anglaise sur le siège d'Acre : « Les Ottomans... ne se sentiront pas seuls dans l'épreuve. » En effet. Phélippeaux rencontre Farhi, le ministre juif des Finances qui a trouvé, par sa famille, les fonds nécessaires au recrutement de deux mille combattants albanais, arrivés le 15 mars dans la ville.

Le capitaine Wright a également présenté à Djezzar le chevalier émigré Jacques Boudin, comte de Tromelin, lui aussi vieux compagnon d'armes de Sidney Smith et ancien du « quatuor du Temple ». Il sera le bras droit et le suppléant de Phélippeaux, parti aussitôt inspecter les remparts et combiner ses moyens de défense. A la vue de l'armée française, la haine qu'ils ont de la République – aiguisée par la vieille rivalité jalouse que Phélippeaux nourrissait contre son ancien camarade de classe, Bonaparte – ressuscitera, plus violente que jamais. Comme tous les émigrés, ils sont plus animés contre leur propre pays que l'étranger qu'ils servent. Avec la lucidité que donnent la colère et le désir de revanche, ils verront tout de suite que les forces de l'assiégeant sont insuffisantes et qu'on peut rendre Saint-Jean-d'Acre sinon imprenable, du moins bien difficile à emporter d'assaut. Il fallait pour cela doubler l'enceinte d'un rempart intérieur, creuser des retranchements derrière le point d'attaque, de manière que l'assaillant, après avoir franchi une première ligne de défense, se heurte à une seconde et se trouve, fusillé de toutes parts, pris comme dans une souricière. Les deux officiers transfuges emploient à ces travaux huit cents marins anglais débarqués le 17 mars du *Tigre* avec Sidney Smith et les habitants réquisitionnés à cet effet, avant de mettre l'artillerie en position et d'entraîner les canonniers, tandis que le commodore et son adjoint Miller organisent le blocus des côtes, s'emparent de la flottille logistique française, mais se font piéger à leur tour en tentant d'aborder à Haïfa.

En face d'eux, les premiers ordres que donne Bonaparte pour entreprendre le siège sont tout ce qu'il y a de plus conventionnel. Les défenseurs d'Acre, en revanche, se préparent à une guerre souterraine non prévue dans les manuels d'artillerie. Avant même l'arrivée des troupes françaises, le ministre Farhi a fait creuser des tunnels sous les fossés, dont les accès sont camouflés pour permettre des sorties secrètes contre d'éventuels dispositifs de batteries de brèche ou pour surprendre des travaux de tranchées. Un système dont s'inspirera, près de deux siècles plus tard, le général israélien Sharon en camouflant avec des briques les ouvertures pratiquées dans le remblai de sable du canal de Suez. Farhi et Phélippeaux ont compris avant Bonaparte l'avantage de cette stratégie souterraine. Une vérité que le général en chef finira par admettre lui-même, le 2 avril 1799, après l'échec de trois premiers assauts : « Il n'y eut plus d'espoir que dans une guerre souterraine », écrira-t-il dans son récit de campagne.

Bonaparte a arrêté son premier plan d'attaque le 20 mars, au lendemain de son arrivée sur le mont de la Mosquée, après sa tournée d'inspection avec Caffarelli et Dommartin : le génie ouvrira une tranchée à trois cents mètres des remparts, appuyée sur l'aqueduc « qui forme parallèle naturelle contre le feu de la place [3] »; l'artillerie construira huit batteries : deux contre l'îlot du phare, trois contre les trois tours qui commandent les approches de l'endroit où l'on a décidé de pratiquer la brèche, dans le saillant de la grosse tour; les trois dernières pour pilonner et battre en brèche la face est de la grosse tour...

« Les officiers du génie et de l'artillerie se flattèrent d'entrer dans Acre aussi facilement qu'ils étaient entrés dans Jaffa, précisera Napoléon. Deux pièces de 12 de campagne leur parurent suffisantes pour faire brèche à l'enceinte ». Et lui-même reconnaîtra que, lors du premier assaut, le 24 mars, après un bombardement continu de trente-six heures, « on espérait que, ainsi que cela était arrivé à Jaffa, Acre serait pris dans la soirée ».

L'avant-veille, pourtant, du haut de sa colline, il a pu voir à l'entrée du port d'Acre la flottille de Standelet arraisonnée par Sidney Smith dans la baie de Haïfa, avec tout son matériel de siège. N'attachant pas une importance excessive à la perte de ses canons qu'il ne va pas tarder à retrouver en face de lui, crachant leur feu meurtrier du haut des remparts, il ne change rien à ses plans initiaux : le matin du 23, il fait, avec Caffarelli et Dommartin, une nouvelle reconnaissance des abords de la place et une inspection des travaux déjà exécutés, à la suite de quoi il arrête l'emplacement et la composition détaillée des batteries d'artillerie. Il charge le chef d'état-major général Berthier de faire envoyer par le chef d'escadron Lambert un paysan le long du littoral pour porter son ordre du jour au commandant de Jaffa : « Vous instruirez l'adjudant général Grézieu que nous sommes ici dans l'abondance; que nous espérons avoir Acre sous cinq à six jours; et qu'il doit avoir reçu l'ordre de ne plus exposer la flottille à aucun danger et de la faire entrer dans la darse. »

Un ultime conseil se tient dans la tente du général en chef en prévision de l'assaut fixé au lendemain, selon le plan proposé par Caffarelli seul, car un désaccord a surgi entre le chef du génie et le chef de l'artillerie. Tout sépare l'aristocrate distingué Caffarelli du Falga, membre de l'Académie des sciences morales et politiques et cofondateur de l'Institut d'Égypte, et le roturier Dommartin, officier d'artillerie dont le jeune Bonaparte avait pris la relève au siège de Toulon.

« Dommartin émit l'avis qu'avant d'attaquer, relate Lockroy, il fallait attendre l'artillerie de siège qu'une flottille protégée par les frégates de Perrée devait amener soit à Jaffa, soit à Haïfa. Caffarelli et Bonaparte soutinrent l'avis opposé; Bonaparte était impatient, il lui répugnait de faire le blocus de cette bicoque. Il pensait en venir à bout rapidement. On lui obéit et l'attaque immédiate fut décidée. Restait un point : par où attaquerait-on? Fallait-il s'en prendre à la courtine ou à la grosse tour? Il était évident que la courtine offrait moins de résistance; que la brèche y était plus facile à pratiquer. La grosse tour était de construction solide, bonne et forte, que des pièces de 3 et de 12 ne pouvaient entamer. En outre, on ignorait la profondeur du fossé. Dommartin voulait qu'on battît la courtine. Mais Caffarelli et les autres lui représentèrent que cela serait contraire aux principes. On se décida pour la tour. »

Or la présence d'une contrescarpe arrête le peloton de sapeurs envoyés dans la première brèche péniblement pratiquée dans le pan est de la « tour maudite », l'après-midi du 25 mars.

Ce fâcheux contretemps va paralyser les efforts des assiégeants et retarder l'ordre d'assaut de quatre jours, temps nécessaire pour miner et faire sauter la non moins « maudite contrescarpe », comme l'appelle l'adjudant-général Laugier.

« En dépit d'Homère, les histoires de siège sont généralement ennuyeuses, écrit l'historien Christopher Herold [4]. Pour le profane, elles présentent une succession monotone d'actions incompréhensibles, indéfiniment répétées. Le siège de Troie eut certainement des moments intéressants; en eut aussi cet autre siège de Saint-Jean-d'Acre, lorsque Richard Cœur de Lion se trouva en face de Saladin. Le général Bonaparte n'était pas Richard, Djezzar pacha n'était pas Saladin, et le siège de 1799 n'évoquait que de fort loin les prouesses chevaleresques des croisés et des Sarrasins... » Et l'historien anglais d'ajouter, non sans humour : « Le général Bonaparte avait horreur des sièges; son génie avait besoin de mouvement. Il avait demandé à Alexandrie qu'on lui envoyât par mer une autre artillerie de siège et qu'on la débarquât à Jaffa, mais il n'attendit pas. Huit jours de préparatifs lui avaient semblé une éternité. »

Craignant eux aussi de voir le siège s'éterniser, les soldats s'organisent. Ils ont construit des gourbis de feuillage et les paysans des environs viennent leur vendre de l'arak, des fruits et du vin blanc. Bonaparte a d'ailleurs recommandé qu'on use de bons procédés envers eux. Dans l'ordre du jour de Berthier, en date du 20 mars, il prévient l'armée que « les villages qui environnent Saint-Jean-d'Acre sont composés de Druzes, peuples amis des Français et ennemis de Djezzar, qu'ils apportent avec empressement des vivres pour l'armée, qu'ils s'arment pour notre parti. En conséquence, il ordonne que les personnes et les propriétés dans tous les villages des environs soient scrupuleusement respectées; il ordonne de faire arrêter les pillards, qui seront fusillés... Le général commandant la cavalerie serait responsable des pillages qu'il n'aurait pas fait réprimer. »

Bonaparte fait circuler dans les montagnes, depuis la veille, des proclamations invitant les habitants à venir sans crainte commercer avec sa troupe : « Vous pouvez faire proclamer, dans tous les villages de la nation druze, que ceux qui voudront porter au camp des vivres, et surtout du vin et de l'eau de vie, seront exactement payés. »

De fait, assez rapidement, des montagnards se présentent au camp français pour vendre des provisions de toute espèce et acheter des armes. « Dès le lendemain, écrit le chasseur Pierre Millet, l'on fit venir les habitants de toutes les montagnes les plus proches d'Acre, qui apportaient du vin et du pain et de toutes les autres munitions de bouche, de manière que ceux qui avaient les moyens ne manquaient de rien... Ils vendaient leurs services bien cher, car ils faisaient payer le vin six francs la bouteille, et le pain sur le pied de plus de vingt sols la livre. Ces avaricieux croyaient encore rendre de grands services, comme en effet ils en rendaient aussi. Mais ils avaient bientôt emporté le peu d'argent qui était dans l'armée, et il aurait fallu avoir des mulets chargés d'argent pour y résister. Et cependant, l'on ne donnait à chaque soldat qu'une demi-livre de pain par jour, et encore pas tous les jours. »

Parmi ces privilégiés du « marché druze », l'adjoint du payeur de l'armée, Peyrusse, peut écrire, le 2 avril, à sa mère, véritable dépositaire, à Carcassonne, des petits secrets de l'expédition : « Notre camp ressemble tous les jours à une grande foire : vin, eau-de-vie, figues, pains plats, raisin, beurre, etc., tout abonde à un prix fou à la vérité, mais, en campagne, on ne calcule pas, et cet empressement est pour nous un grand bonheur. Cinquante cheiks de villages sont venus nous demander des sauvegardes; ils s'empressent tous de se mettre sous notre protection. Le général en chef a eu la visite d'un vieillard de cent quinze ans, accompagné de son fils, de son petit-fils et de son arrière-petit-fils, qui est un jeune homme de vingt ans, déjà marié. Le général en chef lui a dit qu'il devait être bien satisfait d'avoir tant vécu, puisqu'il allait voir de si heureux changements dans son pays; le fils répondit que son père était comme Siméon, qu'il mourrait content, puisqu'il avait vu le Messie... »

L'écho rencontré par l'appel de Bonaparte aux populations qui ont eu à souffrir de la tyrannie et des cruautés d'Ahmed le Boucher est tel qu'à défaut d'un concours militaire significatif, du moins la subsistance des troupes est désormais assurée par les ressources locales. L'ordonnateur Daure a d'ailleurs mis en place une manutention dans un grand magasin, face au quartier général adossé à l'aqueduc, hors de la vue des remparts de Saint-Jean-d'Acre. Il a également jeté trois ponts avec des flèches sur le Bélus et barré l'accès des chemins de montagne.

Personne ne peut pénétrer dans le vaste périmètre du camp qui comprend des pâturages, des champs de blé, des jardins, des vergers, des bois, de l'eau et trois moulins. Des grand'gardes de cavalerie et des piquets d'infanterie veillent aux divers débouchés. On a enfin installé des ambulances et aménagé des hôpitaux pour les blessés et surtout les malades qui continuent d'affluer, tant au long de la semaine sainte que durant les préparatifs du siège. Le chirurgien Larrey a fait établir la grande ambulance dans une belle maison carrée repérée en arrivant au pied du mont de la Mosquée, sur les bords du Bélus : elle ne peut servir que d'hôpital de dépôt de tranchée, et d'autres dispositions sont nécessaires pour faire face à la recrudescence de la « maladie observée à Jaffa », selon l'expression du Dr Desgenettes qui en détecte les symptômes « chez quelques hommes du parc d'artillerie ». Le médecin chef s'empresse de faire mettre un avis rassurant à l'ordre du jour du 21 mars, prescrivant des mesures d'hygiène à faire observer impérativement par tous les officiers de santé : ceux-ci doivent s'assurer que l'armée se lave les pieds, les mains et la face avec de l'eau fraîche tiédie additionnée de vinaigre ou d'eau-de-vie; il lui est enjoint de se rincer la bouche avant de boire, de ne pas toucher aux vêtements et au linge des Turcs, et, en cas de fièvre, de rétablir la transpiration par des ablutions et par l'administration de vomitif, d'ouvrir promptement les tumeurs si cette fièvre est accompagnée d'engorgement des glandes. « L'expérience a prouvé que la maladie n'est pas contagieuse. » En effet, la peste se transmet par les piqûres de puces, et non directement d'une personne à une autre. Mais comment éviter les puces quand on creuse des tranchées dans les frimas de mars en Palestine?

En plus de l'hôpital organisé au carmel de Haïfa pour les pestiférés, on met en place, dès le 23 mars, deux établissements de soins, un pour les blessés, l'autre pour les fiévreux au château de Chafa-Amr. « Chafa-Amr, se souvient Desgenettes dans son *Histoire médicale*, est un beau village, sur une hauteur bien exposée, entourée et couverte de végétation, avec de bonnes eaux, à trois lieues au sud-est d'Acre. Nous y trouvâmes un vaste palais, bâti par le cheik Daher et réunissant à la hardiesse et au grandiose de l'architecture arabe la solidité d'une forteresse. C'est cet édifice, capable de recevoir six cents malades, que nous choisîmes pour y établir notre hôpital, sur lequel on évacua journellement l'ambulance d'Acre. » Une navette d'évacuation est organisée le 25 mars sous l'escorte d'un détachement du bataillon occupant Chafa-Amr.

Mais les ordres de Bonaparte ne sont pas toujours obéis. Le 1er avril, il exprime dans un ordre du jour son mécontentement du « peu de surveillance de l'officier supérieur chargé de la police du quartier général » : « Le vaguemestre sera mis à la garde du camp pour avoir souffert qu'il y ait des cadavres de bestiaux à cent pas... En arrière de la gauche du quartier général, on aperçoit tous les intestins des boucheries, et des cadavres de chameaux sont près des dernières tentes... »

D'autre part, on vole des chèvres aux montagnards « amis des Français » et Bonaparte se trouve obligé de sévir contre les officiers rendus responsables des délits commis par la troupe. Il exige aussi des cheiks de Zeita, Nazareth et Tibériade et d'autres localités du pachalik d'Acre qu'ils viennent « prêter serment au général Bonaparte au lieu et place de Djezzar ». Ce serment n'empêche pas plus certains cheiks de soulever le pays contre lui que ses ordres du jour n'empêchent les soldats de rançonner les habitants. On n'arrêtait pas plus les derniers avec une menace que les premiers avec une parole d'honneur.

Il est vrai que les Français ne sont pas dans une situation toujours facile au milieu des rivalités tribales. S'ils ne prennent pas soin de marcher en troupe dans les chemins écartés, ils sont à peu près certains de se faire égorger... Si Bonaparte doit se fier à des agents souvent doubles pour maintenir ses communications terrestres – à défaut de maritimes – avec ses bases arrière, communications soumises aux raids des cavaliers naplousains, Djezzar, de son côté, correspond quotidiennement avec ses féaux de Jérusalem, Damas et Alep. Complètement maître de la mer depuis l'arrivée de Sidney Smith, il envoie ses émissaires dans des embarcations légères qui les déposent sur la plage à peu de distance de la place. Avertis de ce manège, les hussards de Murat doivent organiser de fortes patrouilles le long du rivage où ils vont camper.

Le premier souci de Bonaparte a donc été de s'assurer des alliés contre Djezzar par des démarches politiques auprès de tous ceux dont il a de bonnes raisons de croire qu'ils ne portent pas le pacha d'Acre dans leur cœur : Druzes, chrétiens, juifs, ou même minorités islamiques plus ou moins maltraitées par Ahmed le Boucher, au gré des circonstances. Le plus empressé à se rendre au camp et à offrir ses services a été le cheik Abbas el-Daher : il est le fils du fameux Omar Daher qui, après avoir gouverné longtemps la Syrie et développé Saint-Jean-d'Acre, avait été trahi, assassiné puis remplacé par Djezzar.

Le 19 mars, à 8 heures du matin, l'armée venait de franchir le Bélus et de prendre position sur le coteau du Turon, tandis que l'avant-garde de Reynier nettoyait les abords de la forteresse, quand un groupe de trois à quatre cents cavaliers arabes déboule avec des drapeaux blancs d'un mamelon en forme de pain de sucre, le mont du Prophète, à huit cents mètres à droite de celui de la Mosquée : c'est l'escorte du fils Daher, qui guettait depuis deux jours, à Chafa-Amr, l'arrivée des Français. Ce fils du cheik est accueilli avec les honneurs par le général en chef qui le nomme sur-le-champ cheik de la Tibériade et le revêt d'une pelisse en signe d'investiture, déclaration à l'appui : « J'ai choisi le cheik Abbas-el-Daher, fils d'Omar Daher, en considération de son mérite personnel, et convaincu qu'il sera, comme son père, ennemi des vexations et bienfaiteur du peuple, pour commander dans toute la Tibériade, en attendant que je puisse le faire aussi grand que son père. J'ordonne donc, par la présente, aux cheiks et au peuple de la Tibériade de reconnaître le cheik Abbas-el-Daher pour leur cheik. Nous l'avons en conséquence revêtu d'une pelisse. J'ordonne également au cheik El-Beled de Nazareth de lui faire remettre les maisons, jardins et autres biens que le cheik Omar possédait. » Pendant que le nouveau cheik de Tibériade prête serment, un boulet emporte son cheval à dix pas derrière lui. Il passe deux jours au camp pour se remettre de ses émotions avant de prendre son commandement.

Le lendemain, Bonaparte convoque une députation de tous les gros villages du pachalik d'Acre pour leur octroyer des sauvegardes à exhiber à tous les détachements qui passeront par là et devront les traiter en amis. Il adresse des messages analogues au commandant de la ville de Tyr et au chef des Mutualis. Et il informe lui-même l'émir des Druzes, Béchir, de son intention d'anéantir le féroce tyran « qui a fait autant de mal à la nation druze qu'au genre humain » : « Mon intention est de rendre la nation druze indépendante, d'alléger le tribut qu'elle paie et de lui rendre le port de Beyrouth et autres villes nécessaires pour les débouchés de son commerce. Je désire que, le plus tôt possible, vous veniez vous-même, ou que vous envoyiez quelqu'un pour me voir ici, devant Acre, afin de prendre tous arrangements nécessaires pour vous délivrer de nos ennemis communs. »

Dans toutes ces rencontres d'un autre type apparaissent des noms qu'on retrouvera deux siècles plus tard dans la mosaïque libanaise : Béchir, Jumbalat, etc. L'histoire serait-elle en Orient un éternel recommencement? Si le quartier général du corps expéditionnaire gravite autour de la tente de son commandant en chef, celui de la défense d'Acre flotte entre le palais de Djezzar et la dunette du *Tigre*, d'où le commodore Sidney Smith harcèle les positions françaises tout en essayant de freiner les terribles représailles du Boucher contre ses chrétiens, ses Druzes et ses juifs.

Sir Sidney a fait garnir les remparts des canons de gros calibres saisis à la flottille de Standelet et avouera dans ses mémoires qu'eux seuls étaient à même de triompher de l'armée française. Bonaparte n'apprécie guère l'ironie balistique de son ennemi qui s'est donné le gant d'inviter à sa table le lieutenant Delesalle, arraché à une décapitation certaine, et s'est prêté volontiers à un échange de prisonniers, le 23 mars, en vertu d'une convention signée en décembre 1798 entre la France et l'Angleterre. D'autres officiers et même des généraux comme Junot et Kléber seront plus tard ses commensaux à bord du *Tigre* pour des négociations infiniment plus délicates. Mais Bonaparte se bornera à un seul échange de politesses épistolaires avec le commodore, après ce premier échange de prisonniers. Commentaire de Lockroy :

« Sidney signait : “ Votre très humble serviteur, le ministre plénipotentiaire de S.M. britannique près la Porte ottomane. ” Bonaparte disait : “ Nous aurons les uns pour les autres les égards que doivent avoir deux nations faites pour s'estimer. ” Dans sa correspondance, Sidney Smith faisait valoir qu'il arrachait les prisonniers à son allié Djezzar et qu'il leur sauvait la vie en les gardant à son bord en dépit du pacha... Le commodore se piquait de philanthropie, mais l'étalage de ses sentiments humanitaires irritait Bonaparte et nos généraux. Ils y voyaient de l'ironie. Sidney Smith avait toujours l'air de les plaindre, et sous toutes les formes, il leur répétait : “ Pourquoi faites-vous tuer des hommes dans une entreprise absurde dont vous ne pouvez sortir ? ” On lui rendait ses épigrammes. Un jour, en Égypte, il avait envoyé son second au camp, toujours pour un échange de prisonniers. Le second avait été retenu à dîner et, voulant connaître les dispositions de son adversaire, il dit : “ La vie doit vous sembler bien triste, loin de votre pays. Je ne sais à quoi vous pouvez vous amuser. ” Sur ce, Bonaparte, le regardant en face : “ Vous devez vous ennuyer bien davantage sur vos navires.

Je ne vous vois pas d'autres distractions que la pêche. Pêchez-vous? " Sidney Smith rêvait de mettre fin à l'expédition d'Égypte et de Syrie et d'obliger Bonaparte à traiter au nom de son armée... »

Mais, pour le moment, le commodore l'agace davantage avec ses excentricités. Pas tant à cause de ses sept bâtiments qui, « embossés à la mer, ont la position la plus heureuse pour enfiler et prendre à revers toutes nos communications », ainsi que le note Detroye dans son *Journal* à la date du 26 mars, ajoutant cette nouvelle qui fait bondir Bonaparte : « On présume que Phélippeaux, officier d'artillerie, émigré en 1792, est à Acre... »; mais à cause des bordées que Sidney Smith lance à tout propos et hors de propos. Tous les jours, à 3 heures de l'après-midi, il crible la plage de boulets absolument inutiles. C'est une fantaisie inexplicable : il tire sur le sable! Comme Bonaparte, manquant de munitions, offre cinq sous de prime à tout soldat qui récupérera un de ces boulets, l'armée tout entière va au bord de la mer faire la chasse aux précieux projectiles! Elle en recueille de prodigieuses quantités, en évitant de les recevoir sur la tête. Dans cette course au trésor de guerre, un grenadier a le bras fracassé en se pressant trop pour ramasser un boulet. Il avait gagné 85 francs dans la journée à ce drôle de jeu : « Ma foi, dit-il, celui-ci me coûte cher! »

« Cette ironie balistique du commodore ne lui fut jamais pardonnée par Bonaparte, relate Lockroy. Plus tard, sous le Consulat, on lui présente un *midshipman*, neveu de Sidney Smith. " Je connais votre oncle, lui dit-il. Il tire bien mal au canon. " Le midshipman répondit sans s'émouvoir : " Mon oncle m'en a dit autant de vous. " Mais, sous Acre, Bonaparte enrageait. Il s'écriait : " Ce capitaine des brûlots me fait manquer ma carrière! " Dans une de ses proclamations officielles, il traite Sidney Smith de " fou ". Sidney, qui l'apprit par les espions, lui envoya un cartel... »

Malgré les bordées incessantes de Sidney, qui tirait même sur des individus isolés, prétendant que tout le terrain à portée de son canon lui appartenait, les projectiles manquèrent si bien au camp qu'on fut obligé de ralentir le feu. On avait remarqué, d'ailleurs, que les pièces de campagne ne pouvaient rien contre une construction aussi forte que la tour. Il fallait attendre l'arrivée des pièces de siège que Perrée devait apporter sur ses frégates. Djezzar voulut profiter de ce moment de répit pour anéantir nos ouvrages.

Et c'est vrai que les travaux de tranchée auront été contrariés par des sorties assez vigoureuses des Ottomans, durant la première phase du siège. On n'entrera pas, ici, dans les détails opérationnels de ce siège qui aura duré soixante-deux jours, du 19 mars au 20 mai 1799, avec deux périodes distinctes, séparées par la bataille victorieuse du Mont-Thabor, avant de s'achever par une terrible retraite préfigurant dans les sables du désert celle de Russie dans les neiges de la steppe... Mais certains événements survenus durant la première manche, caractérisée par l'absence de l'artillerie de siège et plusieurs erreurs tactiques du commandement en chef, valent d'être rapportés pour comprendre l'échec qui se dessine. « Beaucoup de personnes jugèrent dès ce moment que nous n'aurions pas la place », note le capitaine Doguereau dans son journal. Bonaparte mettra du temps à comprendre ce que signifiait ce découragement.

A Sainte-Hélène, devant le fidèle mémorialiste Bertrand, Napoléon aura un mot révélateur à propos de lui-même – qui était son unique et éternel sujet de conversation : « Il faut glisser sur les parties faibles. » Dans son récit des campagnes d'Égypte et de Syrie, il donne néanmoins une description très plastique de la confrontation de Saint-Jean-d'Acre que les observateurs suivaient comme aujourd'hui les spectateurs d'un stade sportif. Massés sur les hauteurs environnantes, les habitants se transformaient en supporters d'un match opposant Sultan El Kebir El Farandji (surnom du grand chef des Français) à Ahmed Djezzar Pacha (le Boucher). Mais, pour eux, la mise était importante et le risque de se compromettre du mauvais côté encore plus grand !

« Le 24 mars, les batteries de brèche commencèrent à jouer ; pendant les premières vingt-quatre heures, elles ne produisirent aucun effet sensible, ce qui fut attribué à l'incapacité du calibre 12, et l'on accusait ouvertement les officiers du génie de s'être attachés à une ancienne maçonnerie, à l'abri même du calibre de 24, lorsqu'à quatre heures de l'après-midi, tout le pan est de la grosse tour s'écroula avec un horrible fracas. Ce fut un cri de joie poussé par l'armée et par trente mille spectacteurs qui, accourus des contrées voisines, couronnaient les hauteurs. Un officier du génie s'avança pour reconnaître la brèche, mais il fut attaqué par quelques tirailleurs qui étaient le long des murs; vingt-cinq hommes furent commandés pour les chasser, et vingt-cinq sapeurs pour régaler le pied de la brèche. On espérait que, ainsi que cela était arrivé pour Jaffa, Acre serait pris dans la soirée; mais les vingt-cinq sapeurs furent arrêtés par la contrescarpe. Cette contrariété fut la première. Djezzar, qui avait embarqué ses trésors, ses femmes, et s'était embarqué lui-même, passa toute la nuit à bord. Les habitants s'attendaient à chaque instant à l'assaut et à la prise de la place. Cependant, les tours et les murailles restèrent couvertes de soldats qui firent toute la nuit un feu roulant de mousqueterie. Le 26 au soir, le pacha se rassura, rentra dans son palais, et fit une sortie qui ne lui réussit pas. »

N'importe! Djezzar venait de reprendre ses troupes en main et Jacques Miot rapporte qu'il eut le sang-froid de les ramener lui-même sur la brèche, barbe blanche et œil de feu, sa hache à la main, et de tirer deux coups de pistolet de l'autre main sur les assaillants : « Que craignez-vous? lança-t-il à ses hommes. Regardez, ils ont fui... »

Dans la nuit du 28 mars, les travaux d'approche enfin terminés, l'artillerie légère est en mesure d'entrer en action suivant le dispositif ordonné la veille par Bonaparte : deux batteries sur la gauche, pour essayer d'éteindre le feu ennemi de tout le front d'attaque, à raison de dix coups par heure et par pièce; la batterie de brèche par salves à raison de dix coups par heure et par pièce; une batterie de mortiers et d'obusiers contre le palais à raison de cinq coups par heure; enfin la batterie du port pour éloigner les avisos anglais. Le plan prévoit que, lorsque les batteries auront fait dans les murailles une ouverture jugée suffisante, quinze grenadiers « d'une bravoure distinguée » de la division Kléber, avec six sapeurs portant des échelles et six ouvriers d'artillerie armés de pioches, s'élanceront à la brèche, sous la conduite d'un adjoint à l'état-major général, par le chemin que leur indiquera l'officier du génie désigné par Caffarelli. Cette avant-garde sera soutenue par trois compagnies de carabiniers, avec une dizaine de sapeurs, six ouvriers et « tout ce qui est nécessaire pour enfoncer des portes et ouvrir des créneaux ». Ensuite marcheront les grenadiers de Kléber et, selon les circonstances, ceux de Reynier.

Le capitaine Minerve Mailly de Chateaurenaud, adjoint à l'état-major, se promenant la veille dans la grande rue du camp, tombe sur Jacques Miot qui remarque son air préoccupé. A-t-il su quelque chose du sort de son frère, envoyé en émissaire par Bonaparte auprès du pacha d'Alep après l'échec de la mission Beauvoisins, arrêté à son arrivée à Lattaquié et dont on est sans nouvelles depuis?

– Mon cher Miot, répond le jeune officier, j'ai moi aussi dans ma poche mon arrêt de mort. Berthier vient de me désigner pour marcher en tête de ces braves...

Une reconnaissance faite dans la matinée a permis de constater que la contrescarpe est revêtue. Pour l'entamer à vif, il aurait encore fallu deux ou trois jours de travail souterrain, la mine dont Bonaparte a ordonné la construction étant mal pratiquée et incomplète. Mais, malgré les avis de Dommartin, de Kléber et de quelques autres, les batteries ont ouvert le feu à l'heure dite : le 28 à 4 heures du matin. Appuyés par les canons de marine de sir Sidney, les Turcs répliquent par un tir croisé de leurs gros calibres, tir si nourri et dévastateur qu'à 6 heures du matin quarante canonniers français se trouvent au tapis, morts ou blessés, et tous les canons, sauf trois, désarmés...

Bonaparte est descendu dans la tranchée ouverte à trois cents mètres de la place. Entouré de son état-major, il observe les opérations avec sa lorgnette. Il s'avance un instant sur un tertre saillant d'où il embrasse le front d'attaque. Une bombe siffle et vient s'écraser à côté de lui. Deux de ses guides le prennent à bras-le-corps et le sauvent de l'impact. L'un est tué, l'autre blessé.

Les mineurs chargés de faire sauter la contrescarpe entrent en galerie à l'angle formé par l'aqueduc et le mur de profil du glacis. A trois heures et demie de l'après-midi, la mine explose, mais, mal préparée, elle ne fait qu'un petit entonnoir dans le glacis. Cependant, une clameur s'élève des parallèles : « La maudite contrescarpe est renversée ! » En fait, son mur est resté inentamé... Il n'est plus possible alors de retenir les grenadiers. Malgré les officiers du génie et de l'artillerie, malgré leurs chefs, ils demandent à monter à la brèche. Bonaparte, se souvenant du succès de Jaffa, donne l'ordre d'y aller.

Les voilà qui se précipitent en criant, Mailly de Châteaurenaud à leur tête, dans le trou de la mine. Ils se jettent dans le fossé à dix-huit pieds de profondeur, traversent ses vingt-six pieds de large sans se laisser arrêter par les dix pieds de la contrescarpe encore intacte. Ceux qui ne sont pas tués ou blessés arrivent au pied de la tour, dressent trois échelles contre sa paroi pour atteindre la brèche ouverte par la batterie. Mais celle-ci est encore trop haute pour leurs échelles : il leur manque dix à douze pieds ! Malgré tout, ils entreprennent l'escalade. Ils exhaussent leurs échelles sur des cadavres... Mailly se hisse au premier étage de la tour, suivi d'une quarantaine d'hommes. Perché sur les épaules d'un soldat, il parvient à la plate-forme supérieure pour y arracher le drapeau ottoman.

C'est le signal qui a été convenu avec l'adjudant général Laugier et le général Bon : dès la disparition du drapeau ottoman, ils se précipiteraient dans la brèche et feraient irruption dans la tour, puis dans la ville, l'un avec huit cents carabiniers, l'autre avec sa division. Mais, contre toute attente, les compagnies de Laugier, sorties les premières des tranchées où elles se terraient pour éviter le feu de la place qui balayait le glacis, se heurtent aux dix pieds de la contrescarpe qui n'ont pas été abattus. Laugier, surpris, saute cependant dans le fossé avec un peloton pour courir à la brèche : les échelles ont été culbutées par les défenseurs. Le second peloton, dont le capitaine est tué sur le bord de la contrescarpe, tombe en arrêt devant le fossé et se jette sur la gauche, à la recherche d'un endroit moins profond. Pris sous le feu croisé des Turcs postés sur le rempart, le bataillon de Laugier se débande. Ceux qui ont suivi leur chef au pied de la tour rétrogradent pour chercher d'autres échelles restées sur le puits de la mine. Laugier est tué en tentant de les regrouper dans le fossé. Ne voyant pas arriver les renforts et prenant ce mouvement pour une fuite, les dix hommes du piquet de Mailly restés dans le premier étage de la tour redescendent dans le fossé. Les trente autres sont morts ou blessés. Il ne reste plus, au sommet de la tour, que Mailly lui-même, un sapeur et deux grenadiers. Cherchant un moellon pour s'accrocher, le jeune adjoint d'état-major reçoit une balle qui lui fracasse le pied. Il dégringole de la plate-forme jusqu'au premier étage où il appelle un grenadier à son secours. Frappé d'une seconde balle en pleine poitrine, il retombe en vomissant son sang. Le grenadier qui le porte culbute à son tour.

Entre-temps, Bonaparte s'est rendu au puits de la mine pour savoir pourquoi la colonne de Laugier s'est arrêtée. Il se rend compte de l'impossibilité de franchir l'obstacle de la contrescarpe et de la difficulté d'accéder à la tour par une brèche aussi peu praticable. Il envoie au général Bon un contrordre décommandant la sortie de la tranchée : il faut renoncer à l'assaut de la ville.

Deux versions s'opposent ici sur la réaction de la garnison ottomane. Selon Napoléon, dès qu'il a vu son pavillon arraché du haut de la tour, Djezzar s'est précipité vers le port et s'est embarqué sur la galiote où l'attendaient ses trésors et ses femmes. « Toute la garnison et les habitants, femmes, enfants, vieillards, quittaient la ville, se jetaient dans des barques ou se réfugiaient dans les mosquées. Tout paraissait perdu et la ville prise, lorsque cinq Mamelouks, trois noirs du Darfour et deux Circassiens, qui faisaient partie des braves de l'intérieur de Djezzar et étaient de garde au palais pour empêcher les habitants de le piller, s'aperçurent qu'il n'y avait que deux ou trois Français sur la plate-forme de la tour, et que ce nombre n'augmentait pas. Ils se coulèrent le long de la muraille, grimpèrent sur la plate-forme, firent une décharge et n'y trouvèrent plus qu'un sapeur, qui se sauva. Ces intrépides musulmans descendirent de la plate-forme au premier étage, y trouvèrent Mailly et les deux soldats mourants; ils leur coupèrent la tête, remontèrent sur la plate-forme, arborèrent le pavillon ottoman et promenèrent les têtes dans la ville. Un corps de cinq cents Maugrabins et Arnautes, placés au coin de la mosquée de Djezzar pour protéger l'embarquement du pacha, rentra dans les tours; la ville fut sauvée... La croisière anglaise, sous prétexte d'éviter le mauvais temps et les vents de l'équinoxe, avait pris le large et disparu dès le 26 mars; en réalité, sir Sidney ne voulait pas être présent à la prise de la ville, qu'il regardait comme immanquable. Mais lorsqu'il apprit que l'assaut avait échoué, il revint... », termine Napoléon.

Toute autre est la version donnée par un témoin, Jacques Miot, et développée par l'historien Lockroy au siècle dernier. « Quelques transfuges nous ont rapporté par la suite, écrit Miot en 1804, que Djezzar, dans cet instant qui allait décider de son sort, eut assez de sang-froid pour rappeler les Turcs (qui avaient abandonné leurs remparts à la vue de l'escalade française), et les ramenant lui-même à la brèche il tira sur nous deux coups de pistolet [...] Les Turcs reprirent leurs postes avec tranquillité, et ce premier effort sans succès leur rendit la confiance que la terreur avait chassée. »

Et Lockroy d'enjoliver la scène :

« Les canonniers turcs, les Maugrabins épouvantés de cet héroïsme (du commando de Mailly), avaient déserté les remparts. Tout leur semble perdu quand ils rencontrent le vieux Djezzar qui sort du sérail, un pistolet dans chaque main. “ Lâches, leur dit-il, regardez ! Ce sont eux qui fuient ! ” Et, en se retournant, ils aperçoivent la petite poignée de grenadiers qui seule est dans le fossé. Ils reviennent en masse à leurs positions de combat. La fusillade devient intense. Les adjudants généraux Lescale et Laugier sont tués. Les grenadiers, ramenés enfin, entraînent dans leur retraite deux bataillons envoyés trop tard pour les soutenir. Mailly, tombé, appelle un grenadier à son secours. Le grenadier l'emporte, mais, bientôt atteint à son tour d'une balle, il culbute. Mailly est abandonné. La nuit vient. De la tranchée, on entend les cris de Mailly dans les ténèbres. Puis, tout à coup, plus rien. Un Maugrabin lui a tranché la tête. Sa plainte est coupée par un couteau. Cet assaut manqué eut, dans les deux armées, un effet moral extraordinaire. L'armée française commença à douter de la victoire et à murmurer contre son chef. Les Turcs, les Albanais, les Maugrabins de Djezzar se crurent invincibles. Leur confiance se traduisit aussitôt par un massacre. Tous les chrétiens habitant Acre, Maronites ou Grecs, furent décapités. Nos soldats trouvèrent leurs cadavres enfermés dans des sacs, sur le rivage. La mer les leur envoyait. »

Petite erreur de détail : l'homme qui a égorgé Mailly de Chateaurenaud n'est pas un simple mercenaire maugrabin, mais un mamelouk soudanais de la garde personnelle du pacha, nommé Ali, bourreau attitré et exécuteur de ses basses œuvres. Or, parmi les corps des suppliciés ramenés par les vagues sur la grève, le général Vial a pu identifier celui du frère de Mailly, Eugène, envoyé six mois plus tôt en Syrie pour une mission parlementaire sans retour. Arrêté en débarquant à Lattaquié, il avait été livré à Djezzar et enfermé dans le pharillon d'Acre, avec quatre centaines de chrétiens que le pacha avait fait rafler sur les côtes et retenus en otages. Selon les mémoires du comte de Lavalette, il fut égorgé par Ali, sur ordre de Djezzar, quelques heures après que son frère Minerve eut été tué dans la tour de la forteresse. Les deux fils du conventionnel Châteaurenaud, morts sous le même couteau à quelques heures d'intervalle, seulement séparés par un mur médiéval, ne s'étaient pas revus depuis six ans qu'ils servaient dans les armées de la République, si ce n'est un bref instant au Caire. Les deux corps mutilés furent jetés à la mer le 30 mars, après une vigoureuse sortie des troupes ottomanes contre les travaux de siège, et retrouvés le même jour dans des sacs de riz ou de café échoués sur la plage occupée par les unités du général Vial. Leur nom valeureux s'ajoutait à la longue liste des pertes subies par les Français lors de l'assaut manqué du 28 mars : officiellement, cent douze tués ou blessés, dont plusieurs autres officiers de valeur tels que le chef de bataillon du génie Say, frère de l'économiste Jean-Baptiste Say...

Le 30 mars, c'est aux assiégés de faire les frais d'une contre-attaque sur les positions françaises. Maugrabins et Albanais se ruent en hurlant sur les tranchées, s'emparant du poste dit du Santon, qui protège les lignes du siège, et occupent l'entrée d'une nouvelle galerie, où Caffarelli fait préparer une deuxième mine, et un boyau menant à la batterie de brèche. A la tête de la 32e brigade, Rampon reprend le Santon, mais la galerie reste exposée au feu de la place. Le chef de bataillon du génie Detroye, qui tenait un journal critique de l'expédition, trouve la mort en s'élançant sus à l'ennemi qui reflue en désordre vers ses remparts. Mais plusieurs officiers anglais sont blessés, dont le capitaine Wright, le secrétaire de Sidney Smith, lequel, retrouvant la confiance du pacha, fait entreprendre par Phélippeaux une seconde ligne de retranchement derrière la vieille enceinte.

Bonaparte ne décolère pas de voir le commodore et son ancien ennemi d'enfance couvrir les remparts de ses propres pièces d'artillerie lourde saisies en mer : « Nos beaux canons défendaient la ville qu'ils étaient destinés à battre et à soumettre », soupire-t-il à Sainte-Hélène. En revanche, il accorde étrangement son pardon à un mamelouk capturé lors de cette première sortie de la garnison : Ali, le redoutable bourreau noir de Djezzar, dont les chrétiens demandent vengeance. Interrogé par un officier de gendarmerie, il reconnaît avoir égorgé et décapité les frères Chateaurenaud. Cette scène, rapportée par Napoléon dans son récit, semble avoir échappé à l'attention des historiens, qui n'en ont jamais fait état. La voici : « Napoléon voulut le voir; cet intrépide musulman lui dit : " Toute ma vie j'ai obéi à mon maître. Avant-hier j'ai coupé et porté la tête de ton Mamelouk (ainsi désigne-t-il le capitaine Mailly) dans la ville que j'ai sauvée. Tiens, prends la mienne, Sultan, coupe-la; mais coupe-la toi-même et je meurs content. Le Prophète a dit qu'il ne faut pas rejeter la dernière demande d'un mourant. " Le général en chef lui tendit la main, lui fit porter à manger. Depuis, il a été reconnaissant. Il a été tué dans une charge à la bataille [terrestre] d'Aboukir, combattant à la tête d'un corps de cavalerie française. » Dommage que cet incroyable *scoop* n'ait pas été repris dans les innombrables récits du siège d'Acre!

Les sapeurs se remettent donc aussitôt à l'ouvrage et, en dépit des tirs de la marine anglaise et du fort, ouvrent de nouvelles parallèles, creusant plus profond les tranchées et avançant la mine. L'impatience de Bonaparte à reprendre l'assaut est visible. Il reproche aux officiers d'artillerie l'épaisseur de leurs épaulements et la minutie qu'ils mettent à les faire : cela prend du temps. « Ah! ces officiers de l'École! s'exclame-t-il. Ils ne peuvent se départir de leurs habitudes! » Il ordonne que l'assaut soit donné cette fois aussitôt qu'aura joué la mine, comptant toujours plus sur l'efficacité de Caffarelli que sur les scrupules de Dommartin.

L'explosion de la mine se produit le 1er avril, renversant enfin la « maudite » contrescarpe. L'artillerie a mis en batterie les deux caronades de 32 et de 24 prises aux Anglais par le chef d'escadron Lambert lors de son embuscade de Haïfa. Elle a fait une brèche dans la tour plus bas que la première fois. Mais, durant la nuit, les assiégés l'ont rendue impraticable en remplissant le passage de pointes de fer, de fascines, de madriers enduits de soufre, d'obus, de grenades et de tonneaux de goudron auxquels ils mettent le feu. Ils ont bouché toutes les ouvertures avec des sacs de coton et des poutres. Bonaparte promet 6 000 francs à celui qui ira attacher un brûlot à ce barrage. Un canonnier se présente. Il descend seul dans le fossé sous une grêle de balles; il attache le brûlot qui fait long feu. Peu importe : on livrera l'assaut coûte que coûte ! Les dix-huit compagnies de grenadiers réunies depuis la veille sous le commandement de Lannes se mettent en marche derrière les vingt-cinq « braves » qui, au signal donné à l'aube, se ruent dans la brèche après avoir franchi tous les obstacles. Mais les voici bientôt au milieu d'un brasier qui brûle vifs cinq d'entre eux. Fusillé de toutes parts, le reste de la troupe regagne précipitamment le logement de la contrescarpe. Le chef de brigade Duroc, aide de camp du général en chef, est blessé par un éclat d'obus; l'autre aide de camp, Eugène de Beauharnais, par un éclat de pierre. Il faut renoncer à l'assaut. Il est 6 heures du soir.

« On fut convaincu alors, admet Napoléon dans son récit, de l'impossibilité de prendre la ville avec des pièces de campagne et en si petite quantité. Les Ottomans en triomphèrent avec une sorte de gaieté; ils criaient toutes les nuits aux canonniers français : “ Sultan Selim, pan ! pan ! pan ! Bonaparte, pin ! pin ! pin ! ” »

Cette fois, il rend la faiblesse de ses calibres responsable de l'échec. Dans sa *Relation* de la campagne, son fidèle chef d'état-major Berthier reconnaît, lui, plus franchement l'erreur d'appréciation commise au départ : « On traitait comme affaire de campagne un siège qui exigeait toutes les ressources de l'art, privé surtout, comme on l'était, de l'artillerie et des munitions nécessaires à l'attaque d'une place environnée d'un mur flanqué de bonnes tours et entourée d'un fossé avec escarpe et contrescarpe. »

Avant de tenter un nouvel assaut, Bonaparte décide d'attendre l'arrivée du train de siège de rechange que le contre-amiral Perrée doit lui amener à Tantourah sur un convoi de barges escorté par la *Junon*, l'*Alceste* et la *Courageuse*. Mais, tout en faisant récupérer les boulets tirés par la flotte anglaise pour alimenter ses deux seuls canons lourds capturés à Haïfa, il ordonne à Caffarelli de faire cheminer une troisième mine jusque sous la grosse tour, pour forcer la chance.

Cet entêtement va détériorer ses relations avec une partie de ses généraux et de ses officiers qui commencent à douter de ses capacités de tacticien et de stratège.

« Chose curieuse! s'étonne Lockroy. Pendant qu'on luttait avec tant d'acharnement pour la possession de la grosse tour, Acre était pour ainsi dire ouverte. Non loin de la mer, le fossé où déjà tant de nos soldats étaient morts n'existait plus. Là se trouvait, hors de portée des vaisseaux anglais qui ne la pouvaient protéger, la grande porte en bois de la ville. Cette porte, par où Djezzar sortait tous les jours avec ses troupes, était seulement fermée, à l'intérieur, par une énorme pierre qu'on roulait contre les battants. Ainsi, pas de fossé à traverser; une porte à enfoncer d'un coup de poing et l'on entrait dans la place... Rien de plus facile. Cependant, des officiers éminents comme Caffarelli, des officiers d'artillerie comme Dommartin, des hommes de guerre comme Kléber, Lannes, Bon, Murat, Reynier, Junot, un général qui s'appelle Bonaparte, passent et repassent devant cette porte, la regardent tous les jours... elle est là qui leur crève les yeux, pas un ne pense à l'ouvrir! Ils sont tous étrangement dominés par cette idée que, pour s'emparer d'une forteresse, il faut creuser des parallèles, faire brèche, appliquer les principes de l'École. Est-ce l'effet d'une éducation trop forte qui impose à leur esprit de telles préoccupations que la réalité lui devient invisible? Agissent-ils en gens pressés et irrités qui ne se donnent pas la peine d'étudier les obstacles? La guerre cause-t-elle de ces vertiges aux plus prévoyants et aux plus habiles? Qui le sait? Phélippeaux, surexcité par la jalousie, va comprendre tout de suite la situation; son premier soin sera de construire des ouvrages extérieurs qui défendront la grande porte et la rendront infranchissable. La haine a parfois des clairvoyances que n'a pas le génie. »

Bonaparte s'acharne après la tour. Il faut qu'elle tombe ou qu'elle soit rasée. C'est une idée fixe : « Quand il ne me resterait que quatre grenadiers et un caporal, dit-il en frappant du poing, j'y entrerai! » En vain, Dommartin et Kléber lui disent qu'il vaut mieux faire la brèche à la courtine. Il ordonne la construction d'une troisième mine qui doit ébranler l'ouvrage dans ses fondations et le renverser tout entier. C'est un duel à mort entre cette tour et lui.

Une sorte de routine s'instaure. On se bombarde réciproquement. Les lignes françaises progressent vers l'angle de la grosse tour. Les assiégés multiplient les coups de main pour freiner cette progression. Les tranchées, les bombes, les mines continuent des deux côtés, jusqu'à ce qu'il soit jugé opportun de faire un autre assaut ou une autre sortie. Sapeurs français et turcs ne sont parfois séparés que de quelques mètres.

Phélippeaux et les Anglais organisent une sortie massive pour tenter d'entraver les progrès de la sape française, éventer le puits de leur mine et étouffer le mineur. Le 7 avril dans la nuit, les assiégés se forment en trois colonnes de quinze cents hommes, la première en avant du palais du pacha, la deuxième à la porte de la mer, la troisième à l'extrémité le long du rivage. Au sud, une colonne d'élite de cent cinquante Anglais et trois cents Turcs prend place derrière la grosse tour pour masquer la brèche. A la pointe du jour, elle descend la brèche au pas de course, prenant la tête de la colonne du centre qui fonce droit sur l'entrée de la mine, sous la conduite du colonel Douglas. La colonne de gauche s'empare de deux pièces et de deux caissons de l'artillerie des guides, que la demi-brigade du capitaine Marin reprend à la baïonnette. Au centre, un major anglais est déjà sur le puits, la mine semble perdue quand un bataillon de réserve charge à l'arme blanche les flancs de cette colonne. Un mineur abat le major anglais d'un coup de pistolet. Le combat s'engage au corps à corps. Il dure longtemps. La colonne du centre, enfin rompue, va rejoindre les débris des deux autres sous le feu de la place, laissant huit cents morts ou blessés – parmi lesquels soixante Anglais –, dans les parallèles et dans les fossés. « Ces cadavres putréfiés nous servaient de retranchements », écrit le « Dromadaire » François.

La sortie à peine repoussée, le bruit court que l'officier tué au masque de la mine n'est autre que le « traître » Phélippeaux. Quelques-uns prétendent l'avoir reconnu. Bonaparte, tout excité, souhaite s'assurer de la véracité du fait : il veut qu'on lui amène le cadavre et en juger *de visu.* A leurs risques et périls, quelques grenadiers de la 9e demi-brigade se dévouent pour aller le chercher sous les tirs des remparts. Ils s'arment de harpons. A grand-peine, dans le tas de morts, ils accrochent celui-là et le tirent à eux. On le porte devant la tente du général en chef qui se penche pour regarder. Il y a de la vendetta corse dans ce mouvement involontaire. Mais ce n'est pas son ancien camarade de classe. On fouille les poches. L'officier est un Anglais : le major Thomas Oldfield. Un homme connu pour son intrépidité : le premier, autrefois, il est entré, les armes à la main, dans la ville du Cap. Bonaparte le fait enterrer, avec les honneurs militaires, au milieu des sépultures françaises.

« Les blessés de cette nation furent soignés comme les Français, précise Napoléon dans son récit. Les prisonniers campèrent au milieu de l'armée comme s'ils eussent été des Normands ou des Picards. La rivalité des deux nations avait disparu à une telle distance de leur patrie et au milieu de peuples si barbares. »

Par cette coûteuse sortie, les assiégés ont toutefois réussi à neutraliser toute nouvelle initiative des assaillants jusqu'à l'arrivée du matériel lourd transporté d'Égypte le 25 avril par les frégates de Perrée. A l'erreur initiale d'appréciation sur les capacités de défense de la garnison de Djezzar, épaulée par la marine anglaise, et sur le défaut d'artillerie de siège se sont ajoutées diverses erreurs tactiques qui ne vont pas manquer de nuire au prestige militaire du commandant en chef auprès de ses compagnons d'armes.

Première erreur : l'amateurisme qui a présidé, dans la nuit du 20 au 21 mars, à la reconnaissance du fossé, où Phélippeaux avait eu le temps de préparer une contrescarpe dans les quelques jours qui avaient précédé l'arrivée de Bonaparte. Sans cette maudite contrescarpe, le premier assaut, même lancé à la légère, avec une confiance présomptueuse, aurait en effet pu réussir. Or, on s'est contenté de la mission inachevée du chef de brigade Sanson. Et on crut que la contrescarpe n'était pas revêtue, sans procéder à aucune reconnaissance complémentaire !

Deuxième bévue : l'arsenal français ne disposait pas de boulets correspondant au calibre des deux canons lourds de 38 et 24 pouces – ce dernier de fabrication espagnole – saisis par ruse à Haïfa sur des bateaux ennemis entre les deux assauts manqués des 24 et 28 mars. Il a fallu d'abord leur construire des affûts, puis offrir des primes aux soldats pour aller ramasser dans les tranchées des projectiles épars tirés par la grande batterie des deux vaisseaux anglais. A la veille de l'attaque, ils n'en avaient pas récupéré plus de trois cents correspondant à ces deux calibres. Pour en pourvoir plus abondamment le parc d'artillerie, il leur fallut par la suite multiplier les ruses : stimuler, par exemple, « les passions bouillonnantes » du commodore anglais, tantôt en faisant courir des cavaliers sur la plage, tantôt en feignant d'établir des batteries sur les dunes avec des tonneaux de fascines, tantôt en faisant mouiller en rade une chaloupe acheminée de Haïfa. « Aussitôt que sir Sidney Smith s'apercevait que l'on prétendait agir sous son canon, il levait l'ancre, s'approchait à toutes voiles de la terre et couvrait le rivage de boulets. » Opération récupération réussie, mais trop tard : l'assaut avait déjà échoué.

L'historien britannique Herold retient pour sa part quatre facteurs qui condamnaient le siège à l'échec :

1. En général, ce sont les assaillants qui ont la possibilité de se faire ravitailler de l'extérieur en vivres et en munitions et de recevoir des renforts. Or, ici, les Français n'avaient pas de base d'approvisionnement et les pertes humaines ne pouvaient être compensées. Il fallait compter uniquement sur les bombardements venant de la forteresse ou des navires anglais pour récupérer les boulets de l'ennemi et les lui renvoyer. En revanche, les assiégés recevaient par mer tout le ravitaillement et les renforts qu'ils voulaient. Vers la fin du siège, le facteur décisif sera l'arrivée de centaines de canonniers de Constantinople, où ils avaient été entraînés par des instructeurs européens.

2. Normalement, les assiégeants doivent être supérieurs en nombre aux assiégés. Ce qui permet à l'armée assaillante, en cas de siège de longue durée, de marcher vers un autre objectif tout en laissant sur place des effectifs suffisants pour bloquer la forteresse. A Saint-Jean-d'Acre, la garnison était pratiquement d'importance égale à celle du corps expéditionnaire : il aurait été impossible aux treize mille hommes de Bonaparte de poursuivre leur conquête de la Palestine sans avoir pris la ville et détruit les forces de Djezzar.

3. Si une forteresse est aux deux tiers baignée par la

mer, elle doit être investie à la fois par terre et par mer. Or, ici, c'étaient les défenseurs qui tenaient la mer.

4. L'artillerie de siège indispensable pour faire tomber une forteresse a été retournée par les Anglais contre les Français après sa capture dans la baie de Haïfa. C'est seulement dans la seconde phase du siège, alors que les défenses auront été considérablement renforcées, que Bonaparte recevra des canons de remplacement. Mais il aura alors perdu, par la guerre ou par la peste, une trop grande partie de ses hommes pour s'en servir utilement.

C'est d'ailleurs l'un des principaux reproches que lui feront ses généraux, à commencer par le plus prestigieux d'entre eux – celui que l'on comparait au dieu Mars : Jean-Baptiste Kléber. « C'est un général à deux mille hommes par semaine », disait-il tout haut de Bonaparte. Quand la tranchée avait été ouverte, le premier jour du siège, et creusée à la hâte sur un terrain mouvant, Kléber ne s'était pas gêné pour lancer au général en chef, en tournée d'inspection, avec son sarcasme habituel :

– Quels diables de boyaux nous ont-ils faits là, général ! Pour vous et votre petite taille, c'est peut-être tout bon; mais pour moi, ils ne m'arrivent pas plus haut que mes couilles !

A Bourrienne qui se promenait avec lui dans les lignes du camp, le fougueux guerrier se plaignit que la tranchée ne lui irait même pas jusqu'au genou.

Les dispositions prises par Bonaparte pour s'emparer de cette « bicoque » de Saint-Jean-d'Acre semblaient donc à tous d'une incroyble légèreté. C'est que la guerre de position mettait à rude épreuve son impatience naturelle, au point de paralyser son prétendu génie militaire. Comme autrefois à Mantoue, il ne tient pas en place. Aussi accueille-t-il comme une aubaine les renseignements qu'il reçoit sur les concentrations de troupes du pacha de Damas, répondant à l'appel de Djezzar pour prendre les assiégeants à revers. Il estime que le plus urgent est de déjouer cette manœuvre en allant à leur rencontre sur les rives du Jourdain. La perspective d'une nouvelle guerre de mouvement et d'une belle bataille de plaine, au lieu d'un siège fastidieux ou de combats hasardeux dans les ravins des montagnes, lui redope le moral. Il sait déjà, rien qu'en examinant les cartes d'état-major, comment aborder une telle confrontation : comme terrain, il lui faut choisir une large vallée; comme élément de surprise, il lui faut un appât. La plaine sera celle d'Armaggedon, lieu biblique de la bataille prévue pour écraser Gog et Magog au jour du Grand Pardon. Et l'appât pour y attirer l'adversaire? Pourquoi pas cet insolent colosse de Kléber?...

XIII

Gog et Magog : une victoire usurpée

Le 9 avril, Kléber quitte le camp du Turon, sous Saint-Jean-d'Acre, pour des champs de bataille plus bibliques. Bonaparte l'envoie à la rescousse de son aide de camp Junot, en difficulté dans les environs de Cana, ce village où le Nouveau Testament situe les noces au cours desquelles Jésus accomplit le miracle de changer l'eau en vin. Campant a Nazareth depuis le 31 mars, la colonne d'observation de Junot, forte seulement de trois cents fantassins et de cent cavaliers, se trouve aux prises avec l'avant-garde de l'armée de coalition rassemblée par le pacha de Damas et par le cheik des montagnards palestiniens de Naplouse, armée certes hétéroclite, mais forte, selon les renseignements des informateurs chrétiens et druzes, de quelque quarante mille hommes. Même si, dans ce méli-mélo de tribus et de milices, seuls les mamelouks et surtout les Naplousains en lutte depuis le début de l'invasion de la Terre sainte sont de vrais combattants aguerris, cette supériorité numérique représente une menace sérieuse pour la troupe de reconnaissance française aux munitions très limitées.

« Des cartouches ! Des cartouches ! » réclame Junot en conclusion de son rapport du 8 avril à Bonaparte sur les deux sévères accrochages qu'il vient d'essuyer en se portant au-devant des concentrations ennemies dont les colonnes ont franchi le Jourdain pour se joindre aux cavaliers descendus des montagnes de Samarie. Le fils Daher l'a en effet prévenu de l'arrivée d'une importante avant-garde en provenance de Tibériade, qu'il se sent incapable d'affronter avec sa petite cohorte. D'autres cheiks l'ont informé que cette avant-garde veut « tenter quelque chose sur les villages voisins de Nazareth ». Pour l'en dissuader, il n'hésite pas à marcher à son encontre. Le 6 avril à 8 heures du matin, il arrive au village de Cana. Le chef du village l'engage à ne pas aller plus loin, car deux ou trois mille cavaliers se rassemblent dans la plaine du côté du mont Thabor. Junot n'en poursuit pas moins sa route. Au débouché de la vallée, il tombe effectivement sur une formation de deux à trois mille cavaliers damascènes avançant au pas et en bon ordre. Le temps de mettre ses trois cents grenadiers et carabiniers en carré face au mont Thabor et d'ordonner à ses cent cavaliers de tourner un mamelon déjà occupé par l'ennemi, le voilà lui-même pris a revers par un renfort d'escadrons d'égale importance qui piquent un galop, étendards déployés, convaincus de ne faire qu'une bouchée de cette poignée d'hommes coincés entre deux feux.

Junot fait faire demi-tour à ses dragons qui reçoivent la charge sur un terrain détestable, semé de rochers et de grosses pierres. Laissant l'ennemi s'avancer à portée de pistolet, il l'accueille par une salve brutale tirée en même temps de tous les côtés du carré. Cette première décharge inattendue et parfaitement synchronisée envoie au tapis trois centaines de cavaliers. Déconcertés, les autres se retirent à quelque distance. Junot profite de cet instant de flottement pour faire recharger les fusils. Félicitant ses hommes pour leur bonne contenance et leur sang-froid, il leur recommande de garder un silence absolu afin qu'ils puissent entendre clairement les ordres. L'ennemi revient à la charge. Il est reçu par une seconde salve, aussi vive et meurtrière que la première : repoussé, il laisse cette fois deux cent cinquante cavaliers sur le carreau, non sans s'être risqué à livrer une dizaine de combats singuliers, au corps à corps. Si bien que les combattants pourraient presque choisir à qui donner la mort. Deux Turcs ont reconnu Junot à son grand plumet et à son uniforme de commandement. Ils fondent sur lui, mais le général abat le premier d'un coup de pistolet et assène au second un coup de sabre sur la tête. Un dragon se jette sur un porte-étendard damascène. Ils s'empoignent. Leurs chevaux trébuchent et tombent en même temps sans qu'aucun d'eux vide les arçons. Le dragon finit par plonger son sabre dans le ventre de son adversaire, lui arrachant à la fois sa vie et son drapeau de velours vert brodé d'or.

Le combat, commencé vers 9 heures du matin, cesse à 14 heures. L'ennemi bat en retraite, mais Junot manque de cartouches pour le poursuivre dans la plaine. Il regagne la hauteur voisine, où chacun reprend son rang, après la mêlée, faisant toujours feu en arrière. La nuit tombe sur ce champ de bataille étrange où la colonne française a perdu douze tués, treize chevaux, et ramène à Nazareth quarante huit blessés, quelques prisonniers et cinq drapeaux. Selon le chasseur Pierre Millet, qui y a pris part, dans ce combat à dix contre un, l'ennemi a dû perdre au moins huit cents hommes. Mais, en Orient, il en est toujours ainsi : on disperse les armées sans jamais les détruire. Un choc violent les fait s'évanouir, elles se reforment le lendemain. Elles ont quelque chose des mirages du désert. A mesure qu'on approche, elles se dissipent pour reparaître plus loin... Et l'aventure héroïque de Junot prouve qu'il existe sur le Jourdain un potentiel de forces qui peut à tout moment devenir dangereux pour les assiégeants d'Acre.

Aussi Bonaparte n'attend-il pas l'estafette par laquelle Junot lui annonce à la fois l'exploit de ses braves et la pénurie de cartouches qui l'empêche d'en exploiter l'avantage, pour charger Kléber de leur prêter main forte avec sa division. Sa véritable intention est de piéger les montagnards naplousains en plaine et de rejeter les renforts syriens au-delà du Jourdain. Il va même profiter de l'occasion pour remonter le moral du corps expéditionnaire et faire parler de son armée à Paris où arrivent parfois quelques courriers, en transfigurant le succès de la retraite du général Junot à Cana en glorieuse victoire. Il lance un ordre du jour qui fera date dans l'histoire des Beaux-Arts :

> « Le général en chef, voulant donner une marque de satisfaction particulière aux trois cents braves commandés par le général Junot qui, au combat de Nazareth, ont repoussé trois mille hommes de cavalerie, pris cinq drapeaux et couvert le champ de bataille de cadavres ennemis ordonne :
>
> *article 1.* Il sera proposé une médaille de 500 louis pour prix du meilleur tableau représentant le combat de Nazareth.

> *article 2.* Les Français seront costumés avec l'uniforme de la 2e légère et du 14e dragons. Le général Junot, les chefs de brigade Duvivier et Desnoyers y seront placés.
>
> *article 3.* L'état-major fera faire, par les artistes que nous avons en Égypte, des costumes de Mamelouks, de janissaires de Damas, des Alepins, des Maugrabins, des Arabes, et les enverra au ministre de l'Intérieur à Paris, en l'invitant à en faire différentes copies, à les envoyer aux principaux peintres de Paris, Milan, Florence, Rome et Naples, et à déterminer l'époque du concours et les juges qui devront décerner le prix... »

Quinze ans plus tard, un élève de Gros, le grand peintre Théodore Géricault, décidera à son tour de peindre un seul tableau sur la campagne de Syrie. Il choisira Kléber devant la muraille de Saint-Jean-d'Acre.

Entre-temps, le même Kléber installe le quartier général de sa division à Nazareth et dispose ses avant-postes sur les hauteurs dominant les vallées menant à Acre, avec un ingénieux système de signalisation par feux qui permet de suivre l'évolution de la situation. Il laisse le général Verdier avec deux bataillons et deux canons sur une de ces hauteurs, en deçà de Safoureh, avec pour instruction d'observer l'avant-garde du pacha de Damas qui s'est renforcée de sept mille hommes sur la colline de Loubieh, au débouché de la vallée de Cana, à trois kilomètres de là. Et de l'attaquer de flanc au cas où elle s'élancerait en direction d'Acre. « Dès que je serai un peu en mesure, nous nous mettrons tous en mouvement pour nous réunir à Cana et nous porter de là à Tibériade... Madame Verdier est chagrine de n'être pas près de vous; je lui conseille de rester ici (à Nazareth) jusqu'après l'affaire. »

Le lendemain, 11 avril, Kléber exécute son mouvement sur Cana. Après s'être rafraîchis dans les eaux de la fontaine qui permit à Jésus de tirer d'affaire les convives d'un repas de noces, ses quinze cents « braves » foncent sur cette avant-garde musulmane en formant deux carrés qui la mettent rapidement en fuite. Dans le feu de l'action, Junot perd son chapeau, percé d'une balle, et s'en tire avec une forte contusion à la tête et au bras, une manche trouée, deux chevaux blessés et son dromadaire tué dans son carré.

« L'œil constamment sur l'ennemi et l'oreille au commandement, écrit Kléber à Bonaparte, tout marchait avec un ensemble peut-être trop imposant pour pouvoir espérer quelques trophées de notre victoire. Nous avons eu quarante-sept blessés et six tués. L'ennemi peut en avoir perdu trois fois autant... J'ai trouvé une hauteur, à une demi-heure de Nazareth, d'où on peut observer facilement tout ce qui sortirait de Djenine et communiquer par signaux avec Safoureh... Le rassemblement des ennemis dût-il doubler ou tripler, vous ne devez rien avoir à craindre devant Acre par les débouchés de Chafa-Amr et d'Obellin. »

Paralysé par la pénurie de munitions et craignant d'être coupé d'Acre, Kléber hésite cependant à marcher sur Tibériade et décide de revenir camper sur ses positions initiales de Nazareth et de Safoureh avec Verdier et Junot. Le premier fait, le lendemain, une chute de cheval qui le met provisoirement hors de service. Kléber se rend au camp de Safoureh à sa place et demande à Junot de communiquer avec lui du mont Simani : « Je n'attaquerai l'ennemi, lui écrit-il, que lorsque je le verrai sérieusement déterminé à nous attaquer nous-mêmes... Faites votre possible pour savoir quelque chose de positif sur le rassemblement de Djenine »

Mais, pendant ce temps, les troupes de Damas réoccupent les hauteurs de Loubieh et, sous leur protection, le pacha marche avec le reste de son armée à travers la plaine d'Esdrelon (Jezreel), sur sa gauche, pour opérer sa jonction avec la division des Naplousains regroupés à Djenine, y établir un vaste camp autour du khar de la fontaine des marchands, appelé le « Bazar », entre le Jourdain et le mont Thabor, et, de là, tenter de dévaler vers le sud dans l'intention de tourner Nazareth et d'isoler Kléber de la côte. Si bien que son avant-garde va devenir son arrière-garde, suivre son mouvement tournant, donc abandonner ses positions de Loubieh et ses communications directes avec son pachalik. Kléber veut en profiter pour se faufiler entre le fleuve et le flanc gauche de l'ennemi et lui couper ainsi toute possibilité de retraite sur Damas.

Son plan est d'ailleurs conforme aux instructions qu'il reçoit le 14 avril du général Berthier, en réponse à sa propre lettre portée le jour même à Bonaparte : « Les ennemis se réunissent de nouveau, citoyen général, dans leur ancienne position, en même temps qu'un autre rassemblement se forme au Bazar, plus à droite à notre égard. J'ose espérer qu'il m'arrivera des cartouches demain. Si vous pouvez envoyer le général Murat avec une forte partie de sa cavalerie pour deux jours seulement, il trouverait de quoi travailler dans la plaine. Sans le renfort de cette arme, nous resterons à la vérité toujours maîtres du champ de bataille, mais sans jamais pouvoir poursuivre nos avantages, et ce sera à recommencer tous les jours. Veuillez, je vous prie, me faire connaître vos intentions à ce sujet.

« L'ennemi, après s'être rassemblé au Bazar, s'est porté de là dans la plaine de Djenine au village de Fouleh (à mi-distance de Djenine et de Nazareth). Ce mouvement m'a été annoncé d'abord par un signal du mont Saint-Simon [Simani]... et il m'a été encore confirmé par les gens du pays... Si vous m'envoyez demain de grand matin, citoyen général, les deux pièces de canon et les deux cents chevaux que je vous ai demandés, je me porterai de suite sur les derrières de l'ennemi. Il faudrait que tout cela parte au reçu de ma lettre... Tout détachement fourni, il me reste à peine douze cents baïonnettes. »

A cette demande, Bonaparte fait répondre, le jour même, par Berthier : « Le général en chef vous envoie quatre pièces de canon et cent hommes de cavalerie, et à la première nouvelle que vous donneriez au général en chef que l'ennemi aurait accru son audace au point de vous menacer de vous attaquer dans votre position, *le général en chef s'y portera lui-même afin de prendre un parti définitif*... Si l'ennemi osait camper près de votre camp, *le général en chef ne doute pas que vous lui fassiez une attaque de nuit, qui aurait le même succès que celle d'El Arich.* »

On se rappelle qu'à El Arich le général Reynier avait réalisé, selon le mot de Napoléon, « la plus belle opération qu'il soit possible de faire » en venant surprendre, en pleine nuit, les mamelouks d'Abdallah dans leur camp, derrière le fort, après un mouvement de contournement invisible de l'ennemi. Kléber calcule sa marche de manière à avancer de nuit entre l'arrière-garde de l'armée damascène et le Jourdain et à tomber sur le camp du Bazar une heure avant le lever du jour. Sitôt son plan arrêté, il en fait part à Bonaparte par courrier spécial, ajoutant qu'il espère « avoir la même chance que Reynier devant El Arich ».

Dans son récit de Saint-Hélène, Napoléon fera le grief posthume à Kléber d'avoir « mal combiné son plan » :

« L'espoir de surprendre le camp ennemi par une attaque de nuit n'était pas raisonnable. Le général Reynier avait réussi à El Arich parce qu'il avait reconnu avec ses officiers, pendant deux jours consécutifs, les chemins que ses colonnes devaient tenir pendant la nuit, parce que la position du camp d'Abdallah était fixe; mais comment le général Kléber pourrait-il opérer de nuit sur un terrain que ni lui ni ses officiers ne connaissaient? Lorsqu'il était à cinq lieues [une vingtaine de kilomètres] de l'ennemi et ne savait pas précisément où celui-ci camperait? Il aurait fallu qu'il fût resté au moins vingt-quatre heures en présence, pour bien reconnaître les localités du camp musulman; cela lui était impossible devant une armée aussi supérieure. » Autrement dit, contrairement à Kléber, Reynier avait pu reconnaître les chemins que ses colonnes devaient emprunter pour déborder El Arich, alors que Kléber ne pouvait prendre pareille précaution devant le camp du pacha de Damas qui se déplaçait constamment. « Il supposait qu'il allait couper la ligne d'opération de l'ennemi, tandis que celui-ci avait déjà quitté la ligne d'opération du Jourdain pour prendre celle de Naplouse; son mouvement n'en serait donc pas arrêté; il continuerait à marcher sur Acre; le siège serait à découvert et en danger. » D'où l'intervention salvatrice de Bonaparte pour remporter la bataille du mont Thabor...

Aucun historien ne semble avoir retenu cette petite phrase de Kléber dans son compte rendu d'opération : « Dès que je sus que l'ennemi formait son rassemblement dans la vallée de Djenine et de Nazareth, j'ai cru devoir me porter entre lui et le Jourdain : *c'était un point de votre instruction; la marche par le Bazar remplissait cet objet.* »

Aucun historien n'a davantage remarqué que Napoléon a menti sur les dates et les horaires pour expliquer son intervention miraculeuse propre à tirer Kléber de la situation désespérée dans laquelle il se serait mis avec son impossible plan. Il prétend avoir reçu le courrier spécial par lequel Kléber l'instruisait de son plan d'attaque le 15 avril à midi, ce qui l'aurait immédiatement convaincu de partir dès 13 heures à la tête de la division Bon pour se porter à son secours. Or l'échange de correspondance du 14 entre Kléber et Berthier montre que Bonaparte était au courant depuis au moins la veille de la manœuvre prévue conformément à ses propres instructions. Par l'échange des signaux de fumée, qui lui était fidèlement rapporté, entre Junot, Verdier et Kléber, il avait du reste été informé de la situation avant même de recevoir le courrier spécial de Kléber. Si la manœuvre répondant à sa suggestion répercutée par Berthier (répéter le coup d'audace d'El Arich) était par définition inexécutable, Bonaparte aurait eu au moins vingt-quatre heures pour en dissuader Kléber. Quand bien même n'aurait-il reçu ce courrier spécial que le 15 à midi, il aurait encore eu le temps d'empêcher la mise en route de la divison dont les deux mille hommes n'entreprirent leur marche qu'à 22 heures, soit dix heures après. Or, même avec l'état de la voirie en 1799, un messager sur dromadaire pouvait parcourir en moins de trois heures les 27 kilomètres séparant le camp principal d'Acre du quartier général de Nazareth. Au surplus, si Bonaparte avait voulu devancer ou retrouver Kléber au pied du mont Thabor, il ne se serait pas accordé une nuit de halte à Safoureh, comme on va le voir! La conduite des opérations tendrait au contraire à prouver que le général en chef laissa délibérément Kléber aller au casse-pipe, quitte déjà à sacrifier son meilleur guerrier à sa gloire, pour se donner le mérite d'avoir cherché à le tirer d'embarras en jouant le rôle de *deus ex machina* sur un champ de bataille hautement chargé de symboles...

Quand il décide d'intervenir pour voler autant au secours de la victoire qu'à celui du vaillant général alsacien parti avec ses deux mille soldats affronter avec si peu de chance de succès une masse fanatisée évaluée – avec quelque exagération – à quarante mille hommes, Bonaparte ne peut ignorer, avec à ses côtés des orientalistes aussi distingués que le Juif Venture de Paradis et Dom Raphaël de Monachis, la valeur historique et spirituelle du terrain choisi pour en découdre. C'est sur ce terrain détrempé par les pluies de saison qu'à la même période de l'année, selon le Livre des Juges de l'Ancien Testament, la prophétesse Déborah ordonna aux enfants opprimés d'Israël de se diriger sur le mont Thabor pour y attirer l'armée du roi Jabin de Canaan, commandée par le général Sisera avec ses neuf cents chars de fer, et la faire battre par les éléments déchaînés dans les eaux du torrent Kishon (le Bélus) à Meggido. C'est surtout sur cette colline de Meggido (en hébreu Har Meggido, soit Armaggedon) que se réalisera la prophétie d'Ézéchiel contre Gog, l'ennemi d'Israël venu du pays de Magog (la Syrie), frappé par la grêle, le feu, le soufre et toutes les flèches du ciel, ultime bataille avant l'arrivée du Messie :

> « Car j'ai parlé, dit le Seigneur, l'Éternel.
> J'enverrai le feu dans Magog...
> Et ils sauront que je suis l'Éternel.
> Je ferai connaître mon saint nom au milieu de mon peuple d'Israël...
> Et les nations sauront que je suis l'Éternel,
> Le Saint en Israël. »

A laquelle prophétie l'Apocalypse de saint Jean ajoute dans le *Nouveau Testament* :

> « Quand les mille ans seront accomplis, Satan sera relâché de sa prison. Et il sortira pour séduire les nations qui sont aux quatre coins de la terre, Gog et Magog, afin de les rassembler pour la guerre; leur nombre est comme le sable de la mer.
> « Et ils montèrent à la surface de la Terre, et ils investirent le camp des saints et la ville bien-aimée. Mais un feu descendit du ciel et les dévora. Et le diable qui les séduisait fut jeté dans l'étang de feu et de soufre, où sont la bête et le faux prophète. Et ils seront tourmentés, jour et nuit, aux siècles des siècles. »

C'est sur cette terre pareillement boueuse que Kléber et Bonaparte vont, en ce 16 avril 1799, finir par se rejoindre pour mettre en déroute les armées musulmanes venues du nord et du sud, de Syrie et de Samarie, des pays de Gog et Magog... Celles-ci s'apprêtaient à sortir de leur camp du Bazar pour déferler sur Fouleh (Afoula) par la plaine d'Esdrelon, en direction de la côte.

Ce camp, que Kléber veut surprendre en pleine nuit, présente encore l'aspect d'un de ces grands marchés d'Orient qui se tiennent aux limites du désert. Lockroy le décrivait comme un inextricable chaos de tentes diverses, les unes en toile verte, les autres en peaux, celles-ci carrées, celles-là pointues et rondes; grands feux de cèdres dont les fumées bleues montent minces et droites dans le ciel; troupeaux immenses de dromadaires et de chameaux qui bossuent l'horizon; chevaux entravés paissant sur trois jambes; longues théories de femmes revenant des puits avec des urnes rouges sur la tête; pêle-mêle de moutons et de bestiaux; Arabes vêtus seulement de tuniques en toile, la tête rasée qu'ombrage une touffe de cheveux laissés au sommet du crâne; Kurdes vêtus de manteaux écarlates; Mutualis habillés de blanc; Maugrabins enveloppés de burnous; mamelouks aux pantalons larges, aux bottes énormes, à la petite veste et aux gilets multiples; fantassins, jambes nues, armés de fusils, de tromblons, de kandjars; çà et là, quelques cuirasses du Moyen Age et des casques où les épées des soldats de Philippe Auguste ont laissé des entailles; quantité de drapeaux flottant au vent; des lances de roseau garnies de plumes d'autruche fichées en terre; de loin en loin, ces fantasias enveloppées de poussière qui se croisent au milieu du pétillement des pistolets; bruit énorme fait de vagissements, de bêlements, de hennissements, de beuglements, de hurlements, de chansons, de disputes et de cris...

Voilà le rassemblement que Kléber compte tourner et tailler en pièces en plein sommeil. A cette fin, il a quitté les hauts de Nazareth à 22 heures avec ses deux milliers de soldats, renforcés par une centaine de cavaliers et quatre pièces d'artillerie. Il s'est fixé comme délai d'arriver au camp turc entre 2 et 4 heures du matin, au plus tard une heure avant le lever du jour, ce qui n'a rien de déraisonnable : une armée bien entraînée comme la sienne peut bien parcourir 25 kilomètres en cinq heures, à marche forcée. Trois défilés et une distance beaucoup plus grande que celle annoncée par les guides du pays, qui l'ont égaré encore une fois, comme au début de la campagne dans le Sinaï, déjouent son calcul : le soleil est déjà levé et éclaire sa petite troupe quand elle arrive à 6 heures en vue du camp. Elle est repérée aussitôt par les sentinelles placées sur un djebel voisin. Les avant-gardes ont beau en poignarder quelques-unes, l'alerte est déjà donnée, le rassemblement grouille comme une fourmilière et prend les armes. L'effet de surprise est manqué.

Les Français ne peuvent que culbuter l'ennemi des premières hauteurs et s'emparer d'un fortin inaccessible à la cavalerie et qui, tenu par une centaine des leurs, servira tout à la fois d'ambulance, de point d'appui et éventuellement de base de retraite. En débouchant dans la plaine, Kléber forme deux carrés, éclairés par des tirailleurs disposés sur leurs fronts ; il se place au centre de l'un d'eux, Junot au centre de l'autre. Les quatre mille cavaliers de l'avant-garde du Pacha ont déjà sauté sur leurs montures, bientôt suivis par six mille Naplousains, enveloppant les carrés et les chargeant par vagues successives. Plus de deux mille fantassins accourent des hauteurs environnantes et se mêlent aux cavaliers pour engager une vive fusillade avec les tirailleurs que Kléber a déployés sur le front de ses carrés. Cernés et assaillis de tous côtés, les bataillons français ne se laissent pas entamer et leurs feux de file, appuyés par des tirs d'artillerie bien nourris, font des ravages dans les rangs adverses. Non seulement ils tiennent le choc sans se laisser intimider par le nombre des assaillants qui ne cesse de croître, entre 7 heures et midi, pour atteindre une supériorité numérique de dix-sept contre un, mais ils tentent de reprendre leur marche en avant en profitant du manque de coordination et de discipline de cette masse hybride et criarde courant en tout sens au risque de se faire faucher à bout portant par la mousqueterie. Comme Bajazet à Nicopolis, Kléber a fait disposer devant ses carrés des pieux reliés entre eux par des chaînettes de fer. Il a ainsi deux remparts : ses chaînettes et des cadavres d'hommes et de chevaux.

« Cette armée de lâches était composée de toutes sortes de troupes et de nations, racontera le chasseur Millet dans ses mémoires. Ils étaient si nombreux qu'on n'en pouvait voir la fin ; car autant que l'on pouvait étendre sa vue dans la plaine, l'on ne voyait que cavalerie et infanterie. »

Une armée que les gens du pays disent aussi nombreuse que les étoiles du ciel et les sables de la mer. Encerclés par vingt-cinq mille hommes montés et dix mille hommes à pied, les deux milliers de combattants de Kléber ne peuvent livrer qu'un combat défensif en attendant la fin du jour pour tenter une sortie. A midi, le général fait réunir les deux carrés, celui de Junot étant trop petit pour contenir les chevaux, les caissons et autres équipages, et ordonne qu'on ménage les cartouches.

« Nous fûmes de la sorte de 6 heures du matin jusqu'à 4 heures du soir, poursuit le chasseur Millet. La munition commençait à nous manquer, ce qui était le plus fort de notre crainte, non plus seulement la munition de bouche, mais la munition de guerre, ce qui est le plus nécessaire dans des cas aussi critiques. Nous eussions bien donné le peu de pain que nous avions pour de la poudre et des balles, car nous n'avions pas le temps de le manger. Quand même nous eussions eu le temps, nous n'eussions pu en jouir, car nous étions si exténués de la soif et de la fatigue que nous n'en pouvions plus parler. Joignez à cela d'être exposés à l'ardeur d'un soleil le plus brûlant et continuellement avoir la poudre et la fumée des armes en la bouche, et n'avoir pas un verre d'eau pour nous rafraîchir... Il fallait donc supporter tous ces maux-là ensemble, en attendant une mort qui paraissait inévitable et qui eût paru douce à tout autre homme qu'à des hommes qui désiraient non pas de vivre, mais seulement de se venger, en mourant, d'ennemis aussi cruels. »

Une nouvelle heure passe. On se bat toujours. Les mêmes épisodes se renouvellent, monotones. Les cavaliers mamelouks, arabes, kurdes, mutualis, se jettent sur le carré, s'efforcent de l'enfoncer, font cabrer leurs montures, déchargent leurs armes et repartent au galop, reviennent encore plus nombreux. Dans le carré, les cartouches viennent à manquer aux fusils, les gargousses aux canons. On ne tire plus qu'à bout portant et à coup sûr.

En désaccord, semble-t-il, avec Kléber qui les a réunis pour délibérer sur le parti à prendre, la plupart des officiers estiment qu'il n'y a plus d'autre solution que d'enclouer les canons et de se tailler de haute lutte un chemin vers les collines de Nazareth. La situation leur paraît désespérée quand, vers 1 heure de l'après-midi (4 heures, selon Millet), d'une éminence située au sud du champ de bataille, retentit un coup de canon. Une clameur court dans les rangs français : « C'est Bonaparte ! C'est Bonaparte ! » Deux autres salves, suivies d'un reflux, puis d'une débandade de l'armée ottomane, confirment qu'il ne s'agit pas d'un renfort d'artillerie ennemi, mais de forces françaises venant du littoral. Les soldats du carré hurlent de joie et brandissent leurs shakos au bout de leurs fusils en éclatant de rire à la vue des Turcs affolés qui, dans le lointain, s'éparpillent de tous côtés, dans les montagnes et dans les vallées de la Samarie. Leurs canonniers répondent aux trois coups salvateurs, dont l'effet est effectivement théâtral, par une décharge destinée à faire comprendre à Bonaparte qu'ils l'ont entendu. Pris en tenaille entre ces deux feux, l'ennemi innombrable ne peut plus guère espérer trouver son salut que dans la vitesse de ses chevaux pour regagner les rives du Jourdain ou les gorges de Naplouse, en laissant plus de six mille morts sur le terrain...

Il est intéressant de comparer la description que Napoléon fait de ce coup de théâtre, dans son récit, vingt ans après, à la version laconique qu'en donne Kléber dans son rapport du 17 avril 1799, les historiens ayant en général pris la première pour argent comptant et négligé les petites phrases de la seconde, pourtant contemporaine des faits.

« Kléber était perdu, écrit carrément Napoléon pour mieux faire valoir son rôle de sauveur... Sa position était cruelle, lorsque tout à coup des soldats s'écrient : “ Voilà le Petit Caporal ! ” Des officiers d'état-major vinrent instruire Kléber de ce bruit; il se fâcha, en démontra l'impossibilité, et ordonna que le conseil continuât de délibérer [sur le parti à prendre]. Mais les vieux soldats de Napoléon, accoutumés à ses manœuvres, réitérèrent leurs cris : ils croyaient avoir vu luire des baïonnettes. Kléber monta d'abord sur une hauteur et braqua sa lunette; les officiers d'état-major en firent autant, mais ils ne découvrirent rien, les soldats eux-mêmes crurent s'être fait illusion. Cette lueur d'espérance s'évanouit. Kléber se décida enfin à abandonner son artillerie et ses blessés et ordonna que l'on formât la colonne pour forcer le passage. Il est probable que les soldats avaient aperçu le luisant des baïonnettes dans un moment où les colonnes s'étaient trouvées sur un terrain un peu plus élevé et plus découvert. Le général en chef mettait une grande importance à cacher sa marche afin de pouvoir gagner un mamelon qui coupait toute retraite aux Turcs. Mais, tout à coup, son attention fut attirée par un mouvement de toute l'armée ennemie qui se serrait contre les carrés de Kléber. Plusieurs officiers d'état-major mirent pied à terre, braquèrent leurs lunettes, aperçurent distinctement que l'ennemi se préparait à une charge générale et que les carrés de Kléber avaient l'air de perdre contenance : c'était la formation de la colonne d'attaque. Les moments étaient précieux. Kléber se trouvait entouré de trente mille hommes, dont plus de la moitié était à cheval; le moindre retard pouvait être funeste. Le général en chef ordonna à un carré de monter sur une digue. La tête des hommes et les baïonnettes furent aperçues par les amis et les ennemis. En même temps, une salve d'artillerie démasqua le mouvement. On aperçut bientôt le mouvement de Kléber, qui se reformait en carrés, et les chapeaux au bout des baïonnettes en signe d'allégresse; ce qui fut suivi d'une décharge d'artillerie de reconnaissance. L'armée ennemie, étonnée, s'arrêta court... Un détachement de trois cents hommes surprit et pilla le camp, les bagages et prit les blessés de l'armée turque : il mit le feu aux tentes, spectacle qui inspira l'effroi aux ennemis... De son côté, Kléber marcha; la jonction ne tarda pas à s'effectuer. Le désordre, l'épouvante devinrent extrêmes chez l'ennemi; cette armée se sauva, partie sur Naplouse, partie sur le Jourdain... Les ennemis avaient perdu beaucoup de monde dans les différentes charges qu'ils avaient faites pendant la matinée; ils en perdirent davantage pendant la retraite. Plusieurs milliers se noyèrent dans le Jourdain; les pluies avaient élevé les eaux et rendu le gué très difficile. Kléber eut deux cent cinquante à trois cents hommes tués ou blessés; la colonne du général en chef en eut trois ou quatre. Telle est la bataille du mont Thabor. »

Or voici le bref compte rendu rédigé, le lendemain même, par Kléber : « Nous restâmes fermes [sur nos positions] et j'ordonnai qu'on ménageât le feu; mon intention était ou de recevoir leur charge, ou d'attendre jusqu'au soleil couchant, parce qu'alors, se dispersant pour se rendre dans leurs différents camps, *j'eusse profité de ce mouvement rétrograde pour faire une tentative quelconque et achevé la victoire à la faveur de la nuit qu'ils redoutent pour combattre.* Mais un coup de canon part, on juge par son calibre qu'il est français, le soldat pousse un cri d'allégresse, j'en profite... Le général Verdier marche avec quatre compagnies de grenadiers à un fort occupé par un très grand nombre d'hommes à pied; j'envoie la cavalerie pour les seconder et charger ces fantassins. L'ennemi fuit de toutes parts, on le poursuit; dans la déroute, on lui prend une pièce d'artillerie portée à dos de chameau...

« *Telle a été la bataille dont votre présence précipita et détermina la victoire. Nous avons eu soixante hommes blessés et deux hommes tués...* On a égorgé à l'ennemi dans le fort seul près de cent hommes, non compris tout ce qui a été tué dans la plaine par une fusillade et une canonnade de onze heures... »

Du rapprochement de ces deux textes et de la reconstitution de la marche de Bonaparte, il ressort que le général en chef avait envisagé d'intervenir dès le 14 avril – selon la réponse de Berthier à Kléber –, qu'il avait sciemment envoyé Kléber pour servir d'appât en lui confiant la mission impossible de refaire le coup d'El Arich, et qu'en prenant son temps pour venir à son secours, il s'est surtout porté au secours d'une victoire que Kléber espérait encore pouvoir obtenir seul, le 16 avril à la tombée de la nuit, n'ayant perdu que soixante-deux et non deux cent cinquante à trois cents combattants, pour la plupart blessés assez légèrement pour « réapparaître dans ses rangs sous peu de jours ». Si, à la lecture de son message à Berthier du 14 avril, Bonaparte avait aussitôt compris, comme il le dit, que la manœuvre de Kléber était « mal combinée » et qu'elle ne pouvait qu'aboutir à un désastre, pourquoi ne l'a-t-il pas empêchée au lieu de l'y encourager? C'est qu'il ne pouvait nullement prévoir, contrairement à ce qu'il prétendra à Sainte-Hélène, que Kléber serait trompé par ses guides et que, parti à 22 heures, il n'arriverait qu'après le lever du jour « en terrain inconnu », situé à vingt-cinq kilomètres seulement de sa base.

Bonaparte a donc bien calculé sa marche pour apparaître au moment le plus opportun au milieu de la bataille et s'en attribuer toute la gloire. Il n'est donc pas parti sur l'heure au reçu du « plan mal combiné » de Kléber, mais le lendemain 15 avril à 13 heures. Il emmène avec lui la division Bon, toute la cavalerie disponible au camp sous les ordres de Reynier et une batterie de réserve, ne laissant devant Acre que la seule division Lannes. Il prend tout son temps puisque, arrivé à la nuit sur les hauteurs de Safoureh, il permet à ses troupes de reprendre haleine autour d'un bivouac. Il ne se remet en marche, le lendemain 16, qu'à la pointe du jour, en empruntant une gorge qui contourne le massif du mont Simani, pour atteindre vers 9 heures les derniers sommets d'où l'on peut découvrir la plaine de Fouleh et la vallée d'Esdrelon, au pied du mont Thabor. « Il aperçoit, relate Berthier, à environ trois lieues de distance [12 km], la division Kléber aux prises avec l'ennemi dont les forces paraissent être de vingt-cinq mille hommes de cavalerie au milieu desquels se battent deux mille Français. Il découvre en outre le camp des Mamelouks, établi au pied des montagnes de Naplouse, à près de deux lieues [8 km] en arrière du champ de bataille. »

Spectacle étonnant que ce petit carré de Kléber, presque imperceptible, entouré d'un rempart de cadavres au-dessus desquels volettent des fumées grises et des éclairs de sabres et, plus loin, ce rassemblement bigarré avec ses troupeaux, ses fantasias, ses dormeurs couchés devant les tentes, ses longues files de femmes allant aux puits, ses drapeaux verts ou rouges qui, dans l'immobilité de l'air, pendent le long de leur hampe de roseau. Ce qu'il distingue avec sa « bonne lunette » confirme à Bonaparte que son instinct ne l'a pas trompé : la division de Kléber a besoin de son secours. Les soldats de son petit corps d'armée, à la vue de ce spectacle d'une poignée de compagons d'armes aux prises avec la masse ennemie, demandent à dévaler de suite dans la plaine et à marcher au combat. Il est déjà dix heures. « Mais, relate dans une de ses lettres le chef de l'habillement Bernoyer, le général en chef ordonna à ses hommes de prendre un peu de repos, rendu nécessaire par la marche fatigante de la matinée; il prit ce temps-là pour préparer l'attaque. »

Bonaparte observe que la plaine d'Esdrelon est couverte de blé dont les tiges ont déjà six pieds de haut. Il scinde sa troupe en trois colonnes qu'il fait avancer à huit cents mètres l'une de l'autre. Les blés masquent entièrement les soldats qui peuvent ainsi approcher des positions ennemies sans être vus au débouché de la vallée. Il prend en effet grand soin de dissimuler sa présence, afin de pouvoir gagner un mamelon de nature à interdire aux Turcs toute retraite du côté des montagnes de Samarie et de Naplouse.

« Il fait ses dispositions, commente Berthier, pour tourner l'ennemi à une grande distance, dans l'intention de le séparer de son camp, de lui couper la retraite sur Djenine et de le culbuter dans le Jourdain. » Arrivé à une demi-lieue (2 km) de distance, Bonaparte envoie la 32e légère du général Rampon prendre à revers les assaillants du carré Kléber, « de flanc et de dos », et les guides à pied occuper la route de Djenine. C'est alors qu'il fait tirer un coup de canon par sa colonne de droite, en même temps qu'il ordonne à un carré de se montrer sur une digue. Averti par ce signal, le général Kléber, qui n'entend pas se laisser délivrer passivement par ce concours inattendu, reforme aussitôt ses carrés pour passer de la défensive à l'offensive. « Aussitôt, raconte le chasseur Millet, il ordonna la charge. Les tambours commencèrent de suite à battre et les soldats à l'exécuter. Pense, ô lecteur, quelle joie nous eûmes de voir un renfort arriver si à propos... Mais cette multitude de lâches soldats levantins, à ce seul aperçu, prirent la fuite avec plus de vitesse que ne fait un troupeau de moutons devant des loups affamés. Mais nous les poursuivîmes avec tant de furie, d'intrépidité et le désir de la vengeance de ce qu'ils nous avaient tant harcelés dans la journée, que nous fîmes mordre la poussière à plus de six mille hommes de leur infanterie, qui, se voyant abandonnés de leur cavalerie, ne cherchaient leur salut que dans la fuite; mais peu nous échappèrent.

« Souviens-toi, ô lecteur, que nous étions péri *(sic)* de soif. Eh bien! la soif de la vengeance avait éteint celle de l'eau et fait place à celle du sang... Car nous étions dans l'eau de ce même lac jusqu'à la ceinture, dont un peu auparavant nous en avions désiré un verre avec tant d'ardeur. Mais nous ne pensions plus à boire, mais bien à tuer et à rougir ce lac du sang de ces cruels qui, un peu auparavant, méditaient d'emporter nos têtes et nos corps dans ce même lac où ils furent eux-mêmes noyés, et dont le lac en fut rempli. »

Il s'agit du lac de Galilée que traverse le Jourdain et où Jésus reçut le baptême avant de marcher sur les flots... Le chasseur Pierre Millet, qui avait perdu un œil d'ophtalmie et s'était guéri de la peste avant la bataille du mont Thabor, est devenu, lorsqu'il écrit ces lignes féroces, maître d'école dans un village de France...

Son encerclement rompu, Kléber envoie Verdier à la tête de quatre compagnies et Junot à la tête d'un piquet de dragons enlever à la baïonnette le village de Fouleh, qui commande l'accès au mont Thabor, avant que Bonaparte n'y arrive. Rampon prend à revers les rescapés de la garnison passée au fil de l'épée, tandis que Kléber continue sa marche au pas de charge sur la cavalerie. Le rassemblement, culbuté par la cavalerie de Reynier dans le camp du Bazar, se disloque et s'éparpille. Hommes, femmes, troupeaux, dromadaires, chevaux s'entrechoquent et s'entassent dans des mêlées inextricables. La plus grande masse roule derrière le mont Thabor à la recherche d'un abri, poursuivie par la fusillade. La nuit arrive et elle court toujours, jusqu'au Jourdain qu'elle remplit de cadavres, mais dont Kléber se contente plus sobrement d'écrire dans son rapport qu'il « ressemble à ces petits ruisseaux factices que l'on trouve dans nos jardins anglais ». (« On a beau se rappeler les miracles dont il fut le témoin, ajoute-t-il, il n'en impose pas davantage; ses eaux ont cependant le mérite d'être très poissonneuse et sont d'une grande limpidité. »)

L'ennemi dispersé et pourchassé, la jonction des forces françaises opérée, Bonaparte vient trouver Kléber dans son poste de commandement, et les deux généraux, qui développent entre eux d'étranges rapports d'amour-haine depuis le début de la campagne, tombent dans les bras l'un de l'autre. Le général en chef invite l'intrépide guerrier alsacien, qu'il qualifie de « dieu Mars en uniforme », à venir exceptionnellement partager sa tente, ce soir-là, jusqu'à 3 heures du matin, avant d'aller rejoindre sa division de « braves », campée sur le Jourdain pour traquer les derniers débris de l'armée de Damas et dont Junot commande l'avant-garde sur une ligne s'étendant, par Tibériade, jusqu'au pont des Filles de Jacob, au nord du lac.

Bonaparte, qui a décidé de faire étape à Nazareth où sont transportés les blessés, a auparavant constitué un détachement punitif de cinq cents volontaires pour partir le lendemain piller et brûler la ville de Djenine, et réduire également en cendres deux villages naplousains qui n'avaient pas voulu reconnaître son autorité. Au retour, raconte Millet, « nous passâmes dans un village où ils [les villageois] tuèrent un dragon du 3e régiment. L'on pilla et tua le village pour récompense d'une si belle action ».

S'attendant à des représailles, les habitants de Naplouse ont truffé leurs montagnes de combustibles pour faire un barrage de feu à l'entrée de leur capitale. Mais Bonaparte ne tient pas à aventurer son armée plus avant dans la montagne. Il préfère adresser une mise en garde à son cheik : « Comme le général Bonaparte est bon et miséricordieux et qu'il sait que jusqu'à cette heure vous étiez les ennemis de Djezzar, il veut bien se contenter de la leçon qu'il vous a donnée hier et ne pas porter le fer et le feu dans vos villages... »

Une délégation de Naplousains viendra d'ailleurs le lendemain implorer son pardon, en échange d'otages et de promesse de neutralité. En même temps qu'elle provoque la soumission provisoire de ces montagnards, la victoire du mont Thabor va déterminer les délégués des Druzes et des Maronites à se déclarer plus ouvertement en faveur des Français et à s'engager à leur fournir des supplétifs. Le cheik Abbas Daher est également intervenu auprès de Kléber pour solliciter la grâce d'un village dont le général a pris sur lui d'évacuer les femmes et les vieillards, avec les blessés, sur Nazareth.

Bonaparte, qui a établi temporairement son quartier général dans une petite maison située au pied du mont Thabor, ne manque pas cette occasion de faire l'ascension du « pain de sucre », comme il dit, en rappelant que Nabuchodonosor l'avait gravi et que Jésus s'y était transfiguré devant ses apôtres, repoussant la tentation du « Diable qui lui offrait tout le pays qu'il voyait, s'il voulait l'adorer ». Dans la senteur des térébinthes et des cyprès, il a dû monter péniblement ce cône solitaire, se piquant les jambes aux taillis, faisant rouler des pierres, ou enfonçant ses bottes dans une terre ocre et noire, sèche comme de la cendre en dépit des dernières pluies... Mais quelle récompense, arrivé au sommet ! En face de lui, il voit les lignes sombres du Liban et les chaînes bleutées de Syrie, tandis qu'à perte de vue s'étalent les vallonnements sur lesquels souffle ce vent étouffant né au cœur des déserts d'Arabie, le *khamsin*...

Comme chaque fois qu'il a une grave décision à prendre, Bonaparte marche de long en large, mains croisées derrière le dos. Faut-il profiter de la panique de l'ennemi, défait dans cette plaine de Meggido, comme autrefois les armées de Sisera, pour pousser jusqu'à Damas, l'ancienne capitale des Omeyyades, où la Bible situait auparavant le pays de Magog ? Kléber n'est plus qu'à quelques heures de cette prestigieuse cité dont les abords ne sont plus défendus par rien. La voie est grande ouverte pour aller occuper et rançonner la plus riche et la plus populeuse métropole de la Syrie. Il se donne quarante-huit heures pour peser le pour et le contre, comme il l'expliquera plus tard à Las Cases et à Bertrand, ses mémorialistes de Sainte-Hélène :

« Il ne restait que quatre mille hommes au camp d'Acre

pour assiéger une garnison de huit mille hommes renforcée par deux vaisseaux anglais de quatre-vingts canons et par l'arrivée imminente de l'armée turque de Rhodes, transportée par mer. Le corps expéditionnaire français, lui, ne disposait d'aucune réserve : sur les treize mille hommes entrés en Palestine, mille avaient déjà été tués au combat, d'El Arich à Saint-Jean-d'Acre; mille autres, malades de la peste, étaient hospitalisés à Gaza, Jaffa, Ramleh, Chafa-Amr, Haïfa et Nazareth, deux mille tenaient garnison à Katieh, El Arich, Gaza et Jaffa, cinq mille étaient nécessaires au siège pour garder les parcs et les positions. Il ne restait que les quatre mille hommes de Kléber et Murat sur le Jourdain et à Safed. Il était donc urgent de faire rentrer toutes les troupes au camp de siège, pour ne pas laisser une base navale sur nos arrières aux Anglais. On aurait pu, à la rigueur, en distraire les deux mille cinq cents hommes de Kléber, cinq cents chevaux et douze pièces de canon; il serait encore resté six mille hommes au camp, ce qui était suffisant. Mais était-il raisonnable d'envoyer Kléber avec trois mille hommes dans une grande ville de cent mille habitants, les plus méchants de l'Orient? Ne risquaient-ils pas d'y être submergés?

« Cependant, poursuit Napoléon, la prise de Damas pouvait avoir lieu au plus tard le lendemain 18 avril, ou le 19 au matin : cela était bien tentant. Quels avantages ne retirerait pas l'armée de cette conquête! Elle y trouverait des chevaux, des chameaux, des mulets, dont elle avait besoin pour réparer ses pertes, des cuirs, des draps, des toiles, des effets d'habillement, de la poudre, des armes, de l'argent. On pouvait facilement y lever sept ou huit millions de francs de contributions; et, avantage au-dessus de tout pour une armée conquérante, quel éclat cela ne jetterait-il pas sur les armes françaises! La bataille du mont Thabor allait rétablir leur réputation un peu obscurcie par la résistance d'Acre; mais que serait-ce si au Caire, à Tripoli, à Alep, à Acre, on apprenait que le drapeau tricolore flottait sur la sainte et antique Damas? Plus que la prise d'Acre, ce drapeau sur le tombeau de Saladin n'amènerait-il pas les Mututalis, les Druses, les Maronites, les Arabes, tous les peuples de la Syrie à se ranger sous les couleurs de la France? »

Et pourtant, non! Si forte soit la tentation, il est impossible de risquer trois mille hommes seuls. Si seulement l'on pouvait les faire soutenir par six mille Naplousains, cela serait différent, sans compter les trente mille Druzes, chrétiens et Mutualis prêts à se rallier. Bonaparte en est là de sa méditation solitaire quand, au matin du 17 avril, il s'en ouvre à leurs députés qui suivent l'armée. Ceux-ci se regardent maintenant comme autorisés à engager leurs nations, mais il leur faut au moins quinze jours pour réunir un tel corps de troupes. Le cheik Daher junior ne peut offrir sur-le-champ qu'un concours de deux mille hommes; les Bédouins veulent attendre la chute d'Acre. Se résignant à renoncer à la conquête de Damas, Bonaparte songe alors à ordonner à Kléber d'y faire du moins une incursion de quarante-huit heures, le temps d'y mettre la ville à contribution. Mais une telle action risquait d'entraîner de mortelles représailles pour les dix-huit mille chrétiens de la ville arabe, dont l'appui pourrait être utile aux opérations ultérieures de la campagne de Syrie.

Non, décidément, Bonaparte va donner l'ordre à Kléber de repasser le Jourdain et d'y monter la garde en attendant ses instructions. Quant au détachement de Murat, il reviendra au camp d'Acre avec la division Bon. Il est temps de s'accorder un peu de repos en allant célébrer la victoire du mont Thabor par un *Te Deum* à Nazareth, la ville où vécut Jésus. Et de retrouver l'Amazone.

XIV

Le *Te Deum* de l'entracte

Avant d'entrer dans Nazareth pour y passer la nuit, Bonaparte fait une courte halte à proximité d'une antique fontaine où se désaltèrent de nombreux bestiaux : la fontaine de la Vierge, lui expliquent les notables de ce village chrétien qui accueille les chefs de l'armée française avec de grandes démonstrations de joie. Tout rappelle ici les scènes les plus célèbres de l'Ancien et du Nouveau Testament. Les soldats de l'an VI visitent avec intérêt le lieu où Judith a tranché la tête d'Holopherne, et surtout cette source de Cana dont ils regrettent qu'un nouveau miracle n'en fasse point couler du vin, car ils sont en état de manque. Ils s'étaient représenté le Jourdain comme un fleuve aussi large et rapide que le Rhône ou le Rhin. « On fut fort surpris, se remémore Napoléon, de ne trouver qu'un filet d'eau moindre que l'Oise ou l'Aisne à Compiègne. »

Et, brusquement, ces combattants qui viennent de remplir ce fleuve sacré et son lac de sang et de cadavres se rappellent qu'ils sont chrétiens. Émerveillés de se trouver dans des lieux encore tout imprégnés de la présence du Christ, où chaque arbre, chaque pierre, le moindre village leur parlent de la naissance, de la jeunesse, de la mort et de la résurrection de Jésus, ils retrouvent leurs souvenirs d'enfance, les Évangiles, la première communion, les cloches des églises qui, en France, sont depuis six ans condamnées au silence. En entrant dans le couvent de Nazareth, dont la basilique a été reconstruite au siècle précédent, ils croient entrer dans une église d'Europe : des centaines de cierges sont allumés et le Saint Sacrement est exposé sur l'autel en vue du *Te Deum* et des actions de grâce qui doivent célébrer leur victoire de la veille.

« Cet édifice n'a rien de remarquable, note le comte de Lavalette, alors aide de camp, si ce n'est la chapelle qui fut, dit-on, la chambre à coucher de la Vierge... Le supérieur, qui était espagnol, mais qui parlait bien l'italien, nous fit remarquer, à la gauche de l'autel, une colonne de marbre noir dont le fût est engagé dans le plafond, mais dont la base était brisée à quelques pieds du sol, de manière à ce qu'elle paraisse suspendue. Le prieur nous dit, avec beaucoup de gravité, que, lorsque l'ange Gabriel vint annoncer à la Vierge sa glorieuse et sainte destinée, il toucha du talon cette colonne qui se brisa. Le rire éclata parmi nous, mais le général Bonaparte, d'un regard sévère, nous rendit notre sérieux. »

Après s'être fait montrer cette grotte de l'Annonciation, le général en chef, accompagné des pères franciscains, rend visite à une trentaine de blessés et de gisants de son armée qu'ils ont recueillis pour les soigner dans leur couvent des Récollets, bâti au temps des Croisés. Étendus le long du cloître, plusieurs de ces malheureux ont déjà expiré, non sans avoir reçu des moines les secours de la religion.

« C'était probablement à l'instigation de ces pieux cénobites, commente Lavalette, car l'armée française, à cette époque, était fort étrangère à tout sentiment religieux. » Et pourtant, devant le médecin en chef Desgenettes, accouru lui aussi à leur chevet, un chef d'escadrons du 14e dragons, sentant sa fin prochaine, demande à terminer ses jours avec les saints sacrements. Un autre soldat qui a perdu un doigt dans la bataille et qui l'a ramassé et conservé sur lui, supplie qu'on enterre ce bout de chair mutilé au cimetière en disant : « Je ne sais ce que deviendra mon cadavre, mais au moins j'aurai toujours un doigt en Terre sainte. » Un moribond consulte ses camarades sur l'extrême onction que les Pères le pressent d'accepter. « Ne désoblige pas ces bons religieux qui ont tant pris soin de toi, répond l'un d'eux. D'ailleurs, qu'est-ce que tu risques? »

Bonaparte, tout attendri par ces scènes touchantes, accepte d'être le parrain d'un nouveau-né que l'on va baptiser après le *Te Deum*. D'autant plus que la marraine n'est autre que la belle Madeleine Verdier, l' « Amazone » qui s'est fait un devoir de suivre partout son général de mari, hospitalisé pour l'heure au couvent à la suite de sa chute de cheval, que les combats de la veille n'ont pas arrangée. Cette amazone-là n'a rien à voir avec Marie-Madeleine Josset de Longrais, l'épouse du capitaine de frégate Tempié, d'une beauté asiatique un peu masculine, qui avait défié Bonaparte au pistolet, à la veille de la campagne de Syrie, pour avoir voulu punir le chirurgien Boyer de sa prétendue lâcheté en lui imposant le port d'un jupon.

Madeleine Verdier s'était peut-être déguisée en amazone pour s'embarquer avec lui, elle était au contraire la féminité même.

Cantatrice italienne connue au théâtre sous le nom de la Bianca, elle n'a guère l'apparence d'une « chevalière d'Éon », comme l'écrira plus tard la femme de Junot. Monter à cheval, porter l'épée, tirer elle aussi au pistolet, traverser le désert, soigner les blessés, ne l'empêche nullement de rester jolie, charmante, gracieuse, d'un teint délicat sous sa chevelure claire, et de parler d'une voix douce et harmonieuse. Ne respectant aucun tabou en ce domaine depuis qu'en 1794, à Nice, jeune capitaine, il n'avait pas eu scrupule à courtiser la femme du général Turreau, Bonaparte se souvient de la brève intrigue qu'il a nouée avec « la Bianca » au début de son séjour au Caire, avant sa passion pour « la Bellilotte ».

L'occasion est trop belle de renouer avec elle dans cette chambre de l'hôtellerie franciscaine *Casa-Nova*, tandis que le mari, le brave général Verdier, se remet de sa blessure dans la salle aménagée en infirmerie, le long du cloître. « Le couvent est très beau, il y a assez de logements et de lits et les caves étaient fournies de très bon vin », se remémora seulement Napoléon, à Sainte-Hélène, de cette nuit mystique de Nazareth.

Le lendemain, au son des orgues et dans un flamboiement de lumières, Bonaparte et son amazone, unis pour un baptême en tant que parrain et marraine, lui tête nue, elle, sous son bonnet à plumet de cavalière, écoutent avec ferveur chanter le *Te Deum* solennel. « Il y avait un très bon organiste », se souvient encore Napoléon.

C'est en y pensant que, plus tard, il aurait volontiers fait son fidèle aide de camp, Junot, témoin de cette intrigue et de ce cérémonial, duc de Nazareth, pour récompenser son combat héroïque à Cana. Mais il préférera le nommer duc d'Abrantès afin d'éviter tout rapprochement fâcheux avec l'autre héros de Nazareth, un nommé Jésus.

Pour l'heure, Bonaparte n'a d'autre souci que de rallier les populations chrétiennes d'Orient à sa cocarde tricolore. « Le bonheur de ces Chrétiens ne peut s'exprimer, dit-il : après tant de siècles d'oppression, ils voyaient des hommes de leur religion ! Leur plaisir était de parler de la Bible, qu'ils savaient mieux que les soldats français. Ils avaient lu les proclamations du général en chef, dans lesquelles il disait qu'il était l'ami des Musulmans, et ils applaudissaient à cette ligne de conduite; cela n'avait en rien diminué sa confiance en lui. Napoléon revêtit de pelisses trois de leurs chefs... Un d'eux avait cent ans... Le général en chef le fit dîner avec lui. Ce vieillard ne dit pas trois mots qu'il n'y mêlât une parole tirée de l'Écriture sainte. La fidélité de ces Chrétiens ne se démentit ni dans la bonne, ni dans la mauvaise fortune de l'armée; ils lui furent utiles pendant toute la durée du siège. »

Après les chrétiens, les juifs. Bonaparte ne cesse d'envoyer des émissaires secrets à Damas et à Alep où il sait, par Venture de Paradis, qu'existent des communautés juives sensibles aux appels messianiques. D'où, peut-être, l'origine de cet entrefilet publié dans le *Moniteur universel* du 22 mai 1799 et qui ne va pas manquer d'intriguer maints historiens :

> « N° 243. Tridi 3 prairial an VII [22 mai 1799]. Constantinople. Nouvelle d'une proclamation du général Buonaparte aux juifs, dans laquelle il les invite à se ranger sous ses drapeaux, pour aller relever les murs de Jérusalem. »

La dépêche de Constantinople est datée du 28 germinal (17 avril) et classée, page 389, à la rubrique « Politique, Turquie ». L'exhortation attribuée à Bonaparte s'adresse à tous les juifs d'Asie et d'Afrique. On ajoute même qu'il en a déjà armé un grand nombre et que leurs bataillons menacent Alep...

XV

Un messie tricolore

A Prague, capitale de la province bohémienne du Saint-Empire, le samedi 13 juillet 1799, à 4 heures de l'après-midi, une poignée de fidèles qui se dirigent vers la synagogue s'arrêtent tout interdits devant le spectacle insolite qu'offre la rue. Pourquoi ce déploiement de police qui trouble la sérénité du shabbat à l'ombre du plus ancien temple juif d'Europe, Altneuland, dont la haute toiture pointue aurait abrité, selon la légende, la création du Golem, au siècle précédent, par le rabbin Maharal? Au premier étage des maisons basses qui bordent les ruelles alentour, des fenêtres s'ouvrent et les habitants, à peine réveillés de la sieste qu'impose le repas du jour de fête, se penchent pour découvrir la cause de ce remue-ménage si contraire à leurs habitudes. Car, depuis août 1797, les juifs de Bohême et de Moravie jouissent aux délices des premières libertés civiques accordées par le gouvernement impérial.

Que se passe-t-il? Avant même que le détachement de la police autrichienne, qui cerne la grande demeure patricienne du marchand de tabac Jonas Wehle, ait toqué au battant de son porche en bois de chêne, le chuchotement de bouche à oreille a précédé l'arrivée du commissaire Joseph Hoch : « *Polizey! Polizey! Polizey!* » La rumeur véhicule ainsi les nouvelles à la vitesse du tam-tam dans tous les ghettos et toutes les casbahs du monde...

Dans la petite arrière-salle de la spacieuse maison du marchand de tabac, les policiers, qui ont dû forcer la porte, trouvent réunis une vingtaine d'hommes en noir, revêtus du long manteau traditionnel en dépit de la chaleur estivale, en train d'étudier religieusement les Saintes Écritures. Dans ce groupe qui donne l'apparence d'une pieuse assemblée de talmudistes absorbés par leur lecture en commun de textes sacrés ou de commentaires raffinés, ils reconnaissent des notables de la communauté pragoise honorés par les autorités autrichiennes : Hönig von Hönigsberg, récemment anobli par l'impératrice, Salomon Brandeis (aïeul lointain d'un futur président de la Cour suprême des États-Unis), les Bondis, les Porges, propriétaires d'une distillerie d'alcool, sans compter la respectable famille Wehle elle-même.

Agissant sur dénonciation, mais avec un minimum de tact, pour rechercher de prétendus documents compromettants, le commissaire Hoch ne sait pas encore que, sous cette docte et sage apparence studieuse, se tenait en réalité une réunion clandestine obéissant aux règles les plus strictes des sociétés secrètes : la réunion d'une cellule du réseau international fondé par les partisans de Jacob Frank, le successeur en messianisme de Shabtai Zvi, ce fils d'un rabbin d'Izmir, en Turquie, qui avait secoué les masses juives d'Europe orientale en annonçant l'imminence de leur rédemption par un prompt retour à Sion, avant de se convertir lui-même à l'islam [1]. Les néo-sabbatéens que sont, un siècle plus tard, les frankistes, ont conclu de cette apostasie à la nécessité de renverser les valeurs morales et religieuses en prêchant la rédemption par le péché et le rétablissement territorial du peuple juif parmi les nations. Leurs aspirations sont à la fois nettement plus politiques et plus élitistes : le chef, lui, s'est converti au catholicisme avant de mourir en 1791, et leur secte, qui ne compte que quelques milliers d'adeptes basés à Offenbach, près de Francfort-sur-le-Main, étend ses ramifications jusque dans les plus hautes sphères des pays où elle essaime ses cellules secrètes. Sous la direction de la fille de Jacob Frank, la belle Eva, surnommée la Sainte Dame et qui règne sur sa cour d'Offenbach sous la protection d'une petite armée, le frankisme tisse sa toile en faisant de l'entrisme dans les milieux intellectuels des communautés juives les plus importantes, jusqu'aux confins de l'Arménie en passant par la Pologne, la Russie, l'Autriche, la Prusse et... la France révolutionnaire, infiltrant les administrations de ces pays avec des filières et des correspondants haut placés.

Les cellules frankistes, très actives en Bohême et en Moravie, fonctionnent à la manière de loges maçonniques. Elles servent de lieux de rencontre aux philosophes, penseurs, kabbalistes et intellectuels de la petite et moyenne bourgeoisie juive qui cherchent à se libérer de l'étouffant rabbinisme orthodoxe, tout en nourrissant l'espoir d'une libération nationale.

Les principes de base de ce renouveau messianique par la subversion morale et spirituelle ont été définis par son fondateur dans l'une de ses rares publications intitulée en hébreu *Les Paroles du Sieur,* véritable philosophie de la clandestinité.

Le terme « sieur » (Adon) n'est utilisé que huit fois dans la Bible pour désigner le Seigneur, dont cinq fois dans le seul Livre d'Isaïe, auquel un disciple de Jacob Frank a consacré un ouvrage. C'est sous ce terme qu'il se présentait comme le nouveau messie annonciateur d'apocalypse. Né en 1726 à Korolowka, en Podolie, non loin des villages dont étaient également originaires les pionniers du hassidisme, Baal Shem-Tov et Nahman de Bratzlav, Jacob Frank, alias Leibowitz, avait élaboré sa doctrine lors d'un séjour à la prison de Tchenstechow où, entre 1757 et 1773, il s'était longuement initié à l'art de la dissimulation et à la pratique de la corruption la plus cynique. Il avait été incarcéré par les Polonais pour être demeuré juif en dépit de son baptême de conversion, et libéré par les Russes lors du partage de la Pologne. Il avait tiré de cette expérience des enseignements paradoxaux : un anarchisme nihiliste, associé à un insatiable appétit de pouvoir; une justification des moyens par les fins; une recherche du bien à travers le mal; l'accès à la sainteté par le péché; l'obligation du double jeu pour le « vrai croyant », qui doit paraître à l'extérieur différent de ce qu'il est à l'intérieur de lui-même; la conversion nécessaire du Messie à une autre religion; le remplacement des prescriptions de la Thora :

« L'accomplissement de la Thora est dans son abolition, prêchait-il. C'est du pourrissement de la graine dans la terre que renaissent les plantes. Il en sera de même de la nouvelle Loi. Il faut abolir les lois inhumaines de la mort pour arriver au monde bon, juste et éternel du Dieu des dieux, seul connu des vrais croyants... Je ne viens pas pour élever votre âme mais pour vous plonger dans les pires turpitudes afin de mieux vous élever. »

Frank ne pouvait qu'être conforté dans son messianisme mythologique par les dix ans de vie commune qu'il avait ensuite partagés avec sa cousine Dobrushka, née Hirschl, épouse du fondateur de la communauté juive de Brünn anobli sous le nom de von Shönfeld, et animatrice du courant sabbatéen en Moravie. Puis, en 1783, il avait loué un château du XVIe siècle sur les bords du Main, à Offenbach, en Hesse, pour en faire la principauté de son internationale occulte. S'octroyant le titre de « baron polonais », Frank y avait organisé toute une cour et recruté une milice armée de six cents hommes qu'on appelait ses « Turcs » : les cavaliers de cette garde personnelle, autorisés à l'escorter lors de ses déplacements entre Francfort et Vienne, provenaient en partie du bataillon de cosaques israélites formé par le général Potemkine, favori de la Grande Catherine. Frank entretenait en effet des relations avec l'impératrice de Russie qui, le 19 novembre 1781, avait envoyé auprès de lui le prince Pavel – le futur empereur Paul Ier. Il avait également ses entrées à la cour de Vienne où l'empereur Joseph II s'était épris de sa fille Eva.

En dehors de cette vie mondaine pour la façade, le maître de la secte d'Offenbach se livrait à la débauche et à toutes sortes de profanations et de provocations iconoclastes, organisant par exemple des parties fines le jour du Grand Pardon (Kippour). « Que cela ait été pour des raisons personnelles ou pour d'autres raisons, écrit l'illustre historien du judaïsme Gershom Scholem, ce chef religieux se comporta dans tous ses actes comme un personnage corrompu et dégénéré... Même si l'on fait la part de l'habileté de Frank, de son manque de scrupules, de sa fourberie et de son ambition (son goût pour le pouvoir), il demeure une figure terrifiante et vraiment satanique – le cas le plus effrayant de l'histoire juive... Mais il y avait chez ses disciples un désir inattendu mais indubitable de rétablir l'existence nationale et même économique du peuple juif. Bien que sa doctrine ait revêtu un caractère entièrement négatif, il y avait donc en elle un franc vouloir de vivre. Dans tous ses textes, l'annonce des cataclysmes sans lesquels les Apocalypses ne peuvent se concevoir est écrite en images fulgurantes : guerres mondiales, révolutions, épidémies, famines, catastrophes, mais aussi apostasies, profanations du nom de Dieu, oubli de la Thora et rejet de tout ordre moral allant jusqu'au renversement des lois de la nature. »

A l'approche de cette fin de siècle, la tourmente qui secoue l'Europe avec la Révolution française et ses guerres a les mêmes effets sur les adeptes de Frank que sur les millénaristes protestants d'Angleterre : la croyance en la proximité de la fin des temps et donc en la réalisation des prophéties. Dans un livre sur la *Prophétie d'Isaïe,* un des philosophes frankistes annonce une nouvelle guerre de Gog et Magog qui va restituer une nation juive aux fils de Jacob. La subversion des valeurs religieuses propre à leur doctrine, qui se double d'une contestation de l'ordre politique et social, va faire des frankistes, paradoxalement protégés par les cours impériales, d'influents propagandistes clandestins de la République instaurée à Paris.

« La Révolution leur apportait sans doute, poursuit Scholem, la confirmation de leurs opinions nihilistes : maintenant, les piliers du monde semblaient être ébranlés et les anciennes coutumes en voie d'être renversées... Elle ébranlait toutes les autorités spirituelles et séculières, et, pardessus tout, le pouvoir clérical... Les idées apocalyptiques viennent rencontrer les théories politiques de la Révolution qui, après tout, pouvaient conduire également à une “ libération nationale et spirituelle ”. Cette formule éclairante... est celle par laquelle les frankistes de Prague définissaient les buts de leur mouvement. »

Après la mort de Jacob Frank en 1791, le frankisme s'était cherché un Messie de rechange hors du monde juif tenu en tutelle par l'orthodoxie rabbinique. Alors, pourquoi pas ce Bonaparte, le premier chef de guerre à avoir fait plier la papauté romaine et à battre en brèche l'autorité islamique de la Porte ottomane?

***

Le groupe de notables juifs réunis chez le négociant Wehle le samedi 13 juillet 1799 était justement en train d'étudier les derniers documents secrets parvenus clandestinement par courrier spécial de la centrale d'Offenbach concernant les développements de la campagne d'Orient. Les frankistes de Prague suivaient avec excitation l'aventure française en Terre sainte, mais avaient soin de n'en rien laisser paraître. Quand les policiers autrichiens du commissaire Hoch enfoncent la porte, ils ont été avertis de cette perquisition par leurs filières dans l'administration et ont aussitôt pris l'apparence d'un groupe d'études bibliques penché sur de saintes écritures. Mais les enquêteurs ne sont pas dupes, ils savent très bien ce qu'ils doivent chercher, malgré tout le respect qu'ils doivent à ces personnalités cajolées par les princes du moment.

Quelques jours plus tôt, le baron Wratislav von Mitrowitz, procureur général de Bohême, a reçu une lettre de dénonciation signée d'une simple initiale, « B. », l'informant de la tenue de cette rencontre secrète au domicile de Jonas Wehle. La délation anonyme est une arme assez fréquemment utilisée à l'époque dans les luttes d'influence qui opposent, au sein des communautés juives d'Europe centrale, le rabbinisme orthodoxe aux trois courants d'opposition qui menacent son monopole vieux de plus de mille ans : les hassidim, les nationalistes (maskilim), précurseurs des sionistes du XIXe siècle, et les frankistes. Mais cette lettre-là a de quoi intriguer l'autorité judiciaire, car elle est adressée personnellement au haut magistrat à son lieu de résidence, « vu l'importance de l'affaire qui ne peut être traitée qu'à son niveau » :

« Mon très distingué baron,

« Je me permets de vous signaler les récents agissements clandestins d'une secte sabbatéenne sévissant dans la communauté juive locale... Déjà, sous S.M. l'Impératrice Marie-Thérèse, on n'avait que trop toléré la présence à Brünn d'un certain Frank qui, tout en s'étant converti au catholicisme, restait en réalité un adepte du faux messie

Shabtaï Zvi. Ce Frank qui, entouré d'une garde personnelle, donnait de grandes réceptions organisées on ne sait comment et financées par on ne sait qui, était considéré par ses partisans comme la réincarnation de ce Shabtaï Zvi... Ce personnage avait quitté Brünn pour s'établir à Offenbach, près de Francfort, pour se rapprocher de la terre de France. Le nom de Jacob Frank, qu'il avait adopté en Bohême, est une indication de ses tendances et de sa sympathie pour la France jacobine... Depuis le début de la Révolution française, la secte frankiste cherche, comme la plupart des sociétés secrètes, une entente avec cette France. Un de ses adeptes les plus importants, Moses Dobrushka, lui aussi converti au christianisme sous le nom de Franz Thomas von Shönfeld, avait quitté Brünn pour Offenbach après la mort de Frank et l'on s'attendait à ce qu'il en prenne la succession... Or il avait en réalité gagné la France, où il a pris le nom de Junius Frey, a marié une de ses sœurs au secrétaire de la Convention Chabot et a été finalement guillotiné sur ordre de Robespierre. Il y a deux semaines, quelques-uns des Frankistes de Prague se sont rendus à Offenbach sous prétexte d'affaires, mais, en réalité, dans le cadre de leurs espérances messianiques, susceptibles de porter atteinte à la sécurité du Saint Empire. Le renversement de la Papauté les a déjà confortés dans la prochaine arrivée du Messie. *Les conquêtes de Bonaparte en Orient, et tout particulièrement la conquête de la Palestine, de Jérusalem, et son appel aux Juifs, font l'effet de l'huile sur leur feu.* Et c'est là qu'on peut chercher la source de leurs relations avec la société française... Les groupes frankistes disposent de beaucoup d'argent. Dans quel but?

« Jonas Beer Wehle est le chef du réseau frankiste local. On peut trouver chez lui tous leurs secrets et tous leurs écrits. Vendredi dernier sont descendus chez lui deux voyageurs en provenance d'Offenbach avec plusieurs manuscrits. Une prompte descente dans la demeure de Wehle permettrait de découvrir ces nouveaux documents. Le meilleur moment pour les surprendre est l'heure de leur réunion : samedi 16 heures... »

L'informateur anonyme ajoute en post-scriptum que deux femmes en désaccord avec leurs maris, membres de cette société secrète et dont il donne les noms, seraient en mesure de fournir à ce sujet des renseignements de grande valeur.

Cette lettre de quatre pages sera l'un des rares documents concernant le phénomène frankiste encore conservés aux archives de la police tchécoslovaque dans les années trente. La plupart des autres auront disparu. Une visite que les auteurs de cet ouvrage y ont effectuée en 1991 ne leur a pas permis de trouver trace de ces papiers mystérieusement escamotés. C'est que, selon Gershom Scholem, cette abondante littérature clandestine a été détruite non seulement par les orthodoxes, mais par les frankistes eux-mêmes dont les héritiers, surtout en Bohême-Moravie, ont fait table rase de tout leur patrimoine. Petit-fils d'un sectateur d'Offenbach, l'historien Fritz Mautner raconte dans ses mémoires qu'un émissaire s'était présenté chez son grand-père, vers les années 1820, pour se faire remettre tous les documents en sa possession relatifs aux activités frankistes. C'est que nombre de rabbins avaient fini par adhérer secrètement à ce courant messianique qui avait pourtant abouti, une fois de plus, à tant de déceptions... Et que nombre de leurs descendants accédèrent par la suite, à force d'entrisme, à la direction des communautés juives. Ces nouveaux responsables n'eurent alors de cesse d'effacer ce qui pouvait rester du patrimoine frankiste dans les dossiers d'archives!

Depuis le milieu du XIXe siècle, les dirigeants communautaires issus des milieux frankistes ont envoyé systématiquement des émissaires à travers l'Europe faire la chasse au moindre document ayant trait au passé controversé de leurs anciens maîtres et en éliminer jusqu'à la moindre trace dans la documentation accumulée par les communautés juives. Ainsi Leopold Porges, fils du frankiste Gabriel Porges – celui qui avait apporté d'Offenbach les documents à examiner à la réunion du 13 juillet 1799 chez Wehle, et dont faisait état l'informateur anonyme du procureur de Prague –, anobli en baron von Fortheim, occupait-il dans les années 1860 le poste de président de la communauté juive dans la capitale tchèque.

Alors, *quid* des documents en question? Selon les us et coutumes de l'époque, les pièces saisies par la police autrichienne lors de sa descente au domicile des Wehle ont d'abord atterri sur le bureau du censeur Karl Fischer, sorte de commissaire régional aux affaires hébraïques désigné par le gouvernement parmi les autorités israélites traditionnelles.

Fischer entretenait des liens d'amitié très étroits avec le président du tribunal rabbinique de Prague, ennemi invétéré des frankistes qu'il accusait de vouloir la destruction du peuple juif. Le rabbin Elazar Fleckeles consacrait ses sermons dans les diverses synagogues de la ville à stigmatiser leur trahison, leur débauche et leur faux messianisme. Ces sermons, qui équivalaient pratiquement à une excommunication, seront même réunis dans un livre intitulé en hébreu *Ahavat David* (« Amour de David »), en mémoire de son père prénommé David, mais surtout en l'honneur du roi David, le vrai Messie, par opposition à ce Frank qui se prenait pour le fils du Messie combattant, Ben Joseph.

La publication de ces diatribes recevra bien entendu le visa de Karl Fischer. Mais s'attaquer ainsi aux frankistes – et la lettre de dénonciation de juillet 1799 émane évidemment de l'entourage de Fleckeles, assez au courant des rouages administratifs pour l'adresser à la résidence personnelle du procureur –, c'est aussi s'attaquer à un groupe de notabilités disposant de moyens de pression et de contacts politiques au plus haut niveau. C'est ainsi que le gendre de Wehle, Hönig von Hönigsberg, détenteur du monopole des tabacs pour la région de Bohême et anobli par l'impératrice Marie-Thérèse, portera plainte en justice à Prague et à Vienne contre le grand rabbin Fleckeles pour incitation à la haine et à l'émeute. Ce qui vaudra à cet imprécateur du tribunal rabbinique et de la synagogue de passer quatre jours en forteresse, et à son ami le censeur Fischer de se voir réprimander par le gouverneur pour avoir donné son *imprimatur* au livre de Fleckeles.

Mais que sont devenus les fameux documents compromettants saisis par la police chez Wehle et soumis pour examen au censeur des affaires hébraïques ? Après avoir permis au rabbin Fleckeles de prendre copie de leur contenu satanique, Fischer s'est chargé de faire disparaître les originaux écrits en hébreu. Il n'en restera aucune trace dans les archives de la communauté, dont les dossiers ont été vidés de toute allusion à cette affaire, y compris le procès-verbal de la perquisition du 13 juillet 1799 et la traduction en allemand des documents saisis.

Toutefois, trois pages, ultérieurement dactylographiées, resurgiront miraculeusement de ces oubliettes en juillet 1940... à Londres! En pleine débâcle européenne, elles sont communiquées par un réfugié juif de Tchécoslovaquie, Ernst Foges, petit-fils du frère cadet d'Elazar Fleckeles, à un historien juif, Franz Kobler, lui-même réfugié de Vienne. C'est en fouillant dans les papiers de son grand-père, avant de fuir l'Autriche annexée par Hitler en 1938, que Foges a découvert un manuscrit de la main du rabbin Elazar, dont il a tapé lui-même trois pages à la machine : ce manuscrit se présentait comme la traduction en allemand d'un original en hébreu. Nous tenterons de reconstituer plus loin l'itinéraire de ce document controversé.

La première page reproduisait le compte rendu administratif de la saisie d'un texte intitulé :

« *Zuschrif an die Judische Nation*
1. Von den franzosischen Obergeneral Buonaparte.
2. Von Rabbi Aron in Jerusalem.
Aus dem original ubersetzt 1799. »

(Appel à la nation juive [1] du général en chef français Buonaparte, [2] du rabbin Aron de Jérusalem. Traduit de l'original, 1799).

La deuxième page dactylographiée reproduisait la traduction allemande de la traduction en hébreu de la fameuse proclamation attribuée à Bonaparte et datée du jour de la pâque juive. En voici l'intégralité en français :

« Quartier général, Jérusalem, 1er floréal an VII de la République française [20 avril 1799].

« Bonaparte, commandant en chef des Armées de la République française en Afrique et en Asie, aux héritiers légitimes de la Palestine :

« Israélites, nation unique, que des millénaires de conquêtes et de tyrannie ont pu priver de leurs terres ancestrales, mais ni de leur nom, ni de leur existence nationale!

« D'impartiaux observateurs de la destinée des nations, même sans être aussi doués pour les prophéties qu'Isaïe et Joël, ont aussi senti depuis longtemps ce que ceux-ci avaient prédit, avec une foi belle et édifiante, quand ils virent venir la destruction de leur royaume et de leur patrie : “ Les rachetés de l’Éternel reviendront, Ils retourneront en chantant triomphalement à Sion, Et la jouissance de la possession désormais incontestée de leur héritage couronnera leur tête d’une joie sans fin. ” *(Isaïe 35, 10)*.

« Levez-vous avec joie, ô exilés ! Par une guerre d’autodéfense sans égale dans les annales de l’histoire, une nation, dont les ennemis considéraient le patrimoine territorial comme un butin à partager arbitrairement et à leur convenance par un trait de plume ministériel, venge sa propre humiliation et celle des nations les plus lointaines, depuis longtemps oubliées sous le joug de l’esclavage; et aussi l’ignominie qui vous est imposée depuis près de deux mille ans. Alors que le moment et les circonstances semblent le moins propices à revendiquer vos droits ou même à les exprimer, alors qu’ils paraissent même de nature à vous y faire renoncer complètement, cette nation vous offre à ce moment même, et contre toute attente, le patrimoine d’Israël.

« L’invincible armée avec laquelle la Providence m’a fait venir jusqu’en ces lieux, guidé par la justice et accompagné par la victoire, a fait de Jérusalem mon quartier général et le transférera d’ici peu à Damas qui, dès lors, ne pourra plus constituer de menace pour la cité de David.

« Héritiers légitimes de la Palestine !

« La Grande Nation qui ne fait pas commerce d’hommes et de pays comme ont fait ceux qui ont vendu vos ancêtres parmi tous les peuples *(Joël 4, 6)* vous appelle ici, non certes à conquérir votre patrimoine, oh ! non ! mais seulement à reprendre ce qui a été conquis, et, forte de la garantie et du soutien de cette nation, à en demeurer les maîtres pour la défendre contre tout venant.

« Relevez-vous ! Montrez que la puissance, jadis irrésistible, de vos oppresseurs n’a pas amoindri le courage des descendants de ces héros dont l’alliance fraternelle avait honoré Rome et Sparte *(Macchabées, 12, 15)*, mais que ces deux mille ans de soumission n’ont pas réussi à l’étouffer.

« Hâtez-vous ! C’est le moment, qui risque de ne pas

se représenter avant des millénaires, d'exiger, parmi tous les peuples de la Terre, la restauration de vos droits, qui vous ont été ignominieusement refusés pendant des millénaires, à une existence politique parmi les nations, et le droit naturel et sans limite de vénérer Jehovah selon votre foi et pour toujours *(Joël 4, 20)*. »

La troisième page du document apporté à Londres par Foges reproduisait, également traduite de l'hébreu en allemand, une lettre d'accompagnement destinée à présenter, semble-t-il, cette proclamation aux communautés juives du monde et signée d'Aron ben Lévi, rabbin de Jérusalem. En voici le texte, également truffé de citations bibliques :

« Aron fils de Lévi, Rabbin de Jérusalem, aux enfants de la Gola, des pays du soleil levant aux pays du soleil couchant, du midi et du minuit :

« Il n'y aurait rien à ajouter à la déclaration que vous adresse l'élu de Dieu, Bonaparte, ce grand chef éclairé des forces françaises d'Afrique et d'Asie, si je ne devais, moi, Aron fils de Lévi, de la tribu des Levis, de retour ici après tant de générations, premier rabbin et prêtre de cette ville sacrée, par la grâce de Dieu, Commandant suprême, rappeler, en faveur du peuple opprimé, les paroles de *Joël*, fils de *Pthuel*, chapitre 4, et de *Zephania*, fils de *Koushi*, chapitre 2, et *Malachie*, chapitre 2,3 (« Je vous envoie mon ange pour ouvrir la voie et c'est alors que le Sieur [*Adon*] que vous attendez viendra en son palais. »)

« Frères ! Ces prophéties si glorieuses se sont déjà pour une grande part réalisées avec les victoires militaires de la Grande Nation, et il ne dépend maintenant que de nous de nous conduire en vrais enfants d'Israël et non en fils de prostituées et d'épouses adultères, en revendiquant l'héritage du peuple élu au service du Créateur (*Psaumes de David* 27, 4). Ayez donc les ailes de l'aigle et la force du lion, et soyons dignes de nos aïeux du temps de Nehemiah et d'Ezra, afin de relever les murs de la cité orpheline et de reconstruire le temple de Dieu, dans lequel sa gloire résidera d'ici à l'éternité.

« Proclamez-le à toutes les nations parmi lesquelles la

semence de Jacob s'est éparpillée, sanctifiez le combat, réveillez les combattants, rassemblez tous les fils d'Israël capables de porter les armes et faites-les venir ici, permettez même au plus faible de dire “ je suis fort ! ” (*Joël* 4).

« Puisse le Dieu d'Abraham, d'Isaac et de Jacob bénir l'œuvre de nos mains ! Puisse Dieu la couronner du succès, comme il l'a promis à nos ancêtres ! Qu'il se souvienne pour l'éternité de tout ce que cette Grande Nation fait pour nous (*Ezra* 7/27) et laissez tout le peuple crier comme il l'avait fait pour Gédéon, fils de Joash (*Juges* 7) : “ A l'épée de Dieu et de Bonaparte ! ” »

Pour tenter d'apprécier le degré d'authenticité de ces deux documents, dont l'existence n'a été révélée qu'à l'été 1940 à Londres et qui ne sont eux-mêmes que la copie d'une traduction en allemand d'originaux en hébreu à jamais perdus, il convient d'abord d'en reconstituer, autant que faire se peut, l'itinéraire. Nous avons cherché à remonter à leur source à partir de leur dernier détenteur, ce réfugié juif de 1938, Ernst Foges, né à Prague le 17 décembre 1862. Sa mère, née Fleckeles, avait hérité les archives conservées par son père David, né en 1820, qui les avait lui-même reçues de son père Wolf Fleckeles, jeune frère du juge rabbinique Elazar, auquel il survécut vingt-cinq ans à la présidence de la communauté juive de Prague, de 1824 à 1849. A sa mort, le rabbin ennemi juré des frankistes lui avait donc remis la copie qu'il avait faite à la main des traductions allemandes originales communiquées en juillet 1799 par le censeur aux affaires juives Karl Fischer.

Les manuscrits trouvés par Ernst Foges dans les archives de son grand-père maternel, et dont il a pris soin de dactylographier la teneur, se présentaient, disait-il, sur un papier épais : ils étaient la copie conforme d'originaux soumis à son grand-oncle par Fischer après la descente de police du 13 juillet 1799 au domicile des Wehle.

L'Anschlüss, qui a permis à Hitler d'annexer l'Autriche au IIIe Reich et enferme la Tchécoslovaquie dans un étau, décide Ernst Foges à émigrer en Palestine. A cette fin, il place tous les papiers et tous les livres qu'il a hérités dans une grande caisse qu'il confie à la société viennoise de transports Lobb et Shwartz. Le colis, enregistré sous le numéro E.F. 157 chg 1589, est acheminé de Vienne au port de Trieste, sur l'Adriatique, en août 1939, tandis que son propriétaire gagne Londres dans l'espoir d'y obtenir plus facilement un visa pour le territoire sous mandat britannique. Il a dans ses bagages la copie dactylographiée qu'il a eu l'heureuse idée de faire de ces deux documents dont il a pressenti toute l'importance.

En attendant son expédition par bateau à Haïfa, la caisse se trouve consignée dans un entrepôt de Trieste. La déclaration de guerre de septembre 1939, suivie quelques mois plus tard par l'entrée en belligérance de l'Italie fasciste, compromet l'embarquement de tous les chargements à destination de la Palestine. Quand les nazis viennent occuper Trieste, en pleine guerre, ils confisquent les marchandises en souffrance dans les entrepôts, et notamment la caisse de l'émigré juif Foges. Tous les efforts de la société d'assurances Lloyds, pour tenter de retrouver après la guerre les colis destinés à la Palestine resteront vains.

En l'absence du manuscrit original qui n'était lui-même qu'une copie de la version allemande de la version hébraïque de la déclaration attribuée à Bonaparte et accompagnée de l'appel d'un rabbin de Jérusalem, il est toutefois possible d'en situer la date, voire d'en identifier l'origine par l'analyse sémantique des textes remis par Foges à l'historien Kobler à Londres. Car il n'y a aucune raison de mettre en doute la bonne foi de leurs dépositaires. Les expressions utilisées montrent qu'il s'agit bien de textes contemporains de la campagne de Bonaparte en Palestine. D'une part, les tournures de phrases sont typiques de la langue allemande telle qu'elle était pratiquée à la fin du XVIIIe siècle. Mais, surtout, trois détails permettent d'établir qu'il s'agit bien d'un document d'époque, rédigé entre le 20 avril et le 11 juillet 1799 :

– Un document apocryphe n'eût pas placé le quartier général de Bonaparte à Jérusalem, car, par la suite, on savait qu'il s'était abstenu de prendre la Ville sainte.

– Il n'eût pas orthographié le nom du général en chef avec le *u* initial de Buonaparte, alors que tous ses ordres du jour contemporains étaient signés Bonaparte.

– Il n'eût pas utilisé le nom d'Aron Ben Lévi (l'équivalent

de Dupont fils de Durand en hébreu), alors qu'il était facile de se rendre compte qu'aucun grand rabbin de Jérusalem n'avait à l'époque porté ce nom...

Mais un document d'époque n'est pas pour autant un document authentique. Et une recherche plus poussée nous permet d'établir, avec la même certitude, qu'il ne peut s'agir que d'un faux fabriqué « pour la bonne cause » par un dignitaire frankiste d'Offenbach, à partir d'informations obtenues de sources sympathisantes disséminées dans l'Empire ottoman, notamment à Alep, en Syrie, et d'échos parus dans la presse de l'époque. La proclamation prêtée à Bonaparte, à l'égal de celles adressées aux autres peuples ou communautés religieuses de la région, de même que la lettre d'accompagnement d'un grand rabbin fantôme, s'inscrit en effet trop manifestement dans la ligne, l'esprit et la lettre du dogme développé par le frankisme. Ce texte qui n'a pu circuler qu'à un nombre d'exemplaires très limité, selon une diffusion strictement contrôlée par ses véritables auteurs, trahit dans sa terminologie même l'effervescence messianique et révolutionnaire qu'ils éprouvaient à l'annonce des succès militaires de Bonaparte en Palestine. C'est le fameux « effet de l'huile sur le feu » des nouvelles sur les conquêtes de Bonaparte et de son « appel aux juifs » dont parle la dénonciation anonyme adressée à la résidence privée du procureur de Prague quelques jours avant la descente de police du 13 juillet 1799 dans le milieu frankiste du ghetto...

Arrêtons-nous en effet sur la date de cet « appel aux juifs » attribué au commandant en chef de l'armée d'Orient : 1er floréal an VII, c'est-à-dire le 20 avril 1799. Elle correspond au premier jour de la pâque juive qui commémore la sortie des juifs de leur esclavage en Égypte et fête donc leur liberté recouvrée. Bonaparte est revenu l'avant-veille de son *Te Deum* de Nazareth à son camp d'Acre, après la victoire du mont Thabor. Il est tout à fait imaginable qu'il puisse alors lancer une proclamation aux juifs dans l'espoir d'acquérir leur concours pour faire tomber enfin cette « foutue bicoque » de Saint-Jean-d'Acre et faciliter la « libération » ultérieure de Damas et d'Alep, où réside une riche et importante communauté israélite. Le seul ennui, c'est qu'on n'en trouvera jamais la moindre mention ni dans les archives militaires de la campagne d'Égypte et de Syrie, ni dans aucun des innombrables journaux intimes, mémoires et récits des témoins ou participants de l'expédition. Seules quelques références semblent faire allusion à l'intérêt que Bonaparte aurait pu porter à un tel projet.

La première pièce à conviction est cet entrefilet du *Moniteur* du 3 prairial an VII (22 mai 1799) : « Constantinople. Bonaparte a fait publier une proclamation dans laquelle il invite les juifs de l'Asie et de l'Afrique à venir se ranger sous ses drapeaux pour rétablir l'ancien royaume de Jérusalem ; il en a déjà armé un grand nombre et ses bataillons menacent Alep [2] ». Or cette nouvelle était reproduite (déjà !) de *La Gazette de Hambourg* et de la *Vossische Zeitung* de Berlin, avec toutefois quelques légères variantes pouvant résulter d'une pluralité de sources : la dépêche de Constantinople est datée du 17 avril dans *Le Moniteur*, du 22 avril dans les deux publications allemandes ; d'autre part, l'expression allemande « reconstituer le royaume de Jérusalem » devient, dans l'une des versions françaises, « rétablir l'ancienne Jérusalem [3] ». Cette citation doit être complétée par un autre entrefilet paru dans *Le Moniteur* du 9 messidor (27 juin) et qui tendrait à la recouper : « Ce n'est pas seulement pour rendre aux juifs leur Jérusalem que Bonaparte a conquis la Syrie. »

Une deuxième piste est fournie par un article pas tout à fait anonyme de *La Décade philosophique, littéraire et politique* du 30 germinal an VI (9 avril 1798), organe des Idéologues dont Bonaparte était un proche. Ce texte, dont l'historien Henry Laurens révèle le rôle – tout juste signalé par *Le Mercure de France* en 1926 – dans le numéro de décembre 1989 de la *Revue d'études palestiniennes* [4], revêt d'autant plus d'intérêt qu'il précède de quelques semaines le départ de l'expédition à un moment où sa destination est encore secrète. Il sert en fait à préparer les esprits à l'œuvre révolutionnaire de la France en Orient. En effet, souligne Laurens, ces *Considérations sur l'Égypte, la Syrie et la puissance des Anglais dans l'Inde*, signées par un certain L.B. qui pourrait être Lucien Bonaparte lui-même, annoncent que l'Égypte et la Syrie appellent une révolution... régénératrice pour une partie de l'Afrique et de l'Asie... Une fois la conquête terminée, « il faudrait à l'Égypte et à la Syrie de l'industrie et des capitaux, des arts et des Européens ». L'auteur propose alors de se tourner vers les juifs :

« On sait combien ils tiennent à leur ancienne patrie et à la cité de Jérusalem. Dispersés sur toute la Terre par une persécution qui dure depuis dix-huit siècles, ils tournent encore leur regard vers la Palestine, où ils espèrent que leur postérité plus heureuse sera ramenée par un prodige difficile à croire. Ils accourront des quatre coins du monde, si on leur donne le signal. Les fortunes sont faciles à transporter; les hommes et l'or afflueront; ils en fourniront assez, non seulement pour faire fleurir l'industrie, mais pour suffire aux dépenses de la révolution de Syrie et d'Égypte... Ils seraient bien plus utiles à ces contrées, aujourd'hui qu'ils ont participé aux lumières de l'Europe et que le temps a usé ce qu'il y avait de plus outré dans leur système d'organisation. Ils sont susceptibles ou de former un corps de nation ou d'entrer sujets soumis dans un plan de gouvernement sagement et fortement combiné. On ne peut guère douter qu'ils ne fussent attachés à la nation qui les aurait relevés. »

Il ne fait aucun doute que Bonaparte a eu connaissance de cet article très probablement rédigé par son frère Lucien, mais cela ne préjuge en rien de l'authenticité de la proclamation qui lui sera ultérieurement prêtée. Une troisième indication ressort toutefois des écrits et des confidences de Napoléon à Sainte-Hélène :

« Les juifs étaient assez nombreux en Syrie, une espérance vague les animait, note-t-il dans son récit à la troisième personne des campagnes d'Égypte et de Syrie; le bruit courait parmi eux que Napoléon, après la prise d'Acre se rendrait à Jérusalem et qu'il voulait rétablir le temple de Salomon. Cette idée les flattait. » Y aurait-il donc de la fumée sans feu? Cette notation est moins anodine qu'elle n'en a l'air...

« Tous les hommes tiennent à leur religion, dit-il à Gourgaud lors d'un entretien, le 15 janvier 1817. Il n'y a pas plus de deux millions de juifs. Madame de Montholon pense qu'ils devraient reconquérir leur pays. » Mais Napoléon ne fait état à ce propos d'aucune initiative de sa part.

« Alors qu'il a usé et abusé de la propagande régénératrice de la Révolution française, remarque Laurens, en promettant aux Italiens, aux Grecs, aux Égyptiens, aux Arabes la restauration de leur nation, et qu'à Sainte-Hélène, il y ajoute les Arméniens, jamais il ne s'est exprimé en ces termes à propos des juifs. »

Voire : Bonaparte, au lendemain de la victoire du mont Thabor, envisage, selon ses propres dires, l'envoi d'espions juifs à Damas et à Alep. Or, c'est probablement là que se trouve le maillon le plus important de la mystérieuse et invisible chaîne qui relie les arrière-pensées du conquérant de la Palestine à l'activisme messianique des cercles frankistes. Les objectifs assignés aux agents et émissaires qualifiés indifféremment d'espions par le chef de l'expédition française sont parmi les rares documents manquants de l'histoire de cette campagne. Il n'existe aucune trace écrite des missions dont il a chargé ceux qui sont alors partis pour les deux grandes villes de Syrie. Mais, comme dans le système de renseignement mis en œuvre par Bonaparte, les espions ont un double rôle d'informateurs mais aussi de messagers secrets, les agents juifs envoyés à Damas et à Alep remplissaient sûrement les deux fonctions : d'une part, se renseigner auprès des communautés juives de la situation militaire et politique dans ces deux pachaliks ; d'autre part, chercher à obtenir l'aide financière et peut-être militaire de ces communautés contre de vagues promesses concernant leur renaissance nationale.

Que cette idée proto-sioniste ne fût pas très éloignée de la vision du monde qu'avait Bonaparte à l'époque, cela ressort également de son intervention comme Premier consul lors d'un débat qu'il dirigera le 16 août 1800 au Conseil d'État : « C'est en devenant catholique que j'ai mis fin à la guerre de Vendée... Si je gouvernais une nation de juifs, j'aurais rétabli le temple de Salomon. »

Les agents juifs envoyés par Bonaparte ont donc rencontré, notamment à Alep, hors des dignitaires réticents d'une communauté soucieuse de ne pas s'aliéner la « bienveillance » des autorités ottomanes, des membres de la très active secte des sabbatéens. Les continuateurs de ce courant messianique entretiennent, dans la meilleure tradition des sociétés secrètes, des liaisons avec les autres « loges » néo-sabbatéennes d'Europe, et notamment la cour frankiste du château d'Offenbach, avec ses antennes de Brünn et de Prague, à travers leur filière de Constantinople. Il est même étonnant de voir avec quelle facilité frankistes d'Europe et sabbatéens d'Asie mineure réussissent à correspondre par des courriers aller et retour, tandis que le Directoire a le plus grand mal à faire passer ses messages à Bonaparte et à recevoir les siens depuis six mois que s'exerce avec efficacité le blocus naval britannique en Méditerranée ! Il en résulte que le château d'Offenbach se trouve souvent mieux informé des développements de la situation en Orient que le palais du Luxembourg à Paris...

C'est le moment de revenir à cette centrale messianique du troisième type qui joue un rôle clé dans l'évolution des populations juives entre les ghettos fermés de l'orthodoxie rabbinique et les horizons ouverts par le mouvement Haskalah (l'École du Savoir) de Moses Mendelssohn, inspiré des Lumières, et par le sionisme politique. Devenu la cible facile de tous ses adversaires et concurrents au sein du judaïsme, le mouvement messianique va vite s'effilocher et se perdre dans la confusion du siècle suivant, jusqu'à disparaître totalement de l'histoire. Il faudra attendre le début du xxe siècle et les travaux de recherche plus récents du philosophe juif Gershom Scholem, qui font autorité en la matière, pour apprécier l'apport du sabbatéisme frankiste à la renaissance d'Israël.

Après un moment de flottement consécutif à la mort du père fondateur en 1791, la cour frankiste d'Offenbach, reprise en main par sa fille Eva, a donc cherché dans la Révolution française d'abord, dans l'épopée bonapartiste ensuite, la délivrance d'un message de libération de tous les jougs, personnels, sociaux et nationaux, et l'annonce d'un nouveau messie. Dès 1797, la très active filiale frankiste implantée en Italie voit dans le général républicain qui vient de soumettre le pouvoir de la papauté le précurseur du messie, l'abaissement du pouvoir papal étant l'une des conditions préalables à sa venue. L'écho s'en répercute jusqu'au fin fond de la Pologne où, on l'a vu [5], le rabbin hassidique Yaakov Yitzhak de Lublin, consulté par un de ses élèves, ferme les yeux pour dire : « C'est lui, puisqu'il vient de faire plier le pape. » A la fin de la même année, les millénaristes anglais du *revival* protestant annoncent que les Français vont s'occuper du retour des juifs en Terre sainte où ils se convertiront au christianisme. Dès juin-juillet 1798, alors que Bonaparte envahit l'Égypte, il est communément admis par la presse britannique que l'intention des Français est bien d'établir une « république juive en Palestine ».

« L'effet d'écho est remarquable, écrit H. Laurens [6] : l'article de *La Décade* de 1798 a probablement confirmé les millénaristes anglais dans leur interprétation de l'expédition d'Égypte ; à leur tour, ils ont assuré les Français, partisans de la régénération nationale des juifs, que c'était bien là le but de Bonaparte. »

Quand, en février 1799, l'armée d'Orient envahit la Palestine, l'effervescence est à son comble dans certains milieux juifs, en France même. L'historien Jacques Godechot [7] rapporte la conversation que le commissaire du Directoire près l'administration centrale du département du Nord a eue, à ce moment-là, dans la diligence de Lille à Douai avec un juif d'origine allemande :

– Attendez-vous toujours le Messie ? demande le commissaire.

– Non, il est arrivé, répond le juif. Vous n'avez donc pas lu que Bonaparte s'est emparé de la Terre sainte ?

– Oui, je sais cela, mais qu'a de commun avec le Messie notre général qui mange du lard et du boudin ? Godefroy de Bouillon ne s'est-il pas également emparé de la Palestine sans que le temple de Jérusalem soit ressorti de ses ruines ?

– Eh bien, cette fois, il en sortira. Il y a un million et demi de juifs en Europe qui, s'il le faut, sacrifieront leur fortune et leur vie pour cette glorieuse entreprise.

Cette dernière réflexion frappe le commissaire au point qu'il croit de son devoir de la communiquer au Directoire : « Les 1,5 million d'Hébreux corps et biens mis en avant m'ont singulièrement chatouillé la pensée, surtout en réfléchissant que l'on peut tirer un grand parti de ces gens-là en caressant leurs préjugés religieux. »

Reprenant l'entrefilet du *Moniteur* annonçant la proclamation de Bonaparte aux juifs d'Afrique et d'Asie, *La Décade* du 29 mai 1799 le rapproche de son article de l'année précédente signé des initiales L.B. : « On peut faire quelques rapprochements entre ce passage et ce qu'accomplit en ce moment l'invincible Bonaparte, qui, maître de la Syrie et à la tête d'une armée de cent mille hommes, a proclamé la délivrance de Jérusalem et de la Judée, et appelle dans leur ancienne patrie les Hébreux dispersés sur la Terre. Que sait-on ? Ils vont peut-être voir en lui le Messie, et bientôt vingt prophéties auront prédit l'événement, l'époque, jusqu'aux circonstances de sa venue. Il est au moins très vraisemblable que le peuple juif va se reformer en corps de nation, que le temple de Salomon va être relevé, et il sera digne de la Philosophie d'observer par quelles causes les plus anciennes lois connues, celles de Moïse, auront survécu à toutes les institutions postérieures. »

Le Publiciste du 20 mai ne vient-il pas d'exalter « la vaillance des juifs africains mêlés aux bataillons de coptes et d'indigènes, pleins d'enthousiasme pour ce héros que plus tard ils vénéreront comme un dieu »? Et l'auteur des *Juifs de Paris sous la Révolution*, Léon Kahn [8], de rappeler que le corps scientifique qui accompagne l'expédition de Bonaparte comporte également deux juifs éminents : l'orientaliste Venture de Paradis et le dessinateur Vivant Denon...

Le 14 juin 1799, c'est un certain Desgranges qui interroge le directeur Sieyès : « Est-il vrai que Bonaparte est maître des provinces asiatiques du Sultan? Est-il vrai qu'il a rappelé à Jérusalem les juifs d'Asie et d'Afrique? Ne serait-il pas possible d'y faire passer ceux d'Europe? De grands et dangereux préjugés tomberaient par la rebâtisse *(sic)* du Temple des israélites. Ce ne sont que des courtiers et leur émigration ne ferait pas tort à l'industrie. Le commerce ne souffrirait pas. » Le correspondant de Sieyès suggère même qu'ils versent 300 millions à la République française qui les installerait à Sion. Ils prêteraient aussi leur concours militaire : « Le peuple juif soutiendrait nos armées de toute l'ardeur dont il est capable... Ce peuple sera pour nous un allié dans ces contrées. La navigation de la mer Rouge nous sera assurée. »

Toutes ces lubies montrent, comme l'écrit Godechot, « qu'à côté de la volonté assimilatrice d'un certain nombre de Juifs existait un autre courant, très fort en Europe centrale, courant qu'on pourrait appeler pré-sioniste et qui s'opposait évidemment à la tendance assimilatrice. Certains chrétiens, pour diverses raisons, étaient prêts à favoriser et à exploiter cette tendance. »

Lors de la délégation secrète du pacha de Jérusalem au quartier général de Bonaparte à Jaffa, le 10 mars, un groupe de juifs de la Ville sainte qui suivait les députés de la population chrétienne aurait parlé du chef du corps expéditionnaire de la République française comme d'un second Messie, selon l'historien anglais Elgood. Dans ses rapports au comte Stadion, Metternich s'inquiétera plus tard de ce que « les israélites de tous les pays ont les regards tournés vers le Messie qui semble les affranchir des jougs sous lesquels ils se trouvent... Il n'y a pas moins de doute que [Napoléon] ne négligera pas de se présenter en libérateur au peuple chrétien de Pologne et en Messie à son immense population juive ».

Quand Bonaparte, devenu Napoléon Ier, imaginera en août 1805 de ressusciter le Grand Sanhédrin – la juridiction hébraïque qui, dans les trois derniers siècles avant J.-C., tranchait à Jérusalem des problèmes de religion et de société – en réunissant à Paris une assemblée de soixante et onze dignitaires juifs, dont quarante-cinq rabbins, pour réglementer et caporaliser la vie de leur communauté en France, la police autrichienne n'aura de cesse de prévenir une entente des communautés juives d'Europe avec l'empereur des Français. Comme son ministre, le comte Stadion, elle restera obsédée par cette chimère que « dans toute l'Europe les juifs considèrent l'empereur Napoléon comme leur Messie et le proclament ouvertement ». D'où une série de mesures préventives destinées à empêcher autant que possible les juifs d'Europe centrale d'entretenir des rapports privilégiés avec leurs coreligionnaires français.

Dès le 9 octobre 1806, le comte Lazansky, gouverneur de Moravie, charge ses subordonnés de chercher, « dans le plus grand secret et par l'entremise de fonctionnaires sûrs et dévoués », à savoir comment se comportent les juifs de son territoire à l'égard des projets de Napoléon, et si des responsables des synagogues ont été invités à prendre part aux délibérations de Paris. En particulier, la Polizeihofstelle charge la police de Brünn de rechercher si les juifs n'ont pas d'agences de renseignements, la Moravie se trouvant sur la route reliant Vienne à la Galicie et à la Russie. Le directeur de la police de Brünn doit, dans ce but, envoyer « des agents habiles et sûrs sur les routes conduisant en Pologne et à Vienne pour observer si les juifs ne se rendent pas régulièrement d'un endroit à l'autre, ne se rencontrent pas ou n'échangent pas de correspondance [9] ».

Le comte Lazansky sera finalement rassuré par les rapports « d'un intérêt tout spécial » qu'il reçoit de Nicolsbourg, une des plus anciennes et importantes communautés de Moravie, qui compte un grand nombre de savants et où siège le grand rabbin du pays. Unanimement résolus à « ne rien céder de la sévérité talmudique », ces juifs instruits se défient au contraire de ces notables réunis en France pour « échanger leurs droits de citoyens contre l'abandon du Talmud ». Il ne peut s'agir, selon eux, que « de beaux esprits modernes sans grande expérience du Talmud », ou simplement « des visionnaires, partisans de Shabtai Zvi, dont la secte s'était déjà d'ailleurs écartée sur la plupart des points de l'enseignement talmudique ». Le rapport de police ajoute que, d'après l'opinion répandue parmi les juifs de Moravie, le Sanhédrin est au fond l'œuvre des frankistes, qui comptent de nombreux adeptes en Italie, et surtout à Turin, et sont en rapport avec Eva, la fille de Jacob Frank, laquelle demeurait encore à Offenbach : « Cette secte avait su gagner à sa cause le gouvernement français, qui profitait volontiers de l'occasion pour exercer ainsi son influence sur le judaïsme. » Le rapporteur en conclut que la France voudrait ainsi dominer le commerce mondial : « Le gouvernement français sait parfaitement que les juifs détiennent le marché mondial et possèdent de grandes entreprises grâce aux nombreuses relations que leur fournissent les communautés juives répandues dans le monde entier. Aussi la France s'efforce-t-elle d'abord de se concilier les sympathies des juifs, puis de leur procurer sous son égide un lieu de résidence stable. »Dans ce but, poursuit le rapporteur, le gouverneur français obtiendrait, serait-ce même par la force, que la puissance turque lui abandonne Jérusalem et les régions environnantes pour en faire à nouveau la résidence du peuple d'Israël. Là, il saurait attirer, à la faveur de la protection accordée à leur religion, « les juifs les plus éminents, les plus riches et les plus industrieux du monde entier », afin de s'emparer, avec leur aide, du marché colonial africano-asiatique, ce qui semble à Napoléon facilement réalisable, car les juifs croient fermement à la restauration de « l'indépendance du peuple juif à Jérusalem ».

On comprend mieux pourquoi la « cour polonaise » des frankistes d'Offenbach avait cru enfin sonnée l'heure du Messie avec la campagne de Bonaparte en Palestine, en cette avant-dernière année du XVIIIe siècle, conformément à l'enseignement visionnaire de son prophète mort en 1791. Quitte à donner un coup de pouce à l'Histoire par une pieuse fraude...

***

Derrière les mystères d'une vie de château au bord du Main, la secte de Frank ne servait plus seulement de refuge pour hérétiques néo-sabbatéens ou de foyer du prosélytisme messianique : elle était devenue une véritable officine de propagande. Sans doute le rituel d'initiation n'a-t-il pas changé pour autant depuis que la Sainte Dame, Eva, a succédé à son père. Un de ses nouveaux adeptes, Moses Porges, recruté en 1798, a laissé un témoignage impressionnant sur l'ambiance qui régnait à cette cour d'Offenbach et sur son propre parcours du combattant – puisque les élèves venus y étudier la kabbale s'y voyaient transformés en hussards ou en cosaques.

Moses Porges a dix-sept ans quand son père, Gabriel, riche commerçant de Prague, l'envoie avec son jeune frère Leopold à Offenbach, s'initier à la rédemption nationale et accomplir son service militaire dans le lieu saint du frankisme. Tous deux sont reçus par un comité d'accueil de trois barbus, officiant sous le portrait d'Eva Frank, la Sainte Dame au visage lumineux, aux traits nobles et au regard de princesse : les frankistes en ont fait une descendante des Romanov, que Casanova lui-même a honorée en 1793 d'une correspondance assidue ! Le secrétaire Cinsky, reconnaissable à sa barbe blanche, les conduit à leur chambre aux lits spartiates. Sur les murs sont inscrits des versets de la kabbale, dont sont soulignés les dix mots clés de la secte. Présentés le lendemain à la Sainte Dame, les deux frères doivent lui baiser les pieds et lui remettre l'or, l'argent et les titres bancaires confiés par leur père et qui iront rejoindre tous les dons et produits des collectes déposés au nom d'Eva Frank dans une banque de Francfort. Puis Moses et Leopold touchent l'uniforme sous lequel ils doivent participer aux exercices d'entraînement dans la cour du château pour leur « rédemption physique et spirituelle ». Les jeunes recrues doivent se saluer sous le nom de « frères ». Puis ils sont admis dans le saint des saints à servir ses repas à la Sainte Dame en se tenant debout derrière elle, sans aucune arrière-pensée sexuelle, sous peine de s'auto-flageller au moindre éveil du désir.

Moses Porges s'enfuira au bout de deux ans en se découvrant épris de cette belle dame qui n'hésite pas à raser la barbe d'un collecteur de fonds, le jour du sabbat, et à livrer trois jeunes filles à la lubricité de son frère Rekhus, le jour du Kippour, dans une chambre protégée par trois gardes armés et dans laquelle les adeptes sont ensuite invités à se prosterner devant un pantalon rouge!... Entre-temps, d'autres excentricités auront amené l'aîné des Porges à douter. Ainsi apprend-il que Rekhus Frank a voulu faire croire un moment à la résurrection de son père en revêtant ses habits et en se grimant pour se rendre à la messe célébrée dans la petite chapelle érigée au centre du château. Il apprend aussi que le frère d'Eva a dicté une incroyable phrase en hébreu à l'un de ses élèves : « Elles vont se donner à tous les baiseurs du royaume. » Et a exhibé une pièce d'or sur laquelle était gravée cette phrase et qu'il a rapportée d'un de ses voyages comme un don de Dieu tombé du ciel!...

Ayant découvert, entre autres, deux jeunes gens ligotés et séquestrés dans les catacombes du château, et de peur de succomber au désir d'Eva, Moses Porges décide de fausser compagnie à la secte et de courir dénoncer ses agissements à la communauté juive de Furth. Plus tard, quand, devenu industriel, il sera anobli en tant que juif sous le nom de von Fortheim en 1853, il n'aura de cesse, avec son cadet Leopold, devenu, lui, président de la communauté juive de Prague, de faire disparaître toute trace de l'aventure frankiste des dossiers de la police. Mais, en attendant, lorsqu'il dénonce les turpitudes et les mystifications dont il a été le témoin, il révèle aussi les échanges de correspondance quotidiens entre la centrale d'Offenbach et sa filiale pragoise, l'activité de recrutement et de financement de la secte par Jonas Wehle, dont les trois fils sont chargés de recueillir les mémoires et les visions de la Sainte Dame, et, surtout, la réunion à laquelle il a assisté durant l'été 1799 entre les Wehle, le collecteur de fonds Salomon, celui dont Eva a rasé la barbe un jour de sabbat, et son propre père Gabriel Porges, pour décider de l'envoi à toutes les communautés juives du monde de la mystérieuse *Lettre rouge* : il s'agit d'un montage de messages opéré un an plus tôt à Offenbach et dont les exemplaires, rédigés à l'encre rouge, ont été postés de tous les villages environnants, d'abord à destination des juifs de Bohême. Dans les quelques exemplaires qu'elle a pu intercepter, la police autrichienne a interprété les multiples références à Jacob qui y figurent comme autant de clins d'œil en direction des Jacobins. Cette lettre de deux pages et demie, écrite en hébreu sur deux feuilles in-folio, annonce de nombreuses révolutions pour l'année 1800 et somme les juifs d'épouser la religion des gens d'*Édom* (édom = rouge, couleur par laquelle sont désignés les nations chrétiennes), afin de hâter la venue du Messie. Les frankistes en inondent les communautés juives depuis 1798, ajoute Moses en livrant un schéma de l'organisation du réseau international mis sur pied quatorze ans plus tôt par la centrale d'Offenbach.

La fameuse *Lettre rouge* qui intrigue tant la police comprend en fait deux messages signés Jacob-Joseph Frank et un appel collectif. Le premier est daté de 1767, « quand *le Sieur* était établi à la porte de Rome » – c'est ainsi que Frank désignait la prison de Tschenstechow :

« Qui craint assez Dieu parmi vous pour écouter les paroles de celui qui prêche dans le désert des peuples? Malheur à vous si le lion puissant se réveille et se souvient de l'agneau !... Une nation fière a paru, les descendants d'Édom, la guerre pousse un roi contre l'autre, les hommes seront purifiés et deviendront blancs, les impies seront condamnés [...], mais les sages comprendront que les descendants d'Abraham, d'Isaac et de *Jacob* seront forcés d'embrasser la religion édomite. Celui qui accepte cette religion avec amour sera délivré de tout mal et méritera les bénédictions promises par *Isaïe* et les autres prophètes. »

La seconde épître attribuée au prisonnier de Tchenstechow en 1768 promet aux israélites des « souffrances inconnues » : « Empereurs et rois, même le royaume de Frédéric, tous les ducs, tous les princes, tous vous haïront. Quiconque verra un Juif, l'outragera... La première lettre a été un avertissement... Je vous fais aussi savoir que cela ne pourra pas être autrement, jusqu'à ce que la loi de Moïse soit accomplie, c'est-à-dire qu'ils soient entrés dans la religion d'*Édom*. Ceux qui descendent d'Abraham, d'Isaac et de *Jacob* embrasseront forcément la sainte religion d'*Édom* et ils atteindront ainsi la sainteté. »

L'appel final est signé de trois émissaires que Frank, en sortant de prison en 1773, a envoyés à Lublin, Lemberg, Brody et autres villes pour annoncer « qu'un temps viendra où tous les Juifs seront obligés de se faire baptiser, parce que telle est la volonté de Dieu. Celui qui s'abritera à l'ombre du représentant fidèle du Dieu de *Jacob* sera protégé par le Dieu de *Jacob* et il ne perdra pas les deux mondes, car nous vivons à son ombre parmi les nations... Le temps est venu où se sont réalisés les signes précurseurs qui, selon nos sages, annoncent la venue du Messie. Il est venu le temps dont *Jacob* a parlé en disant qu'il se rendra auprès de son maître à Seïr. Il n'a pas pu tenir sa promesse, jusqu'à l'heure actuelle où notre saint maître [Jacob Frank] la réalise à sa place, car il est le *Jacob* parfait, l'élu parmi les patriarches, parce qu'il se trouve des deux côtés [le judaïsme et le christianisme]... Il n'est certainement pas mort, il nous dirige dans le chemin de la vérité, vers la loi sainte d'*Édom...* »

***

L'homme qui a joué un rôle de premier plan dans le rapprochement entre le messianisme frankiste et la Révolution française, et dans la mise en place du réseau dont l'aboutissement sera le faux forgé à la gloire de Bonaparte, est sans conteste le petit-neveu de Frank, Moses Dobrushka, alias Franz von Schönfeld, connu en France sous le nom de Sigmond Junius Brutus Frey. Une sorte de Fregoli, aventurier intellectuel dont l'extravagante trajectoire permet de comprendre les bouleversements intervenus par la suite.

Par sa mère, Shondel, née Hirschl, qui est la cousine de Jacob Frank et par son père, Zalman Halevy, déjà anobli en Thomas von Schönfeld, le jeune aspirant rabbin qu'il est à Brünn, capitale de la Moravie, où il naquit en 1754, est un pur produit de la mouvance sabbatéenne. Son cousin Ephraïm Joseph Hirschl a également reçu un titre de noblesse sous le nom de von Hirschfeld. L'une de ses sœurs, Francesca, a épousé Wolf Hönig, petit-fils du chef de file des frankistes de Prague, Jonas Wehle : devenu Hönig von Hönigsberg, il sera initié au Grand Orient à Paris en 1787 et fera le lien entre les groupes clandestins à travers les loges maçonniques. Cinq des dix frères Dobrushka serviront comme officiers dans l'armée autrichienne.

Élève du grand philosophe de la Haskala de Berlin, Moses Mendelssohn, Moses Dobrushka épouse à vingt ans la fille du riche Joachim Edler von Popper, qui a été le premier juif pragois anobli sans conversion. Il publie un recueil de poèmes en allemand qui lui vaut l'attention des milieux littéraires de l'époque, puis une étude en hébreu sur la kabbale, qui le fait remarquer des érudits. A vingt-sept ans, il est anobli à son tour et devient Franz Edler von Schönfeld.

Changement à vue : en 1780, l'empereur Joseph II le charge de recruter des soldats en Croatie et lui confie, huit ans plus tard, l'intendance de l'armée autrichienne en guerre contre la Turquie. Entre-temps, Franz a participé à la fondation de la loge des Frères asiatiques, loge maçonnique qui a succédé à celle des Chevaliers de la vraie Lumière pour s'orienter vers un mysticisme kabbalistique; les deux autres cofondateurs en sont le baron bavarois von Acker et le capucin autrichien Bishof, qui a rencontré des groupes sabbatéens en Orient. Il y fait adhérer son cousin von Hirschfeld qui prend sa relève en 1786 quand le prince Charles de Hesse-Cassel accepte d'en assurer la présidence. Le prince devient l'un des principaux bailleurs de fonds de la « cour d'Offenbach », où Franz a suivi son parent en 1783. Les deux années suivantes, Franz revient à Brünn; il y établit une navette entre Vienne, où il s'enrichit dans les fournitures aux armées, et Offenbach, où il introduit von Hirschfeld auprès de Jacob Frank. Deux ans plus tard, toujours conseiller de l'empereur, il se lie d'amitié avec son conseiller, le prince de Ligne, qu'il informe des tentatives du général Potemkine pour lever un bataillon de cosaques israélites dans l'armée russe. Cette référence servira à ce prince à rédiger un mémorandum sur la création d'une armée juive et l'instauration d'un État juif indépendant en Palestine. Une idée qui sera bientôt dans l'air du temps.

De retour en Hesse, Franz éblouit encore par ses tours de magie les deux princes Charles de Cassel et Christian de Darmstadt, tous deux entrés en loge aux côtés du tandem Schönfeld-Hirschfeld qui multiplie les contacts tous azimuts, notamment avec les sociétés de pensée en pleine floraison en

France comme en Allemagne. Les deux cousins, devenus les inséparables *missi dominici* de la cour frankiste, se mettent en rappport avec ceux qu'on appelle en France les illuministes, c'est-à-dire les intellectuels passionnés d'ésotérisme qui, francs-maçons ou non, ont en commun de croire à leur capacité d'illuminer chaque esprit humain d'une lumière à la fois intérieure et divine et de cultiver le mythe préromantique de la Chute et de la Régénération. Leur contact n'est autre que Louis-Claude de Saint-Martin, le grand mage des théosophes, si fier de son titre de « Philosophe inconnu d'Amboise » et qui est peut-être, à l'époque, la plus grande figure de l'occultisme occidental.

Disciple du mystique marrane (juif espagnol apparemment converti) Martines de Pasqually, qui avait fondé une secte théurgique, l'ordre des Élus-Cohens, Saint-Martin s'est lancé dans l'étude de l'hébreu et de la kabbale, devenue bientôt une sorte de *must* chez les illuministes. Qualifié par Joseph de Maistre de « plus instruit, plus sage et plus élégant des théosophes », il s'est adonné parallèlement aux pratiques magiques pour justifier l'action des paroles et des gestes sur les créatures invisibles et laisser à leurs adeptes l'espoir d'évoquer un jour le Réparateur [10]. Depuis, il poursuit la recherche du salut sous forme de Réintégration, et l'initiation de son élève, le jeune huguenot Antoine Fabre d'Olivet, au pythagorisme n'exclut pas pour autant les méditations les plus élevées sur les interprétations occultes de la Bible, décidément très à la mode. Du pain béni pour les propagandistes frankistes d'Offenbach!

***

La mort de Jacob Frank à la fin de l'année 1791 va sensiblement modifier la carrière de Franz von Shönfeld, ex-Moses Dobrushka. Celui-ci a encore accompagné, le 27 août précédent, l'empereur Léopold à Pilnitz dans sa rencontre avec les royalistes émigrés de France. En octobre, il s'est rendu à Prague pour s'entretenir avec les dirigeants frankistes de Bohême, Wehle et Hönigsberg, de la situation française et leur faire part de son intention d'aller à Paris. Mais, en décembre, il est appelé à Offenbach pour prendre la succession de son parent à la tête de la centrale. De retour au château, il se désiste en faveur de sa petite-cousine Eva – l'ex-égérie de l'empereur Joseph II –, dont il est lui aussi secrètement amoureux. A la direction de la « cour polonaise » d'Offenbach, il préfère la charge d'une mission secrète en France. Abandonnant sa femme et ses deux enfants au confort de leur foyer viennois, il part en mars 1792 pour Strasbourg en compagnie de son jeune frère Emmanuel et de son *alter ego* Hirschfeld. Ils font étape à Darmstadt chez le prince Christian de Hesse, devenu à son tour, sous le nom de frère A. Cedro, membre de la loge des Frères asiatiques que préside le prince Charles. Puis ils séjournent deux mois dans la capitale alsacienne où Hirschfeld rencontre longuement l'illuministe Saint-Martin – ami du prince Charles de Hesse-Cassel – et lui traduit des textes araméens.

Franz, lui, embrasse d'emblée la cause des Jacobins en finançant la défense d'un journaliste du *Courrier de Strasbourg*, Jean-Charles Laveaux, accusé à tort de provocation à la guerre civile. Il se présente comme un gentilhomme allemand que l'amour de la Constitution a conduit en France pour y jouir du droit de citoyen français en se choisissant un nouveau patronyme : Sigismond Junius Brutus Frey. La générosité de ce « rare citoyen », qui a fait un don de 400 livres pour les frais de la guerre, et son ardeur révolutionnaire lui attirent déjà quelques inimitiés, notamment celle d'un Feuillant nommé Chairoux qui s'inquiète de ses origines, de sa patrie, de sa fortune, de sa profession et de sa mission. Il lui réplique que sa patrie est le monde, sa profession faire le bien, sa mission celle de toutes les âmes sensibles, et sa fortune assez considérable « pour payer à vingt sous le mot toutes les sottises qu'il pourra dire sans se répéter ».

Le 24 mai, laissant Hirschfeld regagner Francfort où il assurera désormais, grâce à la rente allouée par le prince Charles de Hesse-Cassel, la liaison entre la cour d'Offenbach et son antenne française, Junius Frey quitte Strasbourg avec son ami Laveaux et son frère Emmanuel pour se présenter le 10 juin à la Société des amis de la Constitution à Paris. Il s'y lie rapidement avec le ministre Lebrun et le député Chabot, leader des Montagnards à la Convention. Descendu à l'hôtel Philadelphie, près du Palais-Royal, il emménage 19 rue d'Anjou-Saint-Honoré, dans un hôtel particulier appelé « la Maison près du fleuve », où il fait bientôt venir, outre Emmanuel, sa jeune sœur Léopoldine âgée de seize ans. C'est pour l'offrir en mariage à cet ex-capucin défroqué de Chabot avec une dot de 200 000 livres.

Le 8 octobre 1793, le conventionnel jacobin, ancien vicaire de Blois, épouse donc civilement Léopoldine Frey qui est tombée « amoureuse de son patriotisme ». Elle lui a même dit qu'elle cesserait de l'aimer « si cela lui faisait négliger une seule fois la Convention ou les Jacobins ».

Pourtant, des réflexions désagréables commencent à circuler dans les rangs de la société des Jacobins et finissent par se manifester bruyamment le jour où chaque membre doit passer au scrutin épuratoire. Un nommé Dufourny s'indigne de ce « mariage intéressé avec une Autrichienne » et qui « brave l'opinion publique », alors même que la ci-devant Marie-Antoinette, épouse Capet, passait en jugement devant le tribunal révolutionnaire. Et Chabot se trouve exclu de ladite société le jour même où il y présente la candidature de ses deux beaux-frères.

« J'observe que ces deux individus sont des barons étrangers, s'exclame le nommé Auvray, et qu'à ce titre, ils ne peuvent être admis dans la Société [11]. » Les deux individus se voient « rejetés », le 16 novembre, avec leur parrain Chabot. Le lendemain, celui-ci est décrété d'arrestation, sous le pseudo-grief d'agiotage qui vise aussi Fabre d'Églantine et les premiers amis de Danton.

Pour instruire son procès, on recherche les échos parus dans les gazettes sur cette famille Frey qui s'est alliée à lui pour mieux échapper à la vigilance de la police. Les *Annales de la République française* ont déjà publié quelques ragots sur sa douteuse origine :

« La famille de Léopoldine Frey est originaire de la Bohême; elle est de la religion juive et non de celle des frères Moraves, ainsi qu'on l'avait débité... Mais l'impératrice de Hongrie ayant fort à cœur la propagation de la foi catholique dans ses États, on persuada au père de Léopoldine d'abjurer la foi de Moïse pour suivre la religion apostolique et romaine, ce qu'il fit avec succès puisqu'alors l'impératrice, en faveur de son abjuration, lui concéda à titre de paiement [de ses services durant la guerre de Sept Ans] les belles terres de Found-Schomberg, aux environs de Brünn, évaluées à plus de 2 millions... Depuis la Révolution, cette famille, ayant réalisé en assignats ses grands biens, vint s'établir en France pour y goûter les douceurs de la liberté ; elle fixa son domicile à Paris, rue d'Anjou, section de la République. C'est là que Chabot connut la citoyenne Léopoldine. »

Des dénonciations particulières ne vont pas manquer pour aider la police dans son enquête. L'une d'elles émane du général Trenck, ex-baron autrichien passé en France en même temps que les frères Frey, mais que ceux-ci avaient fait éliminer des Jacobins avant d'être eux-mêmes suspectés. Si bien que les commissaires chargés d'examiner l'affaire du citoyen Chabot, mis en accusation pour participation à un complot imaginaire par le conventionnel Amar, se trouvent maintenant saisis d'une fiche plus compromettante :

« Les Frey sont nés juifs sous le nom de Tropuscka *(sic)* en Moravie, anoblis sous le nom de Schönfeld. Ils sont deux frères ici et trois au service de l'Autriche. La comtesse, leur sœur, a été baptisée il y a trois ans. Il y a encore deux autres sœurs à Vienne, dont une seulement a été baptisée et est entretenue par un baron allemand. Frey l'aîné, à Paris, est marié ; sa femme est à Vienne avec deux de ses filles... On ne leur connaît d'autre fortune que beaucoup de dettes en Allemagne. Leurs liaisons particulières à Paris étaient celles de Laveaux, le ci-devant rédacteur du *Journal de la Montagne*, et Périgny, ci-devant adjoint au ministre de la Marine... Quiconque les a fréquentés a dû s'apercevoir que ces deux êtres étaient les plus rusés intrigants qu'on pouvait trouver, et conséquemment des êtres suspects et dangereux. Ils se sont donné tous les mouvements par tous les moyens pour se faufiler avec des personnes qui jouissaient d'une grande réputation et popularité, espérant par là, par un faux patriotisme, mériter leur confiance et parvenir par la suite aux premières places de la République. »

La vérité est que, devenu l'amant de la comtesse de Beaufort, le révolutionnaire Junius Frey a été probablement mêlé aux efforts de l'extravagant baron de Batz, descendant de d'Artagnan et conspirateur endiablé, pour tenter de faire évader Louis XVI, puis Marie-Antoinette, de la prison du

Temple. Il est, entre autres, accusé d'avoir favorisé l'enlèvement par les Autrichiens, sur le territoire des Grisons, du marquis Charles-Louis de Sémonville, nommé en 1792 ambassadeur de la République à Constantinople et qui a fait la connaissance du capitaine Bonaparte le temps d'une escale en Corse. Chargé en fait par Danton d'une mission secrète auprès des autorités viennoises afin de négocier la sauvegarde de la reine et du dauphin, captifs au Temple, cet ambassadeur, retenu en otage à la prison de Mantoue, ne pourra rejoindre son poste, de même que son secrétaire, Joseph Sulkowski, gendre de l'orientaliste Venture de Paradis, qui restera bloqué pendant deux ans à Alep. Il est en tout cas certain que l'absence d'ambassadeur durant deux ans a joué en faveur des royalistes émigrés à Constantinople.

Toujours est-il que les deux frères Frey sont arrêtés à leur tour le 24 mars 1794, comme complices de Chabot, avec deux autres étrangers, le Danois Diedricksen et l'Espagnol Gusman, dans le cadre du ténébreux complot instruit par Amar. Curieusement, dans une valise de Diedricksen, qui est l'avocat de Frey, la police trouve une lettre de style kabbalistique adressée a un certain Aron Levy en Allemagne...

Pour commencer, un décret du 27 mars déclare d'office « traître à la patrie celui qui prend une femme autrichienne ». Puis, selon les chefs d'accusation péniblement établis, Chabot et Fabre d'Églantine sont convaincus d'avoir eu « des relations honteuses et criminelles avec des agents de la Compagnie des Indes ». Leur principal complice est « un comte de Frey, beau-frère de Chabot, vendu à la faction autrichienne. Ce Frey a deux frères au service de l'Autriche, anoblis par Marie-Thérèse, mère de l'épouse Capet. »

Le 2 avril, Sigismond Junius et Emmanuel Frey comparaissent devant le Tribunal révolutionnaire comme agents secrets des puissances étrangères dont ils dirigeaient les canaux de corruption. La fournée comprend quinze accusés. Junius Frey se défend d'être un agent de l'empereur en prouvant qu'il a été chassé de Berlin « comme émissaire de la propagande des Jacobins ». Mais il ne peut expliquer la signification des exercices de signatures figurant dans ses papiers écrits en parfait hébreu.

Finalement, les « ex-nobles » Junius et Emmanuel Frey sont condamnés à mort le 5 avril en tant que « complices de la faction de l'étranger et de la conspiration contre le peuple français et sa liberté, ladite conjuration tendant à diffamer et à avilir la représentation nationale et à détruire le gouvernement républicain par la corruption et la falsification des décrets ». Le même jour, à quatre heures de l'après-midi, trois charrettes conduisent les deux frères Frey à la guillotine dressée place de la Révolution, aux côtés de Danton, Desmoulins, Fabre d'Églantine, Chabot, Gusman et des huit autres condamnés du procès des proches de Danton.

On ne saura jamais si Franz von Schönfeld était effectivement entré en conflit avec ses anciens protecteurs de la cour viennoise pour cause de ralliement à la Révolution française ou si le Jacobin Junius Brutus Frey n'était vraiment qu'une taupe de Vienne et de Berlin. Mais, à la lumière de nos recherches sur le phénomène frankiste, il apparaît que ces deux versions officielles de son séjour en France ne correspondaient en fait qu'à des couvertures de sa véritable mission : pénétrer pour le compte de la « cour d'Offenbach » les cercles politiques français, épicentre de la subversion mondiale à laquelle aspirait la philosophie messianique des néosabbatéens de Bohême-Moravie. Il appartenait au cousin Hirschfeld de reprendre le flambeau et d'assurer la relève du petit-neveu de Jacob Frank, avec le soutien de la puissante loge maçonnique dirigée et financée par les deux coprinces de Hesse.

Or, dans sa propagande activiste, la centrale d'Offenbach comme sa filiale de Prague ne s'embarrassaient guère du souci de vérité et d'authenticité. Faisant flèche de tout bois pour parvenir à ses fins – lesquelles justifiaient le recours à n'importe quel moyen –, le frankisme avait une longue tradition de déguisement et de travestissement, ainsi qu'un grand savoir-faire dans la fabrication et l'usage de faux. La falsification de documents était d'ailleurs de pratique courante en Bohême-Moravie. Ainsi l'histoire de la communauté juive de Brünn a-t-elle été falsifiée par un homonyme et ami du censeur Karl Fischer, Marcus Fischer, qui n'a pas hésité à forger un faux, le *Ramschak Chronik*, pour faire remonter sa présence à une date antérieure à l'autorisation donnée à Zalman Halevy Dobrushka d'y résider : il a tout simplement inventé une traduction d'originaux araméens inexistants. De même, le prêtre Wenceslas Hanka a-t-il falsifié des documents relatifs à l'histoire de la Bohême. Cette pratique quasi professionnelle, les frankistes n'ont fait que la transporter à Offenbach, mais, en raison même de leurs ambitions mondialistes, des ramifications transfrontalières de leur réseau et de la multiplicité de leurs contacts, ils lui ont donné une dimension internationale.

Ainsi en est-il de la fameuse *Lettre rouge* aux communautés juives, forgée à Offenbach et diffusée à partir de l'hiver 1798-1799 par la filière pragoise. Ainsi en est-il encore de la « proclamation de Bonaparte » et de la lettre d'accompagnement du prétendu grand rabbin de Jérusalem, élaborées par Hirschfeld, en juin 1799, à partir d'idées qui étaient bien dans l'air du temps, et mises en circulation dans sa version allemande, via Prague, jusqu'aux taupes sabbatéennes de Constantinople et d'Alep.

L'analyse des sources bibliques auxquelles se réfèrent systématiquement ces deux textes suffit à en dévoiler l'évidente inspiration. Les prophètes Isaïe et Joël, seuls cités dans le premier, étaient comme par hasard les préférés de Jacob Frank et de Shabtai Zvi, les deux derniers faux messies du messianisme juif. Et la citation du Livre des Macchabées fait allusion à leur « fraternelle alliance avec Sparte et Rome » : or ces deux villes tenaient une place de choix dans la philosophie frankiste, au point que Jacob Frank (né Leibowitz) avait dénommé sa prison de Tchenstechow la « Porte de Rome ». L'abandon de la vieille confession mosaïque pour le catholicisme devait aboutir à la ruine du pouvoir temporel de la papauté à Rome, condition indispensable à la réalisation de l'Apocalypse et à la venue du Messie.

Quant aux références bibliques de la lettre d'accompagnement, elles sont tout aussi typiques de la rhétorique frankiste. La citation du verset de Malachie sur la venue du *Sieur* attendu à son palais fait écho au titre dont s'était paré Jacob Frank dans ses *Paroles du Sieur*, et l'allusion à la semence éparpillée de Jacob est directement inspirée du texte de Frank sur la graine semée qui pourrit en terre pour donner naissance à une nouvelle vie. Enfin, l'expression qui fait de Bonaparte « l'élu de Dieu » est tout à fait contraire à l'usage rabbinique. Comment serait-elle venue sous la plume d'un soi-disant grand rabbin de Jérusalem ?

Au surplus, le nom donné à ce rabbin ne correspond à rien

de connu sur la communauté juive de Jérusalem à l'époque et se révèle des plus fantaisistes : Aron Ben Lévi (Aron fils de Lévi) équivaut, on l'a déjà dit, à « Dupont fils de Durand ». On ne trouve alors qu'un Moshe Aharon Halevy, cosignataire d'une lettre des Sages de Jérusalem adressée à l'été 1799 aux communautés juives d'Italie pour se plaindre, au contraire, des conséquences néfastes de la campagne de Bonaparte pour la population juive des villes de Palestine. « Depuis la conquête de l'Égypte, se lamentent-ils, nous avons des problèmes avec les populations locales qui nous accusent d'avoir fourni douze mille soldats à Bonaparte, ce qui nous a valu beaucoup d'ennuis depuis l'été 1798 à cet été-ci. Nos juifs ont eu à souffrir matériellement et moralement des combats de Jaffa et d'Acre et ont dû vendre tous leurs bijoux et leurs effets de luxe pour apaiser la colère de leurs voisins. » C'est dire qu'à l'exception des noyaux sabbatéens ou frankistes de Damas, d'Alep, de Smyrne et de Constantinople, les juifs de l'Empire ottoman ne vivaient que dans la peur d'être taxés de trahison au profit des Français et que les petites communautés d'Acre, de Tibériade, de Safed et de Jérusalem, loin de saluer la libération de la Palestine par l'armée d'Orient de la France révolutionnaire, ont contribué peu ou prou aux efforts de défense de leurs gouverneurs.

Ainsi que nous l'avons vu, la fortune politique d'une famille comme celle des Farhi était trop directement liée à celle du pacha Ahmed Djezzar pour qu'elle pût envisager de ses séparer de son tyrannique protecteur en un moment aussi critique. D'où les vaines tentatives de Bonaparte pour la séduire et la rallier à sa cause.

Enfin, suprême indice de contrefaçon, Bonaparte ne s'est jamais rendu sur le lieu supposé de cet appel, alors que toutes les autres proclamations ou ordres du jour adressés aux populations locales ou à l'armée durant cette période ont toujours été correctement localisés. De même n'utilise-t-il plus depuis longtemps l'orthographe originale de son patronyme B*u*onaparte, dont se servent toujours dans leurs écrits de l'époque les Anglais, les Allemands, les Turcs et le ministère français des Affaires extérieures. Or, c'est cette orthographe qui figure dans l'annonce par *Le Moniteur* de sa « proclamation aux juifs ».

Mais d'où vient cette annonce, aussitôt relayée par deux

journaux allemands de Berlin et de Hambourg, avec seulement un léger décalage de datation : 22 avril au lieu de 17? Apparemment de Constantinople où bruissent les rumeurs de toutes sortes, telle la présence de soldats juifs africains parmi les coptes et les indigènes du corps expéditionnaire, signalée par *Le Journal de Paris* du 7 mars 1799 et par *Le Publiciste* du 2 mai, ou d'un mystérieux général Samuel au camp d'Acre, durant la bataille du mont Thabor, mentionné dans une des rares nouvelles du *Moniteur* sur l'armée d'Orient. Les archives du Quai d'Orsay, qui regroupent toutes les dépêches en provenance de la capitale ottomane, en montrent bien l'aspect approximatif et lacunaire. Une dépêche du 2 mars ne parle que par ouï-dire d'une percée française en Syrie; la suivante, datée du 10 avril, apporte la fausse nouvelle d'une victoire de Kléber sur Djezzar Pacha. Mais il n'y a aucune dépêche à la date indiquée par le *Moniteur* pour la proclamation en question. Le journal quasi officiel du Directoire reprend pourtant les informations de la presse étrangère qui lui paraissent vraisemblables ou favorables au sort de l'armée d'Orient, dont le gouvernement français n'a directement aucune nouvelle depuis le blocus : on ne connaît à Paris que ce que relatent les gazettes étrangères.

Or, on ne trouve pas davantage de référence à une proclamation quelconque de Bonaparte aux Juifs dans les archives britanniques ou autrichiennes. Pourtant, la plupart des documents de la campagne d'Égypte et de Syrie sont tombés entre les mains des Anglais : non seulement aucun n'en mentionne l'existence, mais, qui plus est, les archives de l'ambassade d'Angleterre à Constantinople ne se préoccupent, au printemps 1799, que du risque d'une coopération entre les troupes françaises et les milieux maronites! De même, les archives de l'ambassade d'Autriche sont muettes sur une possible collusion avec les juifs de Syrie.

La source de l'annonce du *Moniteur* ne se trouverait-elle pas plutôt, comme le suggère Henry Laurens, dans la presse anglaise inspirée par le *revival* protestant de la fin du XVIIIe siècle et que les dirigeants français épluchent avec anxiété pour avoir des nouvelles de Syrie? Dès 1798 – c'est-à-dire avant l'entrée de Bonaparte en Palestine –, la presse d'outre-Manche s'était fait l'écho d'une « Lettre adressée à ses frères par un juif » suggérant de demander au Directoire la coopération de la République française à l'établissement d'un État juif regroupant la Basse-Égypte, la Palestine jusqu'à Acre, la mer Morte et la mer Rouge. Selon l'auteur inconnu de cette lettre, des arrangements secrets devraient être pris avec la Porte pour réaliser ce projet qui serait d'une aide essentielle pour le commerce français...

Il faut croire que cette idée était dans l'air du temps, puisque, le 17 février 1799, un Irlandais protestant, Thomas Corbet, engagé comme officier dans l'armée française des côtes de la Manche, a soumis à Barras un plan prévoyant l'émigration en Égypte occupée par Bonaparte, puis en Palestine, de tous les juifs d'Europe qui y formeraient une colonie vivant du commerce maritime et dont l'influence « régénératrice » pourrait se faire sentir jusqu'en Chine. Truffé de citations bibliques proches de celles qui émaillent la déclaration prêtée à Bonaparte, ce texte n'a été mis en avant qu'en 1951, après sa découverte dans une vente aux enchères de Sotheby à Londres !... En outre, son auteur présente les juifs comme « une barrière contre les Arabes et les autres barbares ». Et, ajoute-t-il, « comme c'est un peuple fier et orgueilleux, ils deviendront bientôt, sous instruction, belliqueux et bons guerriers, quand ils cesseront d'être consolés sous le joug des princes. Enfin, ayant un intérêt commun, ils feront cause commune avec les Français, et, comme ils regardent l'Égypte sous le même point de vue que les Prophéties la présentent, c'est-à-dire comme un pas, un grade seulement vers la Palestine, ils pousseront en avant, laissant l'Égypte à l'influence de la France. Ainsi, pénétrant dans le sein de l'Asie, ils porteront avec eux l'Industrie et les Arts, et les Lumières des Européens... Ils vous présentent aussi une colonie solide et peut-être tantôt nécessaire pour remplacer en Asie l'Empire décrépit et déchu des Ottomans, et ils donneront une bonne impulsion aux secousses et crises qui suivront l'événement prochain de la décadence des Turcs... »

De la confrontation de tous ces textes circulant dans les milieux français approchés par les frankistes, sinon dans l'entourage immédiat de Bonaparte, alors coupé de la métropole, Laurens propose un schéma d'explication qui n'épuise pas la question du faux appel de Bonaparte :

« La tourmente révolutionnaire en Europe a intensifié

parallèlement les deux courants prophétiques protestant et juif en leur permettant de croire que la fin des temps était proche. L'expression, dans certains milieux révolutionnaires français, de l'idée d'une solution nationale pour le problème juif a eu un effet d'amplification de ces tendances déjà bien fortes. Elles ont attribué alors à Bonaparte le projet de constitution d'un État juif. Les Français, anxieux de leur côté d'avoir des nouvelles de leur armée perdue en Orient, ont pris pour argent comptant ces informations probablement venues d'Angleterre, et les ont rapportées dans leur presse en donnant une référence fictive à Constantinople... L'année 1799 a été celle de tous les millénarismes... Tous ces courants peuvent converger et convergeront au XIXe siècle dans ces mélanges de rationalisme et de spiritualisme que constituent le franc-maçonnerie et le saint-simonisme. »

C'est cependant ne pas tenir compte des messages, au moins verbaux, transmis par les espions de Bonaparte aux juifs de Syrie, donc de propositions discrètes égales aux promesses publiques multipliées par le général en chef à chacune des populations de la région sans avoir l'intention de les tenir. Et c'est ignorer par ailleurs l'attitude commune adoptée ultérieurement par les frankistes et par leurs adversaires vis-à-vis du « document Bonaparte » et qui constitue la « preuve négative » – sinon l'aveu – qu'il s'agit bien d'un faux.

***

Après la mort de son fondateur en 1791, puis celle de son héritier Junius Frey-Schönfeld en 1794, le frankisme, en butte aux attaques convergentes des milieux juifs orthodoxes, des rabbins hassidiques et des intellectuels nationalistes, se trouve en perte de vitesse. Ses derniers leaders, affaiblis par les scandales de la « cour polonaise » d'Offenbach et les excentricités de la « Sainte Dame » Eva Frank, sont à la recherche d'un second souffle de mysticisme messianique. Von Hirschfeld à Francfort, avec ses accointances à la loge des Frères asiatiques maintenant implantée dans les duchés du Schleswig et de Holstein, les Wehle dans leur plaque tournante de Prague, Hönig von Hönigsberg à Vienne, avec ses entrées au Grand Orient de Paris, dont font partie les frères Bonaparte – Napoléon ayant été initié en Égypte [12] –, tous se concertent pour frapper un grand coup à l'occasion de l'ouverture d'un front oriental qui vient couronner les guerres révolutionnaires annonciatrices d'apocalypse. En 1798, ils rédigent et diffusent la fameuse *Lettre rouge* qui fixe la date fatidique à l'année 1800 (5 660 de l'ère hébraïque). Puis, tenus informés par leurs canaux de communication avec Alep et autres points de chute de leur réseau dans l'Empire ottoman – communications qui, via Constantinople, ont toujours échappé au blocus des côtes du Levant par les Anglais –, ils suivent les démarches des émissaires de Bonaparte auprès des diverses communautés syriennes. Ils vont créer la surprise en prenant eux aussi pour argent comptant les quelques encouragements verbaux prodigués vaguement aux juifs et, en particulier, les tentatives d'approche de la famille Farhi. Il ne leur manque qu'un texte en bonne et due forme. Qu'à cela ne tienne ! Leurs relais sur place ne sont de toute évidence pas étrangers à la dépêche du *Moniteur* reprise de deux gazettes allemandes et fondée sur des rumeurs bien réelles, lesquelles font elles-mêmes écho aux thèmes à la fois millénaristes et révolutionnaires de la Rédemption. A Offenbach, Hirschfeld n'a plus qu'à s'appuyer sur ces publications pour combler la lacune et, par une fraude pieuse assez courante en histoire, fabriquer la déclaration manquante, authentifiée par la lettre d'accompagnement du grand rabbin inconnu de Jérusalem, en s'inspirant de modèles existants, conformes à l'esprit du temps.

Mais pourquoi alors ne pas en avoir rendu publique la teneur? C'est que tous les protagonistes concernés par la saisie de sa traduction allemande au domicile de Wehle à Prague, le 13 juillet 1799, vont successivement trouver intérêt à étouffer l'affaire. Les autorités autrichiennes d'abord, qui ignorent qu'il s'agit d'un faux et cherchent à empêcher que se répande toute propagande susceptible de soulever chez les juifs une vague de sympathie pour l'ennemi français. Les autorités rabbiniques ensuite, soucieuses de contrer tout ce qui risquerait de ranimer la flamme de dangereux espoirs messianiques au sein de leur communauté. C'est pourquoi le juge Elazar Fleckeles s'est bien gardé d'ébruiter l'existence du document saisi, que lui a communiqué le censeur des affaires hébraïques Karl Fischer, bibliothécaire de l'université : comme il lui importait avant tout d'en minimiser l'effet, il s'est empressé de le mettre sous le boisseau et de le confier à la garde de son jeune frère pour qu'il ne voie jamais le jour, même lorsqu'il est apparu qu'il pouvait s'agir d'un faux de ses adversaires d'Offenbach.

Enfin les frankistes eux-mêmes, vite informés par leurs agents sur le terrain de l'échec du siège d'Acre et de la retraite précipitée de Bonaparte, ne pouvaient plus exploiter un appel du « Messie tricolore » dont le caractère fictif risquait d'être mis en évidence par le seul démenti des faits (non-occupation de Jérusalem, inexistence d'un grand rabbin Aron Ben Lévi, etc.). Après avoir dû évacuer le château d'Offenbach en 1803, la secte décidera d'ailleurs de se dissoudre et de faire disparaître elle-même toute trace de ses activités à son dernier congrès tenu à Karlsbad en 1823. L'accession à la direction des communautés juives d'Europe centrale des descendants des familles frankistes facilitera le nettoyage systématique de leurs archives, et donc l'élimination, parmi les documents philosophiques et politiques émis par la secte, des copies éventuelles du « faux » Bonaparte. Et c'est le propre frère de Hönig von Hönigsberg, Maximilien, président de la communauté juive de Vienne de 1858 à 1876, qui s'acquittera de cette tâche iconoclaste avec le plus de succès.

Mais, faux avéré ou vraisemblable, le fait qu'il s'agisse d'un document introuvable ne gênera guère les pionniers, les fondateurs et les tenants du sionisme politique pour ressusciter le mythe d'un appel de Bonaparte à restaurer l'État juif en Palestine, quitte à réhabiliter au passage le messianisme frankiste pour son rôle historique dans le réveil national du peuple juif. Même non confirmée, à leur retour d'Égypte, par les plus proches conseillers du général en chef dans ce domaine – Monge, Denon, de Monachis, Berthier –, la dépêche du *Moniteur* accréditant son existence aurait influé grandement sur cette évolution.

Ainsi est-ce en ces termes que le créateur de la première école d'agriculture juive, Charles Netter, est venu faire part au ministre juif français Adolphe Crémieux de sa découverte fortuite de ce numéro du *Moniteur* dans une bibliothèque parisienne : « Que ne suis-je né cinquante ans plus tôt ! J'aurais volontiers vécu à cette époque rien que pour répondre à l'appel du grand Napoléon ! Je suis maintenant décidé à aller en Palestine former une nouvelle génération qui réalisera le vœu de Bonaparte... » S'adressant à l'empereur d'Allemagne Guillaume II, l'initiateur du mouvement sioniste, Theodor Herzl, s'est lui aussi référé à ce premier appel : « L'idée qui m'a conquis avait déjà dominé le cœur d'un grand gouverneur, Bonaparte ! Ce qui n'a pu se réaliser sous son règne, un autre empereur peut aujourd'hui le réussir : vous ! » En 1915, deux ans avant la déclaration Balfour promettant la reconnaissance par la Grande-Bretagne d'un foyer juif en Palestine après la guerre, le président de la Jewish Historical Society of England, Israel Zangwill, avait écrit à Lloyd George : « C'est une nécessité historique pour la Grande-Bretagne de suivre l'exemple de Napoléon afin que le peuple juif recouvre son ancienne patrie. »

En 1919, le théoricien du sionisme socialiste, Nahum Sokolow, cite à son tour une série de textes montrant le rôle précurseur de Bonaparte. Outre les deux passages du *Moniteur universel* évoqués au début de ce chapitre, il retient deux témoignages de la sympathie du chef de l'expédition d'Orient pour les juifs : la proclamation du 22 juin 1798 à l'armée sur la façon de traiter les musulmans en débarquant en Égypte – « Ayez des égards pour leurs muftis et leurs imams comme vous en avez eu pour les rabbins et les évêques... » – et, surtout, l'ordre du jour du 19 décembre 1798 à Suez, confirmant les prérogatives des moines du monastère Sainte-Catherine au mont Sinaï, « par respect pour Moïse et la nation juive dont la cosmogonie nous retrace les âges les plus reculés ». Cet argumentaire ne fera que se renforcer avec la découverte d'autres textes dont aucun, pourtant, n'est de la main de Napoléon Bonaparte : l'article de *La Décade* du 9 avril 1798 signé L.B. (Lucien Bonaparte ?), préconisant la régénération de l'Orient par le retour des juifs (avec leurs capitaux); la copie dactylographiée de la traduction allemande d'un original hébraïque perdu de la fameuse déclaration apportée à Londres en 1940 par un réfugié juif d'Autriche descendant de la famille Fleckeles; la lettre de l'Irlandais Corbet à Barras proposant, le 17 février 1799, le rétablissement d'un État juif par l'armée d'Orient, lettre également trouvée et exhibée à Londres en 1951. Dès 1938, la religion d'Édouard Herriot était faite : « La conquête de l'Égypte par Bonaparte a consacré l'idée sioniste. »

Du coup, les historiens sionistes et israéliens, y compris même les moins complaisants à l'égard de la personnalité d'un Jacob Frank, considéré comme un faux prophète corrompu et dégénéré, trouveront quelque vertu à ce genre de courant messianique.

« Le mouvement sabbatéen a présenté à l'époque des traits semblables à ceux de l'actuel mouvement sioniste », constate Shay Ish Hourwitz en 1908 en comparant Shabtai Zvi à Theodor Herzl. « En ce grand moment, écrit le poète Bialik à Odessa en novembre 1917 à la nouvelle de la déclaration Balfour, rappelons-nous avec fierté tous les rêveurs morts écrasés par le poids de leur rêve, tous les faux messies, de Bar Kochba à Shabtai Zvi. Leurs tentatives étaient vouées à l'échec, mais ils ont ancré dans le cœur de la nation juive l'espoir de la rédemption. » L'organe syndicaliste *Davar* célèbre en 1925 le trois centième anniversaire de la naissance de Shabtai Zvi par un éditorial du socialiste Berl Katznelson : « Il faut mettre au crédit de ce malheureux messie qu'il a forcé les portes du ghetto, même s'il est tombé victime de son combat contre le concept de diaspora. » Même Gershom Scholem, le moins suspect de tendresse pour le frankisme, concède que « le mouvement sabbatéen a bouleversé jusqu'à ses fondations la maison d'Israël et réveillé les forces vives de la nation tout en mettant au grand jour les dangereuses contradictions des idées messianiques ».

Quant au rôle de Bonaparte et à l'affaire de sa prétendue proclamation, un homme de son entourage était mieux placé que tout autre pour en livrer les clés : le vieil orientaliste Jean-Michel Venture de Paradis, ce juif marseillais fils d'un consul de France en Crimée, versé dans la pratique des langues orientales – y compris l'hébreu de son enfance – et qui avait passé quarante-deux ans en missions à Alger, Tunis et surtout Constantinople, avant de devenir l'interprète en chef et le conseiller du général commandant l'armée d'Orient. Il avait été en contact avec les cercles sabbatéens et les filières frankistes de l'Empire ottoman, de même que son gendre, le colonel Joseph Sulkowski, qui avait longuement séjourné à Alep avant d'être remarqué par Bonaparte et nommé à l'Institut d'Égypte. Mais Sulkowski a été tué lors des émeutes d'octobre 1798 au Caire. Et Venture de Paradis devait trouver la mort lors de la seconde phase du siège de Saint-Jean-d'Acre...

XVI

Le ras-le-bol des généraux

A son retour de Nazareth, le soir du 18 avril, Bonaparte apprend que le convoi naval de Perrée a pu enfin débarquer à Jaffa le nouveau matériel de siège. Mais il n'a pas la patience d'attendre son acheminement au camp d'Acre – où il ne peut arriver avant la fin du mois – pour préparer et ordonner une seconde vague d'assauts. Les travaux du génie se sont poursuivis en son absence, ralentis par les difficultés du terrain et souvent contrariés par les assiégés qui opposent non seulement le feu des canons pris aux Français, mais aussi la mine et la sape à la progression des tranchées des assiégeants. Au cours de ces travaux, le général Caffarelli a été grièvement blessé, le 9 avril, en inspectant, courbé, les boyaux de sape. Il avait le poing sur la hanche, selon les uns, le bras appuyé à un épaulement, selon les autres, quand une balle lui a fracassé le coude droit. En l'examinant à l'ambulance, le chirurgien en chef Larrey déclara nécessaire l'amputation.

« J'ai déjà laissé ma jambe gauche devant Luxembourg, soupira le « Père la Béquille », je laisserai mon bras droit devant Acre, cela rétablira l'équilibre. » Sa jambe perdue avait déjà inspiré cette plaisanterie aux soldats : « Il est bien heureux, celui-là ; il est toujours sûr d'avoir un pied en France. » L'opération réussit et Bonaparte, avant de quitter son chevet pour se porter à la rescousse de Kléber au mont Thabor, pouvait croire que tout irait bien, quoique le grand mutilé dissimulât mal d'horribles souffrances, plus morales que physiques. Son chef d'état-major, qu'il estimait beaucoup et dont il favorisait la carrière, Horace Say, frère de Jean-Baptiste Say, venait d'être frappé lui aussi et agonisait sous sa tente, de l'autre côté du camp. Caffarelli se reprochait sa mort, obsédé par l'idée que, sur quinze officiers du génie qu'il avait entraînés dans cette aventure, dix se trouvaient déjà hors de combat.

« Pauvre Say ! pauvres jeunes gens ! s'écriait-il, c'est moi qui les ai fait tuer devant cette bicoque ! » Sans doute se sentait-il quelque responsabilité d'avoir trop aveuglément suivi et approuvé le général en chef dans son plan d'attaque contre la « tour maudite ». Pesait sur lui tout le poids de ce siège interminable. Ah ! s'il ne s'était pas opposé à son rival Dommartin, le chef de l'artillerie, qui voulait qu'on attendît ses canons lourds pour entreprendre une telle action, combien de malheurs eussent été évités ! Caffarelli fut, peu après, la proie d'une fièvre tenace. C'est dans cet état que Bonaparte le retrouve à son retour de Nazareth. Il ne cesse d'empirer dans les huit jours qui suivent. Tandis qu'il agonise, le commandant en chef prend à part le Dr Desgenettes pour lui confier, en marchant dans la grande rue du camp, sa douleur de perdre un ami de cette qualité, dont il avait parlé au Directoire comme d'un homme capable de faire un ministre :

– Eh bien, ces cinq gens-là étaient si prévenus contre lui qu'ils me dirent, sans détour, que c'était un royaliste fieffé ! Je me mis presque en colère et je leur dis : « Je ne sais plus ce que c'est que le patriotisme si des hommes qui versent aussi généreusement leur sang pour la République ne méritent pas le titre de patriote. » L'affaire fut sue, car on répétait tout ce qui se passait dans ce tripot-là. Cela vint aux oreilles de Caffarelli ; il m'écrivit à cette occasion une lettre qui n'en finissait plus et il me la fit remettre par Kléber, qui me caressait dans ce temps-là...

– Le général Caffarelli n'était-il pas de la société de M. Helvétius, où il y avait des républicains ardents et de beaucoup de talent ?

– Oui..., mais c'est dans les grands obstacles que l'on juge les hommes supérieurs et souvent dans les revers. Puis il y a des circonstances faites pour éprouver et faire ressortir les hommes...

– Je crois bien cela, mon général.

– Quoique vous regardiez Caffarelli comme décidément perdu, je désirerais que vous puissiez placer adroitement un mot qui le flatterait. Il n'a pas besoin qu'on lui dise ce que je pense de lui ; il y a longtemps qu'il le sait. Mais il faudrait lui parler, en lui donnant l'espoir de guérir, de la haute considération et de la reconnaissance publiques... lui dire, par exemple, qu'il est appelé aux premières places de l'État par ses services et que nul ne présentera dans la société des mutilations plus glorieuses... Des choses de ce genre, n'est-ce pas, pour calmer un instant sa mauvaise tête qui le tue... N'est-ce pas?

Le 26 avril, Bonaparte apostrophe Bourrienne :

– Comment va Caffarelli?

– Il est près de sa fin : il m'a demandé de lui lire la préface de Voltaire à *L'Esprit des lois.* Le sommeil l'a pris.

– Bah! il a voulu entendre cette préface? C'est drôle!

Il se rend à son chevet le soir même, mais Caffarelli qui, dans la journée, avait semblé recouvrer assez de calme pour discourir d'économie politique, a déjà sombré dans l'insconscience. Avant de rendre son dernier soupir, il a reçu une lettre de Junot, datée de Nazareth, et qui se termine par ces mots : « Salut et admiration ! »

« Le citoyen Maximilien Caffarelli Dufalga est mort devant Acre le 8 floréal à 10 heures du matin », constate le 27 avril le chef de l'état-major général Berthier qui signe le certificat de décès. L'épistolier André Peyrusse, adjoint du trésorier-payeur, écrit aussitôt à sa mère : « Le brave général Caffarelli, dont la blessure commençait à se fermer, ne put résister à la douleur qu'il éprouvait de nos revers et de la mort de tous ses officiers du génie et de ses meilleurs amis... Le général en chef a fait ouvrir son corps et on en a tiré le cœur qu'il veut porter en France. »

Toute l'armée pleure sur cette perte irréparable qui inspire à Kléber cette annotation dans son *Carnet* de route : « Avoir une jambe de bois et concevoir et exécuter le projet de venir faire la guerre en Égypte est une chose qui dénote, ce me semble d'une manière irrévocable, le plus ardent désir de vivre, de faire et de connaître ! *Que l'on me donne, lui écrivit un de ses amis, votre tête et votre cœur, et je ferai marcher l'Apollon de bronze des Tuileries.* Il avait raison. »

Mais la mort de Caffarelli marque aussi le début d'une véritable hécatombe dans l'entourage même de Bonaparte qui, le 16 mai, annonce au général Dugua, gouverneur militaire du Caire, et au Divan de la capitale égyptienne, la mort de son drogman, l'orientaliste Venture de Paradis, en même temps que son prochain retour : « Venture est mort de la diarrhée », conclut-il son adresse au premier. « Nous apprenons avec peine que Venture est mort. Salut », termine-t-il sa proclamation au second.

Officiellement, le chef interprète de l'armée d'Orient, qui aurait pu, à soixante ans, aspirer à finir paisiblement ses jours au sein de sa famille, est mort de dysenterie, mais les symptômes qu'il présentait évoquaient ceux de la peste. Selon le témoignage d'un auteur arabe de l'époque [1], sa santé n'aurait pas résisté aux fatigues du siège de Saint-Jean-d'Acre. Le comte de Lavalette situe sa mort par erreur à Nazareth et ajoute le commentaire suivant : « Ce vieillard avait passé toute sa vie en Orient; aussi la composition de sa famille se ressentait-elle de cette vie errante : sa femme était grecque, sa fille égyptienne et son gendre polonais. Il fut vivement regretté. J'assistai à son départ de Paris (pour l'expédition). Il se mit en voiture avec le colonel Sulkowsky. Sa femme et sa fille fondaient en larmes, persuadées, par je ne sais quel présage, que tous deux ne reviendraient plus. Après une heure de douleur, elles commençaient à se consoler lorsque les deux voyageurs reparurent tout à coup. Leur voiture s'était brisée près de la barrière. Je m'attendais à de nouvelles lamentations lorsqu'à mon grand étonnement, cet accident les combla de joie. Leur douleur fut d'autant plus grande quand elles apprirent qu'ils avaient succombé. »

Le savant Gaspard Monge, président de l'Institut, était presque en aussi mauvais état que Venture. Il avait aidé le Dr Desgenettes et le chirurgien Larrey à organiser l'hôpital de Chafa-Amr et le service d'ambulances. Il avait, lui aussi, attrapé la dysenterie et était maintenant dans le délire. Bonaparte le fit transporter dans sa propre tente. Par une nuit froide, ainsi qu'il le racontera plus tard, le général en chef, pensant qu'il était endormi, étendit tendrement sur lui une couverture supplémentaire.

***

Comment expliquer l'acharnement de Bonaparte sur cette « bicoque », au prix de si grandes pertes, et sa brutale décision de lever le siège pour rentrer dare-dare au Caire comme il l'annonce à Dugua et au Divan? Trois éléments ont pesé presque simultanément sur la détermination du commandant en chef de l'expédition : un message de ses frères, Joseph et Lucien Bonaparte, le ras-le-bol de ses généraux, et l'action psychologique du commodore Sidney Smith.

Durant son absence pour cause de victoire au mont Thabor et de *Te Deum* à Nazareth en compagnie de l'amazone Madeleine Verdier, un mystérieux personnage s'est présenté au camp d'Acre comme un envoyé du Directoire, chargé de nouvelles de France, à qui le hasard a permis de débarquer à Damiette le 4 mars. Il vient d'Égypte à franc étrier. Tout le monde l'a interrogé, mais il n'a rien voulu dire. L'expression de son visage est triste et préoccupée, nous dit Lockroy. Que se passe-t-il en Europe? Que deviennent la République et l'armée? La guerre a-t-elle éclaté et quelle en a été l'issue? L'homme est muet. Il se retranche derrière le « secret professionnel ». C'est seulement au général en chef qu'il peut parler. On attend. Enfin rentre la division Bon, et Bonaparte en tête avec son état-major. Le soleil est couché. Les officiers se groupent dans la grande rue du camp. L'entrevue doit avoir lieu immédiatement, et après, à coup sûr, Bonaparte donnera des nouvelles. Les regards sont tournés vers sa tente éclairée où l'on voit deux grandes ombres immobiles. Jusqu'à minuit l'entretien se prolonge à voix basse; alors Bonaparte soulève la porte de toile; tout le monde se presse autour de lui. Il fait signe qu'on le laisse en paix.

Bonaparte se promène à travers le camp et, machinalement, se dirige vers les parallèles. On voit de loin sa silhouette qui se détache sur les murailles illuminées de Djezzar; il s'arrête en haut d'un tertre près d'un grand pan de mur auquel il s'appuie. Il rêve.

Ne vient-on pas en effet de lui apprendre les revers cuisants des armées de la République en Italie et sur le Danube, les frontières de la France à nouveau menacées? Lui qui sait le Directoire fragile, méprisé, calomnié, les assemblées divisées, les royalistes requinqués, il se trouve seul intact au milieu de tous ces débris.

Il regarde les vaisseaux de Sidney, la bicoque qui l'arrête, ses petites batteries impuissantes; toute sa fantaisie orientale s'évanouit. Il se tourne vers la France. Le 18 Brumaire point à l'horizon.

Quel est donc ce mystérieux messager venu informer le commandant en chef de l'armée d'Orient de la reprise généralisée de la guerre en Europe et des complications politiques survenues en France? Lockroy ne l'identifie pas dans son récit. Pourtant, le premier historien militaire des campagnes d'Égypte et de la Syrie, C. de La Jonquière, a donné des indications qui permettaient d'en cerner la personnalité. Il s'agit d'un certain Boutros Bokty, négociant syrien né en Égypte et éduqué en France, longtemps confondu avec un autre émissaire de Joseph Bonaparte, un Grec nommé Bourbaki, envoyé six mois plus tard. Le registre de correspondance du général Dugua au Caire fait précisément état de l'arrivée à Boulak, le 4 mars, du citoyen Winand Moureau, nommé par le Directoire contrôleur des services de l'armée d'Égypte, en compagnie dudit Bokty, messager privé des frères Bonaparte.

Dès le lendemain, Dugua a expédié un courrier au général en chef pour lui annoncer l'arrivée de Moureau en ajoutant cette précision : « Je vous ferai passer demain par une autre occasion les nouvelles postérieures apportées par le citoyen Boctia (*sic*), envoyé par le citoyen Belleville; l'administration sanitaire ne me les a pas encore envoyées. Il y a aussi beaucoup de gazettes que le courrier emportera. »

Trois jours plus tard, il demandait au commandant du régiment des dromadaires d'en donner deux aux citoyens Moureau et Bokty pour se rendre en Syrie, à défaut de chevaux de remonte disponibles. Étant donné les difficultés des transports sur une route sans cesse coupée par les coups de main de bandes armées, l'arrivée, même tardive, de Bokty au quartier général de Bonaparte à Saint-Jean-d'Acre doit faire admettre qu'il était porteur de dépêches importantes, d'un caractère plus confidentiel qu'officiel.

« Les documents que nous avons entre les mains, écrit La Jonquière, ne fournissent aucun renseignement sur la personnalité de ce Bokty. Le mystère qui a entouré sa mission est sans doute la cause des confusions qui ont été commises. » C'est en effet lui que Jacques Miot devait avoir en vue quand il écrivit dans ses *Mémoires* publiés en 1804 : « J'ai une idée confuse d'avoir entendu parler au Caire du voyage mystérieux de ce Grec. » Il le confondait avec « un nommé Barbaki » (*sic*) auquel Joseph Bonaparte aurait promis 30 000 francs s'il accomplissait heureusement sa mission : remettre en mains propres au général en chef une lettre l'engageant à revenir en France, où le pouvoir serait bientôt à prendre.

Il a été souvent question d'émissaires que les frères de Bonaparte lui auraient ainsi secrètement adressés durant son expédition, pour lui faire parvenir des renseignements privés ou politiques. Sa résolution de retour aurait été en grande partie déterminée par ces communications parallèles. Plus tard, Joseph Bonaparte admettra avoir envoyé, entre autres, en Égypte un Grec de Céphalonie, qu'il nomme « Burbaki », porteur d'une lettre personnelle pour son frère Napoléon, cachée dans une canne de chêne. En fait, si le vrai Bourbaki (futur grand-père du fameux général du Second Empire), débarqué à Ancône en avril 1799 après avoir pris part à la défense de Corfou, accepta l'offre de Joseph Bonaparte de partir en mission pour l'Égypte, ce ne put être avant le début d'octobre. Et peut-être se mit-il en route, mais cette mission se trouva immédiatement sans objet en raison du retour en France du général en chef de l'armée d'Orient. On a donc prêté à ce Bourbaki, dont l'existence est attestée par diverses sources, le rôle joué par le commerçant Bokty. « Par une destinée singulière, ajoute La Jonquière en annexe de son monumental ouvrage, la légende a adopté le nom de Bourbaki, qui est peut-être parti, mais n'est certainement pas arrivé; le nom du véritable émissaire a été complètement oublié... »

Au camp d'Acrc, ccpcndant, intriguéc par l'cntrcticn dc cet inconnu avec son commandant en chef, l'armée reste dans l'ignorance de ce qui s'est passé sous la tente de Bonaparte en cette nuit du 18 au 19 avril, mais elle soupçonne quelque catastrophe : l'attitude et le mutisme de son chef la stupéfient. Elle remarque aussi qu'à partir de ce moment il est plus nerveux, plus agité, plus violent, plus décidé aussi à sacrifier du monde. Comme si la terre lui brûlait les pieds. Il lui faut se débarrasser de son rêve oriental...

Le lendemain, le bruit de son rappel en France court dans les rangs. Mais Bonaparte s'est ingénié à brouiller les cartes afin de rassurer ses militaires. Dans son ordre du jour du 18 avril, il fait remonter au 19 février les dernières nouvelles qu'il a reçues de France, selon lesquelles « la République était maîtresse de tout le royaume de Naples et du Piémont, et les grandes puissances du continent avaient abandonné ce roi à son malheureux destin... Les bases de la paix de Rastadt paraissent être convenues et la paix sur le point d'être signée. » Le même jour, il ordonne à Berthier d'aller faire chercher l'artillerie de siège débarquée à Jaffa et les renforts avec les munitions à Tantourah. Et, le lendemain, il écrit à l'administrateur Poussielgue qu'il espère prendre Saint-Jean-d'Acre le 5 ou le 6 mai, ajoutant : « Je partirai immédiatement après pour me rendre au Caire. »

***

Sans même attendre les pièces d'artillerie lourde débarquées à Jaffa, Bonaparte prépare un nouvel assaut. Il se rend compte de la démoralisation de son armée qui commence à douter de lui. Le payeur général a beau racheter aux soldats la vaisselle d'argent prise à la bataille du mont Thabor dans les tentes des mamelouks, la nourriture reste défectueuse : le pain fabriqué aux moulins de Tannouz est pâteux et gluant comme de la colle.

« Le jour, on est piqué des scorpions, raconte Lockroy; la nuit, les chacals viennent rôder jusque dans les parallèles remplies de cadavres, qu'on n'enlève plus. La dysenterie, dont tout le monde se ressent, affaiblit les courages, la peste éclaircit les rangs. Les soldats, quand ils ne se sentent pas surveillés, désertent la tranchée et le travail. Ils abandonnent leurs outils que, dans ses sorties, l'ennemi ramasse... Des odeurs de pourriture remplissent le camp... On travaillait toujours à la grande mine, et Phélippeaux mettait ce temps à profit. Couverts par le feu de la place, les matelots anglais avaient pu protéger la porte d'Acre par des constructions extérieures. Ils avaient levé des cavaliers et marché en contre-attaque sur nos propres ouvrages. Devant les remparts d'Acre s'élevaient des défenses nouvelles rendues chaque jour plus formidables. »

La grande mine fut enfin prête. Vingt et un jours on y avait travaillé, malgré le manque d'air, les bombes, le feu de la place. Elle se composait de deux fourneaux espacés de huit pieds, chargés de 600 livres de poudre chacun, et, sous le glacis, à trois pieds de la galerie principale, d'un globe de compression chargé, lui, de 1 500 livres de poudre. On attendait un effet effroyable de l'explosion.

L'explosion de cette mine doit abattre la grosse tour et entamer la courtine attenante de façon à créer une trouée facilitant un assaut de front. Bonaparte donne l'ordre de la faire jouer le 24 avril à 9 heures du matin. Déception : quand le nuage de poussière retombe, la face gauche de la tour et les courtines sont toujours là, l'explosion ayant été absorbée par un souterrain ignoré. Quinze grenadiers s'élancent sur les décombres; quatorze sont écrasés sous une grêle de pierres, d'obus et de bombes jetés des créneaux. Le reste de la troupe n'ose plus avancer.

« Dans cette attaque, écrit le vice-amiral Ganteaume au contre-amiral Perrée, nous avons épuisé inutilement le reste des munitions que nous avions, à l'exception de celles que vous avez débarquées à Jaffa... Vous devez nous renvoyer à Tantourah cet approvisionnement. »

Bonaparte, que l'échec rend impitoyable, ne veut pas en rester là. Il fait réparer dans la nuit les travaux dégradés la veille et reprendre le feu des batteries réapprovisionnées à la hâte pour soutenir, dès le lendemain, une nouvelle tentative. Cette fois, une centaine de grenadiers et de sapeurs parviennent à prendre pied dans la tour et sont sur le point d'ouvrir un passage avec les courtines quand les Turcs, juchés au-dessus d'eux, ouvrent la voûte et font pleuvoir bombes et obus.

« Phélippeaux avait placé sur la plate-forme de la tour, encore presque intacte, des soldats turcs qui pouvaient nous fusiller sans être atteints, relate Lockroy. En vain, notre pauvre artillerie, bien inférieure à celle de la place, lance projectile sur projectile... Bonaparte, qui suit les mouvements, appuyé à l'épaulement d'une batterie, est pris d'un accès de désespoir : il tire l'épée et se précipite. Mais deux guides le retiennent à bras-le-corps. » Le général Vaux, qui s'était jeté en tête des tirailleurs, tombe, à ce moment, frappé d'une balle. « Cette affaire nous coûta beaucoup de braves militaires », écrira Peyrusse à sa mère.

Le capitaine du génie Bruslé est mort en montant à la brèche. Le jeune sous-lieutenant Fuseau de Saint-Clément, qui a pris la place du lieutenant Morel, revenu avertir Bonaparte du drame de ce cul-de-sac transformé en abattoir, n'a pas échappé au massacre. Ce brillant élève de l'École polytechnique, âgé seulement de seize ans, allait au feu pour la première fois. Il s'était intimement lié avec un ingénieur des Ponts et Chaussées, membre de la commission scientifique de l'expédition, Favier, dont il partageait la tente : on les appelait les Inséparables.

Sous la mitraille, rapporte un de ses collègues, Villiers du Terrage, Favier était allé chercher ce cher cadavre dans la tranchée, l'avait rapporté, fou de douleur, sur ses épaules, et lui avait fermé les yeux en hurlant des imprécations contre le général en chef. Puis il se couche sur sa tombe, « grattant la terre comme s'il voulait encore embrasser son ami ». Sans le nommer, le Dr Desgenettes consacre une page émouvante de son *Histoire médicale de l'armée d'Orient* au désespoir de l'ingénieur Favier :

« Il y eut pendant le siège d'Acre un exemple remarquable d'aberration momentanée, produite par un excès de sensibilité. Un très jeune officier du génie fut tué à la tranchée; il rappelait par les plus aimables dons de la nature, comme il retraça par ses malheurs, l'image et le sort de ce beau Lesbin du Tasse... La veille de sa mort, il s'était entretenu longtemps, dans une promenade, avec son meilleur ami de ses honorables *(sic)* dangers, peut-être aussi de ses tristes pressentiments... Ils se renouvelèrent cent fois l'assurance de l'attachement qui les unissait... L'ami du jeune ingénieur, étranger par ses fonctions aux opérations du siège, y fut entraîné le lendemain par une vive sollicitude. Il gagnait la tranchée lorsqu'il trouva sur ses pas deux sapeurs qui creusaient une fosse sous l'une des arcades de ce même aqueduc près duquel il avait eu l'entretien de la veille... Il s'avance et reconnaît, étendu mort près d'eux, son fidèle ami.

Telle une tendre fleur qu'un matin voit éclore
Des baisers du zéphir et des pleurs de l'aurore,

Brille un moment aux yeux et tombe avant le temps
Sous le tranchant du fer ou sous l'effort des vents.

« La stupeur s'empare de lui; bientôt il se ranime et résiste avec violence à ceux qui veulent l'entraîner loin d'un si douloureux spectacle; égaré, il s'élance sur la tombe de son ami, recouverte à la hâte, et veut s'y ensevelir avec lui. L'affaissement survient et il perd le sentiment; on en profite pour l'enlever et le porter au camp... Là il se réveille et s'abandonne de nouveau aux pleurs et aux gémissements... Qui n'accuserait-il pas de la perte de son ami? Il alla jusqu'aux imprécations de la fureur. Enfin le repos, qui calme une partie des maux des hommes, vint lui rendre la raison sans éteindre pourtant ses regrets [2]. »

Bonaparte, passant devant sa tente, écouta, impassible, les éclats hystériques de Favier et, se tournant vers Desgenettes : « Vous voyez, dit-il, c'est ainsi qu'un peintre devrait représenter Alexandre dans son désespoir après la mort de Clitus. » Puis il se retira sans témoigner la moindre émotion, comme si les imprécations de Favier eussent eu pour objet tout autre que lui. Mais, selon d'autres versions, Bonaparte, rentré au quartier général, aurait dit à son aide de camp Croisier : « Que ce jeune homme ne recommence pas, car je le ferais fusiller. » Desgenettes donna de l'opium à l'ingénieur, qui se calma. Mais l'effet produit par l'incident sur l'armée fut déplorable. L'indiscipline y fermentait et le prestige du général en chef s'estompait.

Faute de poudre et dans l'attente de l'artillerie de siège, les Français se trouvent souvent contraints de cesser le feu, tandis qu'en face Phélippeaux s'active à pousser des lignes de contre-approche de façon à prendre à revers les tranchées des assaillants et à se ménager des flancs sur le front d'attaque. Ses ouvriers et ses sapeurs, protégés par la tour et par le rempart, travaillent et progressent en sécurité pendant que les troupes de Djezzar effectuent, le 30 avril, une nouvelle sortie coûteuse contre le masque de la mine. Or, c'est ce jour-là qu'arrive enfin une partie des canons de siège. Dès le lendemain, 1er mai, Bonaparte ordonne une double attaque contre la tour et les places d'armes ennemies. Attaque prématurée : resté seul au sommet de la brèche, le chef de la 85e demi-brigade, Davroux, abandonné par ses grenadiers, pris à revers par un boyau creusé dans le fossé, tombe fusillé à bout portant. Sa tête est portée en triomphe dans toute la ville. Une attaque de nuit ne réussit pas davantage, Djezzar ayant pris la précaution d'illuminer ses remparts. Bonaparte n'en paraît point trop affecté dans le message optimiste qu'il dépêche, le 2 mai, à Kléber qui ronge son frein à Nazareth :

« Nos pièces (d'artillerie) jouent depuis deux jours. La tour n'est plus qu'une ruine, le flanc qui s'opposait au passage du fossé est ruiné... Sentant qu'il ne peut plus défendre ses murailles, l'ennemi a couronné ses glacis par des boyaux, où il est protégé par la mousqueterie de la place et empêche l'abord des différentes brèches : cela nous engage dans des affaires pénibles... Nous avons eu trente blessés et douze à quinze tués, parmi lesquels le chef de la 85e demi-brigade... Après-demain, nous plaçons nos pièces de 24 pour faire une brèche et, dès l'instant qu'elle sera praticable, nous donnons un assaut général et en masse. »

A la suite de tant et de si douloureux échecs, le général en chef, se rangeant enfin à l'avis de son chef artilleur Dommartin, change d'objectif : c'est la courtine, et non la grosse tour à demi rasée, qu'il faut battre en brèche pour emporter la place d'un coup de force. Dans la nuit du 5 au 6 mai, il lance ses troupes à l'assaut des ouvrages extérieurs de Phélippeaux, ignorant d'ailleurs que son ennemi mortel, l'ex-condisciple devenu colonel de Sa Majesté britannique, a succombé quelques jours plus tôt à une insolation ou à une fièvre maligne à force de s'exposer sur les remparts.

L'opération réussit au prix d'une nouvelle saignée dans les rangs des officiers : l'intarissable Peyrusse informe sa mère que le chef de bataillon Souhait, précédemment blessé à la tête, y a « reçu une balle à travers le corps ». Mais le puits de la mine, comblé par une sape de l'ennemi, est désormais inutilisable. Car, avec le chevalier de Tromelin, Djezzar Pacha en personne a pris la relève de Phélippeaux. « Il fut infatigable, écrit de son côté l'habilleur Bernoyer : jour et nuit, on le voyait partout; il excitait ses travailleurs, il occupait les femmes et les enfants. Jamais place ne fut attaquée et défendue avec autant d'ardeur et de courage. » » Il cite l'exemple d'un jeune tambour qui s'est couvert de gloire en restant seul à battre la charge du plus haut retranchement et à sortir indemne de la mitraille.

On renonce aux mines pour achever de mettre en batterie

toute l'artillerie de siège, laquelle permet enfin à la division Bon non seulement de s'emparer des fortifications extérieures, d'enclouer plusieurs canons, mais d'occuper les restes de la grosse tour. Il est temps car, en cette matinée du 7 mai, Miot, sortant de la tente de Murat, remarque une voile qui point à l'horizon, bientôt suivie d'une trentaine d'autres : c'est le convoi naval qui transporte les renforts ottomans de Rhodes sous le commandement de Hassan Bey. Bonaparte décide de brusquer l'assaut de la ville pour ne pas laisser à ces troupes fraîches le temps de débarquer. Il déclenche l'attaque à dix heures du soir.

On se bat toute la nuit pour consolider les positions si chèrement acquises, les cadavres servant d'épaulements aux assaillants. A deux heures de l'après-midi, une nouvelle brèche est pratiquée dans la courtine attenante à la grosse tour, permettant le passage de trois hommes de front à l'intérieur des remparts. Le lieutenant Boyer l'escalade à la tête d'une trentaine d'hommes et plante le drapeau sur le terre-plein du rempart. Le général Rambaud le suit avec l'avant-garde de la division Lannes qui a pris la relève de la division Bon, épuisée par le combat de la nuit : on les distingue un instant entre les créneaux, puis ils disparaissent au milieu d'une grande fumée qui enveloppe leur plongeon de l'autre côté, dans la ville. « Acre est prise ! » Le bruit en court partout. Bonaparte félicite Bon dans la tranchée où il le rencontre... Mais des blessés, qui remontent de la ville, disent qu'on est tombé dans un piège et qu'une fortification intérieure empêche d'avancer... Un piétinement prolongé suscite l'inquiétude. Les lignes de fantassins oscillent et reculent. Lannes, furieux, tire son sabre et s'avance à travers la colonne, jusque sur le rempart, bousculant ses hommes, criant « En avant ! » Mais, prise à revers la colonne de tête, forte de deux cents hommes, est déjà disloquée et rompue. Boyer et dix-sept de ses officiers sont morts et cent cinquante éclaireurs et grenadiers hors de combat.

La brèche débouche en effet sur une rue étroite bordée de maisons reliées entre elles par Phélippeaux de manière à former un second retranchement, en arrière du mur d'enceinte. Les deux cents hommes de Rambaud parviennent à le franchir après avoir enlevé à la baïonnette une batterie de mortiers cachée derrière les premières maisons, et poursuivent leur escalade jusqu'aux portes du sérail. Ils croient pouvoir crier victoire, quand ils s'aperçoivent qu'ils ne sont pas secondés par les fantassins qui devaient les appuyer et se trouvent encerclés. « La place était à nous, écrira Peyrusse à sa mère, si un lâche n'avait répandu la terreur en criant que nous étions cernés. » D'autres témoins rapportent que le cri de « Sauve qui peut, nous sommes tournés! », fut poussé d'une rue voisine par Sidney Smith en personne pour semer la panique dans les rangs des assaillants. C'est peu vraisemblable.

Le commodore a alors d'autres risques à prendre que de se mêler à un combat de rue. Du haut des murailles, il a observé, à travers ses lunettes d'approche, Bonaparte au milieu de ses généraux, gesticulant au sommet de la colline appelée la montagne de Richard Cœur de Lion, juste avant le coucher du soleil. Ses gestes annonçaient une reprise imminente de l'attaque à la faveur de la nuit. Smith se hâte de mettre à terre tous ses équipages pour protéger le débarquement et le passage des canonniers turcs de Hassan Bey entraînés à l'européenne : au cinquante-deuxième jour du siège, dix à douze mille hommes amenés en renfort par le convoi de corvettes avec un impressionnant arsenal d'armes et de munitions montent en ligne depuis le port, à l'abri des frégates anglaises.

La bataille fait rage à l'intérieur des remparts. Tandis que Lannes, blessé à la tête et tombé sans connaissance, est traîné par les pieds hors de la brèche où s'engouffrent ses hommes qui le croient mort, Rambaud s'empare d'une petite mosquée dans laquelle il se barricade pour opposer une résistance désespérée avec une trentaine de grenadiers. Au bout de deux heures, il n'en survit plus qu'un seul, sauvé par un détachement de soldats anglais et que Sidney Smith prendra sous sa protection, quitte à faire sabrer par les Turcs quelques-uns de ses officiers, tel le colonel Douglas.

Entre-temps, Djezzar a changé de tactique, laissant délibérément une nouvelle colonne française franchir la brèche pour mieux l'envelopper dans les jardins de son palais. Du haut des toits, les musulmanes excitent les Turcs, par leurs youyous stridents, à achever à l'arme blanche les grenadiers de Lannes pris au piège. Au bout de vingt-cinq heures d'un combat ininterrompu, l'arrière-garde de la colonne se retire de la brèche et le feu cesse enfin.

Pas pour longtemps. Dès le lendemain de ce douzième échec, Bonaparte fait agrandir la brèche par son artillerie lourde pour la rendre praticable à cinquante hommes de front. Il sait la division Lannes amputée de son élite, la division Bon décimée, la division Reynier exténuée. Mais il reste la division Kléber qu'il rappelle aussitôt de Nazareth.

– Oui, Bourrienne, s'exclame-t-il en cette dure matinée du 9 mai devant son secrétaire. Oui, je vois que cette misérable bicoque m'a coûté bien du monde et pris bien du temps. Mais les choses sont trop avancées pour ne pas tenter encore un dernier effort. Quand il ne me resterait plus que quatre hommes et un caporal, je me mettrai à leur tête et nous entrerons! Si je réussis, comme je le crois, je trouverai dans la ville les trésors du pacha et des armes pour trois cent mille hommes. Je soulève et j'arme toute la Syrie qu'a tant indignée la férocité de Djezzar, dont vous avez vu que la population demandait à chaque assaut sa chute à Dieu. Je marche sur Damas et Alep. Je grossis mon armée, en avançant dans le pays, de tous les mécontents; j'annonce au peuple l'abolition de la servitude et des gouvernements tyranniques des pachas. J'arrive à Constantinople avec des masses armées. Je renverse l'Empire turc. Je fonde dans l'Orient un nouvel et grand empire qui fixera ma place pour la postérité, et, peut-être, retournerai-je à Paris par Andrinople ou par Vienne, après avoir anéanti la maison d'Autriche!

« Seul de toute l'armée, commente l'historien britannique Herold, il croyait encore à la possibilité de prendre Acre, sans artillerie et sans munitions. » Mais le plus curieux, c'est que Sidney Smith pèse au même moment – et pratiquement dans les mêmes termes – l'enjeu du prochain assaut :

« Bonaparte fera indubitablement une nouvelle attaque, écrit-il à bord du *Tigre* dans son rapport du 9 mai 1799 au premier lord de l'Amirauté, Evan Napean. La ville n'est pas et n'a jamais été susceptible d'être défendue suivant les règles de l'art; mais, d'après toute autre combinaison, elle sera défendue, non pas qu'elle en vaille la peine par elle-même, mais nous prévoyons que c'est par cette brèche que Bonaparte veut marcher à de nouvelles conquêtes. C'est de l'issue de ce combat que dépend l'opinion de la multitude des spectateurs sur les montagnes environnantes, qui n'attendent que l'événement pour se joindre au vainqueur; avec de tels renforts pour l'exécution de ces projets connus, Constantinople et même Vienne éprouveraient de violentes secousses... Quoique nous puissions être et serons probablement défaits, j'ose dire que l'armée française sera tellement affaiblie avant cet événement qu'elle ne pourra profiter d'une victoire qui lui aura coûté cher. »

A peine arrivé de Galilée, le jour même, avec la brigade du général Verdier, Kléber s'indigne de la façon dont le siège a été mené. Lui qui a toujours été soucieux du sang de ses soldats et qui a perdu de trop nombreux amis dans les assauts successifs, ne peut accepter la vanité d'un tel acharnement : « Bonaparte, maugrée-t-il, n'est qu'un général à deux mille hommes par semaine. »

« Immédiatement, rapporte dans ses lettres le chef de l'habillement Bernoyer, l'Alsacien se rendit chez Bonaparte qui lui apprit qu'un treizième assaut allait être livré. Le général Kléber proposa assez brusquement à Bonaparte d'aller visiter les ouvrages du siège. Bonaparte parut satisfait de cette proposition; il sortit de sa tente, accompagné par une grande partie de son état-major et de plusieurs officiers généraux. Ils visitèrent tous les ouvrages avec le plus grand soin. Après avoir parcouru tous les points d'attaque et de défense, Kléber dit à Bonaparte, en présence de nombreux assistants : " Général, si je ne savais pas moi-même que Bonaparte commande ici, je croirais que tous ces travaux ont été dirigés par des enfants ! " Bonaparte eut l'air de ne pas faire attention au soufflet qu'il venait de recevoir de la part d'un général qui ne connaissait pas la flatterie et dont le jugement avait une grande influence sur l'esprit de l'armée. Il concentra au fond de son âme le dépit que suscita en lui la dureté des propos de Kléber. »

Le 10 mai, Bonaparte descend dans la tranchée à 6 heures du matin pour reconnaître par lui-même les résultats du bombardement d'artillerie de la ville. Il passe les troupes en revue, parlant familièrement aux soldats, distribuant les poignées de main, excitant les courages par des mots brefs et vifs. Il s'avance jusqu'au pied de la brèche et s'expose crânement au feu des remparts pour ordonner de cette place le nouvel assaut. « Ceux qui s'étaient déclarés contre son acharnement à poursuivre les attaques, écrit encore Bernoyer, ne purent s'empêcher d'applaudir son audace et sa fermeté dans ses résolutions. »

L'adjudant général Fouler s'élance le premier et se fait tuer sur le sommet de la brèche par où peuvent maintenant s'engouffrer cinquante hommes de front. L'avant-garde pénètre dans la ville, mais se heurte à de nouveaux retranchements et se fait fusiller de tous côtés deux heures durant. Les rescapés ne peuvent échapper au massacre qu'en se repliant en désordre. Les grenadiers et les carabiniers venus de Nazareth avec Verdier et Kléber demandent à renouveler la tentative à 2 heures de l'après-midi. Leur chef, Venaux, dit à Murat : « Si ce soir Acre n'est pas prise, c'est que Venaux sera mort. » Kléber commande en personne cet assaut qui se révélera le plus furieux de tous. Dans un roulement de tonnerre de fin de monde, les soldats pataugent sur les couches de cadavres pourrissants de leurs prédécesseurs, enterrés dans les tranchées sous quelques centimètres de fange. La puanteur est insoutenable. Des éclats de fer jaillissent çà et là de la fumée qui masque le rempart et recouvre le fossé où retentissent des hurlements. Bonaparte est projeté dans les bras de Berthier à la batterie de brèche. On n'aperçoit plus que la colossale stature de Kléber, debout sur le rebord d'un mur, éclairé par les bombes qui éclatent autour de lui, frappant sa cuisse de son sabre nu avec un mouvement convulsif pour vociférer des ordres. Le fossé vomit des flammes, la mitraille semble crachée par la terre et l'élan des assaillants, qui reçoivent la mort sans pouvoir la donner, vient se briser contre cette seconde enceinte qu'on ne peut enlever sans canon, mais qu'aucun canon ne peut atteindre. Sous le feu croisé le plus meurtrier de tout le siège, il est impossible de tenir la brèche plus de trois quarts d'heure : le général Bon agonise, frappé d'une balle dans le bas-ventre; le jeune chef de bataillon Croisier, aide de camp de Bonaparte et compagnon d'armes d'Eugène de Beauharnais, expire à son tour; l'officier d'état-major Pinaud est mort; l'officier d'état-major Gerbaud est mort; le général Venaux est mort; l'aide de camp de Kléber, Nitherwood, est mort... Bonaparte, jugeant cette fois l'obstacle insurmontable, fait un geste brusque : il ordonne la retraite. Un capitaine d'artillerie corse, son cousin Arrighi, vient de l'éclabousser de son sang... (Deux siècles plus tard, des ouvriers du bâtiment, creusant les fondations d'un immeuble à cet emplacement, déterreront trois squelettes et des boutons dorés d'uniformes portant le numéro de la division Bon avec la devise : « La liberté ou la mort »).

Le général en chef enfourche son cheval et revient ventre à terre au camp, se précipite dans sa tente, aplatit d'un coup de poing rageur son célèbre chapeau et demande sa musique. « Pendant qu'elle joue, relate Lockroy, il se promène dans la grande rue, remuant les bras, les mains crispées. » Djezzar répond à son offre de cessez-le-feu pour enterrer les cadavres par une sortie généralisée qui est repoussée comme ses vingt-deux sorties précédentes... mais qui laisse sur le terrain et dans les tranchées un tapis de tracts imprimés en français à Constantinople, invitant les militaires français de tout grade à se rendre aux forces alliées. C'est la dernière facétie inventée par sir Sidney Smith.

***

La couturière Peyrusse, probablement la personne la mieux informée en matière militaire de toute la ville de Carcassonne, recevra de son fils André un récit pathétique de l'ultime assaut de Saint-Jean-d'Acre, ainsi conclu : « Je n'exagère point, il est constant que la moitié de l'armée a péri. » « Si, par *la moitié de l'armée,* remarque l'historien anglais Herold, Peyrusse voulait dire la moitié des assaillants, et si, par *péri,* il entendait tués ou gravement blessés, Peyrusse n'exagérait pas beaucoup. »

En s'appuyant sur les chiffres incomplets trouvés dans les archives du ministère de la Guerre, La Jonquière avait calculé que les pertes françaises durant la seule campagne de Palestine s'élevèrent à douze cents morts au feu, mille de maladie et à deux mille trois cents blessés ou malades, dont une centaine d'amputés définitivement invalides. Soit le tiers de l'élite de l'armée engagée dans cette expédition! Un gâchis que Kléber n'hésite pas à condamner en ces termes à la table du général Murat : « Nous avons attaqué à la turque une place défendue à l'européenne. »

La table du chef de la cavalerie était fort recherchée, notamment à cause du vin que ses hussards rapportaient de leurs différentes courses à l'extérieur du siège. Elle était devenue un lieu de détente pour les officiers fourbus, où oublier les peines et les souffrances du jour. Ils ne se gênaient plus pour y exprimer, entre deux libations, leur façon de penser. « Après notre dîner, raconte Jacques Miot, étendus au frais, nous prenions le café de Mokka et fumions le tabac de Lattaquié, sous la grande tente que nous avions capturée au Jourdain; elle n'était point faite comme les autres; ses murailles *(sic)* ne touchaient point la terre et pouvaient s'ouvrir de différents côtés, de manière à établir un courant d'air en garantissant des rayons du soleil; là, nous jasions, presque toujours nos discours roulaient sur les femmes, les plaisirs, la France : tous les trois alors étaient synonymes pour nous, et l'un ou l'autre suffisait pour chasser l'idée de notre désagréable position... »

Le général Murat, qui ne savait guère dissimuler ses sentiments, s'était d'ailleurs déjà fait l'écho du « ras-le-bol » qui se manifestait à tous les niveaux de l'armée :

– Vous êtes le bourreau de vos soldats, a-t-il lancé à Bonaparte un jour de cette funeste semaine de mai où le général en chef s'était fait chahuter à la sortie de sa tente. Il faut que vous soyez bien obstiné et bien aveugle pour ne pas voir que vous ne pourrez jamais réduire la ville de Saint-Jean-d'Acre. Puisque vous n'avez pas réussi quand votre armée était complète, ce n'est pas aujourd'hui que vous y parviendrez. Au début, vos soldats étaient enthousiastes; à présent, il faut les forcer à obéir! Vu leur état d'esprit, je ne serais pas étonné qu'ils n'obéissent plus du tout! D'ailleurs, la place vient de recevoir un renfort considérable d'hommes et de munitions, à telle enseigne que le Pacha serait plus à même de nous attaquer dans notre camp que nous d'assiéger la ville...

Bernoyer, qui rapporte cette diatribe dans une de ses correspondances, ajoute que Bonaparte la reçut avec le plus grand sang-froid et se retira sous sa tente sans proférer la moindre parole. « Jusqu'alors, écrit-il, il n'avait éprouvé aucune résistance dans ses entreprises. Pour lui, il était dur de fléchir devant une place dont l'apparence ne présentait pas de sérieuses difficultés. Voilà pourquoi il ne voulait céder qu'à la dernière extrémité. »

Depuis le début de la campagne, le naïf chef de l'atelier d'habillement de l'armée d'Orient a fait ainsi preuve d'une étonnante lucidité dans ses lettres restées inédites jusqu'en 1976. Il est pratiquement le seul mémorialiste involontaire à avoir fait état de la réunion des généraux convoquée par Bonaparte avant d'entreprendre cette expédition en Syrie, que les trois quarts d'entre eux désapprouvèrent. C'était, on s'en souvient, le général Lagrange qui avait alors eu le courage d'exprimer leur point de vue rapporté en ces termes par Bernoyer : « En arrivant devant Saint-Jean-d'Acre, vous serez tellement affaibli que la moindre résistance de la part de l'ennemi pourra causer des pertes que vous ne serez pas à même de réparer. » Le général en chef avait alors fait fi de cette objection en invoquant sa bonne étoile et l'invincibilité de son armée...

A la fin de sa lettre, Bernoyer livrait la clé de son pressentiment : « Malgré la grande confiance que j'ai dans les talents du général Bonaparte, je doute du succès de cette expédition, parce que je m'aperçois qu'une mésintelligence commence à régner parmi les généraux. Fasse le ciel qu'elle ne soit pas funeste ! »

Or, cette crainte revient sous sa plume dans les lettres suivantes, écrites au fur et à mesure des difficultés rencontrées par le corps expéditionnaire dans sa conquête de la Palestine et des doutes croissants, dans son entourage, sur les buts de guerre réels du commandant en chef :

« On prétend, écrit Bernoyer dans une lettre datée du 19 avril, que son ambition extrême de régner en souverain fit naître en lui l'idée de conduire son armée, une fois Saint-Jean-d'Acre prise, jusque dans le Royaume de Perse ; là, il se serait fait proclamer roi. Ce projet lui convenait parfaitement, car il flattait son orgueil ; mais il ne plaisait pas à tout le monde, surtout pas à ceux qui chérissent leur patrie ni à ceux qui, comme moi, ont une épouse bien-aimée qu'ils ne veulent pas perdre, même pour toutes les couronnes du monde... Ainsi plusieurs généraux, notamment Dommartin, commandant de l'artillerie, firent tout pour nuire à la prise de Saint-Jean-d'Acre et faire échouer les plans de Bonaparte. Ce dernier n'ignorait pas qu'il s'était créé des ennemis parmi les généraux : les propos qu'ils tenaient contre lui étaient assez manifestes... »

Si son jugement sur l'attitude de Dommartin est tout à fait injuste et erroné, comme on verra plus loin, la conclusion de sa lettre traduit bien, en revanche, l'état d'esprit d'une partie de la hiérarchie militaire et du corps civil engagés dans l'aventure : « Ma chère Amie, je crois que nos vœux seront exaucés et que Saint-Jean-d'Acre résistera. Je parle ici peut-être contre les intérêts de ma patrie, mais le désir de te revoir me fait tout sacrifier. Adieu. »

Sa dix-huitième lettre est encore plus révélatrice des mauvaises relations entre Bonaparte et ses généraux : « Le génie et la bonne fortune qui ont conduit si longtemps Bonaparte à la victoire comme par enchantement semblent fléchir devant les murs de Saint-Jean-d'Acre. Les Turcs et les Anglais ne sont pas les ennemis les plus difficiles à combattre : ceux qu'il s'est faits dans sa propre armée sont les plus dangereux pour lui. Ils peuvent faire échouer toutes ses opérations militaires. La désunion et la mésintelligence parmi les chefs causent souvent la perte d'une armée entière. » Bernoyer ajoute que le mécontentement s'est étendu à l'armée tout entière à mesure que s'est prolongé le siège d'Acre, parce que l'intendance ne suivait toujours pas : « Quant au service du camp, il était si souvent perturbé que les boulets apportés ne correspondaient pas au calibre (des canons); parfois, quand nous recevions des canons, il manquait de la poudre. Cet état de choses dégoûta les soldats à tel point qu'ils maudirent Bonaparte. Les plaintes se généralisèrent et s'extériorisèrent : dès que le général en chef sortait de sa tente, il était hué ou insulté avec des propos menaçants... Enfin, ma chère Amie, voilà cette fameuse expédition de Saint-Jean-d'Acre terminée ! Si la victoire a abandonné pour un moment nos drapeaux, nous le devons à la mésintelligence de nos généraux, dont le désir bien excusable de revoir leur Patrie a fait échouer les plans de Bonaparte : s'ils avaient contribué à la réussite de leur général en chef, peut-être auraient-ils été à jamais éloignés de chez eux ! »

Contrairement à ce que laisse supposer le chef de l'habillement, il n'y a eu ni sabotage ni complot pour faire échouer la campagne de Bonaparte en Palestine. Au contraire, si des divergences opposaient les généraux rivaux, c'était sur les moyens à mettre en œuvre et les meilleurs choix tactiques et stratégiques à adopter pour en assurer le succès. Et c'est dans le refus hautain de Bonaparte de suivre les plus sages conseils, pour se fier à ses seules intuitions, qu'il convient de chercher les raisons de son échec.

Ainsi en est-il de la tension qui n'a fait que s'aiguiser, entre le chef de l'artillerie Dommartin – auquel le capitaine Bonaparte avait succédé lors du siège de Toulon – et le chef du génie Caffarelli – dont il admirait la science –, avec la fixation du général en chef sur la grosse tour de Djezzar. En vain Dommartin avait-il, avec Kléber, conseillé de battre en brèche la courtine. Il avait en tout cas catégoriquement refusé de procéder à un troisième bombardement de la tour avant l'arrivée des pièces et des munitions du convoi naval de l'amiral Perrée.

– On va montrer à ces artilleurs ce qu'un sapeur peut faire avec un peu de poudre, avait ironisé Caffarelli.

Dommartin, vexé, n'était pas prêt à lui pardonner cet affront. Et les faits allaient lui donner cruellement raison quand Phélippeaux anéantit en quelques minutes le tunnel que le génie avait mis des semaines à creuser pour miner la tour... Caffarelli s'en est voulu trop tard d'avoir épousé l'idée fixe de Bonaparte, dont le point de vue a inspiré l'ouvrage d'Édouard de Villiers du Terrage : « On a beaucoup reproché au génie la façon dont il avait conduit le siège; je crois que c'est à tort, car si les premières parallèles avaient un trop faible relief [allusion à la critique de Kléber], il n'en pouvait être autrement avec des sapeurs, la plupart inexpérimentés, et qui manquaient de gabions, de fascines et de plusieurs sortes d'outils. De plus, sans parler du feu incessant et des sorties de l'ennemi, on rencontrait à chaque pas de grosses pierres, des tombeaux et même des aqueducs. L'artillerie n'avait pas adopté les affûts à jantes très larges que Conté voulait adapter aux canons de siège pour traverser le désert; envoyée par mer, elle fut prise par l'ennemi. Par suite, les batteries, qui ne contenaient que des pièces de 12, ne pouvaient être d'aucune utilité pour aider le génie à faire brèche.

« Néanmoins, les sapeurs étaient arrivés à pratiquer trois fourneaux, disposés en trèfle, dans les fondations de la trop célèbre tour; la réussite était certaine et, par suite, la ville à peu près sûrement prise, quand le général Dommartin, commandant de l'artillerie, déclara ne pouvoir donner de poudre que pour deux fourneaux... Je crois que le génie s'est conduit à ce siège effroyable comme il le devait; en tout cas, un grand nombre de ses officiers ont été tués, et notamment deux de ses chefs, Caffarelli et Say. La commission des Arts a beaucoup perdu en la personne de Caffarelli, dont il était le plus dévoué protecteur [3]. »

Dans son propre récit, Napoléon éludera une fois de plus les responsabilités de Bonaparte pour mettre tout sur le dos des officiers du génie et de l'artillerie qui « se flattèrent d'entrer dans Acre aussi facilement qu'ils étaient entrés dans Jaffa : deux pièces de 12 de campagne leur parurent suffisantes pour faire brèche à l'enceinte ». Il gommera de même la banalité affligeante de son plan de siège et son acharnement à buter sur cette « maudite contrescarpe » qui défendait la grosse tour de Djezzar. Il en oubliera même le conseil qu'il tint, au soir de la double attaque prématurée du 1er mai, pour reconnaître qu'on aurait dû suivre l'avis de Dommartin sur la nécessité de faire tomber la courtine plutôt que la grosse tour, et pour changer en conséquence la disposition des batteries de siège...

Mais, vingt ans après, sur son rocher de Sainte-Hélène, il n'est pas près d'oublier et moins encore de pardonner les admonestations, les humiliations et autres camouflets infligés tant par cet insupportable compagnon d'armes de Kléber que par cet intolérable adversaire de Smith.

Les allusions désobligeantes de l'Alsacien à sa courte taille, ses sarcasmes sur sa brèche « faite pour un chat », avaient atteint les limites de la patience de Bonaparte. Le désaccord entre les deux chefs de guerre qui s'étaient étreints un mois plus tôt au pied du mont Thabor, quand le Petit Caporal était apparu en sauveur après avoir jeté Kléber dans un piège, risquait d'amplifier encore les murmures qui s'élevaient de l'armée.

« On ne voyait plus dans Bonaparte l'homme infaillible, explique A. Martin, auteur de la première histoire de l'expédition écrite par un de ses témoins et qui ne soit pas un panégyrique [4]. Les généraux et l'élite des soldats étaient sacrifiés; un seul attirait tous les regards, c'était Kléber : il avait toujours condamné l'expédition de Syrie et, dès le premier assaut, il avait jugé qu'on ne prendrait jamais la ville d'Acre. Sa manière de combattre en ménageant le soldat faisait la critique de celle de Bonaparte, qu'il appelait " un général à deux mille hommes par semaine ". L'armée entière disait hautement que si Kléber avait été général en chef, on aurait pris Acre depuis longtemps. Ce fut l'origine de cette haine que Bonaparte lui a toujours vouée, ainsi qu'à ses amis.

« Bonaparte perdait donc tous les jours la confiance des troupes en raison de la résistance opiniâtre de la garnison d'Acre et des pertes que l'armée éprouvait; il se trouvait dans une position nouvelle. Habitué à des succès continus depuis trois ans, ses lauriers venaient se flétrir devant une bicoque qu'un simple capitaine du génie aurait prise s'il avait été chargé d'en diriger l'attaque. Cette position était d'autant plus humiliante que ce revers n'était dû qu'à lui seul, car son impatience et ses faux calculs avaient seuls paralysé les efforts généreux et le courage d'une brave armée qui lui était dévouée. »

La gravité des dissensions qui opposaient de plus en plus ouvertement et fréquemment Kléber à son commandant en chef, c'est qu'elles n'étaient pas seulement d'ordre militaire. Convaincu du bien-fondé et de l'importance de l'entreprise à son arrivée en Égypte, l'été précédent, l'Alsacien n'avait pas tardé à comprendre que sa dérive aventureuse en Palestine vouait l'expédition « civilisatrice » à l'échec et qu'elle n'était pour Bonaparte qu'un tremplin destiné à préparer la phase suivante, c'est-à-dire politique, de sa carrière. Kléber n'était pas seulement indifférent, mais délibérément hostile aux ambitions prêtées à Bonaparte de ne vouloir s'emparer de Saint-Jean-d'Acre à n'importe quel prix qu'afin d'en finir « en beauté » avec la campagne de Syrie, de rentrer en Égypte en « vainqueur », et d'en partir aussitôt vers de plus grandes destinées. Il lui paraissait monstrueux de sacrifier la vie de tant de « braves » pour garder simplement un atout diplomatique.

« Bonaparte était un homme d'État réfléchi, Kléber un soldat sentimental, écrit Herold. Ce contraste entre leurs points de vue et leurs tempéraments est la clé des actions déconcertantes auxquelles Bonaparte et Kléber se laissèrent aller cette année-là. »

Ayant perdu son pari syrien, Bonaparte, de peur de perdre un enjeu encore plus important, décide donc de rentrer en Europe à la première occasion, quitte à noyer ses intentions dans un brouillard à sa façon. Ses actions, dès lors, ne pourront que déconcerter son entourage et accroître la déception et l'animosité de Kléber. Celui-ci, ayant servi tour à tour d'appât et de bouc émissaire, est devenu un chêne à abattre... A l'heure de la retraite, c'est lui qui reçoit le commandement le plus exposé : celui de l'arrière-garde. A Acre d'abord. Au Caire, trois mois plus tard, quand Bonaparte lui fait la surprise d'un cadeau empoisonné : le commandement en chef de l'armée d'Orient!

Le 18 août, prétextant un voyage d'inspection en Basse-Égypte, Bonaparte convoque Kléber pour un entretien urgent à Rosette, le 24 août. Mais, le 22 août, il s'embarque en catimini à bord d'une frégate, dans une crique proche d'Alexandrie, avec le noyau de fidèles qui pourra lui être utile au moment fatidique du retour en France. Il a juste eu le temps, la veille, de donner au général Menou ses dernières instructions et de lui remettre une lettre cachetée destinée à Kléber pour la passation des pouvoirs. Il lui annonce son départ précipité par « la crainte que la croisière anglaise ne paraisse d'un moment à l'autre ». Kléber, qui n'a toujours pas été prévenu, trouve à Rosette cette lettre écrite à la hâte, accompagnée de l'ordre, transmis par Menou, de prendre le commandement en chef de l'armée!

« J'emmène avec moi les généraux Berthier, Murat, Lannes et Marmont, ainsi que les citoyens Monge et Berthollet... L'intérêt de la patrie, sa gloire, l'obéissance, les événements extraordinaires qui viennent de s'y succéder me décident seuls à passer à travers les escadres ennemies pour me rendre en Europe. Je serai d'esprit et de cœur avec vous. Vos succès me seront aussi chers que ceux où je me trouverais moi-même et je regarderai comme mal employés tous les jours de ma vie où je ne ferai pas quelque chose pour l'armée dont je vous laisse le commandement et pour consolider le magnifique établissement dont les fondations viennent d'être jetées. L'armée que je vous confie est toute composée de mes enfants; j'ai eu, dans tous les temps, même au milieu de leurs plus grandes peines, des marques de leur attachement. Entretenez-les dans ces sentiments; vous le devez par l'estime toute particulière que j'ai pour vous et pour l'attachement vrai que je leur porte. »

En lui assignant la tâche de maintenir la conquête égyptienne, il lui donne également le conseil qui, à lui seul, en démontre la vanité : « Si, par des événements incalculables, toutes les tentatives étaient infructueuses, et qu'au mois de mai [1800] vous n'avez reçu aucun secours ni nouvelles de France, et si, cette année, malgré toutes les précautions, la peste était en Égypte et vous tuait plus de quinze cents soldats, je pense que, dans ce cas, vous ne devez point vous hasarder à soutenir la campagne prochaine et que vous êtes autorisé à conclure la paix avec la Porte ottomane, quand bien même l'évacuation de l'Égypte devrait en être la condition principale. »

Kléber explose à la lecture de ces lignes :

– Notre homme est parti comme un sous-lieutenant qui brûle sa paillasse après avoir rempli du bruit de ses fredaines et de ses dettes les cafés de la garnison !

Du coup, le 26 septembre 1799, un mois après le départ à la sauvette de son prédécesseur, Kléber ne se gêne pas pour rédiger un premier rapport au vitriol destiné au Directoire. L'état de la situation laissée par Bonaparte, dit-il, l'oblige à négocier une paix honorable avec l'adversaire : l'armée, amputée du tiers de ses effectifs, fond tous les jours à vue d'œil; le manque de ressources, le désordre des finances, la réunion en Syrie d'une nouvelle armée d'Osmanlis et le désir vivement exprimé par les troupes françaises de revoir leur patrie sont autant de motifs pour expliquer sa résolution. Sans doute a-t-il grand soin de ne présenter au Directoire que les considérations destinées à lui faire obtenir de prompts secours dans le cas où celui-ci n'approuverait pas ses projets de négociation. N'empêche qu'il prend la précaution d'expédier en Syrie un parlementaire chargé, pour le Grand Vizir, d'un duplicata de la lettre de Bonaparte, avec l'expression de son souhait d'entrer en arrangement avec la Porte...

Or, ce rapport ne parvient en France qu'après le 18 Brumaire et tombe donc sous les yeux du Premier consul, Bonaparte ! Par la suite, l'empereur Napoléon le jugera historiquement assez scandaleux pour le réfuter point par point par des observations dictées à ses mémorialistes de Sainte-Hélène. Ce rapport, qui a en effet servi de base aux accusations de ses ennemis, débutait ainsi :

« Le général en chef Bonaparte est parti pour la France le 6 fructidor au matin sans en avoir prévenu personne; il m'avait donné rendez-vous à Rosette le 7 : je n'y ai trouvé que ses dépêches. Dans l'incertitude de savoir si le général a eu le bonheur de passer, je crois devoir vous envoyer copie et de la lettre par laquelle il me donne le commandement de l'armée et de celle qu'il adresse au Grand Vizir à Constantinople, quoiqu'il sût parfaitement que ce pacha était déjà arrivé à Damas... »

Bien entendu, Napoléon ergote sur l'état des effectifs et des finances et conteste surtout d'avoir laissé Alexandrie sans moyens de défense, comme l'indique ce passage cruel du rapport Kléber : « Alexandrie n'est point une place, c'est un vaste camp retranché; il était à la vérité assez bien défendu par une nombreuse artillerie de siège; mais, depuis que nous avons perdu cette artillerie dans la *désastreuse campagne de Syrie*, depuis que Bonaparte a retiré toutes les pièces de marine pour armer au complet les deux frégates avec lesquelles il est parti, ce camp ne peut plus offrir qu'une faible résistance... » Et Kléber de conclure : « Je joins ici, Citoyens Directeurs, un état exact de ce qui nous manque en matériel pour l'artillerie et un tableau sommaire de la dette contractée et laissée par Bonaparte. »

« Une lettre pleine de fausses assertions », s'indigne l'empereur déchu en précisant vingt ans plus tard ses conséquences :

« On croyait que Napoléon n'arriverait point en France; on s'était décidé à évacuer le pays [l'Égypte]; on voulait justifier cette évacuation, car cette lettre arriva à Paris le 12 janvier [1800] : le général Berthier la mit sous les yeux du Premier consul... Mais, heureusement pour l'Égypte qu'un duplicata de cette lettre tomba entre les mains de l'amiral Keith, qui l'envoya aussitôt à Londres. Le ministre anglais écrivit sur-le-champ pour qu'on ne reconnût aucune capitulation qui aurait pour but de ramener l'armée d'Égypte en France... Par un second bonheur, le colonel Latour-Maubourg, parti de France à la fin de janvier [...], arriva au Caire le 4 mars, dix jours avant le terme fixé pour la remise de cette capitale au Grand Vizir. Kléber comprit qu'il fallait vaincre ou mourir, et n'eut qu'à marcher. Le ramassis de canailles qui se disait l'armée du Grand Vizir fut rejetée au-delà du désert... Kléber changea alors entièrement : il s'appliqua sérieusement à améliorer le sort de l'armée et du pays. Mais, le 14 juin 1800, il périt sous le poignard d'un misérable fanatique. S'il eût vécu [...], l'Égypte eût été conservée à la France. »

En fait, l'oraison funèbre prononcée par Bonaparte aura été d'une tout autre nature, plus conforme à l'incompatibilité de caractère qui séparait les deux hommes: « C'était un paresseux qui se laissait mener par le bout du nez par le petit Damas, qui était son mignon. Il plaçait au-dessus de tout la discipline, les manières, le mécanisme de l'armée allemande: il n'avait pas une idée juste de ce qu'on peut faire avec des Français. Et ne songeait qu'à ses plaisirs. Souvent, dans ma tente, lorsque je lui parlais de Paris, je le voyais changer de visage. Il ne songeait qu'aux femmes et aux amusements de la capitale. Il n'aimait la gloire que comme chemin des jouissances... Il était capable des plus grandes choses, mais il fallait qu'il y eût à choisir entre la gloire et le déshonneur. Il n'était pas administrateur et blâmait mon système de cajoler les cheiks. Il a fait donner cent coups de bâton au cheik Saada, descendant du Prophète, aussi il a été assassiné. »

En vérité, Kléber blâmait surtout Bonaparte de jouer avec l'Histoire, de trop se fier à son étoile, et il considérait ses professions de foi en faveur de l'islam et ses relations avec le Divan comme le témoignage d'un penchant immodéré pour le cabotinage et la mise en scène.

Aussi n'est-ce pas sans écœurement que, le 17 mai 1799, au conseil de guerre réuni au quartier général d'Acre pour entériner la décision de Bonaparte de lever le siège après deux mois de tranchée ouverte, Kléber lit la proclamation adressée par le général en chef aux survivants de la campagne de Palestine:

« Soldats, vous avez traversé le désert qui sépare l'Afrique de l'Asie avec plus de rapidité qu'une armée arabe. L'armée qui était en marche pour envahir l'Égypte est détruite... Après avoir nourri la guerre pendant trois mois dans le cœur de la Syrie, rasé les fortifications de Gaza, Jaffa, Haïfa, Acre, nous allons rentrer en Égypte: la saison des débarquements m'y rappelle.

« Encore quelques jours et vous aviez l'espoir de prendre le pacha même au milieu de son palais; mais, dans cette saison, la prise du château d'Acre ne vaut pas la perte de quelques jours. Les braves que je devrais d'ailleurs y perdre sont aujourd'hui nécessaires pour des opérations plus essentielles... Vous y trouverez une nouvelle occasion de gloire!... »

Cette accumulation de contrevérités flagrantes semble moins destinée à remonter le moral des troupes qu'à produire un effet d'ensemble complétant le message adressé la veille au Divan du Caire : « J'ai rasé le palais de Djezzar, les remparts d'Acre et bombardé la ville de manière qu'il ne reste pas pierre sur pierre. Tous les habitants ont évacué la ville par mer. Djezzar est grièvement blessé... Il me tarde beaucoup de vous voir et d'arriver au Caire, d'autant plus que je vois que, malgré votre zèle, un grand nombre de méchants cherchent à troubler la tranquillité publique. Tout cela disparaîtra à mon arrivée comme le nuage aux premiers rayons du soleil. »

Au suprême conseil de guerre, Bonaparte feint de s'incliner devant l'avis de Kléber qui, employant une de ces tournures triviales qu'il affectionne, déclare : « Généraux, je compare la ville d'Acre à une pièce de drap. Lorsque je vais chez le marchand pour l'acheter, je demande à la palper; je la vois, je la touche et, si je la trouve trop chère, je la laisse! » Et il se borne à noter sur son *Carnet* : « Conférence du jour du départ devant Acre. Dégagé d'illusions. ».

Informé depuis le 18 avril de la reprise de la guerre en Europe et de ce qui se trame en France pour renverser le Directoire, intoxiqué par les nouvelles contradictoires dont l'abreuve le service d'action psychologique britannique, le général en chef ne pense plus qu'au moyen de regagner la France. Pour apaiser l'ire de ses combattants désarçonnés, il emploie dès cet instant son imagination créatrice, capable de passer du rêve le plus échevelé au calcul le plus froid, à faire d'une défaite un semblant de succès et à déguiser la retraite en défilé de la victoire. Mais il lui reste, pour ce faire, un homme à abattre – ce diable de Sidney Smith qui, dès le 16 mai, a percé son camouflage dans une dépêche à lord Dundas : « Hier, les forces françaises ont reçu des gourdes et des chaussures pour se retirer vers l'Égypte. Selon mes agents dans leur camp, leur objectif est Suez. »

XVII

Le duel esquivé

Quelle mouche a donc piqué Bonaparte, le 18 avril, à son retour de Nazareth? Après son entretien avec le mystérieux émissaire de ses frères, il délivre à Berthier un ordre du jour d'une virulence inouïe, sinon irraisonnée, pour flétrir le comportement du commodore sir Sidney Smith. Il l'accuse tout simplement d'un double crime contre l'humanité, alors même qu'il vient, quelques jours plus tôt, de correspondre fort courtoisement avec lui à l'occasion d'un premier échange de prisonniers. La dernière lettre de l'Anglais date du 16 avril : elle donne des nouvelles du lieutenant de hussards arraché à temps des mains des Turcs, soigné et traité en commensal à son bord, avant d'être rapatrié vers Toulon sur un navire parlementaire. Les commentateurs contemporains puis les historiens se perdront longtemps en conjectures sur les motifs qui ont pu inspirer au général en chef la violente sortie dont voici le texte intégral :

« Le commandant de la croisière anglaise devant Acre, ayant eu la barbarie de faire embarquer sur un bâtiment qui avait la peste les prisonniers français faits sur les deux tartanes chargées de munitions qu'il a prises près de Haïfa; des Anglais ayant été remarqués à la tête des barbares, et le pavillon anglais ayant été, au même instant, arboré sur plusieurs tours de la place, la conduite féroce qu'ont tenue les assiégés, en coupant la tête à deux volontaires qui avaient été tués, doit être attribuée au commandant anglais; conduite si opposée aux honneurs que l'on a rendus aux officiers et soldats anglais trouvés sur le champ de bataille, et aux soins que l'on a eus des blessés et des prisonniers.

« Les Anglais étant ceux qui approvisionnent et défendent Acre, la conduite horrible de Djezzar qui a fait étrangler et jeter à l'eau, les mains liées, plus de deux cents chrétiens, naturels du pays, parmi lesquels se trouvait le secrétaire d'un consul français, doit également être attribuée à cet officier, puisque, par les circonstances, le pacha se trouve entièrement sous sa dépendance.

« Cet officier refusant d'ailleurs d'exécuter aucun des articles du cartel d'échange établi entre les deux puissances, et ses propos dans toutes les communications qui ont eu lieu, ses démarches depuis le temps qu'il est en croisière, étant celles d'*un fou*, mon intention est que vous donniez les ordres aux différents commandants de la côte pour qu'on cesse toute communication avec la flotte anglaise actuellement en croisière dans ces mers. »

Le secrétaire chargé de l'enregistrement en a ainsi résumé le texte :

« 4098. – Au général Berthier.

« Quartier général, devant Acre, 29 germinal an VII [18 avril 1799].

« Le commandant de l'escadre anglaise en croisière devant Acre ayant eu la barbarie de faire embarquer sur un bâtiment de Constantinople, qui avait la peste, les prisonniers français, sous prétexte de les renvoyer à Toulon, mais effectivement pour s'en défaire en route, cet homme étant d'ailleurs une *espèce de fou*, vous ferez connaître aux commandants de la côte que mon intention est que l'on n'ait aucune communication avec lui. En conséquence, les parlementaires seront renvoyés avant qu'ils soient à portée de fusil de la côte.

« Le présent ordre ne sera exécuté que relativement au commandant de la croisière actuelle.

Bonaparte. »

C'est cette mouture qui n'a pas tardé à parvenir sous les yeux du commodore à bord du *Tigre*. Elle l'a atteint au plus profond de son honneur. Au point que, quelques jours plus tard, profitant d'une accalmie dans la guerre de siège, il envoie à terre, par une chaloupe arborant le drapeau blanc, un de ses lieutenants porter un cartel au camp de Bonaparte pour lui demander réparation par les armes en champ clos! Le général en chef fait renvoyer l'émissaire avec la réponse suivante : « Qu'il ressuscite Marlborough et j'accepte la partie. Si pourtant l'Anglais tient à se mesurer en champ clos, nous allons neutraliser quelques toises de terrain sur la plage, et je lui enverrai un de mes grenadiers. » Le Dr Desgenettes s'en indigne dans ses *Souvenirs* :

« Le contre-amiral, fort et de sa loyauté et des sentiments d'humanité qui l'ont toujours distingué, se livra à l'emportement quand il se vit reprocher de seconder les barbaries de Djezzar. Il déclara à son état-major qu'il demanderait raison à Bonaparte, et les armes à la main, de cette injustice criante. Notre général en chef apprit à son tour l'effet qu'avait produit son ordre du jour; et, quant à la proposition du duel, il se contenta de dire froidement : “ Sir Sidney n'est pas dégoûté... ” »

Le combat singulier ainsi esquivé, le véritable duel s'est poursuivi plus impitoyablement sur le terrain. Car le résultat de ces invectives fut que toute communication cessa entre les deux hommes au moment même où une trêve humanitaire eût été nécessaire pour l'inhumation des cadavres qui pourrissaient dans les tranchées et pour évacuer les milliers de blessés et de pestiférés. La haine furieuse de Napoléon envers sir Sidney sera telle que, vingt ans après, il ne pourra toujours pas mentionner son nom sans l'accompagner d'injurieuses épithètes.

Le sens réel de la diatribe de Bonaparte était effectivement d'empêcher toute communication avec les Anglais dont l'action psychologique commençait à semer le doute dans les rangs de son armée. L'historien militaire de la campagne, La Jonquière, suggère que cet ordre du jour insensé fut peut-être rédigé sous l'impression des défaites françaises en Italie que Bonaparte venait d'apprendre, avec l'intention d'empêcher la diffusion des mauvaises nouvelles d'Europe qu'il voulait cacher à ses troupes... Il existe pourtant une autre explication plus circonstanciée. C'est que, lors de son raid en Galilée, Bonaparte avait pu se rendre compte de l'impact de la propagande entreprise par Smith auprès des Arabes chrétiens et des chefs druzes, qui risquait de ruiner ses espoirs de rallier ces populations.

Sir Sidney avait en effet profité de la capture de deux chrétiens qui apportaient de l'arak au camp français pour entrer en contact avec les chefs de la montagne libanaise et les cheiks des Druzes. Le 14 avril, il venait précisément de leur adresser une circulaire les exhortant à couper les vivres à l'armée française, en leur communiquant une copie de la proclamation « impie » dans laquelle Bonaparte se vantait d'avoir anéanti les institutions chrétiennes.

« Allez-vous soutenir le *renegado* sans principes ou un vrai chevalier chrétien? » leur demandait-il en français dans le texte. Pour qu'ils se prononcent entre deux amitiés, il les prévenait en ces termes des véritables sentiments du *renegado* : « Avec les Arabes, Bonaparte veut passer pour Musulman, se vantant d'avoir détruit les églises, brisé les crucifix et réduit le siège du Souverain Pontife. Il n'est donc pas étonnant qu'il déclare le contraire aux habitants de la Montagne... Quant à nous, nous tenons parole, car nous sommes d'origine noble et de foi chrétienne. Notre politique est loyale : elle est contre l'oppresseur pour soutenir l'opprimé... Nous vous demandons de nous envoyer un émissaire à qui nous communiquerons sincèrement tout ce qui est dans votre intérêt et pour votre bien. »

En réponse, l'émir Béchir lui dépêche deux émissaires chargés de préparer sa réconciliation avec Djezzar. Smith promet aussitôt sa protection aux chrétiens du Liban et expédie très ostensiblement son bras droit, le capitaine Wright – son co-évadé de la prison du Temple –, se remettre des blessures qu'il a subies lors de la troisième sortie du siège dans la résidence de l'émir à Beyrouth. Wright est porteur d'une lettre remerciant Béchir de « conseiller à la population tant musulmane que chrétienne de s'éloigner de la nation athée et d'être fidèle au gouvernement ottoman » en attendant d'accueillir le Grand Vizir « notre allié ».

« En faisant ainsi intervenir les Anglais pour régler son conflit avec Djezzar, remarque Henry Laurens, l'émir Béchir introduit pour la première fois les puissances européennes dans la politique libanaise, réalité qui va devenir durable [1]... »

En tout cas, le retournement de l'émir des Druzes aura suffi à torpiller le rêve oriental de Bonaparte.

« J'eus alors la satisfaction, écrit Sidney Smith dans son

rapport du 30 mai à l'amiral Nelson, de voir la carrière de Bonaparte au nord (de la Syrie) arrêtée d'une manière efficace par un peuple belliqueux habitant un pays impénétrable. » Dans ce même rapport, le commodore fait état de tentatives d'assassinat dont il a été l'objet durant le siège d'Acre :

« Deux tentatives pour m'assassiner dans la ville ayant échoué, on employa la plus insigne violation des lois de l'honneur et de la guerre. Un parlementaire fut envoyé en ville, de la part d'un derviche arabe, avec une lettre au pacha proposant un armistice pour enterrer les cadavres dont la puanteur devenait insupportable et menaçait les jours de chacun de nous des deux côtés, plusieurs étant morts en peu d'heures avec accès de rage et les premiers symptômes de la peste. Il était naturel d'accéder promptement à cette proposition, et donc de ne pas se tenir strictement sur ses gardes pendant la trêve. Or, tandis qu'on rédigeait la réponse, une grêle de boulets et de bombes annonça l'imminence d'un nouvel assaut qui n'a servi aux assaillants qu'à augmenter le nombre des morts, à la honte éternelle du général qui les a perfidement sacrifiés. »

Autrement dit, tout en envoyant un émissaire arabe solliciter un cessez-le-feu pour des raisons sanitaires, Bonaparte a profité de ce répit pour lancer une nouvelle attaque sans même attendre le retour de son parlementaire.

« J'ai sauvé la vie de cet Arabe de l'indignation des Turcs, ajoute Sidney Smith, et je l'ai fait conduire à bord du *Tigre*, d'où je l'ai renvoyé au général, avec une dépêche qui a fait rougir l'armée de s'être exposée à des reproches si justement mérités. »

Mais le commodore, lui, a mis à profit les relations parlementaires pour établir des communications entre assiégés et assiégeants des deux côtés de la brèche et pour diffuser ses thèmes de propagande. Son plan d'action psychologique consiste à faire sentir aux Français que leur intérêt est de se constituer prisonniers entre ses mains afin de pouvoir rentrer dans leurs familles. Avec l'aide de Phélippeaux, avant sa mort au début de mai, il a propagé par ce biais des nouvelles démoralisantes sur la situation européenne. Napoléon lui-même en convient dans son récit de Sainte-Hélène :

« Dès le mois d'avril, le colonel Phélippeaux, dans les pourparlers qui avaient souvent lieu à la tranchée, avait fait connaître qu'une deuxième coalition, plus redoutable que la première, s'était formée contre la France... Il fut constant, par la déposition des prisonniers de l'armée de Rhodes et des prisonniers anglais, que la guerre était déclarée en Europe. »

Le 8 mai, sir Sidney intensifie sa guerre psychologique en apostillant un appel du ministre de la Sublime Porte aux généraux, officiers et soldats de l'armée française d'Orient, signé du sceau impérial ottoman à la date du 15 février 1799 et imprimé en français à Constantinople, mais dont il paraît bien être l'auteur : « Je, soussigné, ministre plénipotentiaire du roi d'Angleterre près la Porte ottomane et actuellement commandant de la flotte combinée devant Acre, certifie l'authenticité de cette proclamation et garantis son exécution. » Cette proclamation n'est en fait ni plus ni moins qu'un appel à la désertion et à la subversion : le Directoire a volontairement et perfidement fourvoyé le corps expéditionnaire dans l'aventure d'une invasion injuste et mortelle, car une immense armée ottomane s'apprête à l'anéantir.

« Ceux d'entre vous, de quelque grade qu'ils soient, qui voudront se soustraire au péril qui les menace, doivent, sans le moindre délai, manifester leurs intentions aux commandants des forces de terre et de mer des puissances alliées : qu'ils soient sûrs et certains qu'on les conduira dans les lieux où ils désireront aller et qu'on leur fournira des passeports pour n'être pas inquiétés pendant leur route par les escadres alliées, ni par les bâtiments armés en course. Qu'ils s'empressent donc de profiter à temps de ces dispositions bénignes de la Sublime Porte, et qu'ils les regardent comme une occasion propice pour se tirer de l'abîme affreux où ils ont été plongés ! »

Ce manifeste accompagne quelques prisonniers français arrachés à Djezzar et relâchés sur la côte par un canot anglais, dont l'officier est renvoyé séance tenante à sir Sidney sans autre réponse que la reprise des tirs d'artillerie. Des bombes françaises provoquent, le 14 mai, un incendie à bord du *Thésée* dont les munitions explosent, tuant le capitaine Miller, autre ami personnel du commodore. Dès le lendemain, Smith fait diffuser en grande quantité l'appel de la Sublime Porte : toute l'humanité qu'il a montrée envers les blessés et les prisonniers semble garantir l'application de la promesse qui y est faite. Les assiégés profitent de leurs sorties répétées contre le dispositif français, notamment de celle du 16 mai, pour répandre à profusion des exemplaires de la proclamation dans les tranchées des assiégeants. Du côté français, tous les témoins s'accordent à dire que cet « appel au déshonneur » a eu l'effet inverse de celui escompté par son auteur. Selon La Jonquière, les soldats français, pourtant découragés, ne purent contenir leur indignation à sa lecture et demandèrent unanimement à repartir à l'assaut. Sir Sidney affirme de son côté que les Français saisirent avidement les feuilles imprimées et les lurent avec attention : il ne dit pourtant pas qu'un seul d'entre eux ait profité de l'occasion pour se rendre.

« Comme il arrive souvent dans une guerre psychologique, commente l'Anglais Herold, les termes étaient mal choisis : ils ne convainquirent pas les combattants, mais les mirent en furie, même s'ils demeurèrent plus ou moins gravés dans leurs esprits. La haine irraisonnée de Bonaparte pour sir Sidney et les mesures draconiennes qu'il prit contre les " agitateurs " disséminés dans l'armée laissent penser que la proclamation turque avait produit quelque effet. »

Dans ses entretiens avec le grand maréchal Bertrand à Sainte-Hélène, Napoléon y trouve même la justification de son ordre du jour du 18 avril : « J'ai traité Smith de fou parce que, dans le fond, il me gênait, que c'était un intrigant, qu'il tâchait de jeter et d'encourager un mauvais esprit dans mon armée en répétant qu'il faciliterait le retour en France... Phélippeaux lui a donné de bons conseils. »

Ce qui a sans doute mis le comble à son exaspération, c'est que le commodore ne s'est pas contenté de cette tentative de démoralisation de l'armée. Il s'est adressé directement à lui, le commandant en chef, pour lui rappeler qu'avant d'entamer la campagne de Syrie, il avait envoyé en mission à Constantinople le consul de Mascate, Beauchamp, astronome de son état, qui se trouvait au Caire lors de la campagne d'Égypte. Cet émissaire, embarqué clandestinement à bord d'une caravelle turque exceptionnellement autorisée à quitter Alexandrie, devait offrir des arrangements à la Porte en échange d'une neutralité bienveillante. Mais, à Rhodes, il était tombé, avec ses instructions écrites, entre les mains de l'Amirauté britannique. Le 16 mai, sir Sidney renvoie à la côte le parlementaire éconduit par Djezzar, avec sa proposition de trêve sanitaire, en le chargeant de remettre à Bonaparte un mémorandum inacceptable :

« Monsieur le Général,

« Vos instructions à votre émissaire Beauchamp contenant ces mots : “ Si l'on demande, les Français consentiront-ils à quitter l'Égypte? ”, et votre réponse : “ Pourquoi pas? ” étant à côté, je crois pouvoir vous envoyer la proclamation de la Porte ottomane ci-incluse, sans que vous puissiez le trouver mal à propos.

« Je n'ai pas voulu faire la question : “ Les Français veulent-ils quitter la Syrie? ” avant que vous n'eussiez fait l'essai de vos forces et des nôtres, puisque vous ne pouviez pas être convaincu, comme je le suis, de l'impraticabilité de votre entreprise; mais maintenant que vous voyez cette place défendue comme elle peut l'être par sa position, sinon par ses fortifications, et par la bravoure de sa garnison qui n'est pas moins nombreuse que les assiégeants, et que vous voyez qu'elle est renforcée tous les jours au lieu d'être affaiblie après deux mois de siège, je vous fais la demande :

“ Voulez-vous évacuer le territoire ottoman avant que l'arrivée de la grande armée combinée change la nature de la question? ”

« Croyez, Monsieur le Général, que le désir d'épargner plus d'effusion de sang est le seul motif qui a dicté cette proposition.

« J'ai l'honneur d'être, etc.

Sidney Smith. »

C'était, pour le chef du corps expéditionnaire, la dernière goutte d'eau qui eût pu faire déborder le vase si d'autres impératifs ne l'avaient amené à différer le témoignage de son ressentiment pour s'en tenir à sa résolution de lever le siège sous le couvert d'un bouquet d'artillerie final de trois jours. Il n'était pas douteux que les promesses anglaises auraient risqué, à la longue, de miner sourdement la détermination de ses meilleurs soldats.

Dans son rapport du 30 mai à lord Nelson, sir Sidney montre qu'il ne prenait pas seulement ses désirs pour des réalités, mais que son travail d'intoxication avait bel et bien fini par influencer la décision française de sortir du guêpier d'Acre. Et pour détourner Bonaparte de ses ambitions orientales : « La plaine de Nazareth a été le point limite de l'extraordinaire carrière de Bonaparte. » Il en profite à son tour pour rendre la monnaie de sa pièce à celui qui lui avait refusé la réparation en champ clos, en portant secours aux éclopés abandonnés sur le chemin de la retraite :

« Les expressions de leur reconnaissance envers nous étaient entremêlées d'exécrations pour le nom de leur général qui les avait, disaient-ils, exposés au péril plutôt que de renouveler honorablement avec les Anglais les communications qu'ils avaient rompues, par cette assertion fausse et méchante que j'avais à dessein exposé les premiers prisonniers aux horreurs de la peste. On peut dire à l'honneur de l'armée française qu'elle n'ajouta pas foi à cette assertion, et la honte en reste à son auteur. Le but évident était de détruire, par là, l'effet que la proclamation de la Porte commençait à faire sur les soldats dont les mains se levaient avec empressement au-dessus du parapet de leurs ouvrages pour la recevoir quand on la jetait de la brèche. Il ne pourrait prétendre pour excuse qu'il a été mal informé, puisque son aide de camp, M. Lallemand, avait de libres communications avec ces prisonniers à bord du *Tigre,* lorsqu'il vint pour en traiter, et qu'il leur ordonna, mais un peu tard, de ne pas répéter les marques de leur satisfaction à la perspective de retourner dans leur patrie. Il était évident aux deux partis que, quand un général recourait à de semblables moyens et en même temps à un artifice aussi vil qu'à une fausseté aussi perfide, tous les moyens étaient épuisés, et la défection dans son armée était par suite portée à son comble. »

***

Ce ne sont pourtant ni les pertes subies ni les risques de défection dans son armée, ni l'intoxication psychologique des Anglais qui ont conduit au changement de cap de Bonaparte, mais les nouvelles qui filtraient par toutes sortes de canaux sur l'évolution de la crise en Europe continentale et à Paris. Des filières de correspondance privées s'étaient établies à partir du port italien d'Ancône où siégeait la commission du

Directoire pour le commerce avec la Corse, Malte, la Céphalonie, Corfou, Chypre et l'Égypte. D'autres relais fonctionnaient directement de Constantinople par les ambassades, sans parler des contacts intercommunautaires.

« Un nouvel état de choses se présentait aux yeux du général en chef, se souvient encore l'exilé de Sainte-Hélène en parlant du mois d'avril 1799. Le Directoire, peu considéré de la nation, était peut-être renversé ; si les armées avaient éprouvé des échecs, les opérations de l'Armée d'Orient étaient devenues secondaires. Le général en chef ne pensa plus qu'aux moyens de repasser en France. La Syrie, la Galilée, la Palestine n'étaient plus d'aucune importance ; il fallait ramener l'armée en Égypte, où elle était invincible ; il pourrait alors la quitter et se jeter dans cet océan d'événements qui se présentait à sa pensée. »

***

En ce mois d'avril 1799, les armées de la République sont partout en recul : Jourdan battu à Stockah, Shérer en Lombardie, Moreau à Milan. Les Russes menacent les frontières de la France. Le 9 mai, Reubell quitte le Directoire, remplacé par l'abbé Sieyès dont Barras a favorisé l'élection et qui ne cache pas son hostilité à la Constitution. Talleyrand sert de bouc émissaire et va perdre son poste de ministre des Relations extérieures. L'insécurité règne dans le pays, où la bourgeoisie apeurée cherche un sauveur. C'est-à-dire d'abord un sabre. Les factions s'affrontent dans la rue. Sieyès est à la recherche d'un général qui renverserait la République à son profit. Mme de Staël, qui tient salon à Paris, encourage Barras à prendre de court son collègue. Bonaparte ! Le nom du vainqueur de l'Italie résonne d'autant plus douloureusement aux oreilles de son ancien protecteur que les directeurs songent depuis plusieurs semaines à le rappeler d'Égypte.

C'est même la mission que Talleyrand a confiée à son collègue de la Marine, le vice-amiral Eustache Bruix, dont il assume l'intérim ministériel depuis sa nomination, le 22 mars, au commandement de l'escadre de Brest, devenue le 20 avril l'armée navale de l'Océan, forte de vingt-cinq vaisseaux de ligne. Celle-ci doit passer en Méditerranée pour secourir Corfou, Malte et l'Égypte avec l'aide de la marine espagnole. Elle appareille le 26 avril et reçoit un mois plus tard pour nouvelles instructions du Directoire de ramener tout ou partie de l'armée de Bonaparte, devant l'affaiblissement de l'armée d'Italie : « Aller chercher Bonaparte est de la plus haute importance. *Ramenez-le*[2]. »

Invité à revenir prendre le commandement des troupes, Bonaparte est autorisé à laisser dans « la colonie la partie de son armée qu'il croit utile et à en confier le commandement à celui qu'il en jugera digne. » Arrivé sans casse à Carthagène le 22 juin, Bruix s'empresse de faire transmettre le message au chef de l'armée d'Orient par un (encore) mystérieux Grec :

« Le Directoire exécutif m'a ordonné d'opérer ma jonction avec l'escadre espagnole, d'attaquer l'ennemi et, après l'avoir battu, d'aller en Égypte pour y prendre et porter en France l'armée que vous commandez. »

Malheureusement, la marine espagnole fait faux bond, la cour de Madrid restant hostile à une campagne en Méditerranée et préférant renvoyer sa flotte de Cadix dans l'Atlantique. Bruix fera escale à Toulon, n'apportant qu'un faible secours à l'armée d'Italie, et recevra le 10 juillet l'ordre de regagner Brest... Le message du Directoire ne parviendra jamais à son destinataire.

Des pourparlers ont été engagés parallèlement, à la fin du ministère de Talleyrand, avec la Turquie par l'intermédiaire du chargé d'affaires espagnol à Constantinople, Bouligny, et de l'ambassadeur d'Égypte à Paris, le chevalier Azara. Il s'agit de négocier le retour de Bonaparte et de son corps expéditionnaire en échange de la restitution de la souveraineté égyptienne à la Porte. Mais comment rétablir la liaison avec le général en chef qui affronte en Palestine les affidés et alliés de cette même Porte? Talleyrand a proposé au Directoire la « candidature » éventuelle de quatre émissaires : deux Grecs (Bokty et Bourbaki), un Tunisien et un juif polonais, Zalkind Hurwitz. Il a fait la connaissance de ce dernier dans le salon de Mme de Staël et a été séduit par la causticité de son intelligence.

Natif de Lublin, tour à tour colporteur et marchand d'habits, ce « Juif errant » est venu se fixer à Paris peu avant la Révolution pour apprendre le français. Polyglotte, il venait de Berlin, où il avait pris le goût des études auprès de Mendelssohn, *via* Nancy, Metz et Strasbourg. Auteur d'une *Apologie des juifs*, couronnée en 1788, au côté de l'abbé Grégoire, par la Société royale des sciences et des arts de Metz, il avait été nommé, le 13 mai 1789, secrétaire-interprète de Louis XVI pour les langues orientales et attaché à la Bibliothèque du Roi comme conservateur des manuscrits orientaux. Il n'en avait pas moins embrassé avec ardeur la cause de la Révolution et Clermont-Tonnerre, champion de l'émancipation des Juifs, disait de lui qu'il était le seul à parler en philosophe. Hurwitz, qui s'affichait toujours comme « juif polonais », était, lui, partisan de l'émancipation de ses coreligionnaires des « entraves rabbiniques » et de certaines coutumes religieuses. Il militait pour une extension et une égalité complète des droits des citoyens.

« J'ai l'honneur, Messieurs, écrivait-il dans *La Chronique de Paris* du 12 janvier 1791, d'être votre parent, quoique à un degré fort éloigné, étant comme vous descendant d'Adam en ligne droite. Malgré cette parenté, je n'ai pas, comme vous, le droit de citoyen : la raison en est que l'homme et la femme qui m'ont produit, sans me consulter, priaient l'Être suprême en hébreu et demeuraient en Pologne, c'est-à-dire hors des barrières de Bordeaux et d'Avignon [où les juifs venaient d'accéder à la citoyenneté]. Je suis, en dépit de la police, Messieurs, votre parent et ami. »

Incorporé dans la garde nationale, Zalkind Hurwitz a été l'un des premiers initiateurs du principe du référendum et... de la soupe populaire ! Ses éventuels contacts avec les sympathisants frankistes de Paris et de Strabourg lui auraient fait attribuer une participation dans la rédaction du faux appel de Bonaparte aux juifs d'Afrique et d'Asie pour la restauration du royaume de Jérusalem... Toujours est-il qu'il écrit au ministre Reinhard, commissaire du Directoire en Suisse, qui vient de succéder à Talleyrand au ministère des Affaires extérieures pour lui proposer ses services. Parlant couramment l'hébreu, l'arabe et l'araméen, il renouvelle sa candidature pour une mission auprès du général en chef de l'armée d'Orient : « Vous me donnerez le message à apprendre par cœur, avec un détail connu seulement de Barras et de Bonaparte pour l'authentifier. D'ailleurs, Monge n'aura pas de mal à me reconnaître, car nous nous sommes fréquentés. »

Hurwitz demande que l'ambassadeur de France à Berlin lui fasse parvenir par courrier diplomatique le passeport d'un de ses sosies, dont il pourrait prendre l'identité pour ce voyage à hauts risques. Il envisage de passer par Alger ; là, des rabbins pourraient lui donner une lettre de recommandation pour leurs « frères de Palestine » où il se rendrait en pèlerinage à bord d'un bateau de Barbaresques... Aucune suite n'étant donnée à son offre de services, il récrira au Quai d'Orsay pour savoir si ce projet de mission est abandonné.

En fait, le Directoire a décidé entre-temps d'envoyer à Constantinople un Espagnol de Cadix, Da Nava, nanti de 15 000 francs, plus les frais de voyage, pour négocier avec la Porte les conditions d'une évacuation de l'Égypte. Le ministre Reinhard tente d'en informer Bonaparte par une autre voie, le 18 septembre :

« Général, le Directoire exécutif m'autorise à faire négocier à Constantinople l'évacuation de l'Égypte par les Français. Nous avons tant de fois essayé de communiquer avec vous, mais nous avons échoué. Nous avons appris depuis peu par la presse anglaise votre retraite de Saint-Jean-d'Acre. Nous vous espérons de retour en Égypte. Les directeurs m'ont chargé de vous exprimer leur regret de votre absence et leur désir ardent de votre retour. Le Directoire exécutif, général, vous attend, vous et les braves qui sont avec vous... il vous autorise à prendre, pour hâter et assurer votre retour, toutes les mesures militaires et politiques que votre génie et les événements vous suggéreront. »

Ce message n'atteindra pas davantage Bonaparte, déjà en route vers la France.

D'ici là, ne comptant que sur ses frères Joseph et Lucien pour noyauter les institutions républicaines, sur le dévouement d'une poignée d'inconditionnels et, avant tout, sur sa propre aura pour mobiliser la masse de ses partisans et galvaniser ses troupes, Bonaparte aura lui-même pris les choses en main. Et, pour commencer, l'évacuation du camp d'Acre à la barbe de Djezzar-Pacha.

Le rideau de fumée derrière lequel il tente de camoufler ses préparatifs est en fait un feu roulant de toutes les batteries, trois jours de suite, contre les remparts, les édifices de la ville et le palais, jusqu'à épuisement des munitions. Durant ce laps de temps, il fait expédier sur l'anse de Tantourah, où devra les embarquer la petite escadre de Perrée, les femmes, les éclopés, les bagages et « tous les embarras de la cavalerie », et il donne l'ordre de raser les entrepôts de Nazareth, Safed et Tibériade. Puis, à mesure que l'incendie des bombardements ravage Saint-Jean-d'Acre, il fait jeter à la mer les caissons, les canons de siège, tout le matériel intransportable.

Le 20 mai, à 9 heures du soir, les divisions quittent en silence leurs positions pour se faufiler à la faveur de la nuit le long de la côte vers Haïfa : Lannes est en tête de sa division, porté sur un brancard; la division Bon vient ensuite, commandée par Rampon qui remplace son chef tué à l'ennemi; la division Reynier ferme la marche; postée au bord du Bélus, la division Kléber ne doit se mettre en mouvement qu'après les autres; la cavalerie de Murat est rangée en bataille dans la plaine pour protéger le mouvement, s'il en est besoin.

Ordre est également donné aux états-majors de marcher précédés des drapeaux pris à l'ennemi : « Toutes les fois qu'ils traverseront un village, ils y entreront drapeau déployé et faisant de la musique ».

Les assiégés trompés par les feux de bivouac continuent à tirer sur des positions et des retranchements désertés depuis plusieurs heures. Aux premières lueurs du jour, Djezzar monte sur la tour de son palais à demi détruit et passe la tête entre les créneaux. Il découvre avec stupéfaction la plaine d'Acre vide et muette et la ceinture de pourriture humaine qui entoure sa ville. Tout est brusquement retombé dans un silence de mort. Une immense clameur s'élève ensuite des remparts : les assaillants se sont bel et bien évanouis. Djezzar ne songe même pas à inquiéter l'ennemi disparu. La guerre que la Porte veut poursuivre ne l'intéresse plus...

Une retraite est souvent une opération plus difficile qu'une offensive. Celle de Saint-Jean-d'Acre pose à Bonaparte deux problèmes : comment évacuer les blessés et les malades, car la marine, une fois de plus, n'est pas au rendez-vous? et comment prendre assez d'avance pour échapper à la poursuite des Turcs, au harcèlement des Palestiniens de la montagne et à la surveillance de la croisière anglaise? Il lui faut en outre trouver le moyen de déguiser en marche triomphale une retraversée du littoral désertique de la Palestine et du Sinaï qui va prendre, sans insulter l'avenir indéchiffrable, un avant-goût de Berezina, avec ses pestilences de mort et son cortège de suicides.

XVIII

L'opium des pestiférés

La peste, qu'il faut bien appeler par son nom, ne sévissait officiellement que dans le camp adverse. C'est du moins ce que suggère encore le rapport du 27 mai 1799 que Bonaparte destine au Directoire pour justifier sa retraite d'Acre : « L'occasion paraissait favorable pour emporter la ville ; mais nos espions, les déserteurs et les prisonniers s'accordaient tous dans le rapport que la peste faisait d'horribles ravages dans la ville d'Acre ; que tous les jours plus de soixante personnes en mouraient ; que les symptômes étaient terribles ; qu'en trente-six heures on était emporté au milieu de convulsions pareilles à celles de la rage. Répandu dans la ville, il eût été impossible d'empêcher le soldat de la piller ; il aurait rapporté le soir dans le camp les germes de ce terrible fléau, plus à redouter que toutes les armées du monde... »

C'est l'argument que reprend à son compte le général Berthier dans sa *Relation* publiée à Milan en 1800 : « Quelques jours de plus donnaient l'espoir de prendre le pacha dans son palais ; mais cette vaine gloire ne pouvait éblouir Bonaparte ; il touchait au terme du temps qu'il avait destiné à l'expédition de Syrie ; la saison des débarquements en Égypte y rappelait impérieusement l'armée pour s'opposer aux descentes et aux tentatives de l'ennemi. La peste faisait des progrès effrayants en Syrie. Déjà elle avait enlevé sept cents hommes aux Français ; et, d'après les rapports recueillis à Sour (Tyr), il mourait journellement plus de soixante hommes dans la place d'Acre... Tous les militaires qui ont fait des sièges contre les Turcs savent qu'ils se font tuer et qu'ils sacrifient femmes et enfants pour défendre jusqu'au dernier monceau de pierres... Le siège d'Acre pouvait être long et meurtrier; tout rappelait Bonaparte en Égypte; il ne pouvait, sans compromettre le sort de son armée et de ses conquêtes, prolonger plus longtemps son séjour en Syrie [1]. »

Du côté français, il n'était délibérément fait état que de « fièvre bubonneuse ». Cet euphémisme ne relevait pas que de la propagande. Le Dr Desgenettes avait été le premier à l'employer, lorsque le fléau avait commencé de se répandre dans les rangs de l'armée, pour soustraire les troupes à une démoralisation qui eût été catastrophique.

« A l'arrivée de l'armée en Syrie, relate Berthier, les villes étaient infectées de cette maladie que la barbarie et l'ignorance rendent si funeste dans ces contrées. Celui qui en est frappé se croit mort; tout le fuit et l'abandonne; et il expire quand les secours de la médecine, quand des soins convenables auraient pu le rendre à la vie. Le fatalisme que ces peuples professent contribue beaucoup à leur faire négliger le secours des médecins. Les soldats français avaient bien aussi quelques préjugés : ils prenaient la moindre fièvre pour de la peste et se croyaient atteints d'une maladie incurable et mortelle. Le citoyen Desgenettes, médecin en chef de l'armée, parcourt les hôpitaux, visite chacun des malades et calme d'abord leur imagination effrayée. Il soutient que les bubons qu'ils prennent pour des symptômes de peste appartiennent à une espèce de fièvre maligne dont il est très facile de guérir avec des soins et des ménagements. »

En cette circonstance, Desgenettes fut héroïque. Non seulement il nia la peste, mais, pour rassurer les soldats, il alla jusqu'à payer de sa personne : pour prouver la non-contagiosité de la « fièvre bubonneuse », il alla jusqu'à s'inoculer, en présence des malades, la matière de ces bubons. Il a lui-même rendu compte, dans son *Histoire médicale*, de cette « mémorable action » :

« Ce fut pour rassurer les imaginations et le courage ébranlé de l'armée qu'au milieu de l'hôpital je trempai une lancette dans le pus d'un bubon appartenant à un convalescent de la maladie au premier degré et que je me fis une légère piqûre dans l'aine et au voisinage de l'aisselle, sans prendre d'autres précautions que celle de me laver avec de l'eau et du savon qui me furent offerts. J'eus pendant plus de trois semaines deux petits points d'inflammation correspondant aux deux piqûres et ils étaient encore très sensibles lorsqu'au retour d'Acre, je me baignai en présence d'une partie de l'armée dans la baie de Césarée. »

« Cette expérience incomplète, et sur laquelle je me suis vu obligé de donner quelques détails à cause du bruit qu'elle a fait, prouve peu de chose pour l'art; elle n'infirme point la transmission de la contagion, démontrée par mille exemples; elle fait seulement voir que les conditions nécessaires pour qu'elle ait lieu ne sont pas bien déterminées. Je crois avoir couru plus de danger avec un but d'utilité moins grand lorsque invité par le quartier-maître de la soixante-quinzième demi-brigade, une heure avant sa mort, à boire dans son verre une portion de son breuvage, je n'hésitai pas à lui donner cet encouragement. Ce fait, qui se passa devant un grand nombre de témoins, fit notamment reculer d'horreur le citoyen Durand, payeur de la cavalerie, qui se trouvait dans la tente du malade.

« C'est au reste dans les murs de cette même ville d'Acre qu'au temps des croisades, l'épouse d'un prince anglais, renouvelant aussi l'heureuse audace des psylles, osa sucer les plaies de son mari réputées empoisonnées, et donna au monde ce bel exemple de la piété conjugale. »

Si Bourrienne et Larrey lui ont reproché par la suite de célébrer ainsi ses propres mérites, Desgenettes a été le premier à reconnaître que son exemple n'offrait certes pas un grand intérêt scientifique. N'empêche que, moralement, l'Histoire ne pouvait marchander ses éloges à un geste qui a limité les effets de la terreur superstitieuse inspirée par la peste.

Dès le 26 avril, le médecin en chef de l'armée avait d'ailleurs été à même de constater une diminution significative de son taux de mortalité : trois décès au lieu de six à neuf sur une moyenne de trente admissions par jour à l'hôpital du mont Carmel.

« Après avoir rendu au soldat cette tranquillité d'esprit si nécessaire à la guérison, raconte Berthier, Desgenettes achève, par ses talents, ses soins assidus, ce qu'il a si heureusement entrepris; et le plus grand nombre recouvre la santé. »

Bien qu'elle n'eût donc pas un caractère très prononcé de

malignité et que la proportion des guérisons eût ainsi augmenté d'une manière sensible, l'épidémie n'en continuait pas moins de frapper les rangs des assiégeants.

Sous la tente, dans la tranchée, sur le champ de bataille, les combattants étaient subitement atteints et tombaient à terre, convulsionnés. Après d'intolérables maux de tête, des bubons apparaissaient aux aines et aux aisselles; le délire arrivait ensuite et les rendait fous. La face se décomposait, les lèvres se contracturaient, la langue pendait, tuméfiée et roussâtre, hors de la bouche toute pleine d'une salive gluante. Les ambulances ne désemplissaient pas. Les morts qu'on enterrait étaient déterrés par les chacals. La peste avait déjà emporté cinq médecins : Auriol, Vallet, Davèvre, Saint-Ours et Bruant. D'autre part, les miasmes rendaient dangereuses toutes les blessures. Les cas de tétanos se multipliaient. Les mouches bleues de Syrie déposaient leurs larves dans les plaies qui n'en finissaient plus de suppurer. La gangrène n'était pas loin : « Dans leurs fusils, rapporte Lockroy, les soldats de Djezzar mettaient toujours deux balles reliées entre elles par une tige de fer. Cela les rendait mortelles. »

Au surplus, les efforts des officiers de santé étaient contrariés par l'insalubrité des installations de soin et la précarité des établissements. Le personnel médical laissait également à désirer. Le 3 mai, le chirurgien Larrey signalait le cas d'un brancardier qui avait emporté « un blessé au tombeau avant qu'il eût expiré ». Peu avant la levée du siège, Desgenettes se plaignait du défaut d'infirmiers, tous morts ou malades. Il s'agissait d'ailleurs, pour la plupart, de repris de justice étrangers, échappés des bagnes de Gênes, de Civitavecchia ou de Malte et qui n'avaient été attirés dans les hôpitaux que par la possibilité de dépouiller les moribonds.

« Je me trouvai obligé, dit encore Desgenettes, de nettoyer l'espèce de souterrain fangeux où mes malades étaient étendus sur des joncs, c'est-à-dire de ramasser les haillons, les sacs, les baudriers, les casquettes, les chapeaux ou les bonnets à poil des morts, pour les jeter moi-même au feu que je faisais allumer à cet effet derrière l'hôpital. »

Des dispositions ont été prises dès le 11 mai – neuf jours avant de battre en retraire – pour évacuer vers l'arrière les blessés, les malades et les survivants de la peste. Ce jour-là, le contre-amiral Ganteaume écrit au contre-amiral Perrée pour l'instruire de la situation et faire appel au concours de sa flottille qui tient la mer à respectueuse distance des frégates anglaises occupées à défendre Saint-Jean-d'Acre : « Sans moyen de transport pour les blessés, le général en chef (réduit à lever le siège) n'a plus recours qu'à vos moyens et il me charge de vous ordonner de venir avec toute la division sur Césarée, où vous ne pourrez être aperçu par les vaisseaux ennemis... Vous devrez alors, de suite, envoyer tous vos canots et chaloupes à Tantourah, faire même approcher deux bricks de ce port... et embarquer quatre cents malheureux blessés qui resteraient à la merci des plus horribles des ennemis si vous ne pouviez les emporter. » Le même jour, Bonaparte, qui n'a pas encore tout à fait renoncé à livrer un ultime assaut, dépêche un message à Perrée pour qu'il vienne chercher « quatre ou cinq cents blessés » qu'il s'apprête à faire évacuer sur Tantourah, et les rapatrie par mer à Alexandrie ou à Damiette.

Le 14 mai, il demande à l'adjudant général Boyer, à Tantourah, de profiter de la première occasion pour faire filer dans la nuit les bateaux transportant les malades sur Jaffa, d'où ils reviendront à Tantourah en chercher d'autres. Il lui ordonne parallèlement de faire escorter par le chef d'escadron Lambert, chargé d'éloigner les Naplousains de la route, le convoi des blessés et des malades en état de supporter le voyage par terre, à pied ou sur des montures, jusqu'à Jaffa. Le 16 mai, il demande à l'adjudant général Leturcq, à Haïfa, de « faire filer » sans plus attendre quatre cents blessés sur Tantourah : « Les malades devront être aussi évacués, mais séparément. Il est nécessaire que, le 18 mai au soir, il ne reste pas un seul malade ou blessé à Haïfa ou au mont Carmel. » A l'adjudant général Boyer, il annonce un grand convoi pour le 17 : « Faites en sorte que, le 19 au matin, il n'y ait à Tantourah ni malades, ni blessés; deux cents vont être évacués demain du mont Carmel; faites-les évacuer de suite sur Jaffa. » Enfin, ce même 16 mai, il annonce au général Dugua, au Caire, son intention de partir sous trois jours avec toute l'armée pour regagner l'Égypte : « Ce qui me retarde, c'est l'évacuation des blessés; j'en ai six à sept cents. » Il ne parle plus des malades...

C'est aussi ce jour-là que Bonaparte convoque le Dr Desgenettes dans sa tente où il est resté seul avec son chef d'état-major Berthier.

– A votre place, lui dit-il, je terminerais à la fois les souffrances de nos pestiférés et je ferais cesser les dangers dont ils nous menacent en leur donnant de l'opium.

– Mon devoir, à moi, c'est de conserver, se récrie le médecin.

« Alors, raconte Desgenettes, le général développe sa pensée avec le plus grand calme, disant qu'il conseillait pour les autres ce qu'en pareil cas il demanderait pour lui-même. Il me pria d'observer aussi qu'il était, avant qui que ce fût, chargé de la conservation de l'armée et, *par conséquence*, d'empêcher nos malades délaissés de tomber vivants sous le cimeterre des Turcs. »

– Je ne cherche pas à vaincre vos répugnances, poursuit Bonaparte, mais je crois que je trouverai des personnes qui apprécieront mieux mes intentions.

Le général Berthier est resté complètement muet durant cet entretien. Mais, un moment après, il glisse à l'oreille de Desgenettes qu'il approuve son refus. Il n'y aura donc pas d'opium distribué aux pestiférés avant la levée au camp d'Acre. Mais après... Le *Journal secret de Napoléon*, tenu par le Peudo-Jomini, comporte cette annotation datée de Tantourah, le 22 mai :

« Dans les veines de notre armée en retraite, la mort continue à circuler... Desgenettes se refuse à cautériser le mal en endormant pour toujours les malades. J'ai trouvé quand même l'exécuteur nécessaire : l'opium a sauvé quarante hommes de leur souffrance et l'armée de leur plainte.

« Ai-je le droit de disposer ainsi de la vie des autres? Mon droit se bornerait alors à disposer de cette vie à condition qu'elle fût offerte aux boulets de canon? Sottise! »

Le 20 mai, on bat la générale à la nuit tombée pour éviter une nouvelle sortie des assiégés et soustraire l'armée, qui a douze kilomètres de plages à parcourir, au feu des chaloupes et des bâtiments anglais stationnés dans la rade du mont Carmel. A une heure et demie du matin, Desgenettes trouve Leturcq à Haïfa en train de charger lui-même les blessés et les malades les plus atteints sur des brancards. Au mont Carmel, il voit « quelques malheureux, trop empressés de rejoindre le corps de l'armée », tenter de couper au plus court en se frayant un chemin de traverse sur des pentes impraticables : « Ils se précipitèrent des rochers élevés du

Carmel, se souviendra-t-il, et on en fut averti dans la faible lueur de la nuit par les cris et les gémissements déchirants qu'ils firent entendre avant d'expirer. »

André Peyrusse n'a pas manqué d'écrire à sa mère les effroyables conditions de cette évacuation : « Nous nous trouvions sans aucune espèce de moyens de transport et nous avions mille ou douze cents blessés ou fiévreux à porter et une quarantaine de pièces d'artillerie à traîner... Nous espérions n'avoir plus sous les yeux ces spectacles hideux de morts et de mourants... lorsque, à notre entrée dans Haïfa, dans l'horreur de la nuit, nous aperçûmes une centaine de malades ou de blessés qu'on avait abandonnés au milieu d'une grande place. Les malheureux désespérés remplissaient l'air de leurs cris et de leurs malédictions... Se croyant abandonnés, ils arrachaient leurs appareils et se roulaient dans la poussière. Ce spectacle glaça l'armée; on s'arrêta un moment, on prit des hommes de corvée dans les compagnies pour les porter à bras jusqu'à Tantourah; et on continua la route. On avait établi au mont Carmel un hôpital pour les pestiférés... On évacua tout ce qu'on put; on abandonna quinze personnes dans le délire et dans un état à n'en pouvoir revenir. »

Même son de cloche dans le *Journal* d'un témoin qualifié, sinon autorisé, le capitaine Jean-Pierre Doguereau :

« Nous fûmes obligés de nous arrêter quelque temps à Haïfa, qui offrait encore le spectacle le plus effroyable; les rues étaient encombrées de blessés et de pestiférés, morts ou mourants. On parvint à emporter les premiers à bras sur des brancards; on abandonna les pestiférés. Ces malheureux, désespérés de se voir abandonnés, excitaient la plus vive compassion. Près de là, sur le mont Carmel, il y avait encore un hôpital de pestiférés dans un couvent; le manque de moyens de transport ainsi que la nécessité de ne point encombrer l'armée d'hommes atteints d'une maladie aussi terrible et aussi contagieuse avaient fait donner l'ordre de les y laisser. »

Des Israéliens retrouveront près deux siècles plus tard des ossements blanchis de ces pestiférés dans les anfractuosités qui ravinent les pentes du mont Carmel.

« A peu de distance du mont Carmel, relate Bourrienne, nous apprîmes que trois pestiférés laissés au couvent qui servait d'hôpital, et abandonnés avec trop de confiance à la générosité des Turcs, avaient été cruellement mis à mort. » Le chasseur Pierre Millet semble traduire l'opinion dominante : « Cela faisait saigner le cœur des hommes sensibles de voir ces malheureux pestiférés (hospitalisés à Haïfa) vouloir, malgré la violence de leurs douleurs, se mettre en route et suivre l'armée... L'on fit des brancards pour porter les blessés. Ces brancards étaient portés par quatre hommes, dont il n'y en eut encore qu'une partie d'emportés, car il y avait autant de pestiférés et de blessés que d'hommes sains... Ô triste spectacle ! L'on pouvait bien suivre l'armée à la faveur de ces jalons. Mais quels jalons étaient-ce? Non pas des jalons d'arpenteur, mais des cadavres d'hommes, de chevaux, de chameaux morts et mourants étendus sur la terre. »

Tandis que l'armée se remet en marche en longeant la côte, après cette lugubre halte de Haïfa, Bonaparte s'inquiète de son opinion auprès du responsable des fours de l'intendance, Audibran. Lequel lui répond en provençal :

– *Dian qu'avez foutu un pétard didans la fangue* (on dit que vous avez flanqué un pétard dans la boue)...

En cours de route, sur les dunes brûlantes, les élans de générosité ont en effet cédé la place aux pires réactions d'égoïsme. Avant d'arriver à Tantourah, au début de l'après-midi du 21 mai, par une chaleur étouffante, Bourrienne a vu jeter, de dessus les brancards, des officiers amputés qui avaient remis de l'argent à ceux qui les portaient « pour récompense de leur fatigue ». Il a vu abandonner dans les orges des blessés et des pestiférés – ou des malades suspects de l'être : « Nous n'étions entourés que de mourants, de pillards et d'incendiaires ; des mourants, jetés sur les bords du chemin, disaient d'une voix faible : “ *Je ne suis pas pestiféré, je ne suis que blessé* ”, et, pour convaincre les passants, on en voyait rouvrir leur blessure ou s'en faire une nouvelle. Personne n'y croyait, on disait : “ *Son affaire est faite* ”, et l'on passait et l'on se tâtait et l'on était content. »

On ne peut pas toujours se fier aux souvenirs de Bourrienne, mais, ici, d'autres témoins confirment ses dires. Et pas des moindres. Kléber, dont la division ferme la marche rétrograde, note dans son carnet de semblables scènes : « Un caporal de la 25e arrête un pestiféré abandonné sur la route, lui coupe sa ceinture. Le malade le prie en grâce de lui laisser les quatre louis qu'elle contenait : " *En les présentant à l'Arabe, ils me sauveront peut-être la vie – Tu t'abuses,* lui répond le caporal. – *Laisse m'en au moins l'espoir.* " Kerner arrive et lui fait rendre la ceinture. Un grenadier de la 19e, attaqué de la peste, appelle un de ses camarades et le prie de terminer sa vie. Avec sang-froid et fermeté, son camarade lui rend ce service. »

Passé l'éperon rocheux d'Atlit où se dressent les vestiges du vieux château franc édifié par les croisés pour protéger leurs vaisseaux, l'avant-garde arrive à Tantourah au début de l'après-midi, sous un soleil de plomb. Les évacuations des invalides entreprises depuis trois jours n'ont pu être achevées : le contre-amiral Perrée n'a pas obtempéré aux instructions.

« C'est une vieille masure sur le bord de la mer, qui y forme un très joli port, écrit encore Peyrusse à sa mère. C'était l'entrepôt de nos évacuations sur Damiette; nous espérions que tout aurait été évacué; mais nous y trouvâmes encore sept cents à huit cents blessés ou pestiférés, une vingtaine de pièces de canon, douze cents bombes et *pas un bateau pour transporter tout cela!* »

Le commissaire Jacques Miot assiste alors à une scène hallucinante qu'il rapporte dans ses mémoires : « Il y avait encore, dans les cabanes sur le bord de la mer, quelques malheureux qui attendaient qu'on les transportât. Parmi eux, un soldat était attaqué de la peste, et, dans le délire qui accompagne parfois l'agonie, il supposa sans doute, en voyant l'armée marcher au bruit du tambour, qu'il allait être abandonné; son imagination lui fit entrevoir l'étendue de son malheur s'il tombait entre les mains des Arabes. On peut supposer que ce fut cette crainte qui le mit dans une si grande agitation et qui lui suggéra l'idée de suivre les troupes; il prit son havresac, sur lequel reposait sa tête, et, le plaçant sur ses épaules, il fit l'effort de se lever. Le venin de l'affreuse épidémie qui coulait dans ses veines lui ôtait ses forces, et, au bout de trois pas, il retomba sur le sable en donnant de la tête. Cette chute augmenta sa frayeur; et, après avoir passé quelques moments à regarder, avec des yeux égarés, la queue des colonnes en marche, il se leva une seconde fois, et ne fut pas plus heureux; à sa troisième tentative, il succomba; et, tombant plus près de la mer, il resta à la place que les destins lui avaient choisie pour tombeau. La vue de ce soldat était épouvantable ; le désordre qui régnait dans ses discours insignifiants, sa figure qui peignait la douleur, ses yeux ouverts et fixes, ses habits en lambeaux offraient tout ce que la mort a de plus hideux... Cet infortuné n'était (pour ses camarades) qu'un objet d'horreur et de dérision. On le fuyait... en riant aux éclats de ses mouvements qui ressemblaient à ceux d'un homme ivre. “ *Il a son compte* ”, criait l'un ; “ *il n'ira pas loin* ”, disait l'autre ; et, lorsque le malheureux tomba pour la dernière fois, quelques-uns ajoutèrent : “ *Voilà son logement fait.* ” Il faut convenir de cette terrible vérité, que je ne puis m'empêcher de répéter : l'indifférence et l'égoïsme sont les sentiments dominant à l'armée, et, si vous voulez y être bien, tâchez de n'avoir besoin de personne et surtout de bien vous porter. »

Les hommes valides n'ont, eux, pour se reposer que les sables arides et brûlants de la plage de Tantourah, face à une mer ennemie et déserte. Faute de bateau et afin de libérer des équipages pour tirer les ambulances, on doit de nouveau noyer, enterrer ou brûler canons et munitions. L'artillerie se débarrasse de toutes ses pièces – dont les deux caronades de 24 –, de ses douze cents bombes, jetées à l'eau, de ses affûts, livrés aux flammes, à l'exception de deux obusiers et de quelques petites pièces prises aux Turcs. Au total, vingt-deux canons gisent au fond de la mer.

« Tantourah et ses sables mouvants, écrit Bourrienne, virent détruire, avec les affûts, nos derniers canons de calibre... Les soldats parurent un moment oublier leurs souffrances en accompagnant de leurs regrets ce bronze si souvent l'instrument et le témoin de leurs triomphes, ce bronze qui avait fait trembler l'Europe. »

Au cours de cette opération, un caisson explose, tuant ou mutilant une douzaine de canonniers dont la perte s'ajoute à celles, déjà considérables qui s'accumulent depuis la levée du camp d'Acre. Le 22 mai, au moment de quitter Tantourah pour Césarée, on vient instruire Bonaparte du fait que deux cents blessés, jugés d'abord capables d'être évacués à pied, ne sont plus en état de marcher. A peine sa tente repliée, il appelle Bourrienne pour lui dicter l'ordre de mettre tous les chevaux, mulets et chameaux à leur disposition : que le reste de l'armée aille désormais à pied ! « Portez cela à Berthier! » L'état-major est invité à donner l'exemble en renonçant aux montures. A son retour, Bourrienne voit l'écuyer du général en chef, le « père Vigogne », se présenter à Bonaparte en portant la main à son chapeau :

– Citoyen Général, quel cheval faut-il vous réserver?

L'apostrophe fait sursauter le Petit Caporal qui, d'un coup de cravache, cingle le visage de son écuyer en hurlant :

– Que tout le monde aille à pied, foutre! moi le premier. Ne connaissez-vous pas l'ordre? Sortez, misérable!

« Ce fut alors à qui ne donnerait pas son cheval pour les malades que l'on croyait attaqués de la peste, poursuit Bourrienne. On s'informait avec soin du genre de la maladie; quant aux blessés et aux amputés, l'on ne faisait pas la moindre difficulté. J'avais un très bon cheval pour moi, une mule et deux chameaux; je donnai le tout avec le plus grand plaisir; mais j'avoue que je recommandai à mon domestique de faire tout son possible pour ne pas avoir un pestiféré sur mon cheval. Il me fut rendu au bout de très peu de temps. La même chose arriva à beaucoup d'autres. On en devine bien la raison. »

Dans son récit de Sainte-Hélène, Napoléon magnifiera son propre rôle dans cette occurrence : un grenadier blessé, rapporte-t-il, paraissait hésiter à salir la belle selle toute brodée de sa monture.

– Va, lui dit le général en chef, il n'y a rien de trop beau pour un brave!

« Les officiers de cavalerie se démontèrent, poursuit l'auteur du *Mémorial;* ils envoyèrent tous leurs chevaux de main. Ce ne fut qu'après s'être assuré que tous les blessés étaient partis que le général monta sur un de ses chevaux. »

Nouvelle contre-vérité, ou en tout cas demi-vérité. Car *quid* des pestiférés? Le chasseur Pierre Millet, qui n'a pourtant rien d'un tendre, raconte : « Le lendemain, il fallut partir et, par un ordre trop cruel, abandonner les malheureux pestiférés, ce qui perça le cœur à l'armée, voyant qu'il fallait laisser nos malheureux frères d'armes à la merci des barbares arabes qui leur coupèrent la tête aussitôt que nous fûmes partis. Plusieurs de ces malheureux venaient, criant après nous et nous conjurant de ne pas les abandonner. Mais il était défendu, sous peine d'être puni sévèrement, d'avoir aucune communication avec eux. Cet ordre, quoique dur, était pourtant nécessaire ; car s'ils eussent eu communication avec l'armée, ils auraient aussi communiqué ce terrible fléau, et, pour en vouloir sauver un petit nombre, l'armée eût risqué à périr totalement. »

Combien d'infortunés furent ainsi abandonnés à leur sort sur cette plage brûlante de Tantourah ? Plusieurs, selon le chef des géographes, Pierre Jacotin. « On en a laissé encore une douzaine », écrit l'aide-payeur Peyrusse à sa chère maman de Carcassonne. Sur la base de différents témoignages de source ottomane, des historiens israéliens présumeront l'existence de suicides collectifs comme à Massada lors de l'arrivée des troupes de Hassan Bey lancées aux trousses des fuyards.

***

On prend maintenant au plus court. Les colonnes de l'armée en retraite longent la côte, évitant cette fois le crochet fait à l'aller par la tour de Zeitah. Parti à pied entre 10 heures et midi de Tantourah, l'on arrive vers 4 heures en vue de Césarée, l'ancien port romain de Palestine bâti par Hérode et consacré à l'empereur Auguste. On passe deux petits cours d'eau à gué et on emprunte de mauvais chemins avant d'atteindre les restes des murailles élevées par les croisés et où s'accroche la végétation. En face des ruines d'une église gothique se trouve un puits à l'eau abondante dont le Dr Desgenettes remplit deux gourdes. Il a près d'un kilomètre d'avance sur le gros de la troupe et fait demi-tour pour les porter à quelques amis convalescents, bénéficiant comme tels de la voiture personnelle mise à disposition par le général en chef : Monge, Berthollet et Costaz, honorables membres de l'Institut, partagent ce privilège avec deux pestiférés et une femme nourrissant un enfant au sein. Mourant de soif, les passagers du véhicule sont tout heureux de voir le médecin en chef venir à pied au-devant d'eux avec ces gourdes pleines. Après l'avoir remercié, Monge lui dit son chagrin de voir Bonaparte le traiter depuis quelques jours avec une certaine froideur. Pour toute réponse, Desgenettes se met à chanter en latin le Psaume 1 d'une voix forte : « Heureux l'homme qui ne s'est pas laissé aller à suivre le conseil des impies, qui ne s'est pas arrêté dans la voie des pécheurs et qui ne s'est point assis dans le fauteuil contagieux des libertins. » Allusion implicite à la vive discussion qui l'a opposé au général en chef au sujet de l'extermination des pestiférés par l'opium, peu avant la fin du siège d'Acre...

A 5 heures, Bonaparte vient camper dans les ruines de l'amphithéâtre, au milieu des débris de marbre et des colonnes de porphyre et de granit qui témoignent du glorieux passé de la ville. Il se baigne dans la crique avec une partie de l'état-major. L'étape suivante s'annonçant longue et pénible, le départ de Césarée est fixé à 4 heures du matin, pour atténuer les fatigues de la chaleur. Il y a huit heures de marche à faire pour aller camper à l'embouchure d'un fleuve côtier à douze kilomètres au nord de Jaffa. A la pointe du jour, un tireur, caché dans un buisson à gauche de la route longeant le rivage, ouvre le feu presque à bout portant sur Bonaparte endormi sur son cheval, au côté de Bourrienne. Le bois est aussitôt passé au peigne fin et le Naplousain, capturé sans peine, conduit au bord de la mer par quatre carabiniers qui ont ordre de le fusiller sur-le-champ. Mais l'humidité nocturne leur fait rater leur cible : le Syrien se jette à l'eau et parvient à gagner à la nage un récif trop éloigné pour que de nouveaux tirs puissent l'atteindre. Bonaparte, poursuivant son chemin, dit à Bourrienne d'attendre Kléber pour lui recommander de ne pas rater « ce drôle ».

Le *Journal secret de Napoléon*, du Pseudo-Jomini, mentionne l'incident en ces termes : « Un fusil dans un buisson a failli interrompre mon aventure. Toute la journée, je n'ai pensé qu'à cet incident. Mon âme, certes, n'aurait pas été traversée par le plomb. Jomini est sur cette terre pour lui donner encore la somme de muscles, de nerfs et d'os qui est nécessaire au mécanisme de la vie. Mais qui me prouve que l'âme de Napoléon Bonaparte gardera le souvenir de sa vie?

« Jomini *doit* savoir.

« Bourrienne brise mes pensées. Il me raconte les atrocités d'une retraite à travers la Syrie hostile :

– J'ai vu jeter de dessus les brancards des officiers amputés et qui avaient même remis de l'argent pour récompense de la fatigue. J'ai vu abandonner dans les gorges des amputés, des blessés, des pestiférés. La marche est éclairée par des torches allumées pour incendier les petites villes, les bourgades, les villages, les hameaux, les riches moissons dont la terre était couverte. Le pays est tout en feu.

« Tout cela se passe derrière nous. Il n'y a que les littérateurs qui puissent croire que l'armée est une élite. Au contraire, l'uniforme couvre la laideur de l'homme. Sous le drapeau, le moindre de ses forfaits devient acte de guerre, donc geste héroïque. L'armée n'est d'ailleurs qu'un outil à tuer, au nom de la patrie, de la liberté ou de la gloire.

« Depuis César, on se bat toujours bien quand on a du cœur, quel que soit le maître. L'outil à tuer accomplit sa besogne, parfois avec l'éclat d'un tranchant. Mais il ne faut pas regarder l'armée à la hauteur de ses panaches. »

En fait, ordre est donné à l'arrière-garde de tout raser sur son passage et de pratiquer la politique de la terre brûlée afin de ralentir les poursuivants et de les priver de nourriture tout en punissant les populations locales de leur mauvais accueil. Il faut dire que les troupes chancelantes sont à présent canardées sur leur gauche par les paysans descendus des montagnes pour leur couper la retraite et bombardées sur leur droite par les canonnières de Sidney Smith. D'autant que, passée la halte de Mina-Abou-Sabourah qui sert de petit port aux Naplousains, la route quitte le rivage rehaussé de falaises infranchissables pour s'enfoncer dans un défilé dangereux, entre des pentes couvertes d'arbres et d'arbustes, avant d'atteindre le mamelon baigné par les eaux marécageuses du fleuve guéable et sur lequel l'armée doit passer la nuit suivante.

« Nous rencontrâmes un nombreux rassemblement naplousain, relate le chef de l'habillement Bernoyer. Bonaparte *les* fit poursuivre *(sic)* par la cavalerie de Murat en lui ordonnant de fusiller tous ceux qui seraient pris les armes à la main. Pour punir les habitants de cette contrée du mauvais accueil qu'ils nous avaient réservé lors de notre premier passage, Bonaparte leur envoya encore des détachements : ils se répandirent dans tous les villages, mirent en fuite tous les habitants, leur enlevèrent leur bétail et brûlèrent leurs habitations. En peu de temps, cette contrée ne présenta plus que l'image de la dévastation. Bonaparte, en se vengeant sur le peuple, ôtait les ressources à l'ennemi dans le cas où ce dernier aurait voulu le poursuivre. »

Selon Berthier, ces maisons réduites en cendres, ces troupeaux enlevés, ces grains incendiés étaient une juste vengeance « autorisée par les lois rigoureuses de la guerre »...

Au début de l'après-midi du 24 mai, l'armée se regroupe à Jaffa où, deux mois plus tôt, elle avait laissé sa marque en massacrant au moins six mille personnes. Elle va y camper quatre jours. « Ce temps est employé à punir les villages des environs qui se sont mal conduits », écrit Berthier dans sa *Relation*. Elle va aussi retrouver ses pestiférés : le problème des hospitalisés intransportables va se poser de nouveau. Mais le premier soin du général en chef est de faire partir, dès le lendemain de son arrivée, l'adjudant général Boyer avec un premier contingent de quatre cent cinquante blessés et fiévreux légers, une cohorte de quatre-vingts prisonniers, dont l'agha Abdallah, l'ex-commandant de la garnison ennemie, et tous les drapeaux pris aux Turcs : ils formeront l'avant-garde de l'armée de retour en Égypte, affichant ainsi ses trophées de victoire. « Ne pas confondre les blessés avec les fiévreux en faisant marcher les uns et les autres réunis », recommande-t-il à Berthier. Entre le 26 et le 27 mai, on fait de nouveau partir treize cents blessés et malades – à pied, à cheval, sur des brancards, suivant leur état – et plusieurs centaines de cas plus graves sont embarqués à bord d'une demi-douzaine de vaisseaux qui ne sont pas équipés pour cela, à destination du port égyptien de Damiette. Mais, le 28, il reste encore plusieurs dizaines de pestiférés à l'hôpital principal. Que faire de ces « condamnés » ?

Ici se place toute une controverse qui opposera plus tard, aux inconditionnels de Napoléon Bonaparte, des témoins aussi divers que Bourrienne, le commissaire Miot, l'ingénieur Martin, le sergent-fourrier François, le chasseur Pierre Millet, le général Kléber ou le Dr Desgenettes. Même tenu à l'écart par le général en chef, le médecin en chef de l'armée doit être considéré *a priori* comme le plus qualifié pour faire connaître le sort des malades dont les soins lui incombaient.

Dans la première édition de son *Histoire médicale* publiée en 1802 sous l'autorité du Premier consul, il expose en termes prudents les mesures prises pour en assurer l'évacuation : « Le 25 mai au matin, il y avait dans cette place cent soixante-dix fiévreux et, le soir, deux cent cinquante fournis dans la journée par l'évacuation du mont Carmel et quelques traîneurs. Il y avait le plus grand encombrement dans les établissements » (où tout manquait pour le soulagement des malades). Le lendemain, il dénombre encore deux cents malades dans l'hôpital principal : il estime à cinquante ceux qui peuvent grimper sur des montures; pour les autres, il faudrait des brancards et des voitures, mais certains sont dans un tel état qu'il les juge intransportables : « Il en périrait quinze, vingt et jusqu'à vingt-cinq par jour. » Le 27 mai, il en reste cent cinquante, dont vingt à vingt-cinq partent rejoindre leurs unités au camp par leurs propres moyens et une centaine sont évacués vaille que vaille. Pas un mot du déchet de vingt-cinq à trente incurables : « L'armée partit le soir de Jaffa. »

S'il se borne ainsi à laisser entendre qu'une trentaine de pestiférés n'ont pas été évacués, c'est qu'alors il ne peut en dire davantage. Il n'aura la liberté de faire connaître sa vérité que lors de la seconde édition de son ouvrage, publiée en 1830. Il y affirme de la façon la plus formelle qu'une forte dose de laudanum fut administrée à vingt-cinq pestiférés : « Quelques-uns le rejetèrent par le vomissement, furent soulagés, guérirent et racontèrent tout ce qui s'était passé. » Il renouvellera plus tard encore ses affirmations en termes non moins catégoriques : « A notre retour devant Jaffa eut lieu une distribution de laudanum à vingt-cinq ou cinquante pestiférés dans l'état le plus prononcé. »

Les faits sont confirmés d'abord par Bourrienne, qui alors accompagnait partout Bonaparte : « Quelques tentes furent dressées sur une petite éminence près des jardins qui entourent Jaffa à l'orient. L'ordre fut donné de miner les fortifications et de les faire sauter, et, le 27 mai, à un signal convenu, nous vîmes tout à coup la ville à découvert. Une heure après, le général en chef s'y rendit de sa tente avec Berthier, quelques médecins et chirurgiens, son état-major ordinaire... Une triste et longue délibération avait eu lieu sur le sort qui attendait les pestiférés incurables et aux limites de la vie... On se décida à avancer de quelques instants, par une potion, une mort inévitable quelques moments plus tard, mais plus douloureuse et plus cruelle. Bonaparte parcourut rapidement les remparts renversés et se rendit à l'hôpital. »

Il traverse aussi rapidement les salles, frappant légèrement le revers jaune de sa botte avec la cravache qu'il tient à la main. Tout en marchant à grands pas, il va répétant :

– Dans peu d'heures, les Turcs seront ici. Que ceux qui se sentent la force de se lever viennent avec nous, ils seront transportés sur des brancards et des chevaux.

Il ne reste qu'à peine une soixantaine de pestiférés, d'après Bourrienne. Leur silence absolu, leur complet abattement, une atonie générale annoncent leur fin prochaine. Devant le refus persistant de Desgenettes, c'est au pharmacien en chef Royer que l'on confie leur sort. Celui-ci, réputé plus souple, accepte de préparer la drogue obtenue du médecin turc de Constantinople, Mustafa Hadji, capturé dans le port de Jaffa après la prise de la ville : il avait été autorisé par Bonaparte à prodiguer ses soins dans les hôpitaux improvisés pour les pestiférés sous la protection de l'adjudant général Grézieu. Mais ses offres de service avaient alors été repoussées par un opérateur chrétien, aussi ivrogne qu'efficace. Mustafa s'était vainement présenté à plusieurs reprises. « Après avoir vu mourir de la peste le commandant de la garnison (Grézieu), son protecteur, raconte Desgenettes, il subsista jusqu'à notre retour, le 24 mai, du métier de barbier. »

Quant à Royer, il s'agissait d'un personnage indélicat qui, selon La Jonquière, avait chargé de vivres et de liqueurs des chameaux destinés au transport des médicaments lors de l'entrée du corps expéditionnaire en Syrie. Un sentiment de pitié aurait toutefois retenu Bonaparte de le faire fusiller pour ce trafic coupable. Or, non seulement on ne trouve aucune trace d'une mesure de rigueur prise contre ce Royer, mais encore celui-ci conservera ses fonctions de pharmacien en chef jusqu'après le retour d'Égypte de Bonaparte. Il figurera même sur l'état des officiers de santé à qui Kléber accordera, le 12 décembre 1799, une gratification pour l'expédition de Syrie. Il ne sera chassé de l'armée que plus tard pour ses actes d'indélicatesse. Resté en Égypte, il y mourra trois ans plus tard et aura, ajoute Bourrienne, « emporté le secret dans sa tombe ».

Le secret qui entoura cette affaire d'euthanasie ne fut pas si profond qu'il ne soit parvenu rapidement à la connaissance des Anglais et ne devînt un objet d'âpres polémiques. Le nombre de pestiférés ainsi « empoisonnés » ou « endormis » au laudanum, selon les auteurs, varie de trois cent cinquante pour la presse anglaise de l'époque – cinq cent quatre-vingts même pour l'historien Robert Wilson, sur la foi d'un agent de renseignement nommé Morier –, à quatre-vingt-sept pour Chaptal et à sept pour le chirurgien chef Larrey, devenu l'ennemi intime de Desgenettes. Un incident opposera même les deux rivaux à leur retour au Caire, au cours d'une séance de l'Institut, le 4 juillet 1799, rapportée par Napoléon en ces termes à son mémorialiste Bertrand : « Je suis scandalisé de trouver Desgenettes comme ayant dit que, dans une séance de l'Institut, il aurait eu une querelle avec moi qui voulais lui faire déclarer que " sans la peste, le général n'eût pas évacué la Syrie "; que, par la suite, je ne lui avais pas pardonné... Desgenettes, lors de l'évacuation de l'Égypte, aurait dit à Wilson qu'il y avait eu à l'Institut une séance dont on avait fait mystère et qui avait trait à l'empoisonnement des blessés à Jaffa... Toute la séance de l'Institut [dans la relation de Wilson] est fausse... La querelle avec Desgenettes a été celle-ci : Desgenettes dit à Larrey que l'Empereur ne visita et ne toucha les *pestiférés* de Jaffa que parce qu'il croyait que ce n'était pas la peste; qu'au retour du général, Berthollet lui dit qu'il avait été fort imprudent... Napoléon répondit que ce n'était pas la peste, que Desgenettes l'assurait. Berthollet assura le contraire... que Desgenettes le mettait dans une erreur très grande et très dangereuse. Napoléon fit appeler Larrey qui soutint que c'était effectivement la peste... Il y eut une discussion très vive... »

A cette même date du 4 juillet, Jomini fait dire au général en chef dans son *Journal secret* : « Le Dr Desgenettes est un curieux personnage, et Breton. Après avoir refusé d'administrer de l'opium aux pestiférés, il refuse maintenant de proclamer la non-contagion de la peste. L'opium aurait épargné la douleur. Le mensonge, si mensonge il y a, aurait épargné la peur. »

En réalité, les faits n'ont été que rarement niés, même par Bonaparte dans sa version de la campagne : son aide de camp Lavalette, dit-il, avait trouvé onze malades encore à l'hôpital le 28 mai, au moment du départ de Jaffa. Le chirurgien de service lui répondit que le conseil d'évacuation ne les avait pas jugés transportables et qu'il ne leur restait d'ailleurs pas vingt-quatre heures à vivre. Ils demandaient même qu'on les tuât plutôt que de les exposer à la cruauté des Turcs. Le chirurgien demandait à être autorisé à mettre à leur chevet une potion d'opium pour qu'ils pussent s'en servir au besoin. Desgenettes et Larrey, consultés, confirmèrent l'impossibilité de les évacuer. Desgenettes répugnait à mettre de l'opium à leur portée : « Je n'ai pouvoir, dit-il, de présenter aux malades que ce qui les doit guérir. » D'autres pensèrent qu'on ne pouvait refuser à autrui ce qu'on voudrait pour soi-même. « Je serai toujours disposé à faire pour mes soldats ce que je ferais pour mon propre fils, dit Napoléon; cependant, puisqu'ils doivent mourir naturellement dans vingt-quatre heures, je ne partirai que cette nuit et Murat restera avec cinquante chevaux jusqu'à demain deux heures après midi. » Il ordonna au chirurgien, s'ils n'étaient pas morts au moment de son départ, de mettre près d'eux cet « unique moyen de se soustraire aux cruautés des Turcs ».

Dans ses entretiens avec le Dr O'Meara, l'exilé de Sainte-Hélène réduira ce nombre de condamnés à sept ou huit : « On pensa que ce serait un acte de charité de devancer leur mort de quelques heures. Je ne pense pas que c'eût été commettre un crime que de donner de l'opium aux pestiférés. Au contraire, c'eût été obéir à la voix de la raison. »

Au reste, rien ne permet de dire qu'un seul de ces pestiférés soit mort vraiment empoisonné, en dépit d'une lettre de Peyrusse à sa mère affirmant qu' « on eut le soin barbare de les empoisonner et de mettre le feu à l'hôpital » (?), et du *Journal de Doguereau* assurant qu'on avait pris des mesures « pour qu'ils ne tombassent pas vivants entre les mains des Turcs ». Mais tout laisse croire que Bonaparte a bien donné des ordres à cet effet. Il se peut cependant que Mustafa ou Royer n'aient administré que des doses insuffisantes, ce qui expliquerait l'existence de rescapés, attestée par Desgenettes et confirmée par Sidney Smith dans son rapport du 30 mai à Nelson selon lequel, quand les alliés entrèrent à Jaffa, ils trouvèrent « sept misérables survivants dans l'hôpital, dont on a pris soin ».

L'historien anglais Christopher Herold s'étonne à juste titre que cette question ait engendré tant de passion : si Bonaparte a ordonné qu'on tuât par pitié sept, onze, vingt-cinq ou trente incurables, cette action n'est-elle pas moins criminelle que le massacre de deux mille prisonniers de guerre commis six semaines auparavant au même endroit? « La légende napoléonienne est tout entière dans cette attitude contradictoire, sinon paradoxale », conclut Jean-Noël Brégeon, auteur de *L'Égypte française au jour le jour*[2].

Kléber, pour une fois, était en tout cas d'accord avec le général en chef. Il a laissé dans son carnet une « note particulière » au code assez explicite : « On propose aux o.d.s.d.d.l. aux f. et b.d. » Traduction de son « mignon », le général Damas : « On propose aux officiers de santé de donner de l'opium aux fiévreux et blessés dangereusement. » A l'arrière-garde de la retraite, il était en effet bien placé pour savoir de quoi il pouvait s'agir. Campant à un kilomètre de Jaffa, ses troupes s'en rapprochèrent quand l'explosion des bastillons qui flanquaient la ville donna le signal de l'évacuation après qu'on eut jeté à la mer toute l'artillerie en fer de la place.

« En passant le long des chemins qui environnaient Jaffa, relate le chasseur Millet, nous aperçûmes des pestiférés au nombre de vingt-cinq... Le général Kléber, qui était d'arrière-garde avec nous, fit tout ce qu'il put pour ne pas les abandonner; mais l'excessive chaleur et la soif qui les dévorait, jointes à la maladie dont ils étaient attaqués, firent que bientôt la plupart d'entre eux succombèrent, ne pouvant supporter tant de maux à la fois. Cependant, nous avions ralenti notre marche afin de leur donner la facilité de pouvoir suivre, mais inutilement pour plusieurs, ne pouvant supporter les fatigues qu'exigeait leur salut dans un si pressant besoin. Nous fûmes donc obligés de les laisser à la merci des féroces Bédouins, qui leur coupèrent la tête à notre vue, non sans que nous leur lâchâmes plusieurs coups de fusil; mais ils étaient trop loin pour que nous leur fissions beaucoup de mal. Leur férocité fit que nous portions, partout où nous passions, l'incendie le plus affreux. Les villages et les campagnes prêtes à moissonner, et les blés qui étaient déjà coupés, tout fut réduit en cendres... Et cela pour ôter à l'ennemi tout moyen de nous poursuivre et pour punir les féroces habitants de ces plaines, qui sont tous Arabes ou Bédouins, de leur cruauté envers nos malheureux pestiférés. »

Ce faisant, d'ailleurs, Kléber se conforme strictement au dernier ordre édicté par Bonaparte de son quartier général de Jaffa, le 28 mai : « Le général Kléber fera brûler les moissons partout où il passera et tâchera de régler sa marche de manière à pouvoir envoyer quelques grosses patrouilles de cavalerie, soutenues de piquets d'infanterie, pour piller les villages qui se trouvent sur la route... [Il] profitera du reste de la journée d'aujourd'hui pour faire brûler les moissons; il enverra à trois heures de l'après-midi son avant-garde pour prendre position en avant de Jaffa, empêcher les habitants de sortir de la ville et les Arabes d'y entrer, empêcher qu'on éteigne le feu aux différents magasins de bois où il a été mis. »

Sous l'Empire, Napoléon justifiera cette dévastation de toute la plaine littorale de la Palestine jusqu'à Gaza en se référant, devant Chaptal, au talent militaire tant loué de Wellington, qui a également pratiqué cette politique de la terre brûlée au Portugal face à Masséna, en se retirant de Lisbonne : « Voilà un homme! Il est forcé de fuir devant une armée à laquelle il n'ose pas se mesurer, mais il établit un désert de vingt-quatre lieues [96 km] entre l'ennemi et lui; il retarde sa marche; il l'affaiblit par des privations en tout genre; il sait le ruiner sans le combatre. Il n'y a que Wellington et moi, en Europe, capables d'exécuter ces mesures. Mais il y a cette différence entre lui et moi, c'est que cette France, qu'on appelle une nation, me blâmerait, tandis que l'Angleterre l'approuvera. Je n'ai jamais été libre qu'en Égypte. Aussi m'y suis-je permis des mesures pareilles... »

Mais Napoléon préfère éluder, une fois de plus, la question de savoir s'il était possible d'éviter l'abandon des pestiférés et la pénible retraite des éclopés autrement que par un holocauste vengeur et une distribution de poison. Par exemple en ouvrant des négociations avec le commodore Smith et en plaçant ces invalides sous la protection de son honneur. Dans les délibérations qui précédèrent sa tragique décision, Bonaparte refusa la proposition de l'ordonnateur en chef Jean-Paul Daure de faire appel à l'escadre anglaise qui croisait dans les parages.

Le colonel Vigo-Roussillon, qui prit part à cette retraite, rappelle dans ses mémoires la violence du ressentiment des fiévreux et des blessés envers leur chef : « On disait que l'on eût pu les envoyer chercher par des navires et que Sidney Smith avait offert de les laisser conduire à Alexandrie; qu'il proposait même, pour les soustraire au fanatisme des Turcs, de les y transporter sur des bâtiments anglais; que non seulement Bonaparte ne chercha à ouvrir à ce sujet aucune négociation avec les Anglais, mais qu'il rejeta leurs offres et, par orgueil, fit défendre, sous peine de mort, d'avoir aucune communication avec eux. »

L'ingénieur Martin se montre plus sévère encore : « Un général qui eût fait la guerre avec loyauté n'eût pas craint de confier ces malheureux à la générosité de ses ennemis; mais Bonaparte n'a jamais su faire que la guerre des Huns et des Vandales, et il trouva plus héroïque de sacrifier ceux qu'il appelait ses enfants, que de voir son amour-propre blessé en implorant l'humanité de celui qu'il avait si fortement injurié. »

Au demeurant, le convoi de petits bâtiments mal équipés qui avait appareillé le 27 mai de Jaffa pour Damiette avec les cas les plus graves fut intercepté presque aussitôt par la flotte de sir Sidney qui avait pris la précaution de se trouver entre Jaffa et Damiette avant le retour de Bonaparte à Jaffa. « Les bâtiments français, se trouvant précipitamment sous voiles sans marins pour la manœuvre, écrit le commodore dans son rapport du 30 mai à Nelson, et les blessés manquant de tout, même d'eau et de vivres, se dirigèrent droit sur les navires de Sa Majesté, certains d'y recevoir des secours pleins d'humanité, dont ils n'ont pas été frustrés. Je les ai envoyés à Damiette où ils seront traités avec tous les soins qu'exige leur état et qu'il m'a été impossible de prodiguer à un si grand nombre. Les expressions de gratitude dont ils nous couvraient se mêlaient de termes d'exécration contre leur général qui avait, disaient-ils, préféré les exposer au péril que de reprendre des relations avec les Anglais, relations que Bonaparte avait lui-même malignement rompues sous la fausse assertion que j'avais délibérément exposé d'autres prisonniers à être infectés par la peste. »

Maints témoignages sont venus corroborer les dires de sir Sidney, notamment celui d'André Peyrusse, résumant ainsi la situation à sa mère : « On arma comme on put trois barques. On fit partir trois cents des deux mille blessés ou fiévreux hospitalisés à Jaffa. Ils furent tous pris par les Anglais; les moins malades furent gardés à bord, le reste fut remis à Damiette... » Débarquant à Jaffa le 30 mai, le commodore sauva encore sept des victimes qui avaient survécu à l'opium.

***

En arrivant à Gaza, le chef de l'atelier d'habillement Bernoyer sera surpris de retrouver dans sa tente son ami Lallemant qu'il avait laissé dans un état désespéré à l'hôpital des pestiférés du mont Carmel.

« Juge de mon étonnement, écrit-il à sa femme, quand je le vis ! D'abord je crus rêver ! Mais, reprenant ma raison, je lui dis ma joie de le retrouver et lui demandai par quel miracle il avait pu être sauvé. Il m'apprit que le soir de la distribution des bouillons empoisonnés, le sieur Yvarin, d'Avignon, qu'il connaît, le prévint de ne pas en boire. De fait, il laissa dans son bol le liquide mortel. Puis, dans la nuit, le bruit courut à travers les salles de l'hôpital que Bonaparte et son armée quittaient le siège de Saint-Jean-d'Acre. La terreur s'empara de tous. Lui, Lallemant, pressentant toute l'horreur de cette situation, regrettait amèrement de n'avoir pas pris le breuvage qui, par une douce mort, l'aurait libéré du massacre prévisible des barbares ennemis. Dans cette cruelle attente, il résolut de recourir au bouillon. L'effort qu'il fit pour essayer de prendre le bol lui causa un tel tremblement de tout son corps qu'il sentit crever le bubon renfermant le germe pestilentiel et lui occasionna une vive douleur. Celle-ci le plongea dans un profond évanouissement jusqu'à la pointe du jour. Il fut éveillé par un bruit confus résonnant dans tout l'hôpital. Brusquement, la porte de la pièce où il était couché s'ouvrit avec fracas : des Turcs entrèrent rapidement, le sabre à la main. Alors, m'assura-t-il, il se crut perdu. Après avoir attentivement observé leurs mouvements, il fut surpris de découvrir sur leur visage une expression de pitié, de surprise et d'horreur à la vue de tant de mourants et de morts.

« Devant ce spectacle désolant, ils levèrent les mains au ciel et demandèrent l'explication d'une telle catastrophe. Dès qu'ils en furent instruits, ils s'activèrent pour faire chauffer de l'eau et la faire boire à ceux qui le pouvaient encore. Tous ceux qui résistèrent au breuvage empoisonné furent sauvés : plus de quarante durent la vie au dévouement des Turcs. Un commissaire et un chirurgien les visitèrent : ceux qui étaient guéris eurent le choix, soit d'être au service des Turcs, soit d'être escortés jusqu'au poste le plus près des troupes françaises. La plupart d'entre eux restèrent au service des Turcs et deviendront par la suite nos ennemis les plus redoutables. Quant à Lallemant, il préféra rejoindre l'armée française. Voilà pourquoi je le trouvai à mon arrivée. »

XIX

Blue-jeans pour le défilé

Au départ de Jaffa, François Bernoyer reçoit une mission très spéciale de l'ordonnateur Jean-Paul Daure : faire transporter à Gaza tous les effets d'habillement pour les joindre à ceux qui se trouvent encore dans les magasins de réserve. Le général en chef entend que des uniformes neufs soient distribués à chaque demi-brigade lors du passage dans cette dernière ville de Palestine. Pour mieux déguiser sa retraite en marche triomphale, il tient à ce que le corps expéditionnaire se dépouille de ses loques pour revêtir une tenue de parade digne d'en imposer aux habitants du Caire, lors de son retour dans la capitale égyptienne. Bernoyer a déjà eu l'occasion de signaler à Daure l'impossibilité pratique d'habiller toute l'armée de drap, quand bien même on adopterait une couleur différente pour chaque demi-brigade. Car il a la quasi-certitude de ne même pas en trouver assez dans la ville et les villages environnants pour équiper de pied en cap ne serait-ce que deux compagnies de grenadiers. Il ne voit pas d'autres moyens d'y parvenir que de remplacer le drap par des toiles de coton bleu. Sa proposition agréée en haut lieu, le chef de l'atelier d'habillement de l'armée d'Orient va donc confectionner les premiers blue-jeans du monde – des *Levi's* d'avant Levi – pour le défilé de la victoire !...

Escorté par la 22ᵉ demi-brigade et précédé d'un escadron de dragons, Bernoyer se met en route au coucher du soleil, en compagnie du colonel Manny, du commissaire de guerre Sartellon et de son fidèle otage, Halachim, autorisé par Bonaparte à le suivre partout. L'armée progresse vers le sud en trois colonnes : celle de Reynier à gauche, depuis Ramlé, au pied des monts de Judée, celle de Rampon et de Lannes au centre avec le quartier général, la cavalerie de Murat à droite le long des dunes pour ramasser les troupeaux qui s'y sont réfugiés, la division Kléber fermant la marche et servant de « voiture-balai » aux rescapés, aux éclopés et aux civils chrétiens fuyant d'éventuelles représailles. De Jaffa à Gaza, il y a vingt-deux heures de marche sur fond d'incendie. « Les chemins que nous avons trouvés si fangeux en ventôse (février-mars), se souvient Desgenettes, étaient devenus secs et gercés; nous ne trouvâmes à notre retour sur notre route que trois puits qui avaient jusqu'à cent pieds de profondeur et dont il était par conséquent très difficile de puiser de l'eau pour un si grand nombre d'hommes. »

Grâce à l'amitié et aux accointances de Halachim, Bernoyer réussit à transformer ce parcours en partie de plaisir, lui qui, tout au long de la campagne de Palestine, n'a cessé de courir après les bonnes choses de la vie et de profiter de la moindre occasion de jouissance, au milieu des drames et des atrocités d'une guerre dont son optimisme foncier lui fait voir le côté exotique et charnel. Arrivé à huit lieues de Gaza avec près d'une journée d'avance sur l'ordre de route, il cherche pour sa petite troupe un lieu propice à une halte à l'abri de la chaleur accablante et découvre, au détour d'une colline, un joli bois de cèdres, de dattiers et de sycomores. Le son des tambours, amplifié par l'écho, fait sortir les moines d'un monastère voisin. Une douzaine d'entre eux descendent à leur rencontre pour vanter la sainteté du site : « Cette source miraculeuse, disent-ils en leur désignant une fontaine, a jailli d'un seul coup devant sainte Thérèse quand elle vint dans ces déserts pour fonder notre monastère.

– Mes soldats sont incrédules et n'ont pas besoin d'eau miraculeuse, réplique avec agacement le colonel Manny. Je vous conseille donc de garder votre eau pour les pèlerins qui viennent vous rendre visite, mais je vous somme de nous apporter d'ici une heure une pinte de vin et une livre de viande fraîche pour chacun de mes hommes, si vous ne voulez pas qu'ils aillent piller votre couvent. »

Moins d'une heure plus tard, des chameaux redescendent du monastère chargés de mets préparés et d'outres de vin de Chypre. Le camp se métamorphose en un instant en fête champêtre et le prieur accepte de partager la table des officiers. Le commissaire Sartellon l'invite à boire à la santé de la République. Le moine finit par reprendre en chœur le couplet de *La Marseillaise* « Amour sacré de la patrie », un genou à terre, un chapeau dans une main, un verre de vin dans l'autre. Les libations se prolongeront tout l'après-midi.

La marche reprend aux premières lueurs du 29 mai. Après avoir doublé une caravane de marchands persans, la petite troupe rejoint le reste de l'armée à Gaza, où Bernoyer se rend directement au magasin et à l'atelier de confection, exécuter les ordres du général en chef.

Avant de procéder à l'attribution des nouveaux uniformes de coton bleu à chaque demi-brigade, Bernoyer va encore festoyer au palais du gouverneur ami de Halachim... Le 31 mai, l'armée fait ses adieux à cette ville fidèle pour gagner en sept heures Khan-Younès, son dernier campement en Terre sainte. Elle s'apprête, le lendemain, à affronter la retraversée du désert du Sinaï.

« Le désert au mois de juin est bien cruel, il ne ressemble en rien au désert du mois de janvier, remarque Napoléon dans son récit de Sainte-Hélène : tout était aisé alors, tout était devenu difficile. Le sable était brûlant et les rayons du soleil insupportables. »

Suivi cette fois d'une quantité considérable de bestiaux enlevés à l'ennemi et destinés à l'approvisionnement d'El Arich, le corps expéditionnaire repasse, sans marquer de temps d'arrêt, entre les fameuses colonnes en ruine du puits de Rafah qui séparent l'Asie de l'Afrique. En cette aube du 2 juin 1799, cela fait exactement cent jours que Bonaparte, avec son avant-garde, a franchi dans l'autre sens cette ligne de démarcation symbolique de la Terre sainte, à la sortie du Sinaï...

Marchant deux jours consécutifs du lever au coucher du soleil, avec leurs armes, leurs bagages et leurs bidons d'eau, la plupart des soldats s'effondrent d'épuisement quand ils atteignent El Arich, le poste le plus avancé d'Égypte : une étape infernale de 44 kilomètres au cours de laquelle on a pillé et brûlé les camps des nomades dont les brigandages ont vivement courroucé Bonaparte. Une centaine de malades ou de convalescents s'isolent dans des cabanes de palmes séchées à l'abri des nouvelles fortifications. La garnison est approvisionnée pour six mois et l'artillerie y laisse plusieurs petites pièces de campagne pour en accroître l'armement. Il reste encore trente-deux heures de désert à parcourir pour rejoindre le camp de base de Katieh. La température du sable s'élève à 44 degrés. Kléber se refuse à réprimer un début de mutinerie dans sa « division-balai ». Et il s'adresse en ces termes aux fiévreux et aux blessés qu'il traîne avec lui : « Mes enfants, je me suis occupé de vous, nous allons partager ce que j'ai, mais ne m'approchez pas de trop près, parce que ce n'est pas de la peste qu'il convient que je meure. » Desgenettes, qui rapporte ces propos, ajoute qu'il rend aux généraux Junot et Verdier « l'honorable témoignage d'avoir puissamment secondé sa sollicitude pour ces malheureux pendant la route.

« Mais qui peut nommer le dernier de ces généraux, poursuit le médecin-chef, sans se rappeler ce que fit son épouse pendant tout le cours de l'expédition de Syrie? C'est elle qui, sans calculer qu'elle s'exposait à toutes les fatigues de la marche la plus pénible, donna son cheval pour faire passer un torrent à des fantassins. Elle donna souvent son eau, ses provisions, son linge pour des malades ou des blessés. Un jour, elle entend dans le désert les cris de désespoir d'un soldat aveugle et abandonné. Elle court à lui :

– Attache-toi, lui dit-elle, à la queue de mon cheval et ne le quitte plus; il est doux comme moi, il ne te fera aucun mal; viens, pauvre misérable, j'aurai soin de toi.

« Lui qui ne pouvait voir sa bienfaitrice s'écriait souvent :

– Est-ce un ange qui me conduit, qui me nourrit?

« Et elle, avec une touchante simplicité embellie par ses grâces :

– Eh non!... C'est madame Verdier... une Italienne... la femme du général. »

La « Bianca », dont la duchesse d'Abrantès (Mme Junot) dira qu'elle n'avait rien d'une « chevalière d'Éon », avait été aussi l'Amazone de Bonaparte au *Te Deum* de Nazareth...

***

Une fois son armée regroupée à Katieh où elle arrive le 4 juin, Bonaparte va prendre son temps pour traverser l'isthme de la péninsule du Sinaï. Le temps de ménager et de sélectionner ses troupes pour donner le change et rentrer au Caire en vainqueur : dix jours au lieu de quatre à l'aller... Le 5, il part visiter Tineh, au bord du lac Menzaleh que l'intendance et l'artillerie avaient eu tant de difficultés à traverser. Il va se promener sur la plage de Péluse où fut assassiné Pompée. La chaleur est vraiment étouffante : après avoir fait le tour de l'antique enceinte, le général en chef s'attarde à l'ombre d'un pan de muraille, reste d'une ancienne porte triomphale. Il médite la mise en scène de sa rentrée en fanfare dans la capitale égyptienne. Enfin, le 7 juin, le corps expéditionnaire arrive à Salheyeh, en bordure du delta du Nil, et salue la Basse-Égypte avec une joie délirante.

« Il faut avoir souffert de la privation d'ombre et surtout de la soif pendant neuf jours, dit Napoléon, pour croire au bonheur qu'éprouve le soldat de camper dans cette palmeraie, ayant à discrétion cette excellente eau du Nil. » Là, on accorde du répit à ce soldat pour lui permettre de remettre de l'ordre dans ses affaires, mais surtout pour lui faire passer une visite médicale : Bonaparte veut s'assurer qu'aucun ne ramène la peste avec lui. Blessés et malades sont soigneusement répartis dans des cantonnements éloignés du Caire, comme ceux de Damiette affectés à la division Kléber, afin d'en dissimuler et le nombre et l'apparence aux yeux de la foule cairote. Les appels faits avec soin à Salheyeh donnent, selon le récit de Napoléon, onze mille cent trente-trois hommes présents : il en manque donc deux mille, dont six cents restés en garnison à El Arich et à Katieh, voués à un futur massacre. On dénombre en outre quinze cents blessés, dont quatre-vingt-cinq amputés. Mais seuls quelque huit mille combattants en bonne santé vont prendre part au retour triomphal mis en scène par le général Dugua, à qui Bonaparte a fait parvenir des instructions détaillées.

Le 14 juin, la population cairote est invitée à se rendre au-devant de cette armée dont chaque soldat, en belle tenue de coton bleu, porte à son chapeau une feuille de palmier. Massées dans le faubourg de Qobbet el-Azeb, les députations des marchands et des corps de métiers offrent à son chef des présents innombrables : juments richement harnachées, dromadaires renommés pour leur vitesse, esclaves noirs et belles négresses, Géorgiens et Géorgiennes choisis également pour leur beauté, tapis de haute laine, cachemires, pipes persanes et cassolettes d'encens. En tête des notables, le cheik El Bekry lui fait don d'un superbe cheval bai et d'un jeune mamelouk, Arménien du Caucase, nommé Raza Roustam, dont Bonaparte fera son indéfectible garde du corps. Sur-le-champ, le « sultan El Kebir Abounaparte » saute à cheval et pénètre dans la ville par la porte Bab el-Nasser, la porte de la Victoire, transformée en arc de triomphe, précédé des quatre muftis et des ulémas de la mosquée al-Azhar. Les Français du Caire, qui ont fait préparer un immense banquet en plein champ, se réjouissent du retour d'une armée si nombreuse et apparemment si peu affaiblie, suivie d'un char décoré des cinquante-deux drapeaux pris à l'ennemi et d'une colonne de prisonniers de marque. Autorités civiles et militaires escortent le cortège jusqu'à la place Ezbekieh où, au milieu des fanfares et de la liesse populaire, Bonaparte reprend possession de son palais et de sa « Cliopâtre », Pauline Bellilotte-Fourès.

« Mes ennemis avaient répandu le bruit de ma mort, s'écrie-t-il, eh bien ! regardez-moi et assurez-vous que je suis réellement Bonaparte ! » Le Divan confirme la chose par un firman : « Il est arrivé au Caire le *Bien gardé*, le chef de l'armée française, le général Bonaparte qui aime la religion de Mahomet. Nous l'avons tous vu de nos yeux et touché de nos mains. » Et les cheiks de Gâma al-Azhar d'en rajouter dans leur proclamation au peuple : « Nous savons qu'il a l'intention de bâtir une mosquée qui n'aura point d'égale dans le monde, et d'embrasser la religion de Mahomet. »

L'Égypte n'en est pas pacifiée pour autant. Bien que deux révoltes aient été matées avant le retour de Bonaparte, des soldats français continuent de tomber dans des embuscades, et le chef rebelle Mourad Bey ne cesse d'attaquer les convois de ravitaillement. Parti le 17 juin du Caire inspecter la place d'Alexandrie, le chef de l'artillerie Dommartin est assailli à bord de sa djerme par une bande de Bédouins et de paysans armés : il succombe à quatre coups de fusil, ainsi que quinze membres de son équipage. Kléber s'indignera de l'absence d'honneurs rendus à ce compagnon d'armes : Dommartin avait eu le tort d'avoir raison contre Caffarelli sur la conception du siège d'Acre...

Dans son rapport du 28 juin au Directoire, le général en chef admet avoir perdu cinq mille trois cent trente-quatre hommes depuis le début de l'expédition et réclame un renfort d'au moins quinze mille recrues : « S'il vous était impossible de nous faire passer tous ces secours, il faudrait faire la paix, car il faut calculer que d'ici au printemps prochain, nous en perdrons encore six mille... Il nous restera douze mille combattants et nous ne pourrons pas résister à un débarquement combiné avec une attaque par le désert. » La peste diminue, mais la syphilis augmente et les forces françaises d'Orient vont fondre lentement, mais sûrement.

« L'armée se repose aujourd'hui de ses fatigues, écrit Peyrusse à sa mère. Une proclamation du général en chef lui annonce de nouveaux combats. Quand finirons-nous, grand Dieu, de nous battre...? »

L'accalmie qui suit le retour de l'armée de Syrie aura été de courte durée. Dès le 19 juin, pour décourager tout renouveau d'agitation, Bonaparte décide la mise à mort des prisonniers de la Citadelle, captifs de guerre, mamelouks revenus au Caire sans autorisation, ou « mauvais sujets ». Au trente-deuxième fusillé, le général Dugua obtient du commandant en chef de faire appel au « coupeur de têtes » local afin d'économiser les munitions. « Accordé », a écrit Bonaparte en marge de cette demande en date du 23 juin. Quant aux prostituées qui propagent des maladies vénériennes aux soldats, elles sont noyées dans le Nil, en application rigoureuse de la loi islamique interdisant les relations entre les musulmanes et les infidèles !...

Le 8 juillet, Bonaparte ordonne la décapitation de l'ex-gouverneur de Jaffa, Abdallah, également détenu à la Citadelle. « D'après les habitants de Syrie, écrit-il à Dugua, c'est un monstre dont il faut délivrer la terre. » Le 14 juillet, apprenant que le chef rebelle Mourad Bey, revenu de la Haute-Égypte, campe aux Pyramides et que, la veille, il a même échangé des signaux avec sa femme Sidem du haut de la pyramide de Chéops, il décide d'y transporter son quartier général. Le lendemain, à 2 heures de l'après-midi, une estafette dépêchée par le général Marmont lui annonce l'arrivée en rade d'Aboukir d'une flotte de treize vaisseaux, neuf frégates, treize canonnières et quatre-vingt-dix bâtiments de transport qui, depuis trois jours, ont débarqué une armée turque forte de dix à quinze mille hommes commandés par le vizir Mustafa, pacha de Roumélie et séraskier de l'armée de Rhodes, avec l'appui du commodore Sidney Smith !

Bonaparte, qui n'attendait en fait que cette occasion de revanche sur un champ de bataille à sa convenance, ne perd par un instant pour rameuter toutes ses forces dispersées à travers l'Égypte et réunir en trois jours en un seul camp, à Ramanyeh, quelque vingt mille fantassins, trois mille cavaliers et soixante canons. Il y arrive lui-même le 19 juillet avec son état-major pour apprendre la chute de fort d'Aboukir. De là, il écrit aux cheiks d'al-Azhar qu'une flotte anglo-ottomane a débarqué à Aboukir une armée d'Arnautes (Albanais) et de Russes, qu'il va l'attaquer, l'envelopper et la faire entièrement prisonnière. Ne reculant, pour les besoins de sa propagande, devant aucune contre-vérité, il précise même, dans une flamboyante proclamation au Divan : « Il y a sur cette flotte des Russes, qui ont en horreur ceux qui croient à l'unité de Dieu, parce qu'ils croient qu'il y en a trois *. Mais ils ne tarderont pas à voir que ce n'est pas le nombre de dieux qui fait la force, et qu'il n'y en a qu'un seul, père de la victoire, clément et miséricordieux... et qui, dans sa sagesse, a décidé que je viendrais en Égypte pour en changer la face... Ce que n'ont jamais pu faire ceux qui croyaient à trois dieux, nous l'avons fait, nous qui croyons qu'un seul gouverne la nature et l'univers. » Promettant aux chefs religieux que, sous peu, ils verraient au Caire les drapeaux, les canons, les captifs entrer par la porte des Victoires, il leur recommande en conclusion de veiller à la tranquillité publique.

Ses arrières ainsi assurés, Bonaparte met son armée en mouvement le 20 juillet, sans attendre la division Kléber qui, de Damiette, a le plus long parcours à effectuer à travers le delta du Nil. Le 23, il prend position à Birket-Ghitas, à mi-

* Allusion à la Sainte Trinité des chrétiens.

chemin d'Alexandrie et de Rosette, ne sachant si l'armée turque a l'intention de marcher sur l'une ou l'autre ville. De là, il est en mesure de tomber sur son flanc gauche si elle se dirige sur la première, sur son flanc droit si elle avance vers le delta. Mais les reconnaissances montrent que Mustafa Pacha se contente de fortifier sa tête de pont en attendant l'arrivée de sa cavalerie, de ses attelages et d'une division de janissaires encore stationnée aux Dardanelles.

Alors, le 24, le général en chef décide d'avancer sur la péninsule sans attendre davantage Kléber, à moins de 8 kilomètres d'Aboukir. Il ne dispose en fait que de six mille soldats à peine, mais il s'agit de combattants aguerris, et sa cavalerie est forte d'un millier d'hommes; quant à l'adversaire, il ne dispose pas d'une réelle supériorité numérique – sept à neuf mille hommes en ordre de bataille. Dans la nuit, Bonaparte discute du plan d'attaque avec Murat, le chef de sa cavalerie : « Cette bataille va décider du sort du monde, lui dit-il. – Au moins du sort de l'armée », réplique Murat, étonné : il n'a pas compris que le général en chef pense en fait à son retour en France et qu'il tend déjà à indentifier sa carrière personnelle et l'histoire de la planète...

A l'aube du 25 juillet, les deux armées se dévisagent face à face dans un silence avant-coureur de tempête. Au-delà des trois lignes de tranchées creusées par les Turcs en travers de la presqu'île, à environ trois kilomètres en mer, les Français aperçoivent une forêt de mâts : les bâtiments de soutien et les embarcations d'officiers de marine anglais, parmi lesquelles Bonaparte distingue la chaloupe de sir Sidney qui a mis pied à terre pour conseiller le Pacha, bien qu'il n'ait aucune compétence en ce domaine. Cette observation fait sourire Bonaparte qui déchaîne le feu de toutes ses batteries et ordonne à Murat d'enfoncer les positions statiques de l'ennemi par une charge d'une impétuosité et d'une audace inouïes. En quelques minutes, la cavalerie atteint le fort, la première ligne est rejetée vers la mer, tandis que deux bataillons d'infanterie, sous les ordres de Lannes, délogent les Turcs de leur principale redoute. En une heure, huit mille d'entre eux sont déjà hors de combat : cinq mille quatre cents noyés, mille quatre cents morts ou blessés au combat, douze cents prisonniers; dix-huit canons, trente caissons, cinquante drapeaux sont aux mains des Français. On n'aperçoit bientôt sur les flots que des milliers de turbans et de châles dérivant vers le rivage ensanglanté.

Profitant du mouvement de panique provoqué par ce carnage éclair, Murat perce la deuxième ligne avec six cents cavaliers et fonce droit sur le camp de Mustafa. Avant de se rendre, le vizir à la barbe blanche bondit et blesse Murat à la mâchoire d'un coup de pistolet, mais celui-ci, d'un coup de sabre, le désarme en lui tranchant deux doigts. Il le fait aussitôt conduire au quartier général, près de l'embarcadère, où Bonaparte le reçoit avec tous les égards, allant même jusqu'à bander la main de son prisonnier avec son mouchoir. Il ne reste dans le fort que les deux mille Osmanlis du fils de Mustafa : ils tiendront une semaine de plus; à peine la moitié survivra aux privations. Cette victoire éclatante n'aura coûté aux Français que deux cent vingt tués et sept cent cinquante blessés.

Le commodore Sidney Smith, qui n'a eu que tout juste le temps de rembarquer pour échapper à la capture, se console comme il peut en écrivant à l'amiral Nelson : « Je regrette d'avoir à faire connaître à Votre Seigneurie la défaite totale de la première division de l'armée ottomane. Dans ces circonstances difficiles, nous avons la satisfaction d'observer que les pertes de l'ennemi sont telles que quelques victoires comme celle-ci finiront par anéantir le corps expéditionnaire français. » Autrement dit, l'Angleterre n'a qu'à sacrifier encore cent mille Turcs et il ne restera plus un Français en Égypte!

Le rapport de sir Sidney est daté du 2 août 1799, date anniversaire de la victoire navale que Nelson avait emportée, le 2 août 1798, dans cette même baie d'Aboukir. Pour Bonaparte, qui peut à son tour rendre grâce au Tout-Puissant invoqué alors par son vainqueur, Aboukir numéro 2 doit servir à effacer le souvenir d'Aboukir numéro 1, comme le *Te Deum* du mont Thabor a pu estomper le cauchemar de Saint-Jean-d'Acre. Le funeste nom d'Aboukir est désormais synonyme de gloire! N'est-ce pas d'ailleurs Kléber qui, arrivant le soir de la bataille et rengainant tous ses griefs passés, s'est jeté dans les bras de Bonaparte, transporté d'enthousiasme, en s'écriant : « Général, vous êtes grand comme le monde, mais le monde n'est pas assez grand pour vous ! »

Certes, l'adjudant général Leturcq, les chefs de brigade Duvivier et Cretin, l'aide de camp Guibert sont restés sur le terrain, payant cette gloire de leur vie. Le général Lannes est de nouveau blessé, ainsi que trois autres généraux, dont Murat; mais la menace d'une invasion de l'Égypte par une coalition anglo-russo-ottomane est désormais écartée pour longtemps avec le quasi-anéantissement des forces turques et le refus des Syriens de Djezzar de reprendre la guerre. Quant à Sidney Smith, il a perdu dans l'affaire la confiance de la Porte. Les janissaires de Chypre et les équipages vont mettre à mort le vice-amiral Patrona Bey pour avoir suivi ses conseils.

« Qu'espérait donc sir Sidney Smith en conseillant cette désastreuse opération? dira Napoléon à Sainte-Hélène. Conquérir l'Égypte avec dix-huit mille hommes d'infanterie indisciplinés sans cavalerie, sans attelage d'artillerie?... Il ne devait pas ignorer que Napoléon était le maître. Cette conduite doit être attribuée à l'ignorance absolue où était cet officier des affaires de terre... Si sir Sidney Smith ne montra ni jugement, ni raison dans cette guerre, il déploya de l'intrigue, de l'adresse et de l'activité dans les négociations d'El Arich (en janvier 1800) et dans les affaires qui s'ensuivirent; il eut l'art de se rendre important et de subjuguer Kléber. »

En attendant, l'une des premières préoccupations de Bonaparte est d'envoyer en France un messager chargé d'annoncer la victoire d'Aboukir. Le bateau arrivera deux mois plus tard, le 25 septembre 1799, à Marseille, et la nouvelle du fait d'armes sera rendue publique et amplifiée avec soin par les frères Bonaparte le 4 octobre... cinq jours avant le retour rocambolesque du général victorieux, à la fois attendu et redouté par les directeurs plus divisés que jamais.

Aussitôt après la reddition du dernier carré turc retranché dans le fort d'Aboukir, Bonaparte, le 2 août, a envoyé le commandant Descorches et l'aide de camp Merlin à bord du *Tigre* négocier avec le commodore une convention d'échange de prisonniers. Toujours courtois, Sidney Smith leur fait cadeau de quelques douceurs, mais pense surtout à leur remettre deux paquets de journaux européens datant d'avril, mai et juin, notamment *La Gazette française de Francfort* du 10 juin. Sur tous les fronts, européens et intérieurs, la France y apparaît au bord du désastre.

Bourrienne voit Bonaparte parcourir les nouvelles avec une hâte fébrile, puis se tourner vers lui en s'exclamant :

– Eh bien ! mon pressentiment ne m'a pas trompé : l'Italie est perdue ! Les misérables ! Tout le fruit de nos victoires a disparu ! Il faut que je parte !

En fait, le général en chef n'attendait que ces mauvaises nouvelles pour s'ouvrir de ses desseins cachés depuis sa défaite d'Acre. Sa consternation apparente dissimule un grand sentiment de satisfaction. Il se garde de confier à Bourrienne l'entretien que le commodore lui a ménagé, ce même jour, avec son secrétaire John Keith. Celui-ci lui communique oralement des informations supplémentaires : de source prussienne, Smith a appris que le Directoire cherchait à le rappeler pour lui redonner le commandement de l'armée d'Italie...

Selon Bourrienne, Bonaparte s'enferme durant quatre heures avec Berthier, le chef de son état-major général, dans sa tente d'Aboukir. Il lui fait part de sa décision, tout en lui recommandant de garder le secret et de ne rien changer à ses habitudes. Il ne met en outre dans la confidence que l'amiral Ganteaume à qui il avait donné l'ordre, dès le 21 juin, d'armer ses deux meilleures frégates, la *Muiron* et la *Carrère*, encore présentes dans le port d'Alexandrie. Il le mande maintenant pour qu'il les tienne prêtes à appareiller avec deux chebeks, la *Revanche* et la *Fortune*, et des vivres pour quatre à cinq cents passagers et pour deux mois de mer.

Bonaparte ne rentre au Caire que le 11 août. Cinq personnes seulement, qu'il a choisies parmi la clientèle à rapatrier avec lui pour servir ses desseins, savent à présent qu'il s'agit d'un séjour très provisoire : Bourrienne, Berthier, Ganteaume, Monge et Berthollet. Aucun de ceux qu'il s'apprête à laisser derrière lui ne sera prévenu. Toutes les précautions sont prises pour que l'alarme ne soit pas donnée. Le 13 août, il célèbre la fête du Prophète avec la même pompe que l'année précédente, comme si de rien n'était. Dans le jardin d'Elfi Bey, il reprend ses entretiens à bâtons rompus avec ses interlocuteurs habituels qu'il ne quitte que pour aller lutiner la Bellilotte, laquelle, vêtue d'une tunique de hussard et de pantalons collants, ne se doute de rien. S'il se trouve dans l'impossibilité de demander une « permission » au ministre de la Guerre, il n'en est pas moins résolu à abandonner son poste et son armée. La campagne du 18 Brumaire est déjà en route.

ÉPILOGUE

Dix-huit brumaire

Le 19 août 1799 à 5 heures du matin arrive au Caire un dromadaire porteur de dépêches du contre-amiral Ganteaume. Le chef de la marine – l'un des trois initiés à avoir été mis dans la confidence – annonce à Bonaparte que, par une chance inattendue, l'escadre anglaise affectée au blocus des ports égyptiens a disparu, ne laissant qu'un petit brick en observation dans le port d'Alexandrie. En conséquence, les quatre bâtiments qu'il a ordonné, le 13 août, à l'arsenal de préparer à prendre la mer à partir du 20, pourraient mouiller hors des passes le 23 à midi. Il conviendrait donc que les quelque quatre cents passagers prévus se trouvent à ce moment-là sur la plage d'embarquement afin d'appareiller le soir même en profitant de la légère brise de terre qui se lève régulièrement au coucher du soleil.

C'est donc le départ inopiné de la croisière anglaise qui a conduit Ganteaume à brusquer les choses, car, jusqu'alors, il estimait peu probable la chance de pouvoir échapper aux vaisseaux de Smith, qui veillaient en permanence aux bouches du Nil, avant les longues nuits et les vents favorables de novembre. Mais Bonaparte, lui, n'est pas surpris. S'il a demandé au contre-amiral de pousser les préparatifs pour que les deux frégates vénitiennes choisies par superstition – leurs noms, évocateurs de sa campagne d'Italie, lui semblent de bon augure – soient en état de prendre la mer à partir du 20 août, c'est qu'il a été informé du relâchement imminent de la surveillance anglaise. Il sait, grâce aux prisonniers français échangés au lendemain de la bataille d'Aboukir, que le commodore est à bout de ses réserves d'eau et de vivres et qu'il doit incessamment aller se réapprovisionner à Chypre. Et il n'ignore pas davantage le peu d'empressement du gouverneur turc de Chypre à livrer ses provisions à l'allié anglais dont le crédit souffre des derniers revers ottomans.

A son tour d'utiliser les communications occasionnées par la négociation du cartel d'échange des prisonniers pour se livrer à une petite manœuvre d'intoxication. Les rescapés turcs du fort d'Aboukir ont été rendus sur-le-champ à leur flotte à la fois pour permettre des pourparlers entre les états-majors et pour qu'ils répercutent à leurs autorités les nouvelles dispositions de Bonaparte envers la Porte. Dès le 14 août, il réexpédie à Constantinople et à La Mecque plusieurs officiers prisonniers. Le général en chef ne manquera pas de faire communiquer aux Anglais la copie de la lettre qu'il remet le 17 août au secrétaire de Mustafa Pacha, l'effendi Rouchdi, qu'il a libéré avant même de renvoyer son maître par Damiette. Ce message, adressé au Grand Vizir, premier ministre du Sultan, propose à Constantinople un renversement d'alliance contre les « vrais ennemis » de l'Empire ottoman que sont les Autrichiens et les Russes. Il l'invite à négocier la fin d'une guerre contraire à une amitié traditionnelle, « à la fois impolitique et sans objet et qui fait le malheur de l'un et de l'autre État :

« Ce que la Sublime Porte n'atteindra jamais par la force des armes, elle peut l'obtenir par une négociation... Vous voulez l'Égypte, dit-on, mais l'intention de la France n'a jamais été de vous l'ôter... On peut, en deux heures d'entretien, tout arranger... »

Bonaparte ne se fait aucune illusion sur l'accueil que recevra cette lettre. Il s'agit pour lui de gagner du temps et de faire croire aux Anglais qu'il est encore en Égypte alors même qu'il l'aura déjà quittée. Mais sir Sidney n'est pas dupe. Depuis les contacts facilités par la trêve du 2 août, il sait lui aussi à quoi s'en tenir sur les préparatifs de l'arsenal d'Alexandrie et, contrairement à ce qu'il va faire croire au contre-amiral Nelson, l'échappée belle de Bonaparte ne le prend pas au dépourvu. Partageant l'analyse du commandant en chef du corps expéditionnaire plus que jamais prisonnier de sa conquête égyptienne, il l'a délibérément encouragé à renoncer au rêve d'Orient en lui transmettant les nouvelles de la situation en France et en Europe. Par gazettes interposées, il lui a ainsi appris l'arrivée des cosaques de Souvorov sur la frontière des Alpes, le débarquement d'un contingent russo-ottoman près de Naples, la défaite de Jourdan sur le Danube, de Shérer sur l'Adige, de Moreau sur l'Adda, le repli de Masséna en Suisse, la nouvelle insurrection de la Vendée, le mouvement de l'escadre de Brest sur Toulon – pour ramener le corps expéditionnaire? – et les crises en cascade du Directoire, accusé entre autres par les néo-Jacobins d'avoir voulu exiler et enliser dans les déserts d'Arabie l'élite de l'armée d'Italie et son trop prestigieux général en chef, avec l'élite des savants et des artistes de l'Institut...

La réaction de Bonaparte est facile à prévoir : il est temps de revenir sauver la France. Il s'en expliquera en ces termes dans son récit de Sainte-Hélène :

« Les journaux que le commodore anglais eut la complaisance de remettre firent connaître tous les maux qui affligeaient la République... De la tribune nationale, on appelait à grands cris le général d'Italie au secours de la patrie... Il n'y avait plus un moment à perdre : Napoléon résolut de rentrer en France, de sauver la patrie de la fureur des étrangers et de celle de ses propres enfants... Il comprit qu'il lui serait facile de se mettre à la tête de la République; il était résolu, à son arrivée à Paris, de lui donner une nouvelle face et de satisfaire l'opinion nationale qui, dès 1798, l'avait appelé à la tête du gouvernement... Depuis que la seconde coalition avait renouvelé la guerre, l'Égypte était devenue un objet secondaire. C'était dans Milan, dans Amsterdam ou dans Bruxelles, peut-être dans les plaines de Flandre ou de Champagne, que l'Angleterre voulait désormais reconquérir l'Égypte... En partant de France, le général en chef avait été revêtu d'une autorité illimitée. Il avait reçu carte blanche du gouvernement... Sa personne était désormais aussi inutile en Orient qu'elle était nécessaire en Occident; tout lui annonçait que le moment désigné par le destin était enfin arrivé. » Le destin a bon dos : il s'appelait en réalité Saint-Jean d'Acre!

Sa décision est donc prise aux alentours du 10 août, à sa rentrée au Caire avec les trophées d' « Aboukir numéro 2 ». Or, dès le 9 août, Sidney Smith est en mesure d'écrire à lord

Spencer : « J'ai envoyé le *Thésée* et le *Cameleon* avec deux vaisseaux de ligne turcs croiser bien à l'ouest d'Alexandrie pour intercepter l'amiral Ganteaume qui, j'ai des raisons de le croire, s'efforcera d'appareiller avec deux frégates, une corvette et un brick. Peut-être Bonaparte lui-même glissera-t-il son cou hors du collier, laissant à Kléber le commandement. S'il en est ainsi, Kléber cédera à la clameur de l'armée et traitera en vue de son rapatriement... C'est un soldat et il ne spécule pas sur la conquête de l'Inde ou sur la fertilité de la nouvelle colonie ; il préférerait être sur le Rhin ou en tout autre endroit, et tout le reste aimerait mieux être n'importe où plutôt qu'en Égypte. J'ai acquis les preuves de ceci au cours des relations que nous avons eues récemment avec eux et c'est dommage de ne pouvoir exercer sur eux une pression assez forte pour les décider à évacuer. »

Le commodore est décidément on ne peut mieux renseigné, puisque Bonaparte n'a pas encore désigné son successeur, Kléber, et que celui-ci signera cinq mois plus tard avec lui un traité de paix à El Arich – que lord Keith se refusera à ratifier. Bien évidemment, l'intention première de sir Sidney est de capturer Bonaparte après l'avoir persuadé que le Directoire demandait son rappel. Mais il ne peut tout de même pas savoir le moment précis choisi par le général en chef pour tenter sa sortie d'Égypte. N'importe : ce qui compte à ses yeux, c'est d'abord d'empêcher Nelson de lui ravir ses lauriers de Saint-Jean-d'Acre en s'emparant de Bonaparte en fuite. La victoire d'Acre doit supplanter celle d' « Aboukir numéro 1 ». Il fait donc en sorte que plus rien ne retienne Bonaparte en Égypte, car c'est le seul général capable d'y maintenir l'armée française. Or, pour Sidney Smith, la défense de l'empire colonial en formation dans les Indes est plus importante qu'une guerre continentale pour rétablir l'équilibre européen. On doit donc laisser Bonaparte quitter l'Égypte en dépit des criailleries de lord Nelson et des alliés européens. Car son départ entraînera à brève échéance l'éviction de la France de l'Égypte, vu l'état d'esprit du corps expéditionnaire qu'incarne un général comme Kléber.

« La conduite de Sidney Smith tend à faire passer la sécurité des Indes avant la guerre contre la Révolution... Toute la guerre psychologique qu'il mène depuis son arrivée en Méditerranée tend à une telle conclusion de l'aventure française en Égypte et il a régulièrement informé ses supérieurs des détails de son action [1]. »

Ses supérieurs militaires et diplomatiques, mais pas son rival Horatio Nelson ! Certes, le contre-amiral borgne et manchot qui vient d'annoncer le 13 juillet au commandant en chef de la flotte de Sa Majesté en Méditerranée, l'amiral lord Keith, la libération totale du royaume des Deux-Siciles, à la défense duquel il reste toujours affecté, n'a pu faire autrement que de féliciter chaleureusement le commodore Smith d'une victoire comme celle de Saint-Jean-d'Acre, devant laquelle son antipathie désarme : elle est en effet la première à avoir fait reculer le général en chef français. Dans son message du 24 juillet 1799, il le loue donc de ses « admirables actions pour l'extirpation de la horde de voleurs qui vint en Égypte avec ce super-brigand de Bonaparte ». Et le 20 août encore, dans l'ignorance de la bataille d' « Aboukir n° 2 », il lui renouvelle ses félicitations pour sa défense d'Acre « contre une armée choisie de vilains Français commandés par cet archivilain de Bonaparte ».

Il n'oublie pas pour autant le nouveau conflit qui l'avait opposé à Smith au printemps quand le commodore avait délivré de son propre chef un laissez-passer aux navires français à l'ancre à Alexandrie : « Comme ceci est en complète contradiction avec mon sentiment qui est de ne jamais accepter qu'aucun Français ne quitte l'Égypte, je suis donc dans l'obligation de vous donner l'ordre exprès de ne jamais donner l'autorisation à aucun Français ou navire français de quitter l'Égypte. »

Nelson, qui, tout entier à ses intrigues et à ses amours napolitaines, se plaint à l'Amirauté de son manque d'indulgence envers « l'homme épuisé, aveugle et gaucher » qu'il est, aurait davantage à se plaindre des cachotteries de Sidney Smith. Celui-ci le tient systématiquement à l'écart de ce qu'il fait et de ce qu'il sait concernant un éventuel départ de Bonaparte. Le commodore s'arrangera pour que son rapport sur la défaite turque d' « Aboukir n° 2 » ne parvienne à Nelson que le 24 octobre, après le retour de Bonaparte en France. De même attendra-t-il le 8 novembre pour l'informer des conditions de cette évasion dont il connaissait les circonstances depuis la fin du mois d'août : « Le fugitif a échappé de peu au *Thésée* et à l'escadre turque stationnée à l'ouest d'Alexandrie dans l'éventualité de cette évasion et pour interdire l'arrivée de tout renfort de la marine française au corps expéditionnaire. Malheureusement pour le premier objectif, le *Thésée* a été retenu à Chypre par la mauvaise volonté du gouverneur ottoman qui en a retardé l'approvisionnement. J'ai signalé sa conduite à la Porte. » Argument peu admissible pour Nelson, qui tempête : « Pas un seul Français ne devait pouvoir quitter l'Égypte. Or leur commandant en chef a réussi à se faufiler à travers la Méditerranée sans être aperçu par un seul bateau anglais ! » Maigre consolation, poursuit Nelson, « aucun croisé n'est revenu de sa croisade avec une telle humiliation qui contrastait avec le faste de son départ... » Continuant d'ignorer ses instructions, le commodore Smith ira jusqu'à signer avec Kléber, le 28 janvier, un accord prévoyant le retrait avec armes et bagages des forces françaises d'Alexandrie dans un délai de moins d'un mois. Cette fois, c'en sera trop et lord Keith devra le dénoncer.

Mais, entre-temps, Bonaparte lui-même n'aura rien compris à ce que sa chance devait à cette guerre des chefs de la flotte anglaise en Méditerranée. Devant le Dr O'Meara, c'est à tort que l'exilé de Sainte-Hélène continuera d'attribuer le « miracle » de son retour en France à la négligence de sir Sidney dans la conduite de ses opérations navales comme à son incompétence en matière de terrain. En réalité, le risque pris alors par Bonaparte de tomber aux mains des Anglais, sans être négligeable, a été considérablement exagéré par lui-même et par ses mémorialistes. Les deux frégates préparées par Ganteaume étaient armées en guerre ; à moins de se heurter maladroitement à une escadre plus forte, elles ne pouvaient rencontrer que quelque croiseur isolé qui n'aurait pu les vaincre. En cas de danger, leurs passagers les plus éminents auraient eu une chance supplémentaire de s'échapper à bord des deux petits avisos de bonne marche qui les accompagnaient et étaient moins repérables. Depuis le 31 juillet, la majeure partie de la marine britannique en Méditerranée avait repassé le détroit de Gibraltar à la poursuite de la flotte de Bruix et de la flotte espagnole qui avaient regagné l'Atlantique. N'ayant plus à s'attendre à les combattre, Nelson avait disposé ses unités de façon statique pour bloquer les ports espagnols : ainsi le demi-tour inattendu de Bruix – que Napoléon lui reprochera sur le tard – avait libéré la Méditerranée occidentale de tout danger pour le quatuor naval parti d'Alexandrie et qui allait passer inaperçu. D'autant que l'escadre de Sidney Smith devait se trouver retenue un mois à Chypre pour son approvisionnement.

Mais tout cela, Bonaparte l'ignore quand il estime le moment favorable pour tenter cette entreprise hasardeuse. Le jeu en vaut cependant la chandelle, car, serait-il capturé, ce ne serait pas pire pour sa carrière que de rester en Égypte sans perspective. C'est pourquoi il va engager le pari de faire naviguer la flottille de Ganteaume sur son étoile, persuadé que c'est en France que l'attendent les plus grands dangers, que se trouve le risque réel, mais que se joue aussi son avenir personnel.

Comme il a des projets assez précis de prise du pouvoir en fonction d'une conjoncture dont les paramètres lui échappent encore, il a décidé de rapatrier avec lui l'essentiel de sa clientèle, qui lui sera utile au moment fatidique : son chef d'état-major – déjà ému à l'idée de retrouver la Visconti –, ses quatre aides de camp, son secrétaire et confident, trois académiciens de premier plan, les quatre généraux les plus jeunes et donc les plus dévoués, sa garde personnelle et un détachement du corps des guides : « Ils étaient indispensables pour mon projet, reconnaîtra-t-il à Sainte-Hélène. Il me fallait les garder, et trois cents hommes sûrs et d'élite étaient une chose immense. »

Jusqu'au bout, les préparatifs du départ ont été tenus secrets au moins autant pour ne pas démoraliser la troupe que pour déjouer la vigilance des Anglais. Bonaparte fait taire les rumeurs qui commencent cependant à circuler en annonçant une nouvelle tournée d'inspection dans le delta. A 10 heures du soir, le 21 août, sa voiture vient prendre Monge et Berthollet au siège de l'Institut qui, depuis quelques jours, bourdonne de bruits d'une fugue éventuelle. Les deux savants qui plient bagage sont assaillis de questions. « Je crois que nous allons en mission d'étude au lac Natron et à Fayoum pour quatre mois », bégaie Monge. Puis il lâche, au moment de rejoindre l'escorte du général en chef : « Mes amis, si nous partons pour la France, nous n'en savions rien aujourd'hui avant midi. » Ils retrouvent Vivant Denon, autre élu du voyage, dans le jardin d'Elfi Bey. La Bellilotte, une fois de plus, n'en sera pas. D'un baiser et d'une caresse désinvolte, Bonaparte lui fait ses adieux. Le quartier général s'embarque sur le Nil à 3 heures du matin pour atteindre le rivage d'El Ramanyeh et bivouaquer au camp des Romains, à quelques encâblures à l'est d'Alexandrie, le 22 août à 4 heures de l'après-midi. Le départ a été fixé au 24 à midi, mais Ganteaume presse le mouvement en voyant un brick anglais s'approcher des deux frégates et des deux chebeks déjà au mouillage au large du Nouveau Port, puis cingler en direction de Chypre où se trouve la croisière du blocus. Peu après s'élève une brise du sud-est, exceptionnelle en cette saison où dominent les vents de nord-ouest. Le contre-amiral juge le moment venu d'en profiter pour s'éloigner de la zone dangereuse et conseille d'embarquer à la faveur de la nuit sans perdre un jour de plus. Ce qui arrange bien Bonaparte, comme il l'avouera en 1816 à Bertrand : « Je ne pouvais rien dire à Kléber. Il aurait peut-être fait des difficultés... »

En attendant le coucher du soleil, Bonaparte fait les cent pas sur l'estran devant sa tente avec le général Menou auquel il donne ses dernières instructions, et notamment sa lettre d'investiture à Kléber et ses proclamations à l'armée et au Divan. « J'arriverai à Paris, confie-t-il à Menou qu'il a fait venir exprès de Rosette pour ne pas avoir à affronter celui qui était si peu disposé à devenir son successeur. Alors je chasserai ce tas d'avocats qui se moquent de nous et qui sont incapables de gouverner la République. Je me mettrai à la tête du gouvernement, je rallierai tous les partis, car depuis Clovis jusqu'au Comité de salut public, je me tiens solidaire de tout, je rétablirai la République italienne et je consoliderai cette magnifique colonie. »

Dans ses proclamations à l'armée et au Divan, qu'il vient de dicter à Bourrienne, il promet de revenir sous peu, avec les renforts de l'escadre Bruix qu'il croit toujours en Méditerranée. La nuit tombe tôt, une nuit sans lune, et l'on allume des feux sur la plage pour guider les rameurs des embarcations qui doivent transporter les passagers à bord des deux frégates. A 7 heures du soir, Lannes, Murat, Marmont, Perceval, Denon et une moitié des guides montent à bord de la *Carrère,* tandis que Bonaparte, Berthier, Monge, Berthollet,

Bourrienne et Eugène de Beauharnais se dirigent avec Ganteaume sur la *Muiron,* ainsi que l'autre moitié des gardes armés et un détachement de mamelouks commandé par l'indispensable Roustam. Un dîner est servi dans la salle à manger et les bâtiments restent à l'ancre toute la nuit en attendant le retour de la brise au lever du soleil. Le 23 août à 8 heures du matin, la flottille met à la voile et double rapidement le cap Deris, à plus de cent kilomètres à l'ouest d'Alexandrie. Bonaparte a réussi son « escampative », selon le terme forgé par Chateaubriand pour évoquer son escampette d'Égypte.

Car tout désormais va lui réussir, après ses déconvenues orientales. « Tout imprégné des miracles de la Judée et des souvenirs des Pyramides, écrira l'auteur des *Mémoires d'outre-tombe,* Bonaparte franchit les mers, insouciant de leurs vaisseaux et de leurs abîmes : tout est guéable pour ce géant, événements et flots. »

Il n'aura eu que deux ordres à donner au cours de cette longue traversée du retour pour la sauver des périls qui pouvaient la guetter. Face à un vent contraire durant les quinze à vingt premiers jours, il impose à Ganteaume qui, découragé de faire du surplace, envisageait de chercher refuge en Crète, de longer au plus près les côtes barbaresques jusque dans le golfe de Syrte pour se mieux cacher.

« Le jour, on courait des bordées jusqu'à une certaine distance dans le nord, rapporte Bourrienne, le soir on se rapprochait de l'Afrique jusqu'à ce que l'on fût à la vue des côtes. Enfin, après vingt et un jours d'impatience et de contrariétés, un vent d'est très favorable nous fit dépasser en peu de temps le point où fut jadis Carthage * et bientôt après doubler la Sardaigne. » Tandis que ce vent d'équinoxe permet à la flottille de filer vers le détroit de Bonifacio en échappant à l'escadre de Nelson occupée à bloquer l'île de Malte, Bonaparte tue le temps, nous dit encore Bourrienne, non plus en savantes discussions comme à l'aller, mais à jouer aux cartes. « Il n'aimait pas ce passe-temps frivole. S'il fallait jouer, c'était au vingt et un qu'il donnait la préférence, car ce jeu marche plus vite que les autres. Et il ne dédaignait pas de tricher. Il jouait aussi aux échecs, mais très rarement, parce qu'il n'était que de la troisième force et qu'il n'aimait pas

* En fait, le cap Bon.

être battu à ce jeu qui passe pour une prétendue imitation du jeu de la guerre. A celui-là, il ne craignait personne... »

Le 30 septembre, les deux frégates jettent l'ancre dans la baie d'Ajaccio. Le lendemain, passant outre aux règlements sanitaires de la quarantaine, la population locale se presse autour de son héros. A peine met-il pied à terre qu'une vieille vêtue de noir se précipite dans ses bras en criant : « *Caro mio! – Madre!* » s'écrie Bonaparte. C'est sa nourrice, Camilla Ilari.

Le mauvais temps va le retenir sept jours de plus dans son île natale. Il en profite pour se renseigner sur les derniers événements. Il apprend ainsi le retrait de l'escadre de Bruix qui a quitté la Méditerranée sans coup férir pour regagner sa base atlantique. Il ne songera à le reprocher à Bruix que beaucoup plus tard, quand il dictera son récit à Bertrand, en 1816! L'amiral n'est-il pas l'un des premiers à se joindre à lui lors de sa marche au pouvoir? Consul puis empereur, Bonaparte ira même jusqu'à le promouvoir à la tête de l'état-major, avant de juger sévèrement, après coup, son comportement d'alors : « L'amiral... allégua, comme c'est l'ordinaire des marins, le mauvais temps et le besoin de réparer... Les uns ont attribué cette fâcheuse conduite à l'irrésolution et au manque de caractère de l'amiral; d'autres aux ordres qu'il reçut à Cadix par un courrier spécial arrivé de Paris. Ils disent que le Directoire contre-commanda son mouvement sur l'Égypte, dans la crainte que Napoléon, instruit de ce qui se passait en Europe, ne revînt à Paris pour mettre à profit la position critique du gouvernement, dépopularisé par les défaites, et ne s'emparât de l'autorité... Ce qui prouve que sa conduite était motivée par des motifs politiques. »

Le 7 octobre enfin, la brise tant attendue permet à la flottille de Ganteaume de reprendre la mer. Le lendemain soir, l'apparition de voiles à l'horizon fait hésiter le contre-amiral qui, pensant avoir affaire à une croisière de Keith ou de Nelson, veut faire demi-tour pour regagner la Corse. Bonaparte s'y oppose et lui intime l'ordre d'aller de l'avant : « Si vous prenez chasse, vous risquez de vous faire reconnaître, lui dit-il. Manœuvrez au contraire sur l'ennemi. »

Qu'il s'agisse de la flotte anglaise ou d'un convoi neutre de navires marchands, la *Muiron* et la *Carrère* passent en effet d'autant plus inaperçues qu'elles sont de construction vénitienne et semblent plutôt venir de l'Italie que de l'Orient. Voilà pourquoi, le matin du 9 octobre, sans autre encombre, Bonaparte, ses compagnons et son escorte débarquent à Fréjus, faisant fi une fois de plus de l'épreuve de la quarantaine frappant tout voyageur en provenance des pays où la peste sévit.

« Nous aimons encore mieux la peste que les Autrichiens », lance la foule qui bouscule les commissaires pour se ruer vers le glorieux soldat et le porter en triomphe. Mais pas question pour Bonaparte de s'attarder : le retournement de la conjoncture militaire – les forces des coalisés tenues en échec par Brune et Masséna à Zurich et sur le front alpin – risque de rendre moins indispensable son rôle de sauveur de la patrie en danger... Acclamé comme tel tout au long de son trajet, il s'empresse de rejoindre à Aix-en-Provence la route de Marseille à Paris. « On dirait qu'un magistral dramaturge a abattu tout ce qui était debout pour rendre plus aisé le galop de mon cheval », lui fait dire le *Journal secret* tenu en son nom par Jomini.

Le soir du 13 octobre, tandis que Lyon l'accueille par de grandes illuminations, Joséphine dîne chez le nouveau membre du Directoire, Gohier, quand un message leur apprend le retour de Bonaparte en France. Le directeur est comme foudroyé par la nouvelle, car, trois jours plus tôt, on a décidé de renoncer à la médiation espagnole auprès de la Porte, mise en train par Talleyrand à la fin de son ministère, et de donner pleins pouvoirs au général en chef de l'armée d'Orient pour négocier sur place l'évacuation de l'Égypte. Joséphine, elle, est consternée : « Je vais au-devant de lui, bégaie-t-elle. Il importe que je n'en sois pas prévenue par ses frères qui m'ont toujours détestée. » Elle se met aussitôt en route pour aller à sa rencontre à travers la Bourgogne, ignorant que son mari pique au plus court par le Bourbonnais.

Le 14 octobre, les directeurs se réunissent au palais du Luxembourg pour décider du sort de cet encombrant revenant. En effet, la situation intérieure et extérieure de la République se redresse : Brune a forcé les Anglais à quitter la Hollande. L'anarchie diminue, les insurgés se soumettent. Le Directoire se croit tiré du péril.

– Eh bien, grommelle Barras, c'est un général de plus. Mais, avant tout, ce général a-t-il reçu de son gouvernement la permission de rentrer?

Le député Boulay de la Meurthe, présent à la discussion, propose la mise hors la loi, sinon en accusation, de ce chef militaire pour abandon de poste et non-respect de la quarantaine sanitaire. Mais ledit général est déjà trop populaire : loin de crouler sous les huées, il est salué de toutes parts en sauveteur. Quand il met pied à terre, le 16 octobre à 6 heures du matin, il trouve un Paris dix fois plus chaleureux que Lyon, mais un hôtel particulier vide au 6 rue de la Victoire – ex-rue Chantereine. Le *Journal secret* parle pour lui :

« Je suis enfin chez moi... Joséphine, l'étourdie, est partie à ma rencontre par la route de Bourgogne, mais elle s'est trompée de chemin. Réal arrive, solennel, comme un mauvais acteur.

– Les guerriers d'Égypte, dit-il, sont comme ceux du siège de Troie : leurs femmes ont gardé le même genre de fidélité.

Farceur ! Je m'endors sur cette belle phrase. »

Le soir même de son arrivée, alors que le brouillard s'appesantit sur la capitale, annonçant le mois qui porte son nom (brumaire), Bonaparte rend visite à son ancien protecteur Barras. Pour lui parler politique ? Non, de ses ennuis domestiques. Les deux hommes ne se sont pas vus depuis près de dix-huit mois. Bonaparte a le cheveu coupé ras, le teint hâlé par le soleil d'Afrique, il porte une singulière redingote de drap olive, de hautes bottes de cuir rouge et un cimeterre à pommeau d'or pend à sa ceinture par des cordelettes de soie. Barras, dont les traits se sont alourdis et le front précocement dégarni, s'étonne de se voir transformé en confesseur :

– Soyez donc philosophe. Qu'est l'inconduite d'une épouse quand un pays entier marche sur vos pas ?

– Songez à la France, lui conseille de son côté le munitionnaire Jean-Pierre Collot, fournisseur de l'armée d'Italie. Elle a les yeux fixés sur vous. Si elle vous voit vous agiter dans des querelles domestiques, vous ne serez plus pour elle qu'un mari de Molière.

Le lendemain, Bonaparte est reçu avec tous les honneurs au Jeu de Paume par le Directoire qui lui propose timidement un commandement militaire suprême, qu'il récuse sous prétexte de santé. « Je continue à me sentir transporté dans les airs, sauf qu'il ne me déplaît point de m'envoler devant les autres. Aujourd'hui, visite officielle au Directoire : j'ai vissé sur ma tête un chapeau rond... et je me suis attaché à la ceinture un étonnant cimeterre qui rappelait aux plus obtus mes exploits d'Égypte... J'ai vu l'effort de Gohier pour mettre en mouvement ses jambes : il m'a donné une accolade très républicaine. Ces hommes ne savent pas travailler l'imagination de la nation française. »

A son frère Joseph, accouru aux nouvelles, Bonaparte confie sa résolution de divorcer d'une Joséphine pour épouser la France :

– Elle ne mettra plus les pieds dans ma maison. Que m'importe ce qu'on dira ! On en bavardera un jour ou deux, on n'en parlera plus le troisième. Lui pardonner ? Jamais.

Le 18 octobre, il fait entreposer toutes les affaires de sa femme chez le concierge, avec interdiction de la laisser entrer. Mais, revenant le soir même de sa randonnée manquée à Chalon, Joséphine force la consigne, gravit l'escalier, cogne en vain à la porte de la chambre où il s'est enfermé. Elle crie, supplie, tambourine, pleure des heures entières. Elle va chercher à l'étage ses enfants, Eugène et Hortense, qui descendent mêler leurs larmes à celles de leur mère. Couché sur son lit, Bonaparte se bouche les oreilles pour ne pas entendre. Et puis, pour finir, il leur ouvre et sa porte et ses bras. Et, le lendemain, après une nouvelle nuit de bouderie, il cède à cette tendresse obscure qui lui vient de la chair. Son frère Lucien, en mal de complot au Conseil des Cinq Cents pour lui frayer le chemin du pouvoir, le trouve au lit avec Joséphine.

« Elle sait que je sais, lit-on encore dans le *Journal secret* à la date du 20 octobre. Elle ne saisit pas mon indifférence devant ses faiblesses, ni mon attachement à son être, à la chaleur de son corps, à ce goût et à ce parfum de fruit mûr que sa chair garde pour moi... Mon corps se repaît d'elle, tandis que mon esprit continue à jouer avec un monde où un dieu lui-même deviendrait un pantin... C'est un vaste théâtre où les acteurs jouent leurs rôles, de confiance, sans savoir où le maître de la scène les amènera... »

Si l'envoûtement ne joue plus comme avant, Joséphine réussit encore à tempérer les éclats du grand homme qui s'apprête à goûter à l'opium d'un pouvoir sans partage. Elle sert surtout les desseins de son mari de toute son adresse de femme rompue aux manèges de société, à la vie d'intrigues, et lui gagne des sympathies précieuses dans tous les milieux, tous les clans, y compris celles des ci-devant dont elle facilite le retour d'émigration. Elle va aider Bonaparte à prendre une France qui ne demande d'ailleurs qu'à l'être.

« Ma maîtresse, c'est le pouvoir, dit-il un jour. Je n'ai qu'une passion, c'est la France : je couche avec elle. Elle au moins ne m'a jamais manqué... Si j'ai besoin de cinq cent mille hommes, elle ne les donne. » France et pouvoir ne sont dans sa bouche que deux tendres surnoms pour la même maîtresse. L'Égypte, elle, n'aura été qu'une passade, une amourette... De toute façon, le rêve oriental s'est terminé en échec, même si Bonaparte continuera jusqu'à la fin de sa vie d'en conserver la nostalgie.

Il lui suffit de trois semaines de conciliabules pour remplacer le mirage dissipé de l'empire d'Alexandre par le marchepied occidental de l'empire de César. Et c'est l'amiral Bruix lui-même qui, le matin du 9 novembre 1799 (18 Brumaire an VIII), se rend avec Talleyrand chez Barras pour lui arracher sa démission. L'ancien ministre de la Marine et commandant en chef de l'escadre de Brest, dont le concours n'a pas été négligeable par son entregent et ses intelligences dans les milieux politiques, va jusqu'à prêter à Bonaparte un cheval magnifique – quoiqu'un peu trop fringant au gré de son cavalier – pour qu'il aille à Saint-Cloud, escorté des officiers de la garnison de Paris rameutés par Murat, se faire proclamer Premier consul du nouveau régime républicain. Ainsi se trouve accomplie la phase numéro un du plan que le général en chef avait exposé à Jacques Abdallah Menou lors de son discret adieu à l'Afrique.

S'il en est revenu dégoûté de Rousseau (l'homme sauvage, dit-il, lui est apparu là-bas comme un chien), ses quinze mois d'Orient – dont cent jours éprouvants en Terre sainte – l'ont marqué à son insu d'une empreinte indélébile. Les habitudes corporelles qu'il y a prises, au contact des mœurs locales, en ont fait un être différent. Il en a rapporté un usage exagéré des bains chauds, des frictions à l'eau de Cologne et des rasades de thé à la feuille d'oranger – il y voit autant de remèdes à sa hantise de la constipation. Il aime aussi à pincer ou à tirer familièrement les oreilles de ses interlocuteurs... Tout au long de son règne, il gardera auprès de lui le fidèle Roustam, son mamelouk chamarré, qui pousse l'attachement inconditionnel jusqu'à coucher sur le seuil de sa porte.

De victoire en victoire et jusqu'après la chute finale, Bonaparte, devenu Napoléon Ier, ne cessera d'évoquer, avec des soupirs de regret, ce paradis perdu à cause d'une « maudite bicoque » nommée Saint-Jean-d'Acre et de cette « espèce de fou » de commodore anglais évadé de la prison du Temple.

Cette obsession le poursuivra même d'un exil à l'autre : dans son palais dérisoire de l'île d'Elbe, d'où il s'évadera pour jouer le va-tout de ses derniers Cent Jours, il a fait recouvrir un mur d'une fresque qui représente la seule campagne d'Égypte. Sur son ingrat rocher de Sainte-Hélène, où il passe son temps à refaire l'Histoire, il lui arrive parfois d'être revisité par son rêve d'Orient. Le rêve passe au rythme d'un chaland sur les canaux de sa mémoire... Le rêve? eût dit le César géorgien du XXe siècle, combien de divisions?

Le soir du 18 Brumaire, Bonaparte prend congé de son secrétaire :

– Bonsoir, Bourrienne... A propos, demain, nous irons coucher au Luxembourg.

Cette nuit-là, il ne parvint à dormir que deux heures. Le monde était son rêve.

NOTES

Prologue

1. La notation se trouve consignée sous cette date dans un *Journal secret* attribué en 1948 par son auteur, Lo Duca, à un compagnon d'armes de Ney, le général suisse Antoine-Henri Jomini, âgé de dix ans de moins que Napoléon.
2. Jean Lacouture, *Champollion, une vie de lumières,* Grasset, 1989.
3. Henry Laurens, *L'Expédition d'Égypte,* Armand Colin, 1989.
4. Henry Laurens, *op. cit.*
5. Henry Laurens, *op. cit.*
6. Cf. Jean Tulard, *L'Histoire*, n° 61, novembre 1983.
7. Cf. Jean Lacouture, *op. cit.*
8. Jacques Benoist-Méchin, *Le Secret de l'aventure égyptienne.*
9. Paul de Rémusat, *Mémoires de Mme de Rémusat,* Calmann-Lévy, 1880.

Chapitre premier

1. Cités par le préfacier Léonce Grasilier dans ses annotations à l'ouvrage de Desmarest.
2. Benoist-Méchin, *Bonaparte en Égypte ou le Rêve inassouvi,* Libraire académique Perrin, 1978.

Chapitre II

1. Raoul Brice, *La Femme et les armées de la Révolution et de l'Empire,* Librairie Ambert, Paris.
2. Pamphlet de seize pages contre les fédéralistes marseillais, écrit sous forme de dialogue un soir de fièvre, alors qu'il venait en Avignon chercher de la poudre pour les batteries de son régiment de Nice.
3. Octave Aubry, *Vie privée de Napoléon*, Flammarion, 1939.

4. André Castelot, *Bonaparte*, Librairie Académique Perrin, 1967.
5. Benoist-Méchin, *op. cit.*

Chapitre III

1. Henry Laurens, *op. cit.*
2. Jean Lacouture, *op. cit.*
3. Cité par Jacques Godechot dans *Le Dictionnaire Napoléon* de Jean Tulard (Fayard), auquel nous empruntons ce récit.
4. Octave Aubry, *op. cit.*
5. Jean Tulard, *Bonaparte en Égypte,* L'Histoire, n° 61, nov. 1983.
6. Henry Laurens, *op. cit.*
7. Christopher Herold, *Bonaparte en Égypte*, Plon, 1962.

Chapitre IV

1. Voir Henry Laurens, *op. cit.*
2. François Charles-Roux, *L'Angleterre et l'expédition française en Égypte,* Le Caire, 1925.
3. Compte rendu de la conférence réunie dans la maison du reis Effendi à Constantinople, le jeudi 17 janvier 1799 (cité par Henry Laurens, *op. cit.*).
4. François Charles-Roux, *op. cit.*

Chapitre V

1. Octave Aubry, *op. cit.*
2. André Castelot, *op. cit.*.
3. Rémusat, *op. cit.*
4. D'après Octave Aubry, *op. cit.*
5. Œuvres de Napoléon Ier à Sainte-Hélène, tome XXX.
6. Article d'Éloïse Mozzani dans le *Dictionnaire Napoléon, op. cit.*

Chapitre VI

1. Jean Savant, *Les Espions de Napoléon*, Hachette, 1957.
2. Jean Savant, *op. cit.*

Chapitre VII

1. Émile Lockroy, *Ahmed le Boucher, la Syrie et l'Égypte au XVIIIe siècle*, Paris, 1888.
2. Archives de la chambre de commerce de Marseille.
3. W.G. Browne, *Nouveau Voyage en Égypte, en Syrie et en Afrique*, Paris, 1800.

4. Henry Laurens, *op. cit.*
5. Yehuda Burla, *Kissoufim*, Am Oved, Tel-Aviv, 1943.

Chapitre IX

1. In *Ahmed le Boucher,* 1888.
2. Benoist-Méchin, *op. cit.*
3. J. Miot, *Mémoires pour servir à l'histoire des expéditions en Égypte et en Syrie*, Paris, 1814.

Chapitre XI

1. Élie Wiesel, *Célébration hassidique*, Le Seuil, 1972.
2. Y. Beker, *Analyse psychanalytique du rabbin Nahman*, Tel-Aviv, 1925.

Chapitre XII

1. Lockroy, *op. cit.*
2. Henry Laurens, *op. cit.*
3. Napoléon, *Campagnes d'Égypte et de Syrie,* Œuvres complètes à Sainte-Hélène.
4. Christopher J. Herold, *op. cit.*

Chapitre XV

1. Voir chapitre XI.
2. Version donnée par Jacques Godechot in *La Révolution française et les juifs.*
3. Il en existe au moins trois.
4. H. Laurens, *Le Projet d'État juif attribué à Bonaparte*, 1989.
5. Cf. chapitre XI.
6. Henry Laurens, *op. cit.*
7. Jacques Godechot, *op. cit.*
8. Léon Kahn, *Les Juifs de Paris sous la Révolution,* Paul Ollendorf, 1898.
9. Gelber N.M., « La police autrichienne et le Sanhédrin de Napoléon », Revue des études juives, numéro 82, 1929.
10. Cf. Arthur Conte, *Le 1er Janvier 1800*, Olivier Orban, 1990.
11. L. Kahn, *Les Juifs de Paris*, chapitre VI.
12. François Collaveri, *La Franc-Maçonnerie des Bonaparte*, Payot, 1982.

Chapitre XVI

1. Abdurrahman Gabarti, *Journal de l'occupation française en Égypte,* Librairie orientale, 1838.
2. Desgenettes, *Histoire médicale de l'armée d'Orient,* Paris, 1802-1830 et 1835.
3. E. de Villiers du Terrage, *Journal et souvenirs sur l'Expédition d'Égypte,* Plon, 1899.
4. A. Martin, *Histoire de l'expédition française en Égypte,* Paris, 1815.

Chapitre XVII

1. Henry Laurens, *op. cit.*
2. Maurice Dupont, *Peut-on sauver l'Égypte?* Revue historique des Armées, 1990.

Chapitre XVIII

1. Alexandre Berthier, *Relation des campagnes du général Bonaparte en Égypte et en Syrie*, Milan, 1800.
2. J.-N. Brégeon, « La vérité sur les pestiférés de Jaffa », *Historama* n° 88, juin 1991.

Épilogue

1. Henry Laurens, *op. cit.*

SOURCES BIBLIOGRAPHIQUES

ABRANTÈS Laure (duchesse d'), *Mémoires*, Ladvocat, Paris, 1831-1835.

ANCHEL R., *Napoléon et les Juifs*, Paris, Presses universitaires de France, 1928.

AUBRY Octave, *Vie privée de Napoléon*, Flammarion, 1939.

AVIZUR Shmuel, *La Vie quotidienne en Palestine au XIXe siècle* (hébreu), Tel-Aviv, Am Hassefer.

BALABAN M., *Le Mouvement frankiste* (hébreu), Tel-Aviv, 1935.

BARRAS Paul-François, *Mémoires*, Hachette, 1895-1896.

BARROW John, *The Life and Correspondence of Admiral Sir W.S. Smith*, Londres, 1848.

BEER Peter, *Religiosen Sekten und Kabbalah*, Brunn, 1822-1823.

BEKER Yaacov, *Analyse psychanalytique du rabbin Nahman de Brazlav* (hébreu), Tel-Aviv, 1925.

BENOIST-MÉCHIN, *Bonaparte en Égypte ou le rêve inassouvi*, Librairie académique Perrin, 1978.

BEN ZVI Ytzhak, *Eretz Ysrael pendant la période ottomane* (hébreu), Jérusalem, Yad Ben Zvi, 1969.

BERNOYER François, *Avec Bonaparte en Égypte et en Syrie*, Éditions Curandera, 1976.

BERTHIER Alexandre, *Relations des campagnes du général Bonaparte en Égypte et en Syrie*, Milan, 1800.

BERTHON Maurice-Édouard, « Au Temple », *Miroir de l'Histoire*, n° 145, janvier 1962.

BERTRAND Henri (général), *Cahiers de Sainte-Hélène*, Abin-Michel, Paris, 1949-1959.

BOULAY DE LA MEURTHE, *Le Directoire et l'expédition d'Égypte*, Paris, 1885.

BOURRIENNE, *Bonaparte intime*, Hachette, 1960.

BOURRIENNE, *Mémoires pour servir à l'histoire des expéditions en Égypte et en Syrie*, Paris, 1903.

BRÉGEON Jean-Noël, « La véritable histoire des pestiférés de Jaffa », *Historama*, n° 88, juin 1991.

BRICARD Louis-Joseph, *Journal du canonnier Bircard,* Delagrave, Paris, 1891.

BRICE Raoul, *La Femme et les Armées de la Révolution et de l'Empire,* Librairie Ambert, Paris.

BURLA Yehuda, *Kissufim* (roman, hébreu), Tel-Aviv, 1943.

CASTELOT André, *Bonaparte,* Librarie académique Perrin, 1967.

CHANDLER David G., *The Campaigns of Napoleon,* Londres, Weidenfeld and Nicolson, 1967.

CHARLES-ROUX François, *Les origines de l'expédition d'Égypte,* Plon, 1910.

CHARLES-ROUX François, *L'Angleterre et l'expédition française en Égypte,* Le Caire, IFAO, 1925.

CHATEAUBRIAND, *Mémoires d'outre-tombe,* Flammarion, 1949-1950.

CHATEAUBRIAND, *Itinéraire de Paris à Jérusalem,* Julliard, 1964.

CHAVANON Jules, *Murat,* Hachette, 1905.

COHEN Amnon, *Palestine in the Century,* Jérusalem, Magnes Press, 1973.

COLLAVERI François, *La Franc-Maçonnerie des Bonaparte,* Payot, 1982.

CONTE Arthur, *Le 1er Janvier 1800,* Olivier Orban, 1990.

DEHERAIN, *L'Égypte turque* (vol. V), Paris, 1934.

DENON Dominique Vivant, *Egypt Delineated,* Londres, C. Taylor, 1825.

DESGENETTES René, *Histoire médicale de l'armée d'Orient,* Paris, 1802-1830 et 1835.

DESMAREST P.M., *Quinze Ans de haute police,* Garnier, 1900.

DIESBACH G. DE, GROUVEL R., *Louis-Edmond de Phélippeaux – Échec à Bonaparte,* Librairie académique Perrin, 1980.

DOGUEREAU Jean-Pierre, *Journal de l'expédition d'Égypte,* Perrin, 1904.

DUBNOV S., *Geschichte des Frankismus, Weltgeschichte des Judischen,* Volkes, t. VII.

DUPONT Maurice, « Peut-on sauver l'armée d'Égypte? », *Revue historique des Armées,* décembre 1990.

ELGOOD Colonel, *Bonaparte's Adventure in Egypt,* Londres, Oxford University Press, 1931.

FIERRO Alfred, *Bibliographie critique des mémoires sur la Révolution,* Droz, Genève, 1988.

FLECKELES (Rabbi Eleazar), *Ahavat David* (hébreu), Prague, 1800.

FROIDCOURT Georges de, « Une loge inconnue à l'armée d'Égypte, 1799 », *Annales historiques de la Révolution française,* 1937.

GABARTI Abdurrahman, *Journal pendant l'occupation française en Égypte,* Librairie orientale, 1838.

GELBER DR. N., *Mémoires de Moses Forges* (yiddish), vol. 1, Yiddish Scientific Institute, 1929.

GELBER N. M., « La police autrichienne et le Sanhédrin », Revue des études juives, (t. 82), Paris, 1929.

GHALI Ibrahim Amin, *Vivant Denon ou la conquête du bonheur,* Le Caire, IFAO, 1986.

GODECHOT Jacques, *Napoléon et les Juifs,* Paris.

GODECHOT Jacques, *Bonaparte Messie,* AHRF, Archives nationales, AF III.

GOURGAUD Gaspard, *Journal de Sainte-Hélène,* Flammarion, Paris, 1947.

GREATZ H., *Frank und die Frankisten,* Breslau, 1868.
GUEDALLA Philip, *Napoleon and Palestine,* Londres, 1925.
GUIHON Mordechaï, « Les sables de El Arich et Mont Thabor » (hébreu), *Maarakhot*, juillet 1964.
GUILLEMIN Henri, *Napoléon tel quel,* Trévise, 1969.
HARAN Shivkhey, *La Vie de Nahman de Brazlav* (hébreu), Lemberg, 1909.
HEROLD Christopher, *Bonaparte en Égypte,* trad. fr., Plon, 1964.
JAMES William, *The Naval History of Great Britain* (vol. 2), Londres, 1860.
JOMINI Antoine Henri, *La Vie politique et militaire de Napoléon* (4 vol.), Paris, 1827.
JOMINI Antoine Henri [Lo DUCA], *Journal secret de Napoléon Bonaparte,* Paris, 1948.
KAHN Léon, *Les Juifs de Paris pendant la Révolution,* Paris, Ollendorf, 1898.
KESTENBERG-GLADSTEIN R., *Neue Geschichte der Juden in den Bohmischen Landern,* Tubingen, 1969.
KIRCHEISEN Fridrich, *Napoleon im Lande der Pyramiden,* Munich, 1918.
KOBLER Franz, *Napoleon and the Jews,* Tel-Aviv, 1975.
KRETTLY Elie, *Souvenirs historiques,* Paris, 1839.
LACOUTURE Jean, *Champollion, une vie de lumières,* Grasset, 1988.
LACROIX Désiré, *Bonaparte en Égypte,* Paris, 1899.
LA JONQUIÈRE C. de, *L'Expédition d'Égypte (1798-1801),* 5 vol., Paris, Henri Charles Lavauzelle éditeur, 1899-1907 (tomes 3 et 4).
LANGLADE Jacques de, *Nelson, biographie,* Presses de la Renaissance, 1990.
LARREY Jean-Dominique, *Mémoires de chirurgie militaire et campagnes,* Paris, 1812-1817.
LAURENS Henry, *Kléber en Égypte,* IFAO, Le Caire, 1988.
LAURENS Henry, « Projet d'État Juif en Palestine attribué à Bonaparte », *Revue d'Études Palestiniennes,* 1989.
LAURENS Henry, *L'Expédition d'Égypte,* Armand Colin, 1989.
LAVALETTE comte de, *Mémoires et souvenirs,* Paris, 1905.
LENOTRE G., « Un conspirateur royaliste pendant la terreur », *L'Univers israélite*, n° 51, Paris, 1896.
LEWIS Bernard, *The Ottoman Archives as a Source for the History of Arab Lands,* Londres, J.R.A.S., 1951.
LEWIS Bernard, *Le retour à l'Islam,* Paris, 1985.
LOCKROY Émile, *Ahmed le Boucher,* Paris, 1888.
LUCAS-DUBRETON J., *Junot dit « la Tempête »,* Paris, 1937.
MAHAN Capitaine A.T., *The Life of Lord Nelson,* Londres, Sampson Low, Marston & C°, 1897.
MAITLAND F.W., *Napoléon à bord du Bellérophon*, Plon, Paris, 1933.
MALUS Étienne, *L'Agenda,* Champion, Paris, 1892.
MARTIN A., *Histoire de l'expédition française en Égypte,* Paris, 1815.
MASSON Frédéric, *Napoléon et les femmes,* Paris, 1893.
MASSON Frédéric, *Joséphine répudiée,* Paris, 1901.
MATHIEZ Albert, *La Révolution et les étrangers,* Paris, 1918.

MAUGHIN Georges, *Napoléon et la superstition,* Paris, 1946.
MILLET Philippe, « Chirurgien de l'armée d'Égypte », *Revue historique des Armées,* décembre 1990.
MILLET Pierre, *Souvenirs de la campagne d'Égypte*, Émile-Paul, Paris, 1903.
MIOT Jacques, *Mémoires pour servir à l'histoire des expéditions en Égypte et en Syrie,* Paris, 1814.
MONTAGU Violette M., *Eugène de Beauharnais,* Londres, John Long, 1913.
O'MEARA Dr Barry E., *Napoleon in Exile,* Londres, 1822.
PAJOL comte Charles Pierre Victor, *Kléber, sa vie,* Firmin-Didot, 1877.
POLSKIN Yaari, *Holmin Yelokhamim* (hébreu), Tel-Aviv, 1945.
PONIATOWSKI Michel, *Talleyrand et le Directoire,* Librairie académique Perrin, 1982.
PORGES, « Texte de la lettre rouge des Frankistes », *Revue des études juives,* t. XXIX, Paris, 1894.
RÉMUSAT Paul de, *Mémoires de la comtesse de Rémusat,* Calmann-Lévy, 1880.
REYNIER Jean-Louis, général, *Mémoires*, Paris, 1827.
RICHARDSON Frank, *Napoleon, Bisexual Emperor,* New York, Horizon Press.
ROSE John H., *The Life of Napoleon I,* George Bell, Londres, 1902.
RUBASHOV Z., *Al Tiley Beyt Frank* (hébreu), Berlin, 1923.
SAVANT Jean, *Les Espions de Napoléon,* Hachette, 1957.
SCHENK-RINK, *Polen in Offenbach,* Francfort, 1866.
SCHOLEM Gershom, *A Frankist Document from Prague,* S.W. Baron Jubilee Volume.
SCHOLEM Gershom, *Major Trends in Jewish Mysticism,* New York, 1954.
SCHOLEM Gershom, *Ein Judischer Mystiker – E.J. Hirschfeld,* Yearbook of the Leo Baeck Institute, Londres, 1962.
SCHOLEM Gershom, *La carrière d'un frankiste – Moshe Dobrushka* (hébreu), Jérusalem, Zion, 1970.
SCHOLEM Gershom, *Mitzva Habaa Baavera* (hébreu), Jérusalem, Zion, 1937.
SCHOLEM Gershom, *Perush Frankisti LeHilel* (hébreu), Ytzhak Beer Anniversary Book, Israel Historic Society, Jérusalem, 1961.
SCHOLEM Gershom, *Le Messianisme juif,* Calmann-Lévy, 1974.
SCHWARZFUCHS Simon, *Napoleon, the Jews and the Sanhedrin,* Londres, Routledge and Keagan, 1974.
SKALKOWSKY Adam, *Les Polonais en Égypte, 1798-1801,* Paris, 1910.
SKANKLAND Peter, *Beware of Heroes – Admiral Smith's War Against Napoleon,* Londres, 1975.
THIERS A., *Histoire de la Révolution française* (vol. 9), Paris, 1823-1827.
THIRY baron Jean, *Bonaparte en Égypte,* 1973.
THOMAZI Auguste, *Napoléon et ses marins,* Berger-Levrault, 1950.
TOLEDANO Yaacov Moshe, « La déclaration de Napoléon » (hébreu), *Le Calendrier de Jérusalem,* 1944.
TULARD Jean, *Dictionnaire Napoléon,* Fayard, 1987.

TULARD Jean, *Nouvelle Bibliographie critique des Mémoires sur l'époque napoléonienne,* Droz, Genève, nouv. éd., 1991.
TULARD Jean, « Bonaparte en Égypte », *l'Histoire,* n° 61, nov. 1983.
TURC Jean, *Chroniques d'Égypte, 1798-1804,* Le Caire, 1950.
VALENSIN Georges, *Chroniques sexuelles,* Julliard, 1986.
VIGO-ROUSSILLON François, *Journal de campagne,* France-Empire, Paris, 1981.
VILLIERS DU TERRAGE Édouard, *Journal et souvenirs sur l'Expédition d'Égypte,* Plon, 1899.
VOLNEY, *Voyage en Égypte et en Syrie,* Mouton, 1959.
WACHSMANN Shelley, *An Encounter with Napoleon*, brochure du musée d'archéologie maritime, Tantourah, 1988.
WATSON colonel C.M., *Bonaparte's Expedition to Palestine in 1799,* London, P.E.F.Q., 1917.
WIESEL Élie, *Célébration hassidique,* Le Seuil, 1972.
WIET Gaston, *Deux Mémoires inédits de l'expédition d'Égypte,* Le Caire, 1941.
WITTMAN William, *Travels into Egypt 1799-1801,* Londres, 1803.
ZACEK V., *Zwei betrage zur geschichte des Frankismus. Jahrbuch fur Geschichte der Juden in Czechoslovakien* (vol. IX), 1938.

Archives de la chambre du commerce de Marseille, 1799-1800.
Archives des Affaires étrangères, Quai d'Orsay. *Correspondance politique et consulaire : Jérusalem, Constantinople, Damas, Alep,* 1799.
Carnet de correspondance de Caffarelli en Égypte, Archives des services historiques de l'armée, Vincennes.
Correspondance de Napoléon Ier (3 vol.), Hachette, 1872.
Écrits du rabbin Nahman de Brazlav (hébreu), Tel-Aviv, Eliezer Steiman, éditeur.
« Faut-il brûler Napoléon ? », *L'Événement du jeudi,* n° 145, juillet 1987.
Histoire scientifique et militaire de l'expédition d'Égypte (10 vol.), Paris, Reybaud et autres, 1830-1836.
Journal du capitaine Français, dit le Dromadaire d'Égypte, Paris, 1903.
La Décade égyptienne, 1799-1800.
Le Courrier d'Égypte, 1799-1800.
Le Moniteur universel, Paris, 1799-1800.
Mémoires de M. de Bourrienne (t. 1 et 2), Paris, Colburn & Bentley, 1831.
Mémorial de Saint-Hélène, Le Seuil, Paris, 1968.
Napoléon à Sainte-Hélène, Robert Laffont (Bouquins), Paris, 1981.
Œuvres de Napoléon Ier à Sainte-Hélène, tome XXX, Plon, 1870.
« Une vie extraordinaire (Sidney Smith) », *Liaisons* (revue de la préfecture de police de Paris), n° 194-195, nov.-déc. 1972.
Victoires et Conquêtes des Français, 1792-1815 (t. 11), Paris, Panckoucke éditeur, 1818.

Index des noms de personnes

J

K

L

M

V

W

X

Y

Z

TABLE DES MATIÈRES

Cet ouvrage a été réalisé par la
SOCIÉTÉ NOUVELLE FIRMIN-DIDOT
Mesnil-sur-l'Estrée
pour le compte des Éditions Fayard
en janvier 1992

35-14-8326-01
ISBN 2-213-02554-1
Imprimé en France
Dépôt légal : janvier 1992
N° d'édition : 6467 – N° d'impression : 19422

35-8326-7